차별없는 세상과 법

이 준 일

弘 文 社

Law for the world without discrimination

Prof. Dr. ZOONIL YI

Hongmoonsa Publishing Co.

머 리 말

차별금지법제에 관한 책을 국내에서 처음으로 내고 5년이 흘렀다. 그 동안 차별금지법제의 불모지나 다름없던 대한민국에 차별금지법제에 관한 연구에 자극제가 되었다고 자부한다. 국내에도 장애인차별금지법과 연령차별금지법 및 비정규직차별금지법이 제정되어 책의 개정이 불가피해졌다. 또한 일반적 차별금지법의 제정과 인종, 학력 등 차별금지사유에 따른 다양한 개별적 차별금지법의 제정에 대한 요구도 커지고 있다. 이에 개정판을 내야 된다는 부담감에 따라 크게 손을 볼 수밖에 없었다. 기존의 책의 '제2판'이라는 형태로 출간할 수도 있지만 새로운 마음으로 책의 이름도 바꾸기로 하고, 조금 가볍지만 희망을 담은 이름으로 변경하였다. 출판사를 바꾸어야 되는 사정도 책의 이름을 변경하는 결정에 한몫을 했다.

'차별없는 세상'에 대한 꿈은 우리 모두의 꿈이다. 하지만 차별이 무엇인지에 대한 논의는 종결되지 않았다. 그만큼 차별을 판단하는 기준을 제시하기 어렵다는 뜻이다. 종국에는 차별금지사유마다, 그리고 차별금지영역마다 다른 기준이 제시될 수밖에 없다. 하지만 다양한 차별금지사유와 차별금지영역에 공통적으로 적용될 수 있는 보편적 기준의 제시도 가능하다. 그것을 모아 보면 '합리성'이라는 이념으로 연결된다. 이처럼 차별의 문제는 합리성의 문제이기 때문에 이 문제에 대한 해결은 사회 전체의 합리성 수준에 따라 결정된다. 어떤 사회가 매우 합리적이면 차별의 문제도 이상적 수준으로 해결될 수 있지만 어떤 사회가 상당히 비합리적이라면 차별의 문제도 최악의 수준 정도로만 해결될 수밖에 없다. 이 책이 차별의 문제를 해결하는 법적 대안일 뿐만 아니라 한국 사회의 합리성 수준을 제고하는 이성의 통로가 될 수 있기를 기대하며 세상에 내놓는다. 책의 교정을 위해 수고해 준 나의 조교 정다영(고려대 대학원 박사과정)과 출판을 위해 최선을 다해주신 홍문사 편집진에게 이 자리를 빌어 감사의 말을 전한다.

2012년 8월
안암동 연구실에서
이 준 일(YI, Z. I.)

차 례

제1장 차별의 개념

제 2 장 차별의 유형

제 3 장 차별금지법제

제 4 장 차별시정기구

제 5 장 차별시정절차

약어표 및 판례인용예시

[차별금지관련 법률명 약어표]

연령차별금지법	고용상 연령차별금지 및 고령자고용촉진에 관한 법률
비정규직차별금지법	기간제 및 단시간근로자 보호 등에 관한 법률
남녀고용평등법	남녀고용평등과 일·가정 양립지원에 관한 법률
장애인차별금지법	장애인차별금지 및 권리구제 등에 관한 법률

ADA(A)	호주 연령차별금지법(Age Discrimination Act, 2004)
ADA(US)	미국 장애인법(Americans with Disabilities Act, 1990)
ADEA	미국 연령차별금지법(Age Discrimination in Employment Act, 1967)
AHRCA	호주 인권위원회법(Australian Human Rights Commission Act, 1986)
CGEA	남아프리카공화국 성평등위원회법(Commission on Gender Equality Act, 1996)
CHRA	캐나다 인권법(Canadian Human Rights Act: 1977)
CRA	미국 개정민권법(Civil Rights Act, 1991)
DDA	호주 장애인차별금지법(Disability Discrimination Act, 1992)
EA	아일랜드 평등법(Equality Act, 2004)
EEA(C)	캐나다 고용평등법(Employment Equity Act, 1995)
EEA(I)	아일랜드 고용평등법(Employment Equality Act, 1998)
EPA	미국 동일임금법(Equal Pay Act, 1963)
ESA	아일랜드 평등지위법(Equal Status Act, 2000)
HRA	뉴질랜드 인권법(Human Rights Act, 1993, 2001)
HRCA(I)	아일랜드 인권위원회법(Human Rights Commission Act, 2000/2001)
HRCA(S)	남아프리카공화국 인권위원회법(Human Rights Commission Act, 1994)
IRCA	미국 이민법(Immigration Reform and Control Act, 1986)
PHRA	인도 인권보호법(the Protection of Human Rights Act, 1993)
RA	미국 재활법(Rehabilitation Act, 1973)
RDA	호주 인종차별금지법(Racial Discrimination Act, 1975)
SDA	호주 성차별금지법(Sex Discrimination Act, 1984)
Title VII	미국 민권법 제7편(Title VII of the Civil Rights Act, 1964)

[차별시정기관명 약어표]

AHRC	호주 인권위원회(Australian Human Rights Commission)
CGE	남아프리카공화국 성평등위원회(Commission on Gender Equality)
CHRC	캐나다 인권위원회(Canadian Human Rights Commission)
CHRT	캐나다 인권재판소(Canadian Human Rights Tribunal)
EA	아일랜드 평등위원회(Equality Authority)
EEOC	미국 고용기회평등위원회(Equal Employment Opportunity Commission)
ET	아일랜드 평등재판소(Equality Tribunal)
GNCHR	그리스 국가인권위원회(Greek National Commission for Human Rights)
HRC	뉴질랜드 인권위원회(Human Rights Commission)
HRRT	뉴질랜드 인권재심재판소(Human Rights Review Tribunal)
IHRC	아일랜드 인권위원회(Irish Human Rights Commission)
NHRC	인도 국가인권위원회(National Human Rights Commission)
SAHRC	남아프리카공화국 인권위원회(South African Human Rights Commission)

[판례인용예시]

헌재 1995.12.28. 95헌바3

→ 헌법재판소 1995년 12월 28일 선고, 95헌바3 결정

대판 2007.6.14. 2005두6461

→ 대법원 2007년 6월 14일 선고, 2005두6461 판결

대결 2011.9.2. 2009스117

→ 대법원 2011년 9월 2일자, 2009스117 결정

제1장

차별의 개념

차별금지법을 다루는 이 책에서 아무래도 가장 중요한 것은 차별의 개념에 대한 이해다. 다시 말해 차별이란 무엇이고(intension of discrimination), 또한 어떤 행동이나 조치를 차별이라 부를 수 있는지(extension of discrimination)에 대한 올바른 이해가 차별금지법을 주제로 한 이 책에서 제일 중요하다. 이를 위해서는 차별이란 개념을 정의하는 본질적 표지가 무엇인지를 밝혀내는 것이 우선적 과제가 된다.

제1절 차별과 평등

차별의 개념을 이해하는 본질적 표지가 무엇인지에 대해서는 다양한 관점에서 접근이 가능하다.[1] 하지만 차별은 불평등과 동일한 개념으로 이해되는 것처럼 무엇보다도 평등과 밀접한 관련을 맺는다. 따라서 차별개념의 본질적 표지를 찾기 위하여 평등과의 관련성 속에서 검토를 시작하기로 한다.

I. 차별적 대우로서의 차별과 절대적 평등

차별(discrimination)이란 무엇인가? 어떤 행동이나 조치를 차별이라고 부를 수 있는가? 차별은 우선 모든 '차별적(불평등한) 대우', 즉 모든 '상이한(다른) 대우(different treatment)'를 의미할 수 있다. 이 경우에 상이한 대우를 받은 모든 사람들은 그러한 대우를 한 사람으로부터 차별을 받았다고 주장할 수 있다. 예를 들어 갑(甲)이라는 교수가 자신의 수업을 수강한 학생 을(乙)에게는 A학점을, 병(丙)에게는 C학점을 주었다고 하자. 이때 모든 상이한 대우를 차별로 이해하는 병은 을과 동일한 학점을 받지 못했다는 이유로 갑에게 차별을 받았다고 주장할 수 있다.[2] 또한 정부가 소득에 따라 100만원을 번 사람에게는 소득의 10%인 10만원의 세금을 부과하고, 500만원을 번 사람에게는 소득의 20%인 100만원의 세금을 부과하였다고 하자. 이 경우에도 모든 상이한 대우를 차별로 이해하게 되면 세금의 총액(10만원 또는 100만원) 또는 소득에 대한 비율(10% 또는 20%)이 다르다는 이유로 정부가 국민을 차별하고 있다고 주장할 수 있다.

차별적 대우(상이한 대우)를 한 경우를 언제나 차별로 이해하면 평등(equality)

---

1) 예를 들어 차별은 정의(justice)의 관점에서 접근이 가능하다. 흔히 평등은 정의로 이해되고, 불평등은 부정의(불의)로 이해되기 때문이다. 차별과 정의의 관계에 대해서는 나중에 다시 설명하기로 한다.

2) 물론 을과 상이한 대우를 받은 갑도 차별을 받았다고 주장할 수 있는 경우가 있다. 하지만 대부분의 경우에 차별을 주장하는 사람은 다른 사람과 비교하여 불리한 대우를 받은 자이기 때문에 이러한 경우는 일단 제외하기로 한다.

이란 항상 '동등한(평등한) 대우', 즉 '동일한(같은) 대우(same treatment)'를 의미한다. 이러한 이분법적 논리에 따라 모든 차별적 대우가 차별이라면 차별의 극복을 통해서 도달하려는 목표는 '절대적 평등(absolute equality)'이다. 모든 형태의 차별적 대우를 배제하고, 모든 대상을 모든 상황에서 동일하게 대우하도록 요청하는 것이 절대적 평등이기 때문이다. 이러한 절대적 평등의 이념에 따르면 모든 교수는 자신을 수업을 수강한 모든 학생에게 동일한 학점을 부여해야 한다. 또한 모든 국가는 그 국가에 살고 있는 모든 시민에게(외국인을 포함하여) 동일한 금액의 세금 또는 소득에 대한 동일한 비율의 세금을 부과하고 징수해야 한다.

하지만 이러한 절대적 평등의 이념이 얼마나 불합리한지를 우리는 이미 직관적으로도 깨달을 수 있다. 교수는 학생의 학업성과에 따라 상이한 학점을 부여할 수 있고, 국가는 시민의 경제적 능력에 따라 상이한 세금을 징수할 수 있다는 것이 '최소한의 이성의 요청'에 합치하기 때문이다. 따라서 이러한 절대적 평등의 이념을 기초로 이해된 차별의 개념은 적절하지 못하다. 절대적 평등의 이념을 벗어던지면 모든 차별적(상이한) 대우가 차별인 것은 아니다. 그것이 차별인지를 확인하기 위해서는 차별대우를 받고 있는 개별적인 대상과 그 대상이 처해 있는 구체적인 상황을 고려해야 한다는 점은 분명해진다.

II. 차별적 대우의 대상과 상대적 평등

1. 상대적 평등과 비교대상의 평가

여기서 절대적 평등과 구별되는 개념이 '상대적 평등(relative equality)'이다. 상대적 평등은 모든 대상을 모든 상황에서 동등하게 대우하도록 요청하지 않고, 각 대상마다 구체적이고 개별적인 상황에 따라서 동등한(평등한) 대우를 할 수도 있지만 차별적(불평등한) 대우를 할 수도 있도록 허용한다. 이러한 상대적 평등의 이념에 따르면 동등한(동일한) 대우가 항상 평등한 것도 아니고, 차별적(상이한) 대우가 항상 차별인 것도 아니다. 구체적이고 개별적인 상황에 따라 동등한 대우라고 하더라도 차별일 수 있고, 차별적 대우라고 하더라도 평등할 수 있는 것이다.

왜냐하면 차별적 대우를 받는 대상의 구체적이고 개별적인 조건과 상황에 따라 대상에 대한 '평가(evaluation)'가 달라지기 때문이다. 앞에서 든 예를 다시 들면 학생들의 구체적인 학업성과에 따라 다르게 평가된 각각의 학생들에게 상이한 학점이 부여될 수 있고, 시민들의 구체적인 경제능력에 따라 다르게 평가된 각각의 시민들에게 상이한 세금이 부과될 수 있는 것이다.

이처럼 상대적 평등에 기초한 차별개념은 차별적 대우 또는 동등한 대우라는 '결과'만 보지 않고, 그러한 대우를 받은 대상의 '구체적 조건과 상황'을 고려한다. 그리고 그러한 구체적 조건과 상황에 비추어 대상들을 비교하여 동일한 것으로 평가되면 동등한(동일한) 대우를 하고, 상이한 것으로 평가되면 차별적(상이한) 대우를 하게 된다. 따라서 만약 비교대상들이 동일한 대상으로 평가되었음도 불구하고 동등한 대우를 하지 않거나 비교대상들이 상이한 대상으로 평가되었음에도 불구하고 차별적 대우를 하지 않으면 차별이 된다. 결론적으로 상대적 평등에 기초한 차별개념은 동등하거나 차별적인 대우와 그러한 대우를 받은 대상에 대한 평가를 비교함으로써 이해되는 개념이다. 절대적 평등의 이념 안에서 고려되지 않았던 차별적 대우의 대상과 그 대상이 처한 조건과 상황이 비로소 상대적 평등의 이념 안에서 고려되는 것이다.

2. 자연적 평등과 규범적 평등

이러한 상대적 평등의 이념은 또 다시 '자연적 평등(natural equality)'의 이념과 '규범적 평등(normative equality)'의 이념으로 구분될 수 있다. 자연적 평등과 규범적 평등은 비교대상에 대한 평가를 자연적 상태(natural state)에 기초하는지, 아니면 규범적 가치(normal value)에 기초하는지에 따라 구분된다. 자연적 평등의 이념에 따르면 비교대상의 자연적 상태를 기초로 동일한 평가를 받으면 동등한 대우를 해야 하고, 상이한 평가를 받으면 차별적 대우를 해야 한다. 반면에 규범적 평등의 이념에 따르면 비교대상의 규범적 가치가 동일한 평가를 받으면 동등한 대우를 해야 하고, 상이한 평가를 받으면 차별적 대우를 해야 한다. 이러한 구분에 따르면 자연적 상태에 기초하여 동일한 평가를 받은 대상도 규범적 가치에 기초해서는 상이한 평가를 받을 수 있고, 자연적 상태에 기초하여 상이한 평가를 받은 대상이 규범적 가치에 기초한 평가에서 동일한 평가를 받을 수도 있다. 예를 들어 여성과 남성은 임신이나 출산과 같은 자연적 상태에 기초한 평가에서 상이한 평가를 받을 수 있지만 노동의 가치와 같은 규범적 가치에 기초한 평가에서는 동일한 평가를 받을 수 있다.

자연적 평등과 규범적 평등은 서로 배제하는 관계가 아니라 보완하는 관계에 있다. 자연적 상태에 기초한 평가가 동등한 대우와 차별적 대우의 선택에서 유일하게 중요한 요소인 경우에는 그러한 평가결과에 따라 비교대상을 대우해야 한다. 하지만 자연적 상태에 기초한 평가가 평가주체마다 상이하여 규범적 가치에 기초한 평가가 개입될 수밖에 없는 경우나 자연적 상태에 기초한 평가 이외에 규범적 가치에 기초한 평가가 중요하다고 판단되는 경우에는 규범적 가치에 기초한 평가가 개입되어 자연적 상태에 기초한 평가를 수정하게 된다.

<table>
<tr><th rowspan="3">대상</th><th rowspan="3">자연적 상태
(X)</th><th rowspan="3">규범적 가치
(Y)</th><th rowspan="3">대우
(Z)</th><th colspan="3">법적 판단</th></tr>
<tr><th rowspan="2">절대적
평등(Z)</th><th colspan="2">상대적 평등</th></tr>
<tr><th>자연적
평등(X=Y)</th><th>규범적
평등(Y=Z)</th></tr>
<tr><td>A</td><td rowspan="2">동일(같음)</td><td rowspan="2">동일(같음)</td><td>동일한 대우
= 평등한 대우</td><td>평등</td><td>평등</td><td>평등</td></tr>
<tr><td>B</td><td>상이한 대우
= 차별적 대우</td><td>차별</td><td>차별</td><td>차별</td></tr>
<tr><td>A</td><td rowspan="2">상이(다름)</td><td rowspan="2">동일(같음)</td><td>동일한 대우
= 평등한 대우</td><td>평등</td><td>차별</td><td>평등</td></tr>
<tr><td>B</td><td>상이한 대우
= 차별적 대우</td><td>차별</td><td>평등</td><td>차별</td></tr>
<tr><td>A</td><td rowspan="2">동일(같음)</td><td rowspan="2">상이(다름)
= 차이</td><td>동일한 대우
= 평등한 대우</td><td>평등</td><td>평등</td><td>차별</td></tr>
<tr><td>B</td><td>상이한 대우
= 차별적 대우</td><td>차별</td><td>차별</td><td>평등</td></tr>
<tr><td>A</td><td rowspan="2">상이(다름)</td><td rowspan="2">상이(다름)
= 차이</td><td>동일한 대우
= 평등한 대우</td><td>평등</td><td>차별</td><td>차별</td></tr>
<tr><td>B</td><td>상이한 대우
= 차별적 대우</td><td>차별</td><td>평등</td><td>평등</td></tr>
</table>

III. 소 결

이와 같이 차별의 개념에 대한 이해와 평등의 이념에 대한 이해는 밀접하게 관련되어 있기 때문에 평등을 어떻게 이해하는지에 따라 차별의 의미는 달라질 수 있다. 따라서 우리는 차별의 개념을 엄밀하게 정의하기 위하여 우선적으로 평등에 대한 정확한 이해에서부터 출발하기로 한다.[3)]

3) 평등에 대해서는 이준일, 「헌법학강의」(2011), 397면 이하 참조. 특히 차별과 관련해서는 민무숙 · 박영도 · 이수연 · 이준일, 「국민통합을 위한 차별해소 방안」(여성개발원, 2005), 56면 이하 참조. 차별을 다루는 이 책에서는 평등의 이해와 관련하여 특히 후자의 글에서 필자가 밝힌 기본생각을 발전시키고 있다.

제 2 절 평등의 정당화

평등을 접근하는 관점은 다양할 수 있으므로 평등은 여러 가지 관점에서 정당화될 수 있다. 차별을 탐구하는 이 책에서는 평등을 '인권'의 관점에서 접근하기로 한다. 따라서 평등에 대한 정당화를 인간의 존엄과 가치에 관한 기본적 인권에서 시도해 보기로 한다.

I. 평등의 근거로서 인간의 존엄과 가치

한국의 법체계상 최상위법(최고법)인 헌법은 모든 기본권의 '최종근거(ultimate reason)'를 인간의 존엄과 가치에 두고 있다(헌법 제10조 제1문). 헌법은 하나의 통일체로 이해되어 헌법상 보장된 기본권 상호간의 서열을 인정할 수 없기 때문에,[4] 인간의 존엄과 가치에 관한 기본권은 최상위의 서열에 위치하는 기본권으로 볼 수 없다. 그러나 인간의 존엄과 가치에 관한 기본권은 다른 기본권의 최종적인 근거가 될 수는 있다. 다시 말해 인간의 존엄과 가치에 관한 기본권은 다른 모든 기본권이 존재해야 하는 당위성을 논증하기 위한 '근거의 근거'로서 최종적 근거가 된다. 그리고 다른 모든 기본권은 인간이 존엄하고 가치 있는 존재가 되어야 한다는 규범적 명제를 구체화하기 위하여 존재하는 필수적인 권리들이 된다.[5]

---

4) 헌법재판소의 견해도 같다. 헌재 1995.12.28. 95헌바3: "헌법은 전문과 각 개별조항이 서로 밀접한 관련을 맺으면서 하나의 통일된 가치 체계를 이루고 있는 것으로서, 헌법의 제규정 가운데는 헌법의 근본가치를 보다 추상적으로 선언한 것도 있고, 이를 보다 구체적으로 표현한 것도 있으므로 이념적·논리적으로는 규범상호간의 우열을 인정할 수 있는 것이 사실이다. 그러나 이때 인정되는 규범상호간의 우열은 추상적 가치규범의 구체화에 따른 것으로 헌법의 통일적 해석에 있어서는 유용할 것이지만, 그것이 헌법의 어느 특정규정이 다른 규정의 효력을 전면적으로 부인할 수 있을 정도의 **개별적 헌법규정 상호간에 효력상의 차등을 의미하는 것이라고는 볼 수 없다.**"; 같은 취지의 판례로 2001.2.22. 2000헌바38; 2005.5.26. 2005헌바28 참조.

5) 유엔 인권선언(The Universal Declaration of Human Rights: UDHR)도 인간의 존엄(dignity)을 모든 인권의 출발점으로 삼고 있다. UDHR 제1조 제1문: "모든 인간은 존엄과 권리에서 선천적으로 자유롭고 평등하다(All human beings are born free and equal in dignity and rights)."

그렇다면 헌법상 보장되어 모든 기본권의 최종적 근거가 되고 있는 인간의 존엄과 가치를 정당화하는 근거는 무엇인가? 다시 말해 인간이 왜 존엄하고 가치 있는 존재인지에 대하여 실정헌법을 넘어서 제시할 수 있는 근거는 무엇인가? 인간이 존엄하고 가치있는 존재가 되어야 하는 근거에 대해서는 다양한 관점에서 설명이 가능하다. 예를 들어 기독교적 관점에서 인간이 신(神)과 동일한 형상을 가졌기 때문이라든지(신인동형설),[6] 근대 자연법적 · 이성법적 인간상에 따라 인간이 이성(理性)을 가진 존재이기 때문이라든지 하는 견해가 있다.

이처럼 인간이 존엄하고 가치 있는 존재가 되어야 한다는 명제에 대해서 다양한 근거가 제시될 수는 있지만 이러한 당위적 명제 자체에 대해서 의심하는 견해는 발견되지 않는 것으로 보인다. 인간이 존엄하고 가치 있는 존재로 인정받아야만 한다는 당위적 명제 자체에 대해서는 반대의 이론(異論)이 없다는 뜻이다. 이처럼 인간이 존엄하고 가치 있는 존재이어야 한다는 당위적 명제에 대해서는 '보편적 합의'가 존재한다고 말할 수 있으므로 그 명제는 보편타당한 명제로 인정될 수 있다. 무엇보다도 현행 헌법의 명시적 문구에 따르면 인간이 존엄하고 가치 있는 존재가 되어야 한다는 당위적 명제는 대한민국 국민 전체의 '헌법적 합의'로서 법적 강제력을 가지고 대한민국 국민 전체를 구속한다. 따라서 적어도 대한민국 안에서 인간의 존엄과 가치는 대한민국 구성원에 의해 보편적으로 합의된 당위로서 인정된다고 할 수 있다. 물론 현실적으로는 인간을 존엄하고 가치 있는 존재로서 인정하지 않는 구성원들이 존재한다고 하더라도(인간의 존엄과 가치가 모든 사람에게 인정되는 것은 아니라는 것이 현실이라고 하더라도) 인간이 존엄하고 가치 있는 존재라는 명제는 폐기되지 않고 여전히 당위로서의 규범적 의미를 가진다. 또한 그렇기 때문에 그러한 규범적 명제는 오히려 인간이 존엄하고 가치 있는 존재로 인정받지 못하는 현실을 지도하고 규율하도록 요청받는다.

---

6) 성경(Holy Bible) 창세기 1장 27절: "하나님이 자기 형상 곧 하나님의 형상대로 사람을 창조하시되 남자와 여자를 창조하시고"; 창세기 5장 1-2절: "… 하나님이 사람을 창조하실 때에 하나님의 형상대로 지으시되 남자와 여자를 창조하셨고 …."

II. 인간의 존엄과 가치를 위한 두 가지 조건: 자유와 평등

헌법의 명시적 선언에 따라 인간이 존엄하고 가치있는 존재이어야만 한다는 당위적 명제가 추상적으로나마 확인되었다. 이러한 추상적 명제를 구체화하기 위해서는 인간이 존엄하고 가치있는 존재가 될 수 있는 구체적인 조건의 제시가 필요하다. 인간의 존엄과 가치의 개념에 대한 견해가 다양한 것처럼 인간의 존엄과 가치를 보장하는 조건에 대해서도 다양한 견해들이 제시된다.

그렇지만 인간이 존엄하고 가치로운 존재가 되기 위한 조건과 관련하여 보편적으로 합의할 수 있는 내용은 '자유롭고 평등한 존재로서의 인간'이다. 자유롭고 평등한 인간만이 존엄하고 가치로울 수 있다는 합의가 대부분의 국가에서 존재하는 것이다.[7] 물론 현실적으로는 자유와 평등이 보장받지 못하는 국가가 존재하는 것도 사실이다. 하지만 이러한 국가에서조차 자유와 평등이 인간의 존엄과 가치의 필수적 조건이라는 사실은 적어도 당위적 합의로서 존재한다고 보인다. 이러한 합의는 각 개인의 주관적 경험에도 그대로 반영된다. 우리는 나의 자유가 심각하게 침해당하고 있는 경우에, 그리고 내가 가혹하게 차별받고 있는 경우에 '내가 도대체 존엄하고 가치있는 존재인지'에 대해서 의문을 품게 된다. 반면에 내가 모든 문제를 스스로 판단하고 결정할 수 있고, 그것도 다른 사람과 비교하여 동등한 정도로 그렇게 할 수 있을 때 '나는 자유롭고 평등한 존재다'라고 느끼게 된다. 결국 자유롭지 못한 인간이 존엄하거나 가치로울 수 없는 것처럼 평등하지 못한 인간도 결코 존엄하거나 가치로울 수 없다는 점에서 평등은 인간존엄의 필수적 조건으로 정당화된다.

III. 평등의 실정법적 근거

이미 확인한 것처럼 대한민국의 헌법도 인간의 존엄과 가치를 기본권장의 제

7) 유엔의 '시민적 · 정치적 권리에 관한 국제협약(International Convention on Civil and Political Rights: ICCPR)'과 '경제적 · 사회적 · 문화적 권리에 관한 국제협약(International Covenant on Economic, Social and Cultural Rights: ICESCR)'은 모든 권리의 핵심을 "자기결정권(right of self-determination)"과 평등권으로 삼아 자유와 평등이 인권의 핵심이 되고 있음을 확인하고 있다.

일 선두(제10조 제1문 전단)에 세움으로써 인간의 존엄과 가치가 모든 기본적 인권의 최종적 근거가 된다는 사실을 선언하고 있다. 그리고 바로 그 뒤를 이어 행복추구권과 평등에 관한 조항을 두고 있는데 이 조항들은 앞서 설명한 인간의 존엄과 가치를 보장하기 위한 필수적 조건으로서의 자유와 평등에 관한 '일반조항(general clause)'으로 해석된다. 이러한 해석을 정당화하기 위해서는 조금 더 설명이 필요하다.

첫째, 헌법은 제10조 제1문의 후단에서 "모든 국민은 행복을 추구할 권리를 가진다"라고 규정하고 있다. 이 규정의 의미에 대해서는 다양한 해석이 가능하지만 '일반적 자유권(general right of freedom)'을 의미하는 것으로 해석하는 것이 가장 합리적이다.[8] 왜냐하면 우선 '헌법의 체계상' 일반적 평등권과 함께 일반적 자유권이 규정되는 것이 바람직한데 그에 관한 규정이 없고, 다름 아닌 행복추구권이 인간의 존엄과 가치에 관한 권리와 평등권 사이에 절묘하게 위치하고 있기 때문이다. 그리고 행복추구권은 '문자 그대로' 각 개인이 자신이 생각하는 행복에 대한 관념에 따라 그것을 자유롭게 추구하고 실현할 수 있는 권리로 해석될 수 있기 때문이다. 둘째, 헌법은 제11조 제1항에서 "모든 국민은 법 앞에 평등하다"고 규정하여 다른 해석가능성 없이 모든 국민에게 '일반적 평등권(general right of equality)'을 보장하고 있음이 분명하다. 결국 우리 헌법은 인간의 존엄과 가치를 보장하기 위한 필수적 조건인 자유와 평등을 일반적 조항에 의하여 명시적으로 규정하고 있다. 따라서 적어도 여기서 문제가 되고 있는 평등은 헌법에 의하여 명시적으로 보장되고 있다.

인간의 존엄과 가치를 구체화하는 자유와 평등에 관한 일반조항을 두고 있는 우리 헌법의 태도는 '빈틈없는 기본권보장'이라는 측면에서 대단히 유익하다. 비록 헌법제정자가 인간의 존엄과 가치를 실현하기 위하여 '개별적 자유권(individual

---

8) 계희열, 「헌법학(중)」(2004), 216면 이하; 김선택, "행복추구권과 헌법에 열거되지 아니한 권리의 기본권체계적 해석", 「안암법학」, 창간호(1993), 192면 이하; 헌재 1991.6.3. 89헌마204등: "여기의 행복추구권 속에 함축된 일반적인 행동자유권(은) … 국가안전보장, 질서유지 또는 공공복리에 반하지 않는 한 입법 기타 국정상 최대의 존중을 필요로 하는 것이라고 볼 것이다. 일반적 행동자유권에는 적극적으로 자유롭게 행동을 하는 것은 물론 소극적으로 행동을 하지 않을 자유 즉 부작위의 자유도 포함되는 것으로, …(헌재 판례집 3, 268, 275-276). 그 밖에도 헌재 2003.10.30. 2002헌마518, 판례집 15-2, 98, 195; 2005.11.24. 2005헌바46, 판례집 17-2, 451, 459 등에서 볼 수 있는 것처럼 헌법재판소는 일관되게 행복추구권을 일반적 자유권으로 이해하고 있다.

rights of freedom)'과 '개별적 평등권(individual rights of equality)'을 명시적으로 열거한다고 하더라도 거기에는 일정한 한계가 있을 수밖에 없기 때문이다. 일반적 자유권과 일반적 평등권은 헌법제정자가 미처 예상하지 못한 개별적 기본권까지도 보장할 수 있는 근거를 제공한다. 물론 일반적 자유권과 일반적 평등권을 규정한 것만으로 개별적 자유권과 개별적 평등권을 세세하게 열거하는 것과 동일한 목적을 달성할 수 있다는 뜻은 아니다. 일반적 자유권과 일반적 평등권은 인간의 존엄과 가치에 관한 기본권과 결합되는 경우에만 개별적 자유권과 개별적 평등권으로 구체화될 수 있다. 인간으로서 존엄하고 가치 있는 존재가 되기 위하여 어떠한 개별적 자유권과 개별적 평등권이 인정될 수 있는지는 구체적으로 결정될 수밖에 없기 때문이다. 이처럼 인간의 존엄과 가치는 개별적 기본권의 실체적 내용을 결정하는 최종적 근거로서, 그리고 일반적 기본권은 개별적 기본권을 도출하는 간접적 근거로서 역할을 한다.

여기서 우리는 "국민의 자유와 권리는 헌법에 열거되지 아니한 이유로 경시되지 아니한다"(헌법 제37조 제1항)라고 선언하여 이른바 '열거되지 아니한 개별적 권리(not-enumerated individual rights)'를 규정한 헌법의 정신을 이해할 수 있다. 세세하게 열거되어 있지는 않지만 인간의 존엄과 가치에 관한 기본권을 최종적 근거로, 그리고 일반적 자유권과 일반적 평등권을 간접적 근거로 하여 도출할 수 있는 개별적 자유권과 개별적 평등권이 존재할 수 있다는 헌법제정자의 명시적 확인이기 때문이다.

결론적으로 대한민국의 헌법은 인간의 존엄과 가치에 관한 기본권 및 그것을 구체화하는 일반적 자유권과 일반적 평등권, 그리고 다양하게 열거된 개별적 기본권과 심지어 열거되지 않은 개별적 기본권을 보장함으로써 적어도 국민의 기본적 인권의 보장과 관련해서는 완벽한 체계라고 해도 지나치지 않다고 할 수 있다. 다만 평등권의 경우에 일반적 평등권에 관한 조항이 있기는 하지만 개별적 평등권을 구체화하기 위한 차별사유에 대하여 "성별 · 종교 또는 사회적 신분"(헌법 제11조 제1항 제2문)으로 한정하여 열거함으로써 해석의 여지를 남기고 있는 것은 아쉬운 점이다. 하지만 헌법제정자가 개별적 평등권의 영역으로서 성별, 종교, 사회적 신분을 열거한 것은 다른 차별사유가 중요하지 않아서라기보다 이와 같은 열거된 사유에 대해서 특별히 주목할 필요가 있다는 점만을 강조하기 위한 것으로 이해된다. 따라서 개별적 차별사유로서 헌법에 열거된 세 가지 사유에만 주목할 필요는 없다.[9] 게다가 열거되지 않은 개별적 기본권을 강조하고 있는 헌법제정자의 의도를 고려한다면 열거되지 않은 차별사유에 근거한 개별적 평등권도 열거된 차별사유에 근거한 개별적 평등권만큼 중요한 의미를 가진다는 점을 반드시 기억해야 한다. 이러한 맥락에서 헌법재판소가 종래의 헌법에 열거된 차별금지사유를 제한적인 것으로 보다가 예시적인 것으로 보기 시작한 것은 중요한 전환점이 될 것으로 판단된다.

9) 하지만 헌법재판소는 헌법이 차별금지사유로 열거하는지 여부를 중요하게 간주하였다. 이에 따라 헌법에서 차별금지사유로 열거된 사유에 의한 차별대우는 엄격한 심사를 해야 한다고 보았다. 헌재 1999.12.23. 98헌마363, 판례집 제11권 2집, 770면 이하: "헌법이 스스로 차별의 근거로 삼아서는 아니 되는 기준을 제시하거나 차별을 특히 금지하고 있는 영역을 제시하고 있다면 그러한 기준을 근거로 한 차별이나 그러한 영역에서의 차별에 대하여 엄격하게 심사하는 것이 정당화된다."(787면) 하지만 최근에 나온 헌법재판소의 판례를 보면 헌법재판소의 입장이 다소 변경되었다는 사실을 확인할 수 있다. 헌재 2010.11.25. 2006헌마328, 판례집 제22권 2집(하), 446면 이하: "헌법 제11조 제1항 후문의 … 규정은 불합리한 차별의 금지에 초점이 있고, 예시한 사유가 있는 경우에 절대적으로 차별을 금지할 것을 요구함으로써 입법자에게 인정되는 입법형성권을 제한하는 것은 아니다."(454면) 심지어 위헌의견을 제시한 2명의 재판관도 성별에 따른 차별에서 완화된 심사로 충분하다고 본다. "이 사건 법률조항(남성에게만 병역의무를 부과하는 법률조항)이 평등권을 침해하는지 여부는 다수의 기각의견이 판단한 바와 같이 완화된 심사척도에 따라 자의금지원칙 위반 여부를 판단하면 족하므로, 남성과 여성에 대한 위와 같은 차별에 합리적 이유가 있는지를 살펴보기로 한다."(465면)

제3절 평등의 내용

앞 장에서는 인간의 존엄과 가치를 구체화하는 필수적 조건으로서 평등을 정당화했다. 그리고 현행 헌법을 통해 평등의 실정법적 정당성까지 확보했다. 하지만 여전히 평등이 무엇인지에 대한 설명은 빠져 있었다. 이제는 평등이 어떠한 내용을 담고 있는지에 대한 구체적인 논의가 필요하다.

I. 절대적 평등의 비현실성과 상대적 평등의 요청

앞에서 든 예와 같이 모든 학생에게 동일한 학점을 부여하거나 모든 시민에게 동일한 세금을 징수하는 것처럼 모든 사람을 어떤 경우에나 똑같이(동등하게/평등하게) 대우하도록 요청하는 '절대적 평등'은 가능하지도 않을뿐더러 바람직하지도 않다는 점에서 평등의 이해에서 '절대적 평등'의 관념은 원천적으로 배제된다. 모든 사람을 어떤 경우에나 똑같이 대우하는 것은 현실적으로 가능하지도 않고, 비록 가능하다고 하더라도 그것은 모든 사람을 균일화 또는 동질화하는 것과 같은 바람직하지 않은 의미를 담기 때문이다.

여기서 평등은 "같은 것을 같게 대우하고, 다른 것을 다르게 대우하라"는 유명한 공식에 따라 '상대적 평등'으로 이해되어야 한다. 헌법재판소도 평등을 같은 의미로 이해하고 있다. "평등의 원칙은 일체의 차별적 대우를 부정하는 절대적 평등을 의미하는 것이 아니라 입법과 법의 적용에 있어서 합리적인 근거가 없는 차별을 하여서는 아니 된다는 상대적 평등을 뜻하고 따라서 합리적인 근거가 있는 차별 또는 불평등은 평등의 원칙에 반하는 것이 아니다."[10] 이러한 상대적 평등의 이념에 따르면 모든 대상을 모든 조건과 상황에서 항상 동등하게(평등하게/동일하게) 대우하는 것이 평등이 아니라, 다양하게 존재하는 개별적이고 구체적인

---

10) 헌재 1998.9.30. 98헌가7등, 판례집 10-2, 504면; 1999.5.27. 98헌바26, 판례집 11-1, 627면 이하 참조.

조건과 상황에 따라 동일한 대상은 동등하게 대우하고 상이한 대상은 차별적으로 (불평등하게/상이하게) 대우하는 것이 평등임을 확인하게 된다.

II. 상대적 평등의 구조

1. 상대적 평등과 평가의 문제

'같은 것을 같게, 다른 것을 다르게'라는 공식에 따라 평등을 상대적 평등으로 이해하면 다음과 같은 질문이 곧바로 따라오게 된다. '도대체 무엇이 같아서 같은 대우를 받아야 하고, 무엇이 달라서 다른 대우를 받아야 하는가?' 예를 들어 교수가 학생에게 학점을 부여하는 경우에 교수는 우선적으로 한 학기 동안 학생이 보여준 학업 성과에 대한 평가를 한다. 중간고사와 기말고사, 그리고 출석과 과제 및 수업 참여도 등을 종합적으로 평가하여 A, B, C, D, F 등 각 등급별로 학생들을 분류하고 학점을 부여한다. 동일한 학점(동등한 대우)을 받은 학생들은 같은 대상으로 평가를 받은 것이고, 상이한 학점(차별적 대우)을 받은 학생들은 다른 대상으로 평가를 받은 것이다. 우리는 이 예에서 동등한 대우를 받아야 하는 같은 것과 차별적 대우를 받아야 하는 다른 것을 구분하기 위하여 일정한 기준이 필요하다는 사실을 확인하게 된다.

동등하게 대우받아야 할 동일한 대상과 차별적으로 대우받아야 할 상이한 대상을 구분하는 경우에 '객관적이고 고정적인 단일한 기준'을 사용하는 것이 가장 바람직하고 이상적이다. 문제는 그러한 객관적이고 고정적인 단일한 기준이 존재할 수 있는지 하는 것이다. 현실을 보면 동등하게 대우받아야 할 동일한 대상과 차별적으로 대우받아야 할 상이한 대상의 구분은 오히려 '주관적이거나 유동적인 다양한 기준'에 따라 변화될 수 있는 성격을 갖는다는 점을 쉽게 확인할 수 있다. 즉 비교대상과 비교대우의 구분은 거기에 전제되고 있는 다양한 관점과 가치관에 따라 상대적이며 가변적일 수 있는 '평가(evaluation)의 과정'으로 이해된다. 왜냐하면 모든 평가는 그 기준으로서 일정한 가치(value)를 전제로 하기 때문에 일정한 비교대상을 동일한 것으로 보아 동등한 대우를 할 것인지 아니면 상이한 것으로 차별적 대우를 할 것인지에 대한 평가는 전제가 된 일정한 가치에 따라 상대적으로 결정될 수밖에 없기 때문이다. 예를 들어 갑(甲)이라는 학생과 을(乙)이라는 학생이 보여준 학업 성과에 대해서 병(丙)이라는 교수는 갑에게 A학점, 을에게 B학점을 주는 반면에 정(丁)이라는 교수는 갑에게 B학점, 을에게 A학점을 줄 수 있다. 이것은 각각의 교수가 평가하는 기준(가치)이 다르기 때문이다.

이러한 평가의 상대성은 자연적 상태에 기초한 평가나 규범적 가치에 기초한 평가에서 정도의 차이는 있지만 동일하게 타당하다.[11] 많은 경우에 자연적 상태에 기초한 평가는 규범적 가치에 기초한 평가보다 합의가 이루어지기 쉽다. 하지만 자연적 상태에 기초한 평가의 경우에도 평가 주체마다 내난히 상이한 평가가 가능하다. 결국 자연적 상태에 대한 확인이든 규범적 가치에 대한 평가든 가치의 개입은 불가피하다고 볼 수 있다. 경우에 따라서는 비교대상을 평가하는 모든 주체가 평가의 기준으로서 서로 다른 가치를 제시할 수도 있다. 특히 평가의 기준이 되는 다양한 가치들에는 심지어 우리가 '편견'(선입견)이라고 부르는 부정적 가치들까지 포함될 수 있다. 여기서 중요한 것은 특정한 사람에게 정당한 가치로 생각되는 것이 다른 사람에게는 부당한 가치를 의미하는 편견이 될 수도 있다는 점이다. 따라서 평가의 과정에 참여하는 모든 사람들은 다른 사람의 가치관을 잠정적으로 정당한 것으로 인정하는 것이 중요하다. 비교대상에 대한 다른 사람의 평가기준을 편견으로 폄하하는 것은 결국 자신의 평가기준도 편견으로 폄하될 수 있다는 사실을 인정하는 것이다. 이것은 평등을 둘러싼 논쟁에서 상호 부정(reciprocal non-recognition)이나 힘의 논리가 관철될 수 있는 결과를 초래한다.

평가의 기초가 되는 가치들이 다양해질수록 논증게임이 유익해진다는 사실은 조금 더 적극적인 측면에서 정당화될 수 있다. 결과만 놓고 보면 비교대상은 결국 동일한 것으로 동등한 대우 아니면 상이한 것으로 차별적 대우를 받게 된다. 하지만 동일한 대상에 대한 동등한 대우든 상이한 대상에 대한 차별적 대우든 비교대상에 대하여 그러한 대우를 이끌어낸 가치들은 다양할 수 있다. 결론은 같더라도 그것을 도출한 근거가 다르다면 그것은 전혀 다른 의미를 가질 수 있다는 점에서 동일한 대상에 대한 동등한 대우나 상이한 대상에 대한 차별적 대우라는

11) 자연적 상태에 기초한 평등과 규범적 가치에 기초한 평등의 구분에 대해서는 이 책 제1장 제1절 II. 2. 참조.

평가에 이르게 만든 다양한 가치들은 평등을 둘러싼 논증게임의 내용을 풍부하게 한다는 측면에서 대단히 중요하다.

동일한 대상으로서 동등한 대우 또는 상이한 대상으로서 차별적 대우의 선택에 대한 기초가 되는 다양한 가치를 인정하는 것은 문제해결의 출발점이지 그것만으로 모든 문제가 해결된 것은 아니다. 가치의 다양성에 대한 인정(가치다원주의)이 모든 가치의 정당성에 대한 인정(가치상대주의)이 아니기 때문이다. 여기서 우리는 다양한 가치의 정당성을 판단하기 위하여 이른바 '절대가치(the absolute value)'를 상정해 볼 수 있다. 이러한 절대가치를 판단기준으로 삼아 이것과 합치하는 가치는 정당하고, 그렇지 못한 가치는 정당하지 못하다고 판단하는 것이다. 하지만 절대가치는 개인이나 집단에 따라 인정하지 않는 경우도 있고, 인정한다고 해도 개인이나 집단에 따라 전혀 다른 내용인 경우도 있다. 특히 복잡하게 다원화된 현대의 민주사회에서 절대가치를 인정하는 것은 자칫 '가치의 독재'로까지 이어져 민주주의원리를 부정하는 결과를 초래할 수도 있다. 여기서 절대가치의 상정이 가치다양성의 문제를 해결하는 합리적인 방법이 아니라는 사실을 확인하게 된다.

2. 논증게임으로서 평등

그렇다면 가치의 다양성을 인정하면서도 절대가치에 의지하지 않으면서 평등의 문제를 해결하는 '제3의 길(the third way)'이 필요하다. 그것은 평등을 '논증게임(argumentation game)'의 과정으로 이해하는 것이다. 평등을 둘러싼 논증게임이란 비교대상을 동일한 것으로 보아 동등한(평등한) 대우를 하는 가치관과 비교대상을 다른 것으로 보아 차별적(불평등한) 대우를 하는 가치관이 논쟁을 벌여 '논거의 질(quality of argument)'이 더 나은 가치관이 승리하는 게임의 과정을 의미한다. 이러한 논증게임에서 비교대상을 동일한 것으로 보아 동등한 대우를 하는 가치관이 더 나은 논거의 질을 가졌으면 그 대상은 동등한 대우를 받아야 하고, 비교대상을 상이한 것으로 보아 차별적 대우를 하는 가치관이 더 나은 논거의 질을 가졌으면 그 대상은 차별적 대우를 받아야 한다. 논증게임에서 승패를 결정하는 논거의 질은 오로지 논증게임에 참여한 사람들의 동의에 따라서만 결정된다.

논증게임에 참여한 사람들 가운데 더 많은 사람들이 동의한 논거가 더 높은 질을 가진 논거가 되는 것이다.

평등을 논증게임으로 이해할 때 중요한 것은 논증게임의 과정을 '개방적 절차(open procedure)'로 만드는 것이다. 이러한 개방적 절차에서는 비교대상을 동일한 것으로 보아 동등한 대우를 할 것인지 아니면 상이한 것으로 보아 차별적 대우를 할 것인지에 대해서 다양한 주장과 근거가 제시될 수 있어야 한다. 그리고 이러한 주장과 근거에 대해서 논증게임에 참여한 사람들로부터 자유롭게 비판이 가해지고 반박될 수 있어야 한다. 결국 논증게임의 과정으로 재구성된 평등에 관한 결정이 합리성을 가질 수 있는지는 평등을 둘러싼 논증절차가 확보될 수 있는지, 그리고 그러한 절차가 개방적일 수 있는지에 따라 결정된다.

3. 논증부담규칙으로서 헌법상 평등조항

평등을 개방적 논증게임의 과정으로 재구성하게 될 때 생기는 문제는 평등에 대한 도덕적 요청 또는 헌법에 명시적으로 규정된 평등원칙은 도대체 어떠한 의미를 갖는지 하는 점이다. 평등에 대한 도덕적 요청이나 헌법상의 평등조항은 평등을 둘러싼 논증게임에서 어떠한 결정적 기준도 제시하지 못하기 때문이다. 여기서 평등이 도덕적 당위로서 요구되고, 심지어 평등을 헌법적 원칙으로 규정해야 되는 의미를 회복시키기 위하여 평등을 '논증부담규칙(rule of argumentation load)'[12]으로 이해할 필요가 있다.[13] 논증부담규칙으로서의 평등은 평등을 둘러싼 논증게임에서 비교대상을 동일한 것으로 보아 동등한(평등한) 대우를 주장하는 쪽이 아니라 상이한 것으로 보아 차별적(불평등한) 대우를 주장하는 쪽에 자신의 주장을 논증해야 할 부담을 부과한다. 따라서 문제가 되는 비교대상을 동일한 것으로 보아 동등하게 대우해야 한다는 주장이 아니라 문제가 되는 비교대상을 상이한 것으로 보아 차별적으로 대우해야 한다는 주장이 먼저 자신을 논증해야 한다. 이것은 평등이 '평등한 대우에 유리한 논증부담규칙(rule of argumentation load

12) R. Alexy, *Theorie der Grundrechte*, 제2판, Frankfurt/M. 1994, 373면 참조.

13) 논증부담규칙으로서 평등원칙의 의미에 대해서는 이준일, "평등원칙", 「안암법학」(안암법학회), 제8호(1998), 10면 이하; 같은 이, "소수자와 평등원칙", 「헌법학연구」(한국헌법학회), 제8권 제4호(2002), 231면 이하 참조.

favorable to equal treatment)'이라는 뜻이다. 이로써 평등에 대한 도덕적 요청 또는 평등에 관한 헌법적 원칙은 평등한 대우에 유리하도록 논증부담을 지우는 것을 규범적 내용으로 담게 된다.14)

평등을 논증부담규칙으로 해석함으로써 평등의 의미를 회복시키는 것에 대해서는 과소평가하는 견해도 없지 않다. 평등을 논증부담규칙으로 해석한다고 해도 평등에 대한 요청 자체는 여전히 평등을 둘러싼 논증게임에서 승패를 결정하는 중요한 요소가 될 수 없기 때문이다. 하지만 평등을 둘러싼 논증게임이 오로지 논거의 질에 따라 결정된다고 하더라도 평등을 논증부담규칙으로 이해하는 것은 평등에 관한 논증게임에서 중요한 의미를 갖는다. 논증부담규칙을 통해서 논증게임의 승패가 완전히 결정될 수는 없다고 하더라도 논증게임의 승패에 중요한 영향을 미칠 수는 있기 때문이다. 예를 들어 스포츠게임에서도 누가 먼저 공격하는지가 게임의 승패를 완전히 결정하지는 않지만 적어도 게임의 결과에 중요한 영향을 미치는 경우를 우리는 자주 본다. 또한 차별과 관련된 현실적인 측면에서도 평등을 논증부담규칙으로 이해하는 것은 대단히 중요한 의미를 갖는다. 흔히 현실은 '차별하는 자(the ones who discriminate against)'가 아니라 '차별받는 자(the ones who are discriminated against)'에게 차별받지 않아야 하는 근거를 제시하도록 요구하기 때문이다. 그리니 대부분의 경우에 차별받는 자는 사회적 약자로서 소수자(minority)이기 때문에15) 차별받는 자에게 차별받지 않아야 할 근거를 제시하도록 요구하는 것은 대단히 가혹하다. 그것은 장애인의 이동권을 주장하기 위하여 버스에 자신의 몸을 쇠사슬로 묶는 장애인들의 절박함처럼 차별받는 자에게 차별받지 않아야 할 근거를 제시하기 위해 목숨을 걸도록 강요하는 것일 수도 있다. 따라서 평등을 평등한 대우에 유리한 논증부담규칙으로 이해하는 것은 차별받는 자의 열악한 현실을 고려할 때 대단히 중요한 의미를 갖는다고 볼 수 있다.

---

14) 이와 같은 사실을 헌법에 명시적으로 규정하고 있는 경우도 있다. 예를 들어 남아프리카공화국헌법은 차별사유를 열거하면서 이러한 열거된 차별사유에 근거하여 행해진 차별은 그것이 공정(fair)하다는 확인이 있을 때까지 불공정(unfair)한 것으로 간주한다고 규정하고 있다(남아공헌법 제9조 제5항).

15) 평등과 소수자의 관계에 대해서는 이준일, "소수자의 기본권", 「인권과 정의」(대한변호사협회), 제328호(2003), 137면 이하 참조.

4. 정의(justice)와 평등

이미 앞서 설명한 것처럼 평등을 개방된 논증게임의 절차로 이해할 때 논증게임의 승패는 오로지 논거의 질에 따라 결정된다. 비록 평등이 동등한 대우에 유리한 논증부담규칙으로 해석됨으로써 논증게임의 결과에 어느 정도 영향을 준다고 하더라도 여전히 논증게임의 결과는 논거의 질이 결정한다는 뜻이다. 이것은 평등을 둘러싼 개방된 논증게임의 절차에 이성 또는 합리성의 요청이 지배하게 됨을 의미한다. 또한 이것은 평등의 이념이 정의의 이념과 만나는 교차점이 생기게 됨을 의미하기도 한다.

정의의 개념(정의란 무엇인가)은 다양하게 이해될 수 있다. 우리가 여기서 기초로 삼는 정의개념은 절차주의적인 것이다.[16] 절차주의적 정의관에 따르면 정의는 정의에 관한 다양한 주관적 견해가 주장되는 개방된 절차에서 다른 참여자들로부터 더 많은 동의를 받을 수 있는 주장을 의미한다. 그리고 정의에 관한 개방적 절차에서 다른 참여자의 더 많은 동의를 받는 것은 오로지 정의에 관한 주관적 주장이 기초로 삼는 논거의 질에 따라서만 결정된다. 이러한 절차주의적 정의개념에서 중요한 것은 정의에 도달하기 위한 절차를 확보하는 것과 이러한 절차를 개방적이고 합리적인 절차로 보장하는 것이다. 이것은 정의를 이해함에 있어서도 이성이나 합리성이 중요한 요소임을 확인시켜준다. 따라서 평등과 정의는 적어도 평등과 정의에 관한 절차주의적 이해에 따르는 경우에는 그 내용을 결정할 때 이성과 합리성이 지배해야 한다는 점에서 밀접한 관련성을 갖는다.

III. 법적 평등과 사실적 평등

1. 개 념

법규범이 보장하는 내용 자체는 평등의 관점에서 아무런 문제가 없을 수도 있다. 반면에 법규범이 구체화되는 현실적인 조건과 상황은 대단히 차별적이고 불평등할 수 있다. 이 경우에 외관상 평등하게 보이는 법규범을 단순하게 관철시

16) 절차주의적 정의에 대해서는 이준일, 「법학입문」, 제2판(2012), 제1장 및 제6장 참조.

키는 것은 법규범의 의도와는 전혀 상관없이 대단히 차별적이고 불평등한 결과를 초래할 수 있다. 그러한 예를 우리는 일상적으로 경험하는 현실 속에서 헤아릴 수 없이 많이 확인한다. 법규범의 내용 자체에 대한 평등의 요청은 그것이 실현되는 실질적인 조건과 상황을 고려하지 않는다는 점에서 '형식적 평등(formal equality)'이라 부를 수 있고, 그러한 실질적인 조건과 상황까지 고려한 평등의 요청은 '실질적 평등(material equality)'이라고 부를 수 있다.

평등이 가지는 형식적 측면과 실질적 측면을 동시에 고려할 때 평등은 법적인 측면에서 평등할 뿐만 아니라 사실적인 측면에서도 평등하도록 요구한다. 즉 평등은 형식적 평등을 내용으로 하는 법적 평등(legal equality)뿐만 아니라 그것이 실현되는 현실적 조건과 상황을 고려함으로써 결과의 평등까지 보장하는 사실적 평등(factive equality)을 의미한다.[17] 결과의 평등을 고려하지 않는 평등은 불완전하고, 따라서 결국은 사이비 평등에 지나지 않을 수 있기 때문이다. 따라서 평등에 관한 도덕적 요청과 헌법상 요구되는 평등원칙은 법적 평등뿐만 아니라 사실적 평등까지도 포함한 것으로 이해되어야 한다.

2. 사실적 평등과 경제적 평등

사실적 평등을 구성하는 현실적 조건과 상황은 다양하다. 그 가운데 아무래도 경제적 조건과 상황은 다양한 현실적 조건과 상황의 가장 기초적인 토대를 이룬다. 이것은 평등의 내용에 반드시 사실적 평등이 포함되어 하는 경우에 무엇보다도 경제적 평등이 평등의 내용에 포함되어야 하는 이유가 된다.

문제는 평등이 사실적 평등의 요소로서 경제적 평등을 포함할 때 입법자는 어느 정도까지 평등을 실현하기 위하여 노력해야 할 의무를 부담하는지 하는 점이다. 물론 무엇이 가장 이상적인(ideal) 의미의 경제적 평등인지에 대한 논의가 선행되어야 하겠지만 입법자는 이러한 가장 이상적 의미의 경제적 평등을 위해서도 노력해야 한다. 하지만 평등원칙이 헌법상 요구될 때 입법자에게 요구되는 경제적 평등의 실현을 위한 의무는 이상적 수준에서 요구되지 않는다. 헌법이 입법

17) 법적 평등과 사실적 평등의 구분에 대해서는 이준일, "법적 평등과 사실적 평등 –'제대군인가산점제도'에 관한 헌법재판소의 결정을 중심으로 –", 「안암법학」(안암법학회), 제12호(2000), 7면 이하 참조.

자에게 요구하는 경제적 평등은 다양한 이익과 가치를 고려하여 입법자가 반드시 실현해야 하는 최소한(minimum)의 정도에 국한된다. 이것은 경제적 평등의 실현이 법적으로 강제될 수 있는 한계를 보여주는 동시에 경제적 평등의 실현은 더 복잡한 사회적 맥락에서 실현되어야 할 과제임을 보여준다.

3. 법적 평등에 유리한 논증부담규칙

평등이 사실적 평등을 포함하게 되면 평등은 스스로 모순을 내포하게 된다. 다시 말해 법적 불평등을 야기할 수밖에 없는 사실적 평등이 평등 안에 포함됨으로써 평등은 법적 평등과 법적 불평등을 동시에 요구하는 '내재적 모순(internal paradox)'에 빠지기 때문이다. 사실적 평등이 법적 불평등을 야기한다는 사실은 현실에서 쉽게 증명된다. 소수자를 보호하기 위한 다양한 정책들에서 잘 드러나는 것처럼 사실적 평등을 실현하기 위하여 사회적 약자들에게 실시되는 각종의 적극적 우대정책(affirmative action)들은 반드시 다른 사람들의 법적 기회를 박탈함으로써 법적 불평등을 발생시키는 것이다.

여기서 평등에 내재하는 법적 평등과 사실적 평등의 충돌을 합리적으로 해결할 필요가 있다. 그것은 평등을 '법적 평등에 유리한 논증부담규칙(rule of argumentation load favorable to legal equality)'으로 이해하는 것이다.[18] '법적 평등에 유리한 논증부담규칙'이란 평등에 근거하여 법적 평등과 사실적 평등이 동시에 주장될 수 있을 때 사실적 평등을 주장하는 쪽에 자신의 주장을 논증해야 할 부담이 돌아간다는 뜻이다. 법적 평등을 주장하는 쪽이 아니라 사실적 평등을 주장하는 쪽이 논증의 부담을 지는 이유는 앞서 설명한 논증부담규칙에 따라 평등대우를 주장하는 쪽이 아니라 불평등대우를 주장하는 쪽이 논증부담을 진다는 것과 논리적으로 일관된다는 데 있다. 사실적 평등은 반드시 법적 불평등을 발생시키므로 사실적 평등을 주장하는 쪽이 논증부담을 져야 하는 것은 당연하다.

평등에 근거하여 법적 평등과 사실적 평등이 동시에 주장되는 경우에 사실적 평등을 주장하는 쪽이 논증부담을 져야 한다고 하더라도 적어도 사실적 평등이 법

18) 법적 평등에 유리한 논증부담규칙의 구체적 내용에 대해서는 이준일, "법적 평등과 사실적 평등", 10면 이하 참조.

적 평등과 '동시에 주장될 수 있다'는 사실은 대단히 중요하다. 평등을 둘러싼 논증게임에서 법적 평등과 함께 사실적 평등이 주장됨으로써 논증게임의 결과가 달라질 수 있는 가능성이 커지기 때문이다. 물론 사실적 평등을 주장하는 쪽은 실제로 사실적 불평등을 경험하고 있는 사회적 약자일 수밖에 없기 때문에 그들에게 논증부담을 지우는 것은 상당한 불이익이 될 수는 있다. 하지만 비록 논증부담을 진다고 해도 논증게임에서 사실적 평등을 주장할 수 있게 하는 것은 그것을 전혀 주장할 수 없는 것보다 사회적 약자에게 훨씬 유리하다는 점은 분명하다.

4. 사실적 평등과 사회적 기본권

사실적 평등은 경제적 평등과 밀접하게 관련되기 때문에 사실적 평등의 문제를 '사회적 기본권(soziale Grundrechte)'의 문제로 다루기도 한다.[19] 여기서 사회적 기본권이란 자유를 실현하기 위한 물질적 토대, 즉 경제적 · 재정적 기초를 보장해주도록 국가에 대해서 요구하는 기본권을 의미한다. 예를 들어 교육이나 의료서비스를 받을 수 있는 자유를 실현하기 위해서는 반드시 경제적 여력이 필요한데 이러한 재정적 기초에 대한 보장을 국가에 대해서 요구하는 권리가 사회적 기본권이다. 이와 같은 사회적 기본권은 국가에 대해서 적극적 급부(작위)를 요구한다는 점에서 국가에 대한 소극적 부작위를 내용으로 하는 전통적인 자유권(방어권)과 구별된다. 또한 사회적 기본권은 자유실현의 경제적 기초를 보장해 주도록 요구하는 '사실적 자유'라는 점에서 자유로운 결정에 대한 법적 장애를 제거해 주도록 요구하는 '형식적 자유'와 구별된다. 어쨌든 여기서 경제적 평등의 문제를 사회적 기본권으로서 다루는 경우에, 이 문제를 사실적 평등으로 다루는 경우와의 차이점을 검토할 필요가 있다.

(1) 논증부담의 경감

사실적 평등에 근거하여 경제적 평등을 주장하게 되면 앞서 설명한 논증부담 규칙(법적 평등과 사실적 평등이 동시에 주장될 수 있는 경우에 사실적 평등을 주장하는

---

19) 이 책에서 사용되는 '사회적 기본권'의 개념에 대해서는 이준일, 「헌법학강의」, 제4판(2011), 702면 이하; 같은 이, 「헌법과 사회복지법제」(2010), 6면 이하; 같은 이, "사회적 기본권", 「헌법학연구」(한국헌법학회), 제10권 제1호(2003), 449면 이하 참조.

쪽이 논증부담을 진다)에 따라 논증부담은 사실적 평등을 주장하는 쪽에서 져야 한다. 따라서 사회적 약자가 사실적 평등에 근거하여 경제적 평등을 주장하게 되면 논증부담으로 인해 논증게임에서 대단히 불리한 입장에 서게 되고, 논증게임에서 패배할 가능성도 상당히 커지게 된다.

반면에 사회적 기본권에 근거하여 경제적 평등을 주장하게 되면 사회적 기본권에 반대하거나 그것을 제한하는 주장을 하는 쪽에서 논증부담을 진다. 왜냐하면 자유권의 경우에는 그것을 부정하거나 제한하는 주장을 하는 쪽에 논증부담이 돌아가기 때문이다. 따라서 사실적 자유권으로 이해되는 사회적 기본권에 근거하여 경제적 평등을 주장하게 되면 사회적 약자가 논증게임에서 훨씬 유리한 위치에 서게 되고, 논증게임에서 성공할 가능성도 그만큼 증가하게 된다.

(2) 권리내용의 불확정성 증가

하지만 사회적 기본권에 근거하여 경제적 평등을 주장하는 경우에도 문제는 있다. 왜냐하면 사회적 기본권은 국가에 대해서 일정한 급부를 요구하는 권리로서 급부의 내용이 상당히 불확정적이기 때문이다. 국가의 부작위, 즉 소극적 행위를 요구하는 정신적 · 문화적 자유나 정치적 · 경제적 자유과 같은 경우에는 그 내용을 확정하는 것이 상대적으로 용이하다. 반면에 국가의 적극적 행위, 즉 국가의 작위(입법)나 급부를 요구하는 권리의 경우에는 그러한 작위나 급부의 정도를 명확하게 확정하는 것이 용이하지 않은 것이다. 이것은 사회적 기본권에 근거하여 경제적 평등을 주장하는 사회적 약자에게 또 다른 부담으로 작용한다. 내용이 불확정적인 권리를 주장함으로써 외관상으로는 존재하는 것 같지만 실제로는 존재하지 않는 권리를 주장하는 것과 마찬가지의 결과를 초래하기 때문이다.

따라서 사회적 기본권에 근거하여 경제적 평등을 주장하게 되면, 사회적 기본권을 주장하는 자들은 권리의 존재에 대한 논증부담에서는 자유로운 반면에 이 권리에 포함된 내용의 불확정성이라는 부담을 져야 한다. 이것은 권리의 존재에 대한 불확정성으로까지 이어질 수 있다. 권리의 내용이 불확정적인 것이 됨으로써 결국 권리의 존재 자체도 의심스러운 것이 될 수 있기 때문이다. 이런 맥락에서 사회적 기본권에 대하여 권리의 성격을 부인하는 견해도 자주 주장된다.[20] 결국 경제적 평등을 주장해야 하는 사회적 약자는 이것을 사실적 평등권에 근거함으로써 권리의 존재(사실적 평등이 법적 평등보다 우월하여 확정적 권리로 인정되어야 하는 근거)에 대하여 논증해야 하는 부담을 떠안든지, 아니면 사회적 기본권에 근거함으로써 내용적 불확정성(경우에 따라서는 권리자체의 불확실성)이라는 불이익을 감수해야만 한다.

Ⅳ. 소 결

지금까지 평등의 내용에 대하여 검토한 바에 따르면 ① 평등은 사실상 내용이 없는 상대적 평등으로 이해되지만, ② 적어도 평등대우에 유리한 논증부담규칙으로 이해될 수는 있다. 즉 평등에 대한 요청 자체는 평등한 대우와 차별적 대우를 결정하는 결정적 기준을 제공하지는 못하지만, 적어도 평등한 대우를 주장하는 자가 아니라 차별적 대우를 주장하는 자가 그 주장을 논증해야 할 부담을 진다는 요청을 담고 있다. 한편 ③ 평등은 법적 평등뿐만 아니라 사실적 평등을 포함하며, 이 경우에 ④ 법적 평등을 주장하는 쪽이 아니라 사실적 평등을 주장하는 쪽에게 논증의 부담을 지우는 법적 평등에 유리한 논증부담규칙으로 이해된다. 마지막으로 ⑤ 경제적 평등은 사실적 평등권으로 주장될 수도 있고, 사회적 기본권으로 주장될 수도 있다. 다만 사실적 평등권으로 주장되는 경우에는 논증부담을 안게 되고, 사회적 기본권으로 주장되는 경우에는 권리내용의 불확정성이라는 불이익을 감수해야 한다.

20) 사회적 기본권의 주관적 권리성을 부정하는 국가목표 또는 입법위임설 등에 대해서는 이준일, 「헌법학강의」, 제4판(2011), 705면 이하 참조.

제4절 차별의 개념적 표지

차별개념에 대한 이해가 평등이념에 대한 이해와 밀접한 관련성이 있다고 확인한 후에 평등에 포함된 구체적 내용을 검토하였다. 이제는 평등에 대한 지금까지의 이해에 기초하여 차별개념을 정의하는 본질적 표지들을 정리하는 것이 필요하다.

I. 합리적 근거가 없는 차별대우

평등을 상대적 평등으로 이해하는 한 원칙적으로 모든 차별적 대우(불평등대우)가 금지되는 것은 아니다. 비교대상에 대한 동등한 대우(평등대우)와 차별적 대우의 전제조건으로서 진행되는 비교대상에 대한 평가에 따라(자연적 상태에 기초한 평가든 규범적 가치에 기초한 평가든), 즉 비교대상이 동일한 대상인지 아니면 상이한 대상인지에 대한 평가에 따라 평등대우도 가능하지만 차별대우도 가능하기 때문이다. 비교대상이 동일한 대상으로 평가되면 동등한 대우를 하고, 비교대상이 상이한 대상으로 평가되면 차별적 대우를 하면 평등의 요청을 충족시키는 것이다. 반대로 비교대상이 동일한 대상으로 평가되었음에도 불구하고 차별적 대우를 한다든지, 비교대상이 상이한 대상으로 평가되었음에도 불구하고 평등한 대우를 하게 되면 평등의 요청에 저촉되는 것이다. 따라서 상대적 평등의 이념에 따르면 평등하게 대우하는 일정한 행위(상이한 것으로 평가된 비교대상에 대한 평등대우)도 금지될 수 있는 반면에 불평등하게 대우하는 일정한 행위(상이한 것으로 평가된 비교대상에 대한 불평등대우)가 허용되거나 심지어 명령되는 경우도 발생하게 된다.

결론적으로 차별이란 일단 비교대상을 동등하게 대우하지 않는 모든 행위, 즉 비교대상을 차별적으로 대우하는 모든 행위를 지칭하는 '넓은 의미의 차별'로 이해될 수도 있다. 한편 차별은 평등에 관한 논증게임에서 패배한 차별적 대우, 즉 합리적 근거가 없는 차별적 대우(평등한 대우에 찬성하는 가치보다 논거의 질이 떨어지는 가치에 근거한 차별적 대우)를 지칭하는 '좁은 의미의 차별'로 이해될 수도 있다. 하지만 법적으로 의미 있는 차별은 모든 차별적 대우를 의미하지 않고, 단지 '법적으로 금지된(legally prohibited) 차별적 대우'에 국한된다. 따라서 법적인 의미에서의 차별을 다루는 이 책에서 차별은 합리적 근거가 없는 차별적 대우에 한정하여 사용된다.

II. 불리한 차별대우와 유리한 차별대우

모든 형태의 차별대우(불평등대우)는 비교대상의 일방에게 상대적으로 불리한(less favorable) 대우를 의미한다. 따라서 차별대우는 차별대우를 받는 자의 상대방에게는 상대적으로 유리한(more favorable) 대우를 의미한다. 이렇게 일방에게는 상대적으로 불리하고, 다른 일방에게는 상대적으로 유리한 차별대우는 어떤 일방을 상대적으로 불리하게 차별대우하는 경우뿐만 아니라 다른 일방을 상대적으로 유리하게 차별대우하는 경우에도 발생한다. 예를 들어 다른 남성근로자들처럼 남성인 A가 자신이 제공한 노동의 대가로 100만원의 월급을 받을 때 여성인 B가 그와 동일한 노동을 제공한 대가로 그보다 10만원 적은 90만원을 받는 경우처럼 비교대상의 한 쪽이 불리한 대우를 받는 경우에 차별대우가 발생한다. 또한 다른 고졸학력 남성근로자들과 같이 고졸학력인 C가 자신이 제공한 노동의 대가로 100만원의 월급을 받는 데 비해 대졸학력인 D가 그와 동일한 노동을 제공한 대가로 그보다 10만원 많은 110만원을 받는 경우처럼 비교대상의 한 쪽이 유리한 대우를 받는 경우에도 차별대우가 발생한다. 한편 자신에게 불리한 차별대우는 다른 사람이 받는 유리한 대우에서 배제되는 경우에도 발생한다. 예를 들어 다른 모든 남성근로자가 여성근로자보다 10만원 많은(유리한) 월급을 받을 때 같은 남성인 A가 그러한 대우를 받지 못하는 경우에 차별대우가 발생한다.

따라서 자신에게 직접적으로 불리한 차별대우가 없다고 하더라도 상대방에게 유리한 차별대우를 하거나 자신만 유리한 대우에서 배제됨으로써 간접적으로 불리한 차별대우를 받는 경우에도 차별대우가 존재한다고 볼 수 있다. 결국 불리한 대우와 유리한 대우는 비교대상을 차별적으로(상이하게) 대우하는 경우에는 언제나 발생하는 상대적 개념이다. 여기서 중요한 것은 차별적으로 대우받고 있는 비교대상이 진정한 의미에서 서로 비교할 수 있는 대상이 될 수 있는지 여부이다. 따라서 차별을 판단함에 있어서 서로 비교할 수 있는 대상에 대해서 상대적으로 불리한 대우를 하는 경우 또는 상대적으로 유리한 대우를 하거나 상대적으로 유리한 대우에서 배제하는 경우에만 차별이 존재한다고 말할 수 있다. 비교될 수 없는 대상들 사이에서 발생한 차별대우는 그것이 비교대상의 일방에게 불리하고 다른 일방에게 유리해도 차별로 볼 수 없는 것이다.

III. 법적 차별과 사실적 차별

1. 사실적 차별의 고려필요성

앞에서 설명한 바와 같이 평등은 법적 평등과 동시에 사실적 평등도 포함하는 넓은 개념이다.[21] 따라서 평등에 반하는 차별도 법적 차별을 넘어 사실적 차별까지 포함하는 넓은 개념으로 이해된다. 다시 말해 차별은 단순히 법규범의 내용에서 명시된 차별을 의미할 뿐만 아니라 비록 일정한 법규범의 내용이 차별적이지 않더라도 그것이 구체적인 현실의 조건과 상황에서 적용됨으로써 발생할 수 있는 결과의 차별까지도 의미한다. 예를 들어 남성과 여성 또는 장애인과 비(非)장애인에게 동일한 법규범을 적용한다고 해도 그 결과는 각각의 그룹에게 상이하게 발생할 수 있다. 대부분의 경우에 남성보다는 여성에게, 비장애인보다는 장애인에게 그들을 둘러싼 현실적 조건과 상황이 불리하기 때문이다. 따라서 차별은 법적용의 평등뿐만 아니라 그 적용의 결과까지 고려한 차별로 이해되어야 한다.

이미 언급한 바와 같이 결과의 평등에서 가장 중요한 현실의 조건과 상황은 경제적인 측면에서 이해되는 조건과 상황이다. 다른 조건과 상황은 동일해도 경제적 조건과 상황이 상이한 경우에는 비록 법규범의 내용이 전혀 차별적이지 않아도 그것이 적용된 사실적 결과는 대단히 불평등할 수 있다. 구체적인 예를 들 것도 없이 부자와 가난한 사람에게 법규범이 어떻게 다른 결과를 초래할 수 있는

---

21) 법적 평등과 사실적 평등의 구분에 대해서는 이 책 제1장 제3절 III. 1. 참조.

지 상상해보는 것으로 충분하다. 따라서 차별의 문제에 대한 진정한 해결은 단순히 법적 차별이나 불평등을 해결하는 데 그치지 않고 경제적 차별이나 불평등의 문제까지도 해결함으로써 비로소 가능해진다. 경제적 차별이나 불평등을 해결하지 않은 채 일률적으로 법규범의 적용을 강제하는 것은 결과적으로 차별받는 자에게 또 다른 차별과 불평등을 부가함으로써 차별과 불평등의 구조를 강화할 수 있다.

2. 법적 차별과 사실적 차별의 순환

법적 차별은 사실적 차별로부터 야기될 수 있고, 사실적 차별은 법적 차별을 통해 강화될 수 있다. 예를 들어 여성이나 장애인에 대한 법적 차별은 이들의 경제적 차이나 불평등에서 기인할 수 있지만 이러한 경제적 차이나 불평등은 이들을 남성이나 비장애인과 본질적으로 다른 것으로 취급받게 하고 결국 법적으로 차별대우를 받게 함으로써 그들의 경제적 격차가 더욱 벌어지게 한다. 물론 경제적 차이나 불평등은 개인의 능력이나 노력의 차이에서 연유할 수도 있지만 사회적 구조에서 연유할 수도 있다. 특히 경제적 차이나 불평등이 사회적 구조에서 연유하는 경우에는 개인의 능력이나 노력으로도 극복될 수 없다는 점에서 그것이 법적 차별로 이어질 때는 대단히 가혹할 수 있다. 법적 차별과 사실적 차별의 이와 같은 불가분의 관계를 고려한다면 차별을 이해함에 있어서 법적 차별과 사실적 차별은 동시에 고려되어야만 한다.

차별의 개념 안에 법적 차별뿐만 아니라 사실적 차별을 포함시킬 때, 그리고 심지어 사실적 차별이 법적 차별을 강화시킬 수 있다는 점을 고려할 때 사실적 차별을 시정하는 조치로서 종래에 오랫동안 차별을 받아온 집단인 사회적 약자 또는 소수자(minorities)에 대한 '적극적 우대조치(affirmative action)'가 가능하다. 따라서 차별시정조치를 의미하는 이러한 적극적 우대조치는 비록 외관상으로 차별적 대우이기는 하지만 원칙적으로 차별이라고 볼 수는 없다.

Ⅳ. 직접차별과 간접차별

차별을 올바로 이해하기 위해서는 '직접차별(direct discrimination)'과 '간접차별(direct discrimination)'을 구별하는 것은 대단히 중요하다.[22] 여기서 직접차별은 일정한 법규범이 제정되거나 일정한 관행 또는 조치가 최초로 시행될 당시부터 차별목적이 의도되고 명시적으로 표현된 차별행위를 의미한다. 반면에 간접차별이란 법규범이 제정되거나 일정한 관행 또는 조치가 최초로 시행될 당시에는 의도된 명시적인 차별목적이 의도되지는 않았지만 법규범이 적용되거나 관행 또는 조치가 시행됨으로써 결과적으로 발생한 차별행위를 뜻한다.[23] 차별의 문제에 대한 진정한 해결은 모든 형태의 불합리한 차별행위를 제거하는 데 있다. 따라서 애초에 의도되었기 때문에 비교적 인식하기 쉬운 가시적(visible) 차별행위뿐만 아니라 처음부터 의도되지는 않았지만 결과적으로 발생했기 때문에 인식하기가 상대적으로 어려운 비가시적인(invisible) 차별행위까지도 차별행위에 포함시켜 그것이 합리적이 않을 경우에는 제거하는 것이 타당하다.

연혁적으로 볼 때 간접차별이라는 개념은 여성에 대한 차별행위, 특히 고용

---

22) 2000년 제78호 EU지침(Council Directive 2000/78/EC of 27 November 2000 establishing a general framework for equal treatment in employment and occupation, Official Journal L 303, 2/12/2000, pp. 16~22) 제2조(Concept of discrimination) 제2항은 직접차별과 간접차별을 다음과 같이 정의하고 있다: For the purposes of paragraph 1: (a) ***direct discrimination*** shall be taken to occur where one person is treated less favourably than another is, has been or would be treated in a comparable situation, on any of the grounds referred to in Article 1; (b) ***indirect discrimination*** shall be taken to occur where an apparently neutral provision, criterion or practice would put persons having a particular religion or belief, a particular disability, a particular age, or a particular sexual orientation at a particular disadvantage compared with other persons unless: (i) that provision, criterion or practice is objectively justified by a legitimate aim and the means of achieving that aim are appropriate and necessary, or (ii) as regards persons with a particular disability, the employer or any person or organisation to whom this Directive applies, is obliged, under national legislation, to take appropriate measures in line with the principles contained in Article 5 in order to eliminate disadvantages entailed by such provision, criterion or practice.

23) 간접차별에 대해서는 한승희, "간접차별이란 무엇인가", 「여성과 사회」, 제12권(2001), 193면 이하; 이승욱, "여성고용에서의 간접차별에 대한 실효적 규제를 위한 법적 규율", 「노동법학」(한국노동법학회), 제17호(2003), 25면 이하; 이주희, "간접차별의 개념 및 판단기준에 관한 연구", 고려대학교 대학원 석사학위논문(2004) 참조.

영역에서 발생하는 성차별행위에서부터 발전되었다. 따라서 문제는 이러한 간접차별의 개념을 성별을 이유로 한 차별대우를 넘어 다른 사유에 근거한 차별행위 및 고용 외의 영역에서 발생하는 차별행위에 확대할 수 있는지 하는 점이다. 간접차별의 개념을 인정하지 않는 경우에 발생할 수 있는 단점은 차별행위가 처음부터 의도되지는 않았고 다만 결과적으로 발생했기 때문에 그것을 불합리한 차별행위로 증명하는 데 대단히 어려움이 많다는 점이다. 따라서 간접차별의 개념을 단순히 성차별행위에 한정하지 않고 모든 형태의 차별행위에 확장하는 것은 차별받는 자에게 자신이 받은 차별행위를 불합리한 차별행위로서 증명하는 데 유리하도록 만든다. 이런 맥락에서 모든 형태의 차별의 개념에는 반드시 간접차별의 개념이 포함되는 것이 합리적이다. 비록 간접적인 차별행위가 차별행위에 포함될 수 있다고 하더라도 모든 간접적 차별행위가 차별인 것은 아니다. 이미 앞에서 살펴본 바와 같이 차별은 합리적 근거가 없는 차별행위를 의미하기 때문이다. 따라서 간접적인 차별행위가 차별이 되기 위해서는 이러한 간접차별에 합리적인 근거가 존재하는지를 검토해야 한다. 이러한 검토가 끝난 후에 합리적 근거가 없는 간접적 차별행위만이 차별로 인정될 수 있다.

결과적인 차별을 고려하는 간접차별은 차별의 결과를 고려하는 사실적 차별과 동일한 맥락에서 이해될 수 있다. 하지만 사실적 차별은 차별의 결과를 발생시키는 다양한 현실적 조건과 상황을 고려하여 오랫동안 차별을 받아온 집단에게 사실적 평등을 실현시키는 적극적(positive) 조치를 투입시킨다는 점에서 단순히 결과적인 차별 자체를 차별로 확인하는 소극적(negative) 조치로서의 간접차별과 구별될 수 있다. 물론 양자는 사실적 평등의 이념을 지향한다는 점에서 그 공통된 이념이 강조되어야 한다.

같은 맥락에서 사실적 평등을 지향하는 간접차별의 경우에 논증부담은 간접차별을 주장하는 쪽에 부과된다. 평등이념에 따르면 법적 평등을 주장하는 쪽이 아니라 사실적 평등을 주장하는 쪽이 논증부담을 지므로[24] 사실적 평등의 이념에 기초한 간접차별을 주장하는 쪽에 논증부담이 돌아가기 때문이다.

---

24) 위 III. 3. 참조.

V. 자유와 권리에 대한 제한으로서의 차별과 비례성원칙

1. 비례성원칙에 따른 차별판단

평등이란 결국 자유와 권리의 평등을 의미하기 때문에 평등에 대한 제한을 의미하는 차별은 자유와 권리에 대한 제한을 반드시 동반한다. 예를 들어 헌법재판소에서 평등권이 문제가 된 많은 사례들을 보면 직업의 자유, 재산권, 선거권 등 개별적 자유권이 동시에 문제되고 있다. 이것은 평등의 문제가 항상 자유의 문제를 동반한다는 사실을 잘 보여준다.

평등의 대상이 되는 자유와 권리는 물론 제한될 수 있다. 하지만 자유와 권리에 대한 제한은 반드시 헌법에 의하거나 헌법에 근거한 법률에 의하여, 그리고 헌법에 정해진 원칙에 따르는 경우에만 허용된다(헌법 제37조 제2항). 여기서 특별히 중요한 헌법의 원칙은 '비례성원칙'이다.[25] 비례성원칙은 일정한 목적을 실현하기 위하여 투입되는 수단의 합리성을 판단하는 원칙이다. 이러한 원칙이 자유와 권리의 제한에 적용되면 다음과 같은 의미를 갖게 된다. 첫째, 자유와 권리를 제한하기 위하여 제시된 일정한 목적(헌법적 이익이나 공익 또는 타인의 기본권)을 실현하기 위해 동원되는 수단은 그러한 목적을 실현하는 데 적합해야 한다(① 적합성원칙). 둘째, 이로 인하여 동시에 발생할 수 있는 자유와 권리에 대한 피해를 최소화해야 한다(② 필요성원칙). 마지막 셋째, 실현하고자 하는 일정한 목적과 이로 인해 제한되는 자유와 권리 사이에 비례적인 균형과 조화가 이루어져야 한다(③ 좁은 의미의 비례성원칙).

자유와 권리에 대한 제한의 한계로서 헌법이 정한 비례성원칙을 위반하여 자유와 권리가 제한되면 이것은 헌법에 위배된다. 따라서 일정한 비교대상을 상이한 것으로 보아 차별대우함으로써 비교대상의 자유와 권리를 제한하는 경우에는 이러한 제한이 비례성원칙을 위반하게 되면 그러한 차별대우도 일단 위헌적이라는 의심을 받게 된다. 이것은 자유와 권리에 대한 제한의 한계를 설정하는 비례성원칙이 평등에 위반되는 차별대우를 확인할 때 대단히 중요한 역할을 하고 있

25) 비례성원칙에 대해서는 이준일, "비례성원칙의 개념과 구조 및 구체화", 「고시연구」(2005년 3월), 34면 이하; 같은 이, "헌법상 비례성원칙", 「공법연구」(한국공법학회), 제37집 제4호(2009), 25면 이하 참조.

음을 의미한다. 다시 말해 일정한 차별행위가 합리적인지 여부를 판단함에 앞서 우선 그러한 차별행위의 대상이 되는 자유와 권리의 제한이 비례성원칙에 위반되는지를 판단할 수도 있다는 뜻이다. 그리고 차별행위의 대상이 되는 자유와 권리가 비례성원칙에 위반되어 대단히 가혹하게 제한되는 경우에는 그러한 차별행위를 잠정적으로 불합리한 차별대우로 확인할 수 있다는 의미이다. 결론적으로 평등의 대상이 되는 자유와 권리에 대한 가혹한 제한을 야기하는 차별행위, 즉 비례성원칙에 위반되는 자유제한을 유발하는 차별행위는 잠정적으로 차별로 볼 수 있다.

2. 비례성원칙과 자의금지원칙

합리적 근거가 없는 차별행위를 차별로 본다는 점에서 차별을 판단하는 기준으로서 '자의금지원칙'이 자주 인용되어 왔다. 자의금지원칙에 따르면 비교대상에 대하여 자의적으로, 즉 합리적 근거 없이 차별행위를 하는 것은 금지된다.[26] 앞에서 설명한 것처럼 차별행위의 자의성 또는 합리성에 대한 판단은 비교대상을 상이한 것으로 보아 차별대우하는 근거가 비교대상을 동일한 것으로 보아 평등대우하는 근거보다 질적으로 우월한지 여부에 따라 결정된다. 한편 비례성원칙이 요청하는 기본권제한의 비례성에 대한 판단도 기본권을 보장해야 하는 근거가 기본권을 제한하는 법익(다른 기본권이나 헌법적 법익 또는 공익)을 보장하는 근거보다 질적으로 우월한지 여부에 따라 결정된다. 이처럼 자의금지원칙과 비례성원칙이 충돌하는 근거의 합리성에 대한 논증이라는 동일한 구조를 가지고 있다는 점에서 양자는 동일한 것으로 이해되기도 한다.[27] 하지만 자의금지원칙에서는 비교대상

---

26) 헌법재판소는 자의금지원칙에 대해서 다음과 같이 설명하고 있다. 헌재 2003.1.30. 2001헌바64, 판례집 15-1, 48, 59: "일반적으로 자의금지원칙에 관한 심사요건은 ① 본질적으로 동일한 것을 다르게 취급하고 있는지에 관련된 차별취급의 존재 여부와, ② 이러한 차별취급이 존재한다면 이를 자의적인 것으로 볼 수 있는지 여부라고 할 수 있다. 한편, ①의 요건에 관련하여 두 개의 비교집단이 본질적으로 동일한가의 판단은 일반적으로 관련 헌법규정과 당해 법규정의 의미와 목적에 달려 있고, ②의 요건에 관련하여 차별취급의 자의성은 합리적인 이유가 결여된 것을 의미하므로, 차별대우를 정당화하는 객관적이고 합리적인 이유가 존재한다면 차별대우는 자의적인 것이 아니게 된다."

27) 헌법재판소는 자의금칙원칙과 비례성원칙을 서로 다른 것으로 이해한다. 헌재 2001.2.22. 2000헌마25, 판례집 13-1, 386, 403: "평등권의 침해 여부에 대한 심사는 그 심사기준에 따라 자의금지원칙에 의한 심사와 비례의 원칙에 의한 심사로 크게 나누어 볼 수 있다. 자의심사의 경우에는 차별을 정

의 비교행위에 대한 합리성이 문제되지만 비례성원칙에서는 서로 충돌하는 가치의 형량행위에 대한 합리성이 문제된다는 점에서 차이가 있다. 다시 말해 본질적으로 일정한 대상에 대한 '비교'가 문제된다는 점에서 평등에 관한 논증은 비교의 문제가 전혀 등장하지 않는 자유에 대한 논증과 서로 상이한 구조를 갖는다. 따라서 평등을 그 내용인 자유와 상관없이 독립적으로 이해하든, 자유와 결합시켜 이해하든 평등의 문제는 비례성원칙에 따라 전적으로 결정될 수는 없다.[28] 비례성원칙에 따른 형량행위의 합리성을 판단하는 것과 자의금지원칙에 따라 비교행위의 합리성을 판단하는 것이 구분되지 않으면 평등의 문제는 항상 자유의 문제로 환원될 수밖에 없기 때문이다.

VI. 차별판단의 기준

1. 일반적 기준

차별의 개념적 표지를 이해함으로써 차별을 판단하는 몇 가지 일반적인 기준들을 발견할 수 있다. 차별개념에 대한 지금까지의 이해를 기초로 정리하자면 차별이란 ① 합리적 근거가 없는 차별적 대우(different treatment without reasonable reasons)로서, ② 비교가능한 대상들 사이에서 발생하며, ③ 사실적 차별과 간접

당화하는 합리적인 이유가 있는지만을 심사하기 때문에 그에 해당하는 비교대상간의 사실상의 차이나 입법목적(차별목적)의 발견 · 확인에 그치는 반면에, 비례심사의 경우에는 단순히 합리적인 이유의 존부문제가 아니라 차별을 정당화하는 이유와 차별간의 상관관계에 대한 심사, 즉 비교대상간의 사실상의 차이의 성질과 비중 또는 입법목적(차별목적)의 비중과 차별의 정도에 적정한 균형관계가 이루어져 있는가를 심사한다."

28) 헌법재판소는 자의금지원칙을 "완화된 심사척도"로, 비례성원칙을 "엄격한 심사척도"로 부르면서 엄격한 심사척도가 적용되는 경우를 다음과 같이 한정하고 있다. 헌재 1999.12.23. 98헌마363, 판례집 11-2, 770, 787: "평등위반 여부를 심사함에 있어 엄격한 심사척도에 의할 것인지, 완화된 심사척도에 의할 것인지는 입법자에게 인정되는 입법형성권의 정도에 따라 달라지게 될 것이다. 먼저 헌법에서 특별히 평등을 요구하고 있는 경우 엄격한 심사척도가 적용될 수 있다. 헌법이 스스로 차별의 근거로 삼아서는 아니 되는 기준을 제시하거나 차별을 특히 금지하고 있는 영역을 제시하고 있다면 그러한 기준을 근거로 한 차별이나 그러한 영역에서의 차별에 대하여 엄격하게 심사하는 것이 정당화된다. 다음으로 차별적 취급으로 인하여 관련 기본권에 대한 중대한 제한을 초래하게 된다면 입법형성권은 축소되어 보다 엄격한 심사척도가 적용되어야 할 것이다." 이에 대한 비판은 이준일, 「헌법학강의」, 제4판(2011), 413면 이하 참조.

차별을 포함하고(including factive and indirect differential treatment), ④ 차별의 대상이 되는 자유와 권리에 대한 지나친 제한이 가해지는 가혹한 차별적 대우(including severe differential treatment)를 말한다.

따라서 차별로 의심이 되는 차별적 대우에 대해서는 첫째, 그러한 차별적 대우에 합리적 근거가 있는지를 심사해야 한다(criterion of reasonability). 무엇보다도 차별대우의 근거가 되는 차별사유의 합리성 여부가 차별 여부를 판단함에 있어서 결정적인 기준이 되는 것이다. 예를 들어 일정한 직업의 경우에 그 직업을 수행하는 데 필수적인 요건을 의미하는 의미하는 **'진정직업자격(bona fide occupational qualification)' 또는 '진정직업요건(genuine occupational requirement)'**을 요구한다든지[29] 출산 · 육아 · 수유를 이유로 한 '여성의 특별한 보호' 또는 장애인에 대한

29) 미국 민권법(Civil Richts Act of 1964) 제7편(Title VII) 고용평등법(Subchapter VI. Equal Employment Opportunities, 42 U.S.C. § 2000e-2)과 연령차별금지법(Chapter 14 Age Discrimination in Employment, 29 U.S.C. § 623)은 '진정직업자격'을 "특정한 직무의 정상적인 수행에 필수적인 자격으로서 합리적 이유가 있는" 것으로 정의한다: "Notwithstanding any other provision of this subchapter, (1) it shall not be an unlawful employment practice for an employer to hire and employ employees, for an employment agency to classify, or refer for employment any individual, for a labor organization to classify its membership or to classify or refer for employment any individual, or for an employer, labor organization, or joint labor-management committee controlling apprenticeship or other training or retraining programs to admit or employ any individual in any such program, on the basis of his religion, sex, or national origin in those certain instances where religion, sex, or national origin is a **bona fide occupational qualification** reasonably necessary to the normal operation of that particular business or enterprise, …."(42 U.S.C. § 2000e-2 (e)); "It shall not be unlawful for an employer, employment agency, or labor organization – (1) to take any action otherwise prohibited under subsections (a), (b), (c), or (e) of this section where age is a **bona fide occupational qualification** reasonably necessary to the normal operation of the particular business, or where the differentiation is based on reasonable factors other than age, or where such practices involve an employee in a workplace in a foreign country, and compliance with such subsections would cause such employer, or a corporation controlled by such employer, to violate the laws of the country in which such workplace is located"(29 U.S.C. § 623 (f)). 한편 2000년 제78호 EU지침(Council Directive 2000/78/EC of 27 November 2000 establishing a general framework for equal treatment in employment and occupation)은 '진정직업요건'을 "특정한 직업활동의 특성상" 요구되는 요건으로 정의한다: "Notwithstanding Article 2(1) and (2), Member States may provide that a difference of treatment which is based on a characteristic related to any of the grounds referred to in Article 1 shall not constitute discrimination where, by reason of the nature of the particular occupational activities concerned or of the context in which they are carried out, such a characteristic constitutes a **genuine and determining occupational requirement**, provided that the objective is

'정당한 편의제공'은 합리적인 차별대우로서 허용된다. 물론 차별의 합리성은 고정적이거나 절대적인 것이 아니라 가변적이며 상대적인 것이다. 다만 차별의 합리성에 대한 판단은 비교대상에 대한 다양한 가치관이 주장될 수 있는 일정한 절차가 보장되는 경우에만 가능하다는 점에서는 고정적이고 절대적인 요청이 요구된다. 적어도 일정한 차별적 대우가 차별인지를 심사하는 합리적인 논증게임의 절차는 반드시 보장되어야 하는 것이다. 여기서 차별하는 판단하는 기관은 차별판단을 위한 적정한 절차가 보장되는 합의체 형식을 가진 위원회가 적합하다고 보인다.

둘째, 어떤 일방에게 유리하고 다른 일방에게 불리한 차별적 대우가 존재한다고 하더라도 그것이 비교가 가능한 대상들에서 발생했는지에 대해서 심사해야만 한다(criterion of comparability). 모든 차별적 대우에는 유리한 대우와 불리한 대우가 존재하므로 비교할 수 없는 대상과 비교하여 발생한 자신에 대한 불리한 대우 또는 상대방에 대한 유리한 대우도 차별대우라고 부를 수 있기 때문이다.

셋째, 차별적 대우의 대상은 법적인 측면뿐만 아니라 사실적 측면까지 고려되어야 한다(criterion of includedness of factive aspects). 법적 차별과 사실적 차별은 상호 정당화하는 관계에 있기 때문에 양자를 분리해서 이해하는 것은 차별에 대한 완전한 이해를 방해할 수 있다. 이렇게 사실적 차별을 차별의 개념에 포함시키는 한 사실적 차별을 시정하는 적극적 조치는 차별로 볼 수는 없다.

넷째, 차별을 판단할 때 직접적 차별대우와 함께 간접적 차별대우도 동시에 검토되어야 한다(criterion of includesness of indirect discrimination). 직접적 차별대우만으로는 실질적인 차별대우의 내용을 충분하게 확인시킬 수 없기 때문이다. 다만 결과적 차별대우를 의미하는 간접적 차별대우도 첫 번째 차별개념에 따라 그것을 정당화하는 합리적 근거가 있는 경우에는 차별로 볼 수 없다.

다섯째, 차별적 대우의 대상이 되는 자유와 권리에 대한 제한이 비례성원칙에 반하는 가혹한 것인지를 심사해야 한다(criterion of severity). 뒤집어서 말하면 특정한 개인이나 집단에게 자유와 권리에 대한 제한이 지나치게 가혹하게 가해지고 있다는 것은 그러한 개인이나 집단에 대한 차별의 의심을 주기에 충분하다.

---

legitimate and the requirement is proportionate"(2000/78/EC 제4조 제1항).

다만 차별의 대상이 되는 자유와 권리에 대한 제한의 가혹성만 가지고 차별판단이 종료되는 것은 아니다. 차별의 대상이 되는 자유와 권리에 대한 제한의 가혹성은 단지 차별이라는 잠정적 의심을 강화할 뿐이고, 그와는 독립적으로 차별행위의 합리성에 대한 판단은 독자적으로 이루어져야 한다.

2. 개별적 기준

이러한 일반적 기준을 제시한다고 하더라도 국가의 활동이나 개인의 행위가 차별인지를 판단하는 기준은 ① 차별사유, ② 차별영역, ③ 차별의 대상이 되는 자유와 권리에 따라 개별적이고 구체적으로 판단될 수밖에 없다는 점을 주목해야 한다. 법적 차별이든 사실적 차별이든, 또는 직접차별이든 간접차별이든, 차별사유의 합리성을 판단함에 있어서는 사안의 다양성과 구체적 상황성에 비추어 일반적 기준이 그대로 적용되기가 어렵다. 또한 차별대우의 대상이 되는 자유와 권리에 대한 제약의 정당성을 비례성원칙에 근거하여 판단하는 것도 구체적이고 개별적인 상황을 고려해서만 가능하다. 이런 점에서 차별을 판단하는 개별적 기준들의 완벽한 목록을 제시하는 것이 대단히 어렵다는 것을 확인하게 된다.

제2장

차별의 유형

지금까지 평등의 이념을 기초로 차별의 개념을 정의해 보았다. 이제는 이러한 차별개념에 따라 다양한 형태의 차별을 유형화하는 것이 필요하다. 차별의 유형화는 여러 가지 관점에서 가능하겠지만 우리는 기본적으로 차별의 사유와 차별의 영역에 따라 차별을 유형화하도록 한다. 특히 차별사유에 따른 차별의 유형화에 집중하도록 한다. 그에 앞서 차별의 주체에 따른 차별의 유형 및 간접차별과 역차별의 유형에 대해서도 살펴보기로 한다.

제1절 국가에 의한 차별과 사인에 의한 차별

차별은 차별하는 '가해자'와 차별받는 '피해자'가 누구인지에 따라 유형화될 수 있다. 차별받는 피해자(차별의 대상)에 따른 유형화는 인종, 성별, 장애 등과 같은 차별사유와 관련되기 때문에 별도로 논의하기로 하고, 여기서는 차별하는 가해자(차별의 주체)에 따른 유형화에 대해서 검토하기로 한다.

I. 개 관

차별은 차별하는 주체에 따라 ① 국가에 의한 차별과 ② 사인(私人)인 국민에 의한 차별로 구분될 수 있다. 사인인 국민은 자연인(自然人)인 개인이나 집단이 될 수도 있지만 법인(法人)인 단체나 기관이 될 수도 있다. 예를 들어 교사가 학생을 성적이나 가정형편에 따라 차별하거나 학생들이 특정한 동료학생을 외모나 장애를 이유로 차별하는 것은 자연인인 개인이나 집단에 의한 차별에 해당한다. 반면에 학교가 특정한 종교를 믿는 학생과 그렇지 않은 학생을 차별하거나 기업이 일정한 학력이나 연령의 근로자와 그렇지 않은 근로자를 차별하는 것은 법인에 의한 차별이 된다.

기본권은 모든 국가기관을 구속하기 때문에(헌법 제10조 제2문: "국가는 개인이 가지는 불가침의 기본적 인권을 확인하고 이를 보장할 의무를 진다")[1] 기본권의 하나인 평등권도 모든 국가권력을 구속한다는 점은 분명하다. 따라서 무엇보다도 입법부가 평등권을 포함한 기본권에 구속되므로 입법자인 국회는 헌법에 보장된 평등권을 침해하는 법률을 제정할 수 없다. 물론 법률의 위임을 받거나 법률을 집행하기 위한 행정입법(시행령이나 시행규칙과 같은 행정명령 또는 고시, 훈령, 예규와 같은 행정규칙)의 경우에도 평등권을 침해할 수 없다. 다음으로 집행부는 법률을 집행하

1) 헌법 제10조 제2문의 의미에 대해서는 다양한 해석이 가능하기 때문에 반드시 국가의 기본권구속의무를 규정하고 있는 것으로 해석되는 것은 아니다.

는 기관이므로 우선 입법자가 제정한 법률에 권한의 근거가 있어야 되고(법률유보의 원칙), 또한 입법자가 제정한 법률을 위반할 수 없다(법치행정 또는 행정의 합법률성의 원칙). 이처럼 집행부의 행위는 우선 법률에 구속되기 때문에 평등권을 침해하지 않는 법률을 집행하는 경우에 원칙적으로 집행부가 평등권을 침해할 수는 없다. 다만 집행부가 법률을 평등하게 집행하지 않고 자의적으로 집행하는 경우에 평등권을 침해할 수 있을 뿐이다. 마지막으로 사법부는 법률을 해석하고 적용하는 기관으로서 헌법에서 보장된 평등권에 따라 분쟁당사자들에게 평등하게 법률을 해석하고 적용해야 한다. 특별히 분쟁당사자들이 사인(私人)인 경우에 당사자들이 사적 자치의 원칙에 따라 자율적으로 체결한 계약에 대해서도 헌법상 보장된 평등권을 고려하여 재판해야 한다.

한편 기본권은 사인인 국민에 대해서도 효력(대사인적 효력/제3자효)[2]을 미치기 때문에 평등권은 사인인 국민(개인 또는 법인이나 단체)을 구속하기도 한다. 사인 간에는 일정한 계약에 대한 분쟁이 발생하여 법원에서 재판을 통해 분쟁을 해결하는 과정에서 평등권이 문제될 수 있다. 이 경우에 사인 간의 분쟁을 해결해야 하는 법관이 헌법상 보장된 기본권을 존중하는 판결을 내림으로써 사인 간의 평등권이 적용된다. 따라서 앞에서 설명한 사법부에 대한 평등권 구속의 이면에 사인 간의 평등권 적용이 놓이게 된다.

II. 국가에 의한 차별

국가에 의한 차별은 국가작용에 따라 ① 입법작용에 의한 차별, ② 집행작용에 의한 차별, ③ 사법(재판)작용에 의한 차별로 구분될 수 있다. 첫째, 입법작용에 의한 차별은 입법부(국회)가 법률을 제정하면서 법률 안에 차별적인 내용을 담는 경우에 발생한다. 예를 들어 국가가 국립대학교 사범대학 출신들을 사립대학교 사범대학 출신들보다 우선하여 교사에 임용하는 법률을 제정한 경우에 평등권을 침해하는 차별로 볼 수 있다.[3] 둘째, 집행작용에 의한 차별은 집행부(정부)가

2) 기본권의 대사인적 효력(제3자효)에 대해서는 이준일, "기본권으로서 보호권의 기본권의 제3자효", 「저스티스」(한국법학원), 통권 제65호(2002), 65면 이하 참조.

법률을 집행하면서 자의적이거나 차별적으로 집행하는 경우에 발생한다. 예를 들어 검사가 성실하게 수사하지 않고 불기소처분을 함으로써 자의적으로 검찰권을 행사한 경우에 평등권을 침해하는 차별행위로 볼 수 있다.[4] 셋째, 사법작용에 의한 차별은 사법부(법원)가 법률을 해석·적용하면서 차별적으로 해석·적용하는 경우에 발생한다.

국가권력이 법과 제도에 의해 통제되는 법치국가(Rechtsstaat)에서는 입법, 집행, 사법 등 국가작용에 의한 차별을 의미하는 국가에 의한 차별로부터 구제하는 제도적 장치들이 비교적 완벽하게 예정되어 있다. 예를 들어 평등에 반하는 법률에 대한 통제제도로서 위헌법률심사제도(규범통제제도) 또는 법령에 대한 헌법소원제도(법령소원제도)가 있고, 또한 자의적인 행정처분에 대한 행정소송제도 및 평등권을 침해하는 재판에 대한 헌법소원(재판소원제도) 등이 마련되어 있다. 현행 헌법에 따르면 구체적 재판에서 법률이 헌법에 위반되는지 문제가 된 경우에 법원은 헌법재판소에 법률의 위헌 여부에 대한 심판을 제청(청구)할 수 있고, 행정청의 처분이 법률에 위반되는지 여부에 대해서는 법원이 판단한다(헌법 제107조). 한편 재판에 대한 헌법소원이 인정되는지에 대해서 헌법은 명확한 태도를 보이지 않고, 법률은 재판을 헌법소원의 대상에서 배제하고 있다(헌법재판소법 제68조 제1항). 따라서 입법부와 집행부의 차별에 대한 통제는 비교적 제도가 구비되어 있으나 사법부의 차별에 대한 통제는 완전히 배제되어 있다고 볼 수 있다. 사법부에 의한 차별의 통제를 위해서 재판소원제도가 도입되어야 한다고 본다. 어쨌든 국가에 의한 차별은 헌법재판소나 법원에 의해 상당 부분 구제받을 수 있다는 사실을 확인하게 된다.

---

3) 헌재 1990.10.8. 89헌마89: "국·공립사범대학 등 출신자를 교육공무원인 국·공립학교 교사로 우선하여 채용하도록 규정한 교육공무원법 제11조 제1항은 사립사범대학졸업자와 일반대학의 교직과정이수자가 교육공무원으로 채용될 수 있는 기회를 제한 또는 박탈하게 되어 결국 교육공무원이 되고자 하는 자를 그 출신학교의 설립주체나 학과에 따라 차별하는 결과가 되는바, 이러한 차별은 이를 정당화할 합리적인 근거가 없으므로 헌법상 평등의 원칙에 어긋난다."

4) 헌재 1992.6.26. 92헌마46: "보증금편취를 위하여 피고소인들이 서로 짜고 동승자(同乘者)가 교통사고를 낸 것처럼 허위신고를 하였으니 처벌하여 달라는 고소 내용에 대하여 검사가 피고소인들의 진술이 거짓이라고 인정할 충분한 증거가 있음에도 불구하고 이를 무시한 채 불기소결정을 한 것은 객관적으로 유지될 수 없는 자의적인 증거판단으로 명백히 사안의 진상에 상응치 아니한 처분을 한 것으로서 결국 검찰권을 행사함에 있어 차별없이 성실한 수사를 요구할 수 있는 피고인의 평등권과 재판절차진술권을 침해한 것에 해당된다."

III. 사인(국민)에 의한 차별

사인인 국민에 의한 차별은 국가기관의 작용이 아닌 사인의 활동에 따라 발생하기 때문에 법률의 제정이나 집행 또는 해석·적용과 상관없이 발생한다. 또한 사인의 활동영역은 다양하기 때문에 다양한 차별영역이 존재할 수 있다. 특별히 기업이 근로자를 고용하는 경제영역에서 발생하는 차별이 중요한 문제로 부각되고 있다. 예를 들어 기업이 채용공고를 내면서 학력(예: 고졸 이상 또는 대졸 이상)이나 연령(예: 남자 27세 이상, 여자 25세 이상) 또는 신체적 조건이나 외모(예: 키 165cm 이상, 용모단정)를 기준으로 제시하였다면 그러한 기준이 합리적이지 않는 경우에 사인에 해당하는 기업에 의한 차별이 발생할 수 있다.

사인인 국민에 의한 차별의 경우에는 이를 판단하고 시정하기 위한 제도적 장치들을 찾기 상당히 어렵다. 물론 입법기관(국회)이 차별을 금지하는 법률을 제정함으로써, 그리고 사법기관(법원)이 차별을 금지하는 재판을 실현함으로써 평등권의 침해를 구제받을 수 있는 길을 생각해볼 수 있다. 하지만 입법기관을 통한 차별해소는 입법자의 적극적 의지가 없이는 실현이 어렵고, 사법기관을 통한 차별해소도 재판에 대한 헌법소원이 원칙적으로 배제된 현행 제도 하에서는 실현이 불가능하다. 여기서 차별의 문제를 올바로 해결하기 위해서는 특별히 사인인 국민에 의한 차별로부터 구제하는 제도적 장치들이 필요하다는 점에 주목하게 된다.

제 2 절 직접차별과 간접차별

국가에 의한 차별이든, 사인에 의한 차별이든 차별을 직접적으로 의도하는 가시적 차별과 차별을 의도하지는 않았지만 결과적으로 차별을 발생시키는 비(非)가시적 차별로 구분될 수 있다. 차별의 개념에서 간접차별을 배제하면 간접차별이 차별의 개념에 포함되는지에 대해서 피해자가 논증해야 되는 부담을 안게 된다. 반대로 간접차별을 차별의 개념에 포함시키면 간접차별이 차별의 개념에 포함되는지 여부는 애초에 문제되지 않기 때문에 피해자는 논증부담을 덜고, 오히려 가해자가 간접차별에 합리적인 이유가 있다는 점에 대해서 논증해야 하는 부담을 떠안게 되는 효과가 있다.

I. 직접차별

직접차별(direct discrimination)이란 차별사유를 직접적으로 제시하고 의도적으로 차별하는 것을 말한다. 예를 들어 '직업과 고용에서의 평등에 관한 2000년 제78호 EU지침(Council Directive 2000/78/EC of 27 November 2000 establishing a general framework for equal treatment in employment and occupation)'은 직접차별을 "어떤 비교될 수 있는 상황에서 어떤 사람이 다른 사람보다 불리하게(less favourably) 대우받고 있거나 받았거나 받게 되는 것"[5]이라고 정의한다. 이에 따르면 국가가 법률로써 남성과 여성 또는 장애인과 비장애인에 대해서 의도적으로 차별적 대우를 하거나, 기업이 임금에 있어서 남성근로자와 여성근로자 또는 장애인근로자와 비장애인근로자를 의도적으로 차별하여 지급하였다면 성별이나 장애를 사유로 한 직접적인(의도적인) 차별이 존재한다고 볼 수 있다.

---

5) 2000년 제78호 EU지침 제2조 제2항 (a): ***direct discrimination*** shall be taken to occur where one person is treated less favourably than another is, has been or would be treated in a comparable situation, on any of the grounds referred to in Article 1.

II. 간접차별

간접차별(indirect discrimination)이란 외관상 차별사유의 제시가 없으며 차별 의도도 없고, 따라서 차별행위도 없는 것처럼 보이지만 결과적으로 특정한 집단에게 차별적 대우를 초래하는 것을 말한다. 앞의 EU지침은 간접차별을 "외관상 중립적인 규정이나 기준 또는 관행이라고 하더라도 그로 인하여 특정한 종교나 신념, 특정한 장애, 특정한 연령, 특정한 성적 지향을 가진 사람들이 다른 사람들과 비교하여 특별한 불이익이 발생하고, 그러한 규정이나 기준 또는 관행이 입법적 목적에 의하여 객관적으로 정당화되지 않거나 그 목적을 실현하는 수단이 적절하고 필수적이지 않은 경우, 또는 그러한 규정이나 기준 또는 관행이 발생시킨 불이익을 제거하기 위하여 장애인에게 편의시설을 제공하는 적절한 조치를 취하지 않은 경우"[6]라고 정의한다. 또한 뉴질랜드 인권법(HRA)도 유사하게 규정하고 있다.[7] 예를 들어 어떤 기업이 20년 이상 휴직 없이 장기근속한 모든 근로자에게 임금을 인상해 주기로 약속하였다고 하자. 이 경우에 외관상 남성근로자나 여성근로자의 구분에 따르는 차별의도는 없다고 할 수 있다. 하지만 이러한 약속을

---

6) 2000년 제78호 EU지침 제2조 제2항 (b) ***indirect discrimination*** shall be taken to occur where an ***apparently neutral*** provision, criterion or practice would put persons having a particular religion or belief, a particular disability, a particular age, or a particular sexual orientation at a ***particular disadvantage*** compared with other persons unless: (i) that provision, criterion or practice is objectively justified by a legitimate aim and the means of achieving that aim are appropriate and necessary, or (ii) as regards persons with a particular disability, the employer or any person or organization to whom this Directive applies, is obliged, under national legislation, to take appropriate measures in line with the principles contained in Article 5 in order to eliminate disadvantages entailed by such provision, criterion or practice.

7) 뉴질랜드 인권법 제65조: Where any conduct, practice, requirement, or condition that is not apparently in contravention of any provision of this Part of this Act has ***the effect of treating a person or group of persons differently*** on one of the prohibited grounds of discrimination in a situation where such treatment would be unlawful under any provision of this Part of this Act other than this section, that conduct, practice, condition, or requirement shall be unlawful under that provision unless the person whose conduct or practice is in issue, or who imposes the condition or requirement, establishes good reason for it.

이행한 결과 출산이나 육아 등으로 불가피하게 여러 차례 휴직을 할 수밖에 없는 여성들에게는 대단히 불리한 효과를 초래할 수 있다. 바로 이것이 여성에 대하여 결과적으로 차별대우가 되는 간접차별인 것이다.

이미 앞에서 설명한 바와 같이 모든 간접차별이 금지된 차별행위에 해당하는 것은 아니다. 합리적인 근거가 있는 차별행위는 허용되기 때문이다. 따라서 결과적으로 차별적 대우를 발생시키는 간접차별의 경우에도 이에 대한 합리적 근거를 제시하여 정당화할 수 있다면 금지된 차별행위에 해당하지 않는다.

현행 '장애인차별금지 및 권리구제 등에 관한 법률'(이하 '장애인차별금지법'으로 약칭)은 "장애인에 대하여 형식상으로는 제한 · 배제 · 분리 · 거부 등에 의하여 불리하게 대하지 아니하지만 정당한 사유 없이 장애를 고려하지 아니하는 기준을 적용함으로써 장애인에게 불리한 결과를 초래하는 경우"를 차별의 개념에 포함시킴으로써 간접차별을 차별로 보고 있다(동법 제4조 제1항 제2호). 또한 '남녀고용평등과 일 · 가정양립 지원에 관한 법률'(이하 '남녀고용평등법'으로 약칭)도 고용에서의 간접적 성차별에 대해서 다음과 같이 규정한다. "사업주가 채용 또는 근로의 조건은 동일하게 적용하더라도 그 조건을 충족시킬 수 있는 남성 또는 여성이 다른 한 성에 비하여 현저히 적고 그로 인하여 특정 성에게 불리한 결과를 초래하며 그 기준이 정당한 것임을 입증할 수 없는 경우에도 이를 차별로 본다"(동법 제2조 제1항 제2문). 이것은 원칙적으로 간접차별의 개념을 인정하면서 간접적 차별대우에 대한 합리적 근거가 제시될 수 없는 경우에만 평등원칙에 반하는 차별로서 금지한다는 뜻이다.

제 3 절 적극적 우대조치와 역차별

평등의 개념에 법적 평등과 함께 사실적 평등도 포함되므로 차별의 개념에 법적 차별과 함께 사실적 차별도 포함된다는 사실을 이미 앞에서 확인하였다.[8] 그리고 사실적 차별을 시정하기 위하여 사회적 약자를 보호하는 일정한 조치가 필요하고, 이것은 차별에 해당하지 않는다는 사실도 확인하였다. 하지만 이러한 조치들로 인하여 또 다른 차별의 문제가 발생할 수 있다는 점을 기억해야 한다.

I. 적극적 우대조치의 개념과 필요성

사실적 차별을 시정함으로써 사실적 평등을 실현하기 위하여 시행되는 소수자보호정책을 '적극적 우대조치(affirmative action/positive action)'라고 한다.[9] 다시 말해 적극적 우대조치는 열악한 현실적 조건 때문에 결과적으로 차별당할 수 밖에 없는 사회적 약자들을 보호하기 위하여 실시되는 다양한 형태의 적극적인 평등실현조치를 의미한다. 이러한 적극적 평등실현조치는 사회적 약자가 과거에 당했던 차별에 대한 '보상적 성격'을 가질 뿐만 아니라, 그들이 현재에 당하고 있는 차별의 '시정적 성격'도 함께 갖는다. 예를 들어 공무원의 임용이나 기업의 채용에 있어서 사회적 약자인 여성이나 장애인을 우대하기 위하여 실시되는 쿼터제나 가산점제와 같은 것들이 그러한 조치에 해당된다.

---

8) 이 책 제1장 제4절 III. 1. 참조.

9) '고용과 직업에 관한 2000년 제78호 EU지침'에 따라 정의된 적극적 조치의 개념은 다음과 같다(동지침 제7조 제1항): 평등의 충분한 실현을 보장한다는 관점에서 평등대우의 원칙은 제1조에 열거된 차별금지사유와 결합된 **불이익을 예방하거나 보상하기 위하여 특별한 조치**를 가맹국가가 유지하거나 선택하는 것을 금지하지 않는다(With a view to ensuring full equality in practice, the principle of equal treatment shall not prevent any Member State from maintaining or adopting ***specific measures to prevent or compensate for disadvantages*** linked to any of the grounds referred to in Article 1).

II. 역차별의 개념과 허용가능성

사회적 약자를 배려하기 위하여 실시되는 적극적 우대조치는 다른 사회구성원들에게 일종의 불이익을 초래할 수 있다. 왜냐하면 차별의 희생자인 사회적 약자를 보호하기 위하여 사회적으로 한정된 기회나 재화들 가운데 그들만을 위한 특별히 부분을 할애하여 보장하면 이것은 다른 사회구성들에게는 그만큼 불이익으로 돌아오기 때문이다. 이러한 불이익을 '역차별(reverse discrimination)'이라고 부른다. 다시 말해 역차별이란 차별을 시정하기 위하여 실시한 일정한 조치가 또 다른 차별을 발생시키는 경우를 뜻한다. 예를 들어 사회적 약자인 여성이나 장애인에 대한 차별을 시정하기 위하여 실시한 쿼터제나 가산점제도가 남성이나 비장애인의 기회를 박탈하는 또 다른 차별을 발생시키는 경우이다.

우리는 이미 법적 평등과 함께 사실적 평등이 반드시 함께 고려됨으로써 어떠한 결과를 초래하는지에 대해서 확인한 바 있다.[10] 그것은 사실적 평등이 고려되는 경우에 논증게임의 결과가 달라질 수 있다는 점이다. 물론 사실적 평등권은 그것을 주장하는 자에게 논증부담이 돌아가지만 그렇다고 해서 사실적 평등권을 주장하는 자가 평등을 둘러싼 논증게임에서 반드시 실패한다는 것을 의미하는 것은 아니다. 사실적 평등권을 주장하는 자의 논거가 그에 반대하는 자의 논거보다 설득력이 있는 경우에는 사실적 평등권이 우월하고, 따라서 그에 상응하는 적극적 우대조치가 시행될 수 있으며 이러한 범위에서의 역차별은 허용될 수 있다. 이러한 의미에서 역차별의 발생 자체가 중요한 문제일 수는 없다. 중요한 것은 그러한 역차별에 합리적인 이유가 있는지 여부이다.

결론적으로 차별이든 역차별이든 앞에서 우리가 확인한 바와 같이 합리적인 근거가 없는 차별적 대우만이 법적으로 의미 있는 차별이다. 따라서 사회적 약자 또는 사회적 소수자를 보호하기 위한 일련의 적극적 우대조치로 발생할 수 있는 역차별적 대우도 합리적인 근거가 없는 경우에만 차별이라고 부를 수 있다. 이것은 사회적 약자나 소수자에 대한 보호정책이 반드시 정당화된다는 뜻은 아니지만, 반대로 역차별이란 이유로 언제나 거부될 수는 없다는 뜻이기도 하다.

---

10) 이 책 제1장 제3절 III. 3. 참조.

적극적 우대조치를 차별의 예외로 보는 법규정들이 다양하게 존재한다. 현행 국가인권위원회법은 "현존하는 차별을 없애기 위하여 특정한 사람(특정한 사람들의 집단을 포함)을 잠정적으로 우대하는 행위와 이를 내용으로 하는 법령의 제정 · 개정 및 정책의 수립 · 집행은 평등권 침해의 차별행위로 보지 아니한다"(동법 제2조 제3호 단서)고 규정하여 적극적 우대조치가 차별행위가 아니라는 점을 확인하고 있다. 또한 '장애인차별금지법'도 장애인의 실질적 평등권을 실현하고 장애인에 대한 차별을 시정하기 위하여 취하는 조치를 "적극적 조치"로 지칭하면서 이것을 차별의 예외로 인정한다(동법 제4조 제4항). 그리고 '남녀고용평등법'도 적극적 우대조치로 이해되는 "적극적 고용개선조치"를 "현존하는 남녀간의 고용차별을 없애거나 고용평등을 촉진하기 위하여 잠정적으로 특정 성을 우대하는 조치"로 정의하면서 이것은 차별로 보지 않는다고 규정한다(동법 제2조 제3호). 한편 여성발전기본법은 적극적 우대조치를 "적극적 조치"로 부르면서 국가와 지방자치단체에 이러한 조치를 취할 수 있는 권한을 부여하고 있다(동법 제6조).[11] 다만 헌법재판소는 헌법에서 적극적 우대조치를 명령하지 않은 경우에는 적극적 조치를 규정한 법률에 대해서 엄격한 심사를 해야 하기 때문에 해당 법률의 위헌가능성이 높아진다는 점을 기억해야 한다.[12] 다시 말해 위헌의 가능성을 피하면서 적

11) 여성발전기본법 제6조 (적극적 조치) ① 국가 및 지방자치단체는 여성의 참여가 현저히 부진한 분야에 대하여 합리적인 범위 안에서 여성의 참여를 촉진하여 실질적인 남녀평등이 이루어질 수 있도록 관계 법령으로 정하는 바에 따라 적극적 조치를 취할 수 있다. ② 여성가족부장관은 국가기관 및 지방자치단체의 장에게 제1항에 따른 적극적 조치를 취하도록 권고하고 그 결과를 점검하여야 한다.

12) 헌법재판소에 따르면 평등심사는 엄격한 심사와 완화된 심사로 구분된다. 헌재 1999.12.23. 98헌마363, 판례집 제11권 2집, 770면 이하: "평등위반 여부를 심사함에 있어 엄격한 심사척도에 의할 것인지, 완화된 심사척도에 의할 것인지는 입법자에게 인정되는 입법형성권의 정도에 따라 달라지게 될 것이다. 먼저 헌법에서 특별히 평등을 요구하고 있는 경우 엄격한 심사척도가 적용될 수 있다. 헌법이 스스로 차별의 근거로 삼아서는 아니 되는 기준을 제시하거나 차별을 특히 금지하고 있는 영역을 제시하고 있다면 그러한 기준을 근거로 한 차별이나 그러한 영역에서의 차별에 대하여 엄격하게 심사하는 것이 정당화된다. 다음으로 차별적 취급으로 인하여 관련 기본권에 대한 중대한 제한을 초래하게 된다면 입법형성권은 축소되어 보다 엄격한 심사척도가 적용되어야 할 것이다."(787면) "엄격한 심사를 한다는 것은 자의금지원칙에 따른 심사, 즉 합리적 이유의 유무를 심사하는 것에 그치지 아니하고 비례성원칙에 따른 심사, 즉 차별취급의 목적과 수단 간에 엄격한 비례관계가 성립하는지를 기준으로 한 심사를 행함을 의미한다."(787~788면) 이에 따를 때 적극적 조치는 평등을 명령하는 것이 아니라 차별을 명령하는 것이어서 완화된 심사를 해야 하므로 헌법에서 적극적 조치의 대상이 되고 있는 '국가유공자'에 대한 적극적 조치는 완화된 심사를 해야 하지만 적극적 조치의 대상이 되지 않는 '국가유공자의 가족'에 대한 적극적 조치는 엄격한 심사를 해야 한다. 헌재 2006.2.23. 2004헌마675, 판례

극적 조치를 시행하기 위해서는 헌법적 명시가 필요하다.

집 제18권 1집(상), 269면 이하: "국가유공자 본인의 경우는 별론으로 하고, 그 가족의 경우는 … 헌법 제32조 제6항이 가산점제도의 근거라고 볼 수 없으므로 그러한 완화된 심사는 부적절한 것이다."(285면) 종래에 헌법재판소는 국가유공자의 가족에 대해서도 헌법 제32조 제6항을 근거로 적극적 조치가 가능하다고 본 적이 있지만 판례를 변경한 것이다. 헌재 2001.2.22. 2000헌마25, 판례집 제13권 1집, 386면 이하: "입법자가 국가유공자와 그 유족 등에 대하여 우선적으로 근로의 기회를 부여하기 위한 입법을 한다고 하여도 이는 헌법에 근거를 둔 것으로서, 이러한 경우에는 입법자는 상당한 정도의 입법형성권을 갖는다고 보아야 하기 때문에, 이에 대하여 비례심사와 같은 엄격심사를 적용하는 것은 적당하지 않은 것으로 볼 여지가 있다."(405면)

제 4 절 차별사유에 따른 차별유형

나중에 상세하게 살펴볼 각국의 차별금지법에 열거된 차별사유를 먼저 비교해 보면 다음과 같다.[13)]

	미국	캐나다	호주	뉴질랜드	인도*	남아공	그리스*	아일랜드	대한민국
인종(race)	O	O	O	O		O		O	O
피부색(colour)	O	O		O		O			O
성별(sex/gender)/ 임신(pregnancy) 및 출산	O	O	O	O		O		O	O
장애(disability)		O	O	O		O		O	O
연령(age)		O	O	O		O		O	O
출신국가[14)]/출신민족 (national/ethnic origin)	O	O		O		O			O
국적(nationality)			O						
종교(religion)/종교적 신앙 (religious belief)	O	O	O	O				O	O
윤리적 신념(ethical belief)/ 양심(conscience)				O		O			
신념(belief)				O					
정치적 견해 (political opinion)			O	O					O
성적 지향(sexual orientation) 성적 선호(sexual preference)		O		O		O		O	O
혼인 여부(marital status)		O	O	O		O		O	O
가족관계(family status)		O		O				O	O
전과(pardoned criminal con-viction)/전과(criminal record)		O	O						O
병력(medical record)									O
노조활동(trade union activity)			O						
문화(culture)						O			
언어(language)						O			

13) 세계 각국의 차별금지법제에 대해서는 제3장 참조.

고용관계(employment status)				O					
사회적 신분									O
출신지역									O
신체조건									O
학력									O
유랑족(traveller Community)								O	

* 인도와 그리스의 차별금지법에는 차별사유가 열거되어 있지 않다.

다양한 차별사유들 가운데 ① 인종, ② 성별, ③ 장애, ④ 연령, ⑤ 종교, ⑥ 양심이나 신념, ⑦ 혼인 여부, ⑧ 출신국가나 민족, ⑨ 성적(性的) 지향 등이 대부분의 국가에서 금지되는 차별사유에 해당한다. 다만 인종의 경우에 피부색(colour)을 포함시켜 규정하는 입법례와 피부색을 독립시켜 규정하는 입법례가 있고, 종교의 경우에 표현방식이 조금씩 다를 수 있으며, 장애의 경우 신체와 정신의 손상(impairment)이나 질병 또는 장애 등으로 세분해서 규정하는 입법례가 있다. 그밖에도 가족관계, 전과, 병력, 노조활동, 문화, 언어, 고용관계, 신체조건, 학력, 유랑족(아일랜드) 등도 금지된 차별사유로서 규정하고 있는 입법례가 있다.

대한민국의 국가인권위원회법은 차별금지사유로서 ① 성별, ② 종교, ③ 장애, ④ 나이, ⑤ 사회적 신분, ⑥ 출신지역(출생지, 원적지, 본적지, 성년이 되기 전의 주된 거주지역 등을 말한다), ⑦ 출신국가, ⑧ 출신민족, ⑨ 용모 등 신체조건, ⑩ 기혼 · 미혼 · 별거 · 이혼 · 사별 · 재혼 · 사실혼 등 혼인 여부, ⑪ 임신 또는 출산, ⑫ 가족형태 또는 가족상황, ⑬ 인종, ⑭ 피부색, ⑮ 사상 또는 정치적 의견, ⑯ 형의 효력이 실효된 전과, ⑰ 성적 지향, ⑱ 학력, ⑲ 병력(病歷) 등 19가지를 열거하고 있다. 이러한 차별금지사유조항은 차별에 관한 국제적 기준이나 세계 각국의 차별금지법과 비교해 볼 때 상당히 세밀하게 차별사유를 규정하고 있음을 확인할 수 있다. 특히 한국적 상황에서 대단히 가혹한 차별의 사유가 되고 있는 출신지역(고향), 용모, 학력(학벌)이 포함되고 있음은 주목할 만하다. 어쨌든 인권위에 진정된 사건 가운데 가장 많은 비중을 차지하는 차별사유로는 장애,

14) 출신국가에 따른 차별은 원국적이나 조상의 국적과 관련되기 때문에 현재의 국적(citizenship)에 따른 차별과 구별된다. 그러나 국적에 따른 차별의 금지가 명문화되지 않은 국가(예를 들어 캐나다)에서 국적에 따른 차별은 출신국가에 따른 차별로서 주장되기도 한다.

성별, 나이, 사회적 신분이 있다(아래 [표] 참조).

차별사유별 진정사건 처리 현황(2012년 3월 말 현재)

차별 사유	건수	비율 (%)	차별 사유	건수	비율 (%)	차별 사유	건수	비율 (%)	차별 사유	건수	비율 (%)
성별	449	3.7	출신지역	83	0.7	임신출산	142	1.1	전과	131	0.9
종교	120	0.9	출신국가	228	1.9	가족상황	94	0.7	성적지향	33	0.3
장애	4,644	38.4	출신민족	11	0.1	인종	53	0.4	병력	257	2
나이	937	7.7	신체조건	176	1.5	피부색	7	0	학력학벌	346	2.8
신분	1,267	10.4	혼인 여부	70	0.5	사상의견	29	0.2	성희롱	1,151	9.5
총건수						12,080(기타 1,834건 포함)					

자료: 국가인권위원회 웹사이트(www.humanrights.go.kr)

결국 차별사유에는 다양한 국가에 공통적으로 적용되는 '보편적 차별사유'도 있지만 개별국가의 구체적 사정에서 나오는 '특수한 차별사유'도 존재한다. 이러한 특수한 차별사유는 개별국가가 구체적으로 처한 고유한 역사적 배경이나 특별한 사회적 환경과 밀접하게 관련을 맺는다. 따라서 모든 국가에 존재하는 모든 차별사유를 여기서 일일이 열거하는 것은 불가능한 일이다. 이하에서는 가능한 한 많은 국가에 적용될 수 있는 보편적 차별사유를 중심으로 살펴보기로 한다.

I. 인종차별

1. 개 념

인종차별(racial discrimination)이란 '인종을 이유로 한(based on race; because of race; on the grounds of race)' 차별행위로서 합리적 근거를 가지고 정당화되지 못하는 경우를 말한다. 여기서 '인종(race)'이란 피부색이나 머릿결 또는 얼굴의 모양이나 키의 크고 작음과 같은 일정한 신체적 특징에 따라 구분되는 사람들의 집단을 지칭하는 말로 정의하기로 한다. 인종차별은 가장 전통적인 의미의 차별이면서 동시에 현대사회에서도 다인종 또는 다민족 국가에서 대단히 중요하게 인식되고 있는 차별의 유형에 속한다. 인종차별이 발생하는 이유는 대체로 특정한 인종이 다른 인종보다 우월하다(또는 특정한 인종이 다른 인종보다 열등하다)는 '인종주의(racism)'에 기초한 고정관념(stereotype)에 있다. 인종차별의 가혹함에 대해서는 남아프리카공화국에서 벌어졌던 흑백분리정책(apartheid)이나 독일의 나치가 자행한 유태인학살(holocaust)에 이르기까지 다양한 인종차별의 역사를 통해 충분히 경험한 바 있다.

유엔의 인종차별철폐협약(International Convention on the Elimination of All Forms of Racial Discrimination, 1965, 이하 'ICERD'로 약칭)[15]에 따르면 인종차별은 "정치 · 경제 · 사회 · 문화 기타 공공생활 영역에서 인권과 기본적 자유에 대한 평등한 인정 · 향유 · 실현을 제거하거나 손상시킬 목적으로 행해지는 인종 · 피부색 · 혈통 · 출신국가 · 출신민족에 근거한 구별 · 배제 · 제한 또는 우대"[16]라고 정의된다. 이러한 개념 정의에 따르면 인종차별은 인종뿐만 아니라 피부색 및 출신국가나 출신민족(또는 종족)에 따른 차별을 포함하는 넓은 개념으로 이해된다.[17] 아무래도 인종과 피부색은 밀접한 관련이 있기 때문에 함께 묶어도 큰 문제는 없다.[18] 하지만 인종은 법적인 개념인 국적(nationality)이나 혈연에 기초한 민족

---

15) 인종차별철폐협약(ICERD)은 1965년 12월 21일 유엔총회에서 채택되었고, 1969년 1월 4일부터 발효되었다. 이 국제협약을 감시하는 기구로 유엔에 인종차별철폐위원회(Committee on the Elimination of Racial Discrimination: CERD)가 설치되어 있다. 대한민국은 이 국제협약에 1978년 8월 8일 서명하였다. 인종차별철폐협약 제14조에 따라 인종차별을 받은 개인이나 집단은 해당 국가가 인종차별철폐협약에 서명한 국가인 경우에 해당 국가를 상대로 인종차별철폐위원회에 개인진정(individual complaint)을 제기할 수 있다.

16) ICERD 제1조: 1. In this Convention, the term "racial discrimination" shall mean any distinction, exclusion, restriction or preference based on race, colour, descent, or national or ethnic origin which has the purpose or effect of nullifying or impairing the recognition, enjoyment or exercise, on an equal footing, of human rights and fundamental freedoms in the political, economic, social, cultural or any other field of public life. 호주의 인종차별금지법(Racial Discrimination Act 1975: 이하 'RDA'로 약칭)도 인종차별의 개념을 동일하게 정의하고 있다(RDA 제9조 제1항).

17) 영국에서 일반적 차별금지법인 평등법이 제정되기 전에 개별적 차별금지법으로 존재했던 인종관계법(Race Relations Act 1976)도 인종차별을 인종뿐만 아니라 피부색, 국적, 출신국가 또는 출신민족을 이유로 한 차별로 정의한다(RCA 제3조 제1항).

18) 국가인권위원회는 한국산업규격(KS)상 '살색'이라는 색명이 합리적인 이유 없이 헌법 제11조에 보장된 평등권을 침해할 소지가 있는지 여부에 대해서 다음과 같이 판단하면서 피부색을 인종의 개념에 포함시키고 있다(2002.7.31. 01진차3): "한국산업규격(KS)상 '살색' 색명은 1967년 한국산업규격 제정 당

(nation)과는 구분되는 범주이기 때문에 구별될 필요가 있다. 따라서 차별사유를 열거할 때 인종과 함께 출신국가나 출신민족을 병렬적으로 열거하는 것이 더 명확성을 확보하는 규정방식이라고 보인다.

인종차별에 관하여 비교적 오랜 역사적 경험을 갖고 있는 미국은 민권법 제7편(Title VII of the Civil Rights Act)[19]에서 인종차별이란 피부색(skin color), 머릿결(hair texture), 얼굴 생김새(facial feature)와 같이 '인종과 관련된 불변의 속성들'에 따라 차별하는 것을 말한다고 규정한다. 또한 고용에서의 인종차별에는 직업과 관련이 없거나 업무의 필요성과 일치하지 않으면서도 일정한 인종에게 지배적으로 영향을 미치는 조건에 따른 차별도 포함됨으로써 간접적 인종차별도 인정된다. 예를 들어 흑인의 유전병인 겸상적혈구빈혈증(sickle cell anemia)[20]을 가진 자를 배제하는 고용조건은 인종을 이유로 한 간접차별에 해당한다.[21]

그 밖에도 미국의 민권법은 인종을 이유로 한 괴롭힘(harassment)을 차별로 규정한다. 예를 들어 인종에 대한 비방, 인종에 관한 농담(jokes), 개인의 인종이나 피부색에 대한 공격적이고 모욕적인 언사 또는 인종이나 피부색에 기초한 기타 언어적 · 물리적 행동이 위협적이고 적대적이며 공격적인 근로환경을 만들거나 노동을 방해하는 경우에는 불법적 차별이 된다. 또한 민권법은 근로자의 분리(segregation)나 분류(classification)를 인종차별로 보고 금지한다. 따라서 일정한 직장이나 지역에 특정한 피부색을 가진 사람들을 집중 배치하는 것은 불법이다. 그리고 채용에 있어서 인종이나 피부색을 강하게 암시하는 질문을 하는 것도 인

시 제반사항에 대한 고려 없이 일본의 공업규격을 단순 번역한 것으로서 특정 색깔의 피부를 가진 인종의 사람에 대해서만 사실과 부합되는 것이므로 기타 인종의 사람들에 대해서는 합리적인 이유 없이 헌법 제11조에 보장된 평등권을 침해할 소지가 있다."

19) 미국 민권법에 대해서는 이 책 제3장 제1절 I. 1. 참조.

20) '겸상적혈구빈혈증'이란 도넛 모양을 한 보통의 적혈구가 파괴되기 쉽고 혈전을 일으키기 쉬운 겸상(鎌狀)적혈구, 즉 낫 모양의 적혈구로 바뀌어 발생하는 빈혈증으로 흑인에게 많이 발생하는 유전적 질환을 말한다.

21) 그 밖에도 다음과 같은 예를 들 수 있다. 대형할인점이 야간에 상품을 진열대에 적치하는 일을 하는 직원을 선발하면서 다른 직원과 말할 일이 거의 없음에도 불구하고 높은 수준의 국어실력(영어를 공용어로 쓰는 나라의 경우에는 영어실력)을 요구한다면 국어실력이 안 되는 외국인근로자자 고용될 가능성이 적기 때문에 인종을 이유로 한 간접차별에 해당하게 된다. 이 예는 호주의 '인권과 기회평등위원회(Human Rights and Equal Opportunity Commission: HREOC)'가 발간한 〈Your Guide to the Racial Discrimination Act〉(2006)에서 참조.

종차별로서 금지된다. 다만 적극적 우대조치(affirmative action)나 지원자의 흐름을 파악하기 위해서만 인종이나 피부색에 관한 질문을 할 수 있다. 이 경우 절취지가 붙어 있는 지원서를 사용해야 하고, 절취지를 지원서에서 절단한 후에 오로지 지원서에 따라서만 채용 절차를 진행해야 한다.

인종차별금지에 관한 2000년 제43호 EU지침(Council Directive 2000/43/EC of 29 June 2000 implementing the principle of equal treatment on grounds of racial and ethnic origin, 이하 '2000년 제43호 EU지침'으로 약칭)도 인종이나 출신민족에 따른 모든 형태의 차별, 즉 불리한 대우(less favourable treatment)를 금지한다. 또한 외관상 중립적으로 보이지만 특정한 개인이나 집단에게 불리한 결과(unfavourable outcome)를 초래하는 규정이나 기준 또는 관행을 금지함으로써 인종이나 출신민족에 따른 '간접적 차별'도 금지하고 있다(동지침 제2조 제2항 b).[22] 그리고 인종을 이유로 한 괴롭힘(harassment)도 적대적 환경을 만드는 경우에 차별로 간주될 수 있고(동조 제3항),[23] 차별을 지시하는 행위(instruction to discriminate)도 차별행위에 포함된다(동조 제4항). 그 밖에도 차별에 관한 진정이나 소송 등을 이유로 불이익을 주는 행위(victimisation)로부터 개인을 보호하는 제도를 반드시 마련하도록 규정함으로써 보복행위(retaliation)[24]가 차별의 개념에 포함될 수 있는 여지를 남기고 있다(동지침 제9조). 하지만 국적에 따른 차별은 인종차별의 범주에 포함시키고 있지 않다(동지침 제3조 제2항).

인종차별을 금지하기 위해 제정되었던 개별적 차별금지법인 영국의 인종관계법(Race Relations Act, 이하 'RRA'로 약칭)[25]도 인종을 이유로 한 직접차별과 간접차별

22) 2000년 제43호 EU지침 제2조 제2항 (b): ***indirect discrimination*** shall be taken to occur where an apparently neutral provision, criterion or practice would put persons of a racial or ethnic origin at a particular disadvantage compared with other persons, unless that provision, criterion or practice is objectively justified by a legitimate aim and the means of achieving that aim are appropriate and necessary.

23) 2000년 제43호 EU지침 제2조 제3항: ***Harassment*** shall be deemed to be discrimination within the meaning of paragraph 1, when an unwanted conduct related to racial or ethnic origin takes place with the purpose or effect of violating the dignity of a person and of creating an intimidating, hostile, degrading, humiliating or offensive environment. In this context, the concept of harassment may be defined in accordance with the national laws and practice of the Member States.

24) 차별의 개념에 포함될 수 있는 보복행위에 대해서는 이 책 제3장 제3절 I. 2. (2) ③ 참조.

뿐만 아니라 괴롭힘,[26] 그리고 인종차별에 관한 진정이나 소송을 제기하거나 거기에 참여했다는 이유로 가해지는 보복행위(victimisation)를 차별로 본다. 또한 호주의 인종차별금지법(Racial Discrimination Act: RDA)[27]은 인종을 이유로 한 차별행위와 함께 인종을 이유로 한 괴롭힘을 "인종적 증오에 기초한 범죄행위(offensive bahaviour based on racial hatred)"로 규정하여 금지하고 있다.

지금까지 살펴본 여러 입법례를 통해서 인종차별의 개념에는 인종을 이유로 한 직접차별뿐만 아니라 간접차별도 포함되고, 인종을 이유로 한 괴롭힘, 인종차별의 지시, 인종차별에 관한 진정이나 소송의 제기 또는 참여를 이유로 불이익을 주는 보복행위도 인종차별의 개념에 포함될 수 있다는 사실을 확인하게 된다.

2. 인종차별의 영역

인종차별은 고용이나 직업훈련 및 교육, 재화나 용역 또는 편의의 제공, 시설의 제공, 사회보장제도의 수혜 등에서 발생할 수 있다. 2000년 제43호 EU지침에 따르면 인종차별이 금지되는 영역을 ① 고용이나 자영업 및 직업의 자격조건(선발기준 및 채용조건 포함), ② 모든 형태와 모든 수준의 직업지도, 직업훈련, 고급직업훈련, 재훈련(근로실습 포함), ③ 고용 및 근로 조건(해고와 임금 포함), ④ 근로자단체나 사용자단체 또는 특수한 직업단체의 가입(이러한 단체에서 제공하는 혜택 포함), ⑤ 사회적 보호(social protection, 사회보장제도 및 건강보험 포함), ⑥ 사회적 혜택(social advantage), ⑦ 교육, ⑧ 공중이 사용할 수 있는 재화와 용역에 대한 접근(주택 포함) 등으로 열거하고 있다(동지침 제3조 제1항). 또한 호주의 인종차별금지법(RDA)은 ① 공공장소나 공중이용시설(facilities)에 대한 접근과 이용,

25) 영국의 인종관계법(RRA)은 1976년에 제정되어 2000년에 개정되었다. 2000년 개정법은 인종차별금지를 공공기관(public authorities)으로까지 확대하였다. 종래에 인종관계법에 따라 인종차별을 시정하는 기구로 인종평등위원회(Commission for Racial Equality: CRE)가 설치되어 있었으나 2007년부터 '평등과 인권위원회(Equality and Human Rights Commission: EHRC)'로 통합되어 운영되었다. 하지만 2010년 일반적 차별금지법인 평등법(Equality Act)의 제정으로 폐지되었다. 폐지되기 전의 인종차별금지법에 대해서는 김대환, "영국 인종차별금지법상의 차별의 의미와 그 구제", 「세계헌법연구」(국제헌법학회 한국학회), 제5호(2001), 389면 이하 참조.

26) 인종을 이유로 한 괴롭힘의 경우에는 인종관계법(RRA)을 개정하는 2003년 인종관계법규칙(Race Relation Act 1976(Amendment) Regulations)에 따라 추가되었다.

27) 호주의 인종차별금지법은 1975년에 제정되어 2004년(Act No. 40 of 2004)에 개정되었다.

② 토지, 주택, 기타 편의시설(accommodation) 등과 같은 부동산의 거래, ③ 재화와 용역의 제공, ④ 노동조합가입, ⑤ 고용, ⑥ 광고 등을 인종차별이 금지되는 영역으로 규정한다. 그리고 영국의 인종관계법(RRA)은 인종차별금지영역으로서 ① 고용 및 직업훈련, ② 교육, ③ 주택의 거래, ④ 경찰 및 공공기관의 업무수행, ⑤ 회원단체(club), ⑥ 광고, ⑦ 변호사(barrister)사무실의 수습 및 고용 등을 열거한다.

3. 인종차별의 예외

뉴질랜드 인권법(HRA)[28]은 특정한 인종을 위한 교육시설의 설치, 교육과정이나 상담의 제공은 인종에 따른 차별이 아니라고 규정한다. 또한 2000년 제43호 EU지침은 예를 들어 예술행위나 특정한 민족집단의 구성원을 위한 사회봉사처럼 인종이나 출신민족과 관련된 특성을 근거로 한 다른 대우가 특정한 직업활동의 속성이나 특정한 직업활동이 수행되는 조건으로 인해 '결정적이고 진정한 직업요건(genuine and determining occupational requirement)'인 경우에는 인종차별의 예외로 보고 있다(동지침 제4조).[29] 또한 '적극적 조치(positive action)', 즉 인종이나 출신민족과 관련된 불이익을 예방하거나 보상하기 위한 특별한 조치의 유지나 선택은 차별로 보지 않는다(동지침 제5조).[30] 유엔의 인종차별철폐협약(ICERD)도 특정한 인종이나 민족에 속하는 개인이나 집단의 인권과 기본적 자유를 평등하게 보장하기 위하여 필수적으로 요구되는 특별한 조치들이 잠정적으로

28) 뉴질랜드의 인권법(HRA)에 대해서는 이 책 제3장 제1절 IV. 1. 참조.

29) 2000년 제43호 EU지침 제4조(Genuine and determining occupational requirements): Notwithstanding Article 2(1) and (2), Member States may provide that a difference of treatment which is based on a characteristic related to racial or ethnic origin shall not constitute discrimination where, by reason of the nature of the particular occupational activities concerned or of the context in which they are carried out, such a characteristic constitutes a ***genuine and determining occupational requirement***, provided that the objective is legitimate and the requirement is proportionate(이탤릭은 저자 강조).

30) 2000년 제43호 EU지침 제5조(Positive action): With a view to ensuring full equality in practice, the principle of equal treatment shall not prevent any Member State from maintaining or adopting ***specific measures to prevent or compensate for disadvantages*** linked to racial or ethnic origin(이탤릭은 저자 강조).

시행될 수 있다고 규정함으로써 적극적 조치의 가능성을 열어놓고 있다(ICERD 제1조 제4항).31)

영국의 인종관계법(RRA)은 차별영역에 따라 개별적인 차별의 예외를 두었다. 우선 교육영역에서는 차별의 예외로 외국인학생에 대한 차별대우를 인정하였다(RRA 제36조). 이에 따르면 영국국민이 아니거나 교육기간이 종료된 후 고국으로 돌아갈 외국학생들에 대해서 영국학생들보다 더 비싼 등록금을 부과하는 것을 차별로 보지 않는다. 다음으로 주택거래에서는 소유자나 점유자가 광고나 중개인을 거치지 않고 직접 거래하는 경우, 소형주택(small residential premises)의 경우, 특정한 인종을 위해 세공되는 주택인 경우에는 인종을 이유로 한 차별대우가 허용된다. 그리고 재화나 용역의 제공에서는 아동이나 노인 또는 특별한 보호가 필요한 자를 돌보는 프로그램의 경우, 특정한 인종집단에게 혜택을 제공하기 위하여 설치된 자선단체나 자원봉사단체의 경우, 교육이나 직업훈련이 특별히 필요한 특정한 인종집단을 위해 마련된 특별한 프로그램의 경우, 스포츠나 게임에서 특정한 인종을 대표하는 사람을 선발하는 경우(RRA 제39조)에 인종을 이유로 한 차별대우가 합법적인 것이 된다.

4. 한국에서 인종차별

단일민족국가 또는 단일인종국가를 자랑하는 한국에서 인종차별은 문제되지 않을 것이라는 생각은 속단에 지나지 않는다. 오히려 단일민족국가의 신화 또는 혈통주의나 순혈주의(純血主義)의 전통이 강한 한국에서 인종차별은 중요한 의미를 갖는다. 특별히 한국전쟁 후 미군과 결혼해서 태어난 혼혈인에 대한 차별은 지나치게 가혹했다는 평가가 지배적이다.32) 그리고 지금도 농촌 남성의 국제결혼이나

---

31) ICERD 제1조 제4항: ***Special measures taken for the sole purpose of securing adequate advancement of certain racial or ethnic groups or individuals*** requiring such protection as may be necessary in order to ensure such groups or individuals equal enjoyment or exercise of human rights and fundamental freedoms shall not be deemed racial discrimination, provided, however, that such measures do not, as a consequence, lead to the maintenance of separate rights for different racial groups and that they shall not be continued after the objectives for which they were taken have been achieved(이탤릭은 저자 강조).

32) 혼혈인에 대한 차별의 문제에 대해서는 이준일, "혼혈인 병역면제의 평등권 침해성", 「고려법학」(고

한국 여성과 외국인 노동자의 결혼 등 한국인과 아시아인의 결혼으로 태어난 혼혈인(kosian = korean + asian)에 대한 차별의 가혹성도 새롭게 부각되고 있다. 한편에서는 혼혈인에 대한 편견과 놀림이 지배하면서도 또 한편에서는 유명 연예인이나 스포츠 스타로 성공한 혼혈인이 우상이나 영웅이 되는 이러한 이중적 잣대는 혼혈인에 대한 인종차별을 교묘하게 은폐할 수 있다. 순혈주의의 전통이나 단일민족의 신화를 과감하게 버리고 한국사회를 다인종 또는 다민족 공동체로 인정하는 새로운 가치관만이 혼혈인에 대한 인종차별을 근본적으로 철폐할 수 있는 방법이 될 것이다.

어쨌든 헌법은 인종을 명시적인 차별금지사유로 열거하지 않고 있지만(헌법 제11조 제1항), 현행 국가인권위원회법에 따라 한국에서도 인종을 이유로 한 차별은 금지된다(동법 제2조). 그 밖에도 인종차별과 밀접하게 관련되어 있는 피부색과 출신국가에 의한 차별도 법률에 따라 독립적으로 규정되어 금지된다. 이러한 인종차별에 인종을 이유로 한 '괴롭힘(harassment)'이 포함되는지는 명시적 규정이 없어 의문이 제기될 수 있다.[33] 이 때문에 인종을 이유로 한 괴롭힘도 인종차별에 포함시키는 명시적 규정이나 괴롭힘을 일반적으로 차별의 한 유형으로 포함시키는 명시적 규정이 필요하다. 물론 괴롭힘은 개념 자체가 모호할 뿐만 아니라 차별보다는 인권침해에 포함시키는 것이 적절할 수도 있다. 하지만 적어도 인종을 이유로 한 괴롭힘은 국제적 기준에 비추어 볼 때 인종차별에 포함시킬 필요가 있다. 따라서 우선 현행 국가인권위원회법의 해석상 인종을 이유로 한 괴롭힘을 인종차별에 포함시킬 수 있다. 그리고 입법정책적으로 볼 때는 인종을 이유로 한 괴롭힘을 인종차별에 포함시키는 명시적 규정을 두거나, 괴롭힘을 일반적으로 차별행위로 규정하는 독립적인 조항을 두는 방법이 더 합리적이다. 한편 인종을 이유로 한 간접차별에 대해서도 명시적 규정을 둘 필요가 있다.

한편 종래에 병역법시행령은 "외관상 식별이 명백한 혼혈인"을 제2국민역 편입대상으로 규정하고 있었다(동시행령 제136조 제1항 제2호).[34] 이에 따라 혼혈인은

려대학교 법학연구원), 제52호(2009), 41면 이하 참조.

33) 현행 국가인권위원회법은 '성적 괴롭힘'으로 해석될 수 있는 '성희롱'을 평등권을 침해하는 차별행위로 본다고 규정하고 있지만(동법 제2조 제4호 라목), 모든 차별사유에 따른 '괴롭힘' 전체를 일반적으로 차별행위로 보는 규정을 두고 있지는 않다.

본인이 원하면 군대에 가지 않아도 되었다. 여기서 혼혈인에 대한 병역의무의 면제가 차별일 수 있는지가 문제될 수 있다. 의무의 면제는 불이익을 주는 행위가 아니라 이익을 주는 행위에 해당하기 때문에 객관적으로는 차별로 볼 수 없다. 하지만 역사적으로 가혹한 차별을 경험했던 혼혈인은 사실상 군대에 가지 않는 결정을 하게 될 것이므로 군대를 가지 못하는 혼혈인의 입장에서 주관적으로는 차별로 받아들일 수 있는 가능성이 남아 있다.[35] 이에 따라 개정된 병역법은 "병역의무 및 지원은 인종, 피부색 등을 이유로 차별하여서는 아니 된다"고 규정하여 병역의무에서 인종차별을 명시적으로 금지하고 있다(동법 제3조 제3항). 그리고 병역법시행령은 제2국민역 편입대상에서 혼혈인을 삭제하였다.[36]

국가인권위원회가 설립된 초기에 인종과 관련된 중요한 결정이 하나 나왔다. "한국산업규격(KS)상 '살색' 색명은 … 특정 색깔의 피부를 가진 인종의 사람에

---

34) 구 병역법 시행령 제136조 제1항 제2호: 제2국민역 편입대상은 다음 각 목의 어느 하나에 해당하는 사람.
가. 1년 6월 이상의 징역 또는 금고의 실형을 선고받은 사람
나. 외관상 식별이 명백한 혼혈인
다. 호적상 부모를 알 수 없는 사람
라. 13세 이전에 부모가 사망하고 부양할 가족(「민법」 제779조 및 제974조의 규정에 의한 가족을 말한다)이 없는 사람이나 「아동복지법」에 의한 아동양육시설에 5년 이상 수용된 사실이 있는 사람
마. 귀화에 의하여 대한민국국적을 취득한 사람
바. 중학교를 졸업하지 아니한 사람

35) 혼혈인에 대한 병역면제가 차별인지에 대한 자세한 논의는 이준일, "혼혈인 병역면제의 평등권 침해성", 「고려법학」(고려대학교 법학연구원) 제52호(2009), 41면 이하 참조.

36) 병역법 시행령 제136조 제1항 제2호: 제2국민역 편입 대상은 다음 각 목의 어느 하나에 해당하는 사람.
가. 1년 6개월 이상의 징역 또는 금고의 실형을 선고받은 사람. 다만, 법 제86조에 따라 병역의무를 기피하거나 감면받을 목적으로 신체를 손상하거나 속임수를 써서 징역형을 선고받은 사람은 제외한다.
나. 삭제
다. 가족관계등록부상 부모를 알 수 없는 사람
라. 13세 이전에 부모가 사망하고 부양할 가족(「민법」 제779조 및 제974조에 따른 가족을 말한다)이 없는 사람
마. 18세 미만의 아동으로 「아동복지법」 제16조 제1항에 따른 아동양육시설 · 아동보호치료시설 및 공동생활가정에 5년 이상 보호된 사실이 있는 사람. 이 경우 보호기간 중 아동직업훈련시설로 옮겨 보호된 기간은 그 보호기간에 산입한다.
바. 귀화에 의하여 대한민국국적을 취득한 사람
사. 삭제
아. 성을 전환하여 가족관계등록부상 여성에서 남성으로 성별이 정정된 사람

대해서만 사실과 부합되는 것이므로 기타 인종의 사람들에 대해서는 합리적인 이유 없이 헌법 제11조에 보장된 평등권을 침해할 소지가 있다"고 판단된 것이다.[37] 한국에서 인종차별의 문제가 최초로 제기된 사건으로 기록된다. 이후에도 몇 차례 인종차별에 관한 결정이 나와 한국도 인종차별의 사각지대가 아님이 증명되었다. 우선 "레스토랑 내에서 나이지리아인에 의해 불미스러운 사고가 있었고 이러한 사고를 계기로 나이지리아인에 대한 출입을 제한하였다 하더라도 단순히 이러한 이유만으로 사고를 일으킨 당사자가 아닌 다른 모든 나이지리아인의 출입을 제한하는 것은 나이지리아인 모두를 잠재적으로 사고를 일으킬 수 있는 자들로 보는 편견에 의한 것으로서 나이지리아인들의 레스토랑 출입 제한에 대한 합리적인 사유가 될 수 없다"고 결정된 사건이다.[38] 국적에 의한 차별과 인종에 의한 차별이 중첩된 사건이었다. 다음으로 한국남성과 결혼하여 한국국적을 취득한 여성이 목욕탕 입장을 거부당하자 진정을 제기한 사건에서 "영업이익을 추구하는 목욕장 시설 운영자로서 고객의 선호를 고려하지 않을 수 없겠으나 고객의 선호가 합리적 이유 없는 인종차별을 정당화할 수는 없을" 것이고, "에이즈는 … 목욕장 시설을 함께 이용한다고 하여 감염되는 것이 아님에도 우리 사회에서는 아직도 에이즈가 외국인에 대한 혐오의 이유가 되고 이로 인하여 공중서비스 시설 이용을 제한한다는 것은 그 합리성이 인정되지 않는다"고 판단되었다.[39] 이주외국인과 귀화외국인이 점차 증가하는 현실에서 한국도 인종차별에 무관심할 수 없는 당위성을 잘 보여주는 결정들이다.

II. 성차별

성별에 따른 차별(discrimination based on sex)은 유엔(UN)의 세계인권선언(Universal Declaration of Human Rights, 1948, 이하 'UDHR'로 약칭)[40] 및 시민

37) 인권위 2002.7.31. 01진차3 참조.

38) 인권위 2007.9.11. 07진차525 참조. 유사한 사건으로 단지 아프리카인이라는 이유만으로 술집 출입을 거부한 행위는 합리적인 이유가 없는 인종차별이라고 판단되었다. 인권위 2008.8.25. 08진차121 참조.

39) 인권위 2011.11.25. 11진정0575700 참조.

적 · 정치적 권리에 관한 국제협약(International Covenant on Civil and Political Rights, 1966; 이하 'ICCPR'로 약칭)[41]과 경제적 · 사회적 · 문화적 권리에 관한 국제협약(International Covenant on Economic, Social and Cultural Rights, 1966; 이하 'ICESCR'로 약칭)[42] 등 다양한 국제협약에서 금지된 차별유형이다. 성별에 따른 차별과 관련해서는 특히 유엔의 여성차별철폐협약(Convention on the Elimination of All Forms of Discrimination Against Women, 1979; 이하 'CEDAW'로 약칭)[43]이 보편적인 국제적 기준으로서 제시되고 있다.

---

40) 1948년 12월 10일 유엔의 결의로 채택된 세계인권선언(UDHR)은 성별에 상관없이 인간은 누구나 모든 자유와 권리를 향유한다고 규정한다. 성차별금지에 대해서는 유엔 세계인권선언 제2조: Everyone is entitled to all the rights and freedoms set forth in this Declaration, ***without distinction of*** any kind, such as race, colour, ***sex***, language, religion, political or other opinion, national or social origin, property, birth or other status. Furthermore, no distinction shall be made on the basis of the political, jurisdictional or international status of the country or territory to which a person belongs, whether it be independent, trust, non-self-governing or under any other limitation of sovereignty(이탤릭은 저자 강조).

41) 시민적 · 정치적 권리에 관한 국제협약(ICCPR)은 1966년 12월 16일 유엔총회에서 채택되어 1976년 3월 23일부터 발효되었다. 성차별금지에 대해서는 ICCPR 제2조 제1항 : Each State Party to the present Covenant undertakes to respect and to ensure to all individuals within its territory and subject to its jurisdiction the rights recognized in the present Covenant, ***without distinction of*** any kind, such as race, colour, ***sex***, language, religion, political or other opinion, national or social origin, property, birth or other status. 그리고 ICCPR 제3조 : The States Parties to the present Covenant undertake to ensure the ***equal right of men and women*** to the enjoyment of all civil and political rights set forth in the present Covenant(이탤릭은 저자 강조).

42) 경제적 · 사회적 · 문화적 권리에 관한 국제협약(ICESCR)은 1966년 12월 16일 시민적 · 정치적 권리에 관한 국제협약(ICCPR)과 함께 유엔총회에서 채택되었고, 1976년 1월 3일부터 발효되었다. 성차별금지에 대해서는 ICESCR 제2조 제2항 : The States Parties to the present Covenant undertake to guarantee that the rights enunciated in the present Covenant will be exercised ***without discrimination of*** any kind as to race, colour, ***sex***, language, religion, political or other opinion, national or social origin, property, birth or other status. 그리고 ICESCR 제3조 : The States Parties to the present Covenant undertake to ensure the ***equal right of men and women*** to the enjoyment of all economic, social and cultural rights set forth in the present Covenant(이탤릭은 저자 강조).

43) 여성차별철폐협약(CEDAW)은 1979년 12월 18일 유엔총회에서 채택되어 20번째 국가가 비준한 1981년 9월 1일부터 발효되었다. 여성차별철폐협약을 감시하는 기구로 여성차별철폐위원회(Committee on the Elimination of Discrimination against Women)가 설치되어 있다.

1. 성차별의 개념

성차별(sex discrimination)이란 성별, 즉 남성 또는 여성이라는 이유로 한(on the basis of sex; on the grounds of sex) 행해지는 차별행위로서 합리적인 근거에 의해서 정당화되지 못하는 경우를 의미한다. 해석에 따라서는 성전환자(transsexual)라는 이유로 차별대우하는 행위도 성차별에 포함될 수 있다.[44] 성별은 생물학적 성(sex)을 의미할 수도 있지만, 사회 · 문화적 성(gender)을 의미할 수도 있다. 앞서 설명한 분류에 따라[45] ① 국가에 의한 성차별과 사인에 의한 성차별, ② 직접적 성차별과 간접적 성차별의 구분이 가능하다. 그 밖에도 ③ 특정한 성에게 유리한 성차별과 특정한 성에게 불리한 성차별로 구분할 수 있는데, 여기서 금지되는 것은 특정한 성에게 불리한 성차별이다. 특정한 성에게 유리한 차별은 앞에서 논의한 적극적 우대조치[46]에 따라 비록 다른 성에 대한 역차별을 발생시킨다고 해도 합리적인 근거가 있는 경우에는 정당화될 수 있기 때문에 차별로 부를 수 없다. 성별에 따른 차별은 모든 성별에 적용되지만 역사적 경험으로는 대체로 여성이 차별받아 온 집단이기 때문에 주로 문제가 되는 것은 여성차별, 즉 여성에게 불리한 차별이다.

유엔의 여성차별철폐협약(CEDAW)에 따르면 “여성에게 불리한 차별(discrimination against women)”은 다음과 같이 정의된다. “여성에게 불리한 차별”이란 “남성과 여성의 평등에 기초하여 결혼 여부와 상관없이 정치 · 경제 · 사회 · 문화 · 시민적 영역과 그 밖의 영역에서 여성의 인권과 기본적 자유에 대한 인정, 향유 또는 실현을 약화시키거나 제거하기 위한 효과나 목적을 가지고 행해지는 성별을 이유로 한 구별이나 배제 또는 제한을 의미한다”(CEDAW 제1조).[47]

44) The Equality Authority[아일랜드 평등위원회], The Equal Status Acts 2000 to 2004, 4면 참조. 예를 들어 영국의 경우 종래의 성차별금지법(Sex Discrimination Act, 1975)을 개정하여 성전환(gender reassignment)을 이유로 한 차별대우를 불법적인 차별로서 금지하고 있다(SDA 제2A조).

45) 이 책 제2장 제1절과 제2절 참조.

46) 이 책 제2장 제3절 참조.

47) CEDAW 제1조: For the purposes of the present Convention, the term “discrimination against women” shall mean any distinction, exclusion or restriction made on the basis of sex which has the effect or purpose of impairing or nullifying the recognition, enjoyment or exercise by women, irrespective of their marital status, on a basis of equality of men and women, of human rights and fundamental freedoms in the political, economic, social,

한편 호주의 성차별금지법(Sex Discrimination Act, 1984; 이하 'SDA'로 약칭)[48]에 따르면 성차별은 ① 성별, 혼인 여부(marital status),[49] 임신 또는 임신가능성(potential pregnancy)[50]을 이유로 한 차별과 ② 성희롱 및 ③ 가족에 대한 책임(family responsibility)[51]을 이유로 한 차별을 의미한다. 여기서 성차별에는 특정한 성별의 사람들이나 혼인과 관련된 일정한 상태에 있는 사람들 또는 임신하거나 임신가능성이 있는 사람들이 일반적으로 가지고 있는(appertain) 속성뿐만 아니라 그것들로 인해 생긴(imputed) 속성을 이유로 한 차별이 포함된다. 또한 캐나다의 인권법(CHRA)[52]에서도 임신과 출산에 따른 차별을 성차별로 규정한다(CHRA 제3조 제1항). 그리고 미국의 민권법(Title VII)은 임신·출산과 함께 그와 관련된 건강상태(medical condition)에 근거한 차별도 성차별로 규정하면서 임신·출산이나 그와 관련된 건강상태는 일시적 질병이나 그와 동일한 방식으로 취급되어야 한다고 한다. 그 밖에 영국의 성차별금지법(Sex Discrimination Act, 1975; 이하 'SDA'로 약칭)은 성차별에 대한 진정이나 소송을 제기했다는 이유로 한 불이익한 대우(victimisation)도 차별로 보고(SDA 제37조), 불법적인 차별행위를 부추기는(incite) 광고행위(SDA 제38조)와 타인에게 불법적인 차별행위를 하도록 지시하는 행위(SDA 제39조)도 불법행위로서 금지하고 있다.

결론적으로 성차별의 개념은 성별을 이유로 한 차별뿐만 아니라 결혼과 임신 또는 그로 인한 건강상태 및 가족관계에 따른 차별, 그리고 성희롱이나 차별지시행위 또는 불이익한 대우 포함될 수 있다는 사실을 확인하게 된다. 현행 국가인권위원회법은 성차별을 혼인 여부, 임신이나 출산, 가족형태나 가족상황에 근거한

---

cultural, civil or any other field.

48) 호주의 성차별금지법(SDA)은 이 책 제3장 제1절 3. 참조.

49) '혼인 여부'는 미혼, 기혼, 별거(married but living separately and apart from one's spouse), 이혼, 사별, 사실혼(the de facto spouse of another person)의 상태에 있다는 것을 의미한다(SDA 제4조).

50) '임신가능성'이란 ① 임신이 가능하거나 임신이 가능할 수도 있다는 사실, ② 임신하고 싶다는 희망을 표현했다는 사실 또는 ③ 임신한 것처럼 보이거나 임신한 것으로 알고 있다는 사실을 뜻한다(SDA 제4B조).

51) '가족에 대한 책임'이란 부양해야 되는 자녀 및 돌봄(care)이나 도움(support)이 필요한 직계가족을 돌보고 도와야 하는 책임을 말한다(SDA 제4A조).

52) 캐나다의 인권법(CHRA)에 대해서는 이 책 제3장 제1절 II. 1. 참조.

차별이나 성희롱과 구별하여 규정하고 있다. 혼인 여부, 임신이나 출산, 가족형태나 가족상황에 근거한 차별이나 성희롱도 성차별에 포함될 수 있다는 점에서 굳이 이러한 차별사유들을 구별하여 반드시 규정할 필요는 없겠지만 개념의 명확성을 확보한다는 측면에서 현행법의 태도는 장점을 가지고 있다고 볼 수 있다. 다만 차별지시행위나 보복행위가 빠져 있는 점은 아쉬움으로 남는다.

한편 남녀고용평등법도 성차별의 개념 성별뿐만 아니라 혼인, 가족 안에서의 지위, 임신 또는 출산 등의 사유로 합리적인 이유 없이 채용 또는 근로의 조건을 다르게 하거나 그 밖의 불리한 조치를 하는 경우를 포함시키고 있다(동법 제2조 제1호). 그 밖에 한국의 현실적 상황에서는 여성의 경제활동, 특히 여성이 소유하거나 경영하는 '여성기업'에 대한 불합리한 차별적 관행이나 제도가 문제될 수 있는데 여성기업지원에 관한 법률은 이를 시정할 수 있는 권한의 근거를 마련하고 있다(동법 제4조).

2. 성차별의 유형

(1) 직접차별과 간접차별

성차별은 성별 등을 이유로 한 직접적인(direct) 차별일 수도 있지만, 외관상 양성에게 동일한 조건(규정, 정책, 관행이나 절차)을 적용한다고 하더라도 결과적으로는 하나의 성에게 불리한 효과를 발생시키는 간접적인(indirect) 차별일 수도 있다. '고용에서 양성평등에 관한 2002년 제73호 EU지침'[53]과 '재화나 용역의 제공에서 양성평등에 관한 2004년 제113호 EU지침'[54] 및 '고용과 직업에서 양성평등에 관한 2006년 제54호 EU지침'[55]에 따르면 직접차별이란 "성별을 이유로 유

---

53) Directive 2002/73/EC of the European Parliament and of the Council of 23 September 2002 amending Council Directive 76/207/EEC on the implementation of the principle of equal treatment for men and women as regards access to employment, vocational training and promotion, and working conditions, EU Official Journal L 269(2002.10.5), 15~20면 참조.

54) Council Directive 2004/113/EC of 13 December 2004 implementing the principle of equal treatment between men and women in the access to and supply of goods and services, EU Official Journal L 373(2004.12.21.), 37~43면 참조.

55) Directive 2006/54/EC of the European Parliament and of the Council of 5 July 2006 on the implementation of the principle of equal opportunities and equal treatment of men and

사한 상황에서 다른 사람이 받고 있거나 받았거나 또는 받을 수 있는 대우보다 불리한 대우를 받는 것"[56]으로 정의한다. 한편 간접차별은 "외관상 중립적인 규정이나 기준 또는 관행이 다른 성별에 속한 사람들과 비교하여 일정한 성별에 속한 사람들에게 특별한 불이익을 주면서도 그것이 정당한 목적에 의해 객관적으로 정당화되지 않거나 그 목적을 달성하는 수단이 적절하고 필수적이지 않은 경우"[57]라고 정의된다.

간접차별의 개념에 대해서 영국의 성차별금지법(SDA)은 좀 더 상세하게 규정하고 있다. 이에 따르면 일정한 요건이나 조건 또는 규정, 기준, 관행을 충족하는 여성의 비율이 그것들을 충족하는 남성의 비율보다 현저하게(considerably) 적고, 그것들이 성별과 무관하다는 점에 대해서 차별하는 자가 정당화할 수 없으며, 그것들을 충족시키지 못함으로 인해 여성에게 손해(detriment)가 발생하는 경우에 여성에게 불리한 간접차별이 존재하게 된다(SDA 제1조).

호주의 성차별금지법(SDA)은 간접차별의 합리성을 판단하면서 고려되어야 하는 요소로서 ① 간접차별로 인해 결과적으로 발생하는 불이익의 성격(nature)과 강도(extent), ② 그러한 불이익을 제거하거나 완화시킬 수 있는 가능성(feasibility), ③ 간접차별로 추구하는 목적과 그로 인해 발생하는 불이익이 균형을 이루고 있는지(proportionate) 여부를 들고 있다(SDA 제7B조 제2항). 그리고 간접차별에 해당하지 않는다는 사실에 대하여 증명할 책임은 차별받는 피해자가 아니라 차별행위를 하는 가해자에게 부과된다고 한다(SDA 제7C조).

직접차별이든 간접차별이든 성차별이 발생하는 영역은 고용, 교육, 재화나 용역의 제공, 숙박이나 주거시설의 임대 등 다양하지만 주로 문제가 되는 것은

---

women in matters of employment and occupation, EU Official Journal L 204(2006.7.26.), 23~36면 참조.

56) 2002년 제73호 EU지침 제2조 제2항 및 2004년 제113호 EU지침 제2조 (a) - direct discrimination : where one person is treated less favourably on grounds of sex than another is, has been or would be treated in a comparable situation.

57) 2002년 제73호 EU지침 제2조 제2항 및 제2004년 제113호 EU지침 제2조 (b) - indirect discrimination : where an apparently neutral provision, criterion or practice would put persons of one sex at a particular disadvantage compared with persons of the other sex, unless that provision, criterion or practice is objectively justified by a legitimate aim, and the means of achieving that aim are appropriate and necessary.

고용영역에서 발생하는 차별이다. 특히 임금과 관련하여 동일한 가치의 노동에 대해서는 동일한 임금이 지급되어야 한다는 점에서 남성과 여성의 동일한 노동에 대해서 동일한 임금의 지급을 요구하는 미국의 동일임금법(Equal Pay Act, 1963; 이하 'EPA'로 약칭)과 영국의 동일임금법(Equal Pay Act, 1970; 이하 'EPA'로 약칭)[58]은 임금과 관련된 성차별금지법의 모범이 되고 있다. 성차별이 금지되는 영역으로 영국의 성차별금지법(SDA)은 ① 고용, ② 교육, ③ 재화 · 편의 · 용역 · 시설의 제공, ④ 주택거래, ⑤ 공공기관 등을 열거한다. 이와 유사하게 호주의 성차별금지법(SDA)도 성차별이 금지되는 영역으로 ① 고용, ② 교육, ③ 재화와 용역 및 편의(facilities)의 제공, ④ 편의시설(accommodation), ⑤ 토지의 거래, ⑥ 회원가입(club) 등을 열거하고 있다.

(2) 임신차별

고용과 관련된 성차별의 중요한 유형으로서 임신이나 그와 관련된 건강상태를 이유로 한 차별에 대해서 미국의 민권법(Title VII)은 상세하게 규정하고 있다. 이에 따르면 임신이나 출산을 이유로 한 고용에서의 차별은 불법이다. 따라서 임신이나 그와 관련된 건강상태 또는 임신에 대한 동료나 고객의 편견을 이유로 채용을 거부하는 것은 금지된다. 또한 임신한 근로자가 직업을 수행할 수 있는 동안은 근로를 제공할 수 있기 때문에 임신이나 그와 관련된 건강상태 때문에 일시적으로 출근하지 않았다는 이유로 출산 시까지 계속적인 휴가를 요구할 수는 없다. 한편 고용주는 다른 건강상태를 이유로 한 건강보험의 비용과 동일하게 임신과 그와 관련된 건강보험비용을 부담해야 한다. 그리고 임신과 관련된 급부의 제공은 결혼한 근로자에게만 한정되지 않는다. 또한 휴가 중인 근로자에게 급부를 제공한다면 임신휴가를 얻은 근로자에게도 동일한 급부가 제공되어야 한다.

양성평등에 관한 2002년 제73호 EU지침도 임신이나 출산에 따른 차별을 금지한다. 이에 따라 출산휴가(maternity leave) 중인 여성 근로자는 휴가기간이 종

58) 영국에서 동일임금법(EPA)을 위반하여 성별을 이유로 임금에서 차별하는 경우에 고용심판소(Employment Tribunal)에 진정(complaint)을 제기할 수 있다. 성차별금지법(SDA)의 경우에도 고용과 관련해서는 고용심판소에 진정할 수 있다. 다만 임금과 관련된 진정의 경우에는 재직 중 또는 퇴직 후 6개월 이내에, 고용차별과 관련된 진정의 경우에는 차별행위가 있은 날로부터 3개월 이내에 진정해야 한다는 점에서 차이가 있다.

료된 후에 불리하지 않은 근로조건으로 종전의 직장이나 동등한 직위로 복귀할 수 있는 권리 및 휴가기간 동안에도 권리로서 가지는 근로조건에 포함된 승진할 기회를 얻을 권리를 갖는다.

앞에서 언급한 바와 같이 현행 국가인권위원회법도 임신이나 출산을 이유로 한 차별행위를 성별을 이유로 한 차별행위와 분리하여 규정하고 있다. 그 밖에도 고용정책기본법은 사업주에게 근로자를 모집·채용함에 있어서 합리적인 이유 없이 임신을 이유로 차별을 하여서는 아니 되며, 균등한 취업기회를 보장하여야 한다고 규정함으로써 성별과 구별되는 독립적인 차별사유로서 임신을 열거하고 있다(동법 제7조).

한편 여성발전기본법은 모성보호의 강화를 위하여 국가·지방자치단체 또는 사업주에게 여성의 임신·출산 및 수유 기간 동안에 이들을 특별히 보호하며 이를 이유로 하여 불이익을 받지 않도록 해야 할 의무를 부과하고 있다(동법 제18조 제1항). 또한 국가 및 지방자치단체에게 취업여성의 임신·출산 및 수유와 관련한 모성보호비용에 대하여 '사회보장기본법'에 의한 사회보험 및 재정 등을 통한 사회적 부담을 높여 나가도록 해야 하는 의무도 지우고 있다(동조 제2항).

(3) 성희롱

양성평등에 관한 2004년 제113호 EU지침과 2006년 제54호 EU지침에 따르면 성희롱(sexual harassment)이란 "개인의 존엄을 침해하려는 목적이나 효과를 가지고 행해진 모든 형태의 원치 않는 성적인 성격의 언어적, 비언어적, 또는 신체적 행위로서 특히 위협적이거나 적대적이거나 모욕적이거나 굴욕적이거나 공격적인 환경을 만드는 행위"[59]라고 정의한다(동지침 제2조 d). 이러한 정의에 따르면 일정한 행위가 성희롱이 되기 위해서는 기본적으로 ① 원치 않는(unwanted) 행위이고, ② 성적인 성격(sexual nature)의 행위이며, ③ 위협적이고 모욕적인 행위이어야 한다.

---

59) 2004년 제113호 EU지침 및 2006년 제54호 지침 제2조 (d) : **sexual harassment** – where any form of unwanted physical, verbal, non-verbal or physical conduct of a sexual nature occurs, with the purpose or effect of violating the dignity of a person, in particular when creating an intimidating, hostile, degrading, humiliating or offensive environment.

호주의 차별시정기구에 해당하는 인권위원회(AHRC)가 제시하는 성희롱에 관한 실무규칙(Sexual Harassment－Code of Practice for Employers, 2004)[60]은 성희롱이 될 수 있는 행위를 상세하게 열거하고 있다. 예를 들어 ① 원치 않는 신체접촉(unwanted touching), 껴안기, 입맞춤, ② 응시하기(staring), 추파던지기(leering), ③ 암시적인 언급이나 농담(suggestive comments or jokes), ④ 성적으로 노골적인 사진이나 포스터 보여주기(sexually explicit pictures, screen savers or posters), ⑤ 원치 않는 데이트신청이나 성적 요구, ⑥ 사생활이나 신체에 대한 과도한 질문, ⑦ 불필요한 친근감표시, ⑧ 성에 관한 모욕이나 조롱, ⑨ 성적으로 노골적인 이메일이나 문자메시지 보내기, ⑩ 성적으로 노골적인 인터넷사이트에 접속하기, ⑪ 형법상의 범죄행위(예: physical assault, indecent exposure, sexual assault, stalking or obscene communications) 등이 성희롱에 해당한다.

한편 미국 민권법(Title VII)에 따르면 성희롱은 성적 접근(sexual advance), 성행위의 요구(require of sexual favor), 기타 성적 특성을 가진 언어적·신체적 행위로서 이러한 행위가 개인의 고용에 명시적이든 묵시적이든 영향을 미치거나 개인의 업무수행을 불합리하게 방해하거나 또는 위협적이거나 적대적이거나 공격적인 업무환경을 만드는 경우를 말한다.[61] 이러한 성희롱의 개념은 직접적 성희롱뿐만 아니라 이른바 환경적 성희롱도 포함한다. 피해자나 가해자(성희롱자)는 남성이 될 수도 있고 여성이 될 수도 있다. 또한 피해자가 반드시 성희롱자와 다른 성일 필요도 없다.[62] 성희롱자는 피해자의 감독자, 사용자의 대리인, 다른 영역의

60) 호주 인권위원회(Australian Human Rights Commission: AHRC)의 웹사이트(www.hreoc.gov.au)에서 참조.

61) 성희롱의 개념에 대해서 호주의 성차별금지법(SDA)도 동일하게 정의하고 있다. SDA 제28A조 제1항 : For the purposes of this Division, a person ***sexually harasses*** another person (the person harassed) if: (a) the person makes an unwelcome sexual advance, or an unwelcome request for sexual favours, to the person harassed; or (b) engages in other unwelcome conduct of a sexual nature in relation to the person harassed; in circumstances in which a reasonable person, having regard to all the circumstances, would have anticipated that the person harassed would be offended, humiliated or intimidated.

62) 2005년 고용평등(성차별금지)규칙[Employment Equality(Sex Discrimination) Regulations 2005 (No. 2467)]을 통해 성희롱(제4A조)을 성차별금지법상 금지된 성차별의 유형에 포함시킨 영국은 2008년 성차별금지법개정규칙[Sex Discrimination Act 1975(Amendment) Regulations 2008 (No. 656)]을 통해 성희롱의 대상이 반드시 여성일 필요가 없다는 문구(he engages in unwanted conduct that is related to her sex or that of another person and)를 삽입하였다.

감독자, 동료가 될 수도 있다. 피해자는 직접적으로 성희롱을 당한 사람일 필요는 없지만 성희롱 행위에 의해 영향을 받은 사람일 수 있다. 불법적 성희롱은 피해자에 대한 경제적 피해 또는 해고 없이도 발생할 수 있다. 성희롱자의 행위는 피해자가 원치 않는(unwelcome) 것이어야 한다. 따라서 피해자의 입장에서 볼 때 성희롱을 원하지 않는다는 것과 성희롱을 중단할 것을 성희롱자에게 명확하게 표현하는 것이 중요하다.[63]

아일랜드 고용평등법(EEA 제23조 제1항)에 따르면 성희롱은 ① 근로자 상호간의 성희롱뿐만 아니라, ② 사용자 또는 ③ 고객이나 업무상 접촉할 수 있는 사람 및 사용자에게 책임있는 성희롱 환경에 의한 성희롱도 포함한다. 어떤 경우든 성희롱은 근로자의 근로조건과 관련된 사용자의 차별행위가 된다. 또한 평등지위법(ESA)에 따르면 성희롱은 재화나 용역을 제공받기 원하거나 사용하는 자, 시설이나 그와 관련된 서비스를 제공받기 원하는 자, 교육시설이나 그와 관련된 서비스를 제공받기 원하는 입학지원자나 제공받고 있는 학생에게도 발생할 수 있다. 한편 성희롱의 수단에는 행동, 요구, 말, 몸짓(gesture), 물건, 문서의 게시나 배포, 그림, 기타 재료 등이 포함될 수 있다.[64] 또한 성희롱의 거부 또는 성희롱에 대한 진정이나 제소를 이유로 당사자에게 불이익을 주거나 영향을 미치는 행위도 차별행위가 된다.

현행 국가인권위원회법은 성희롱을 “업무, 고용 그 밖의 관계에서 공공기관의 종사자, 사용자 또는 근로자가 그 직위를 이용하거나 업무 등과 관련하여 성적 언동 등으로 성적 굴욕감 또는 혐오감을 느끼게 하거나 성적 언동 그 밖의 요구 등에 대한 불응을 이유로 고용상의 불이익을 주는 것”이라고 정의하면서, 이를 차별행위로 규정하고 있다(동법 제2조 제3호 라목). 또한 여성발전기본법에서도 성희롱을 유사한 내용으로 규정하고 있다(동법 제3조 제4호).[65] 한편 남녀고용평등

---

63) 호주의 ‘성희롱에 관한 실무규칙(Sexual Harassment – Code of Practice for Employers, 2004)’에서 인용된 사례(Aldridge v Booth & Ors (1986) EOC 92-177)에 따르면 여러 차례 가해자(사용자)의 성적인 요구가 있었고 피해자(10대 근로자)가 해고에 대한 두려움 때문에 어쩔 수 없이 몇 차례 그러한 요구를 받아주었다고 하더라도 전체적으로(by and large) 판단해서 피해자가 원치 않았다면 성희롱에 해당한다고 한다. 피해자의 명확한 의사표시가 없더라도 전체적인 상황을 통해 피해자의 의사를 확인할 수 있다는 뜻으로 해석의 논란을 없애기 위해서는 명시적인 의사표시가 중요하다고 보인다.

64) The Equality Authority, The Equal Status Acts 2000 to 2004, 10면.

법은 특별히 “직장내성희롱”을 “사업주, 상급자 또는 근로자가 직장 내의 지위를 이용하거나 업무와 관련하여 다른 근로자에게 성적인 언동 등으로 성적 굴욕감 또는 혐오감을 느끼게 하거나 성적 언동 그 밖의 요구 등에 대한 불응을 이유로 고용상의 불이익을 주는 것”으로 정의하면서(동법 제2조 제2호), 이것을 차별과 구분하고 있다.

성희롱에 대한 법적 정의에 따르면 성희롱에 해당하기 위해서는 기본적으로 ① 성적 언동이어야 하고, ② 가해자의 측면에서는 ‘직위이용’이나 ‘업무관련성’이, ③ 피해자의 측면에서는 ‘성적 굴욕감이나 혐오감’ 또는 ‘고용상의 불이익’이 요구된다. 첫째로, 성적인 언동은 성적인 말이나 성적인 행동을 포함하지만 어떤 언동이 성적인 것인지에 대해서는 논란이 될 수 있다. 일정한 언동이 성적인 것인지 여부에 대해서는 단순히 언동 그 자체만 가지고는 판단할 수 없고 문제가 된 언동이 행해진 전체적인 상황을 고려해서만 판단할 수 있다. 그리고 많은 경우에 이성간에 행해진 언동은 성적인 언동에 포함될 가능성이 크다. 물론 성희롱은 동성간에도 발생할 수 있다.[66] 둘째로, 직위를 이용한 성희롱에는 직장 내에서 상급자가 하급자를 성희롱하거나 학교 내에서 교수가 학생을 성희롱하는 경우처럼 지휘 · 감독 또는 보호 아래 있는 자에 대한 성희롱이 해당한다. 그리고 업무와 관련된 성희롱의 경우에 업무관련성은 넓게 해석될 필요가 있고, 업무장소가 아닌 장소에서 성희롱이 발생한 경우에도 당사자의 관계를 고려하여 업무관련성을 인정할 필요가 있다. 피해자에게 직접적으로 성적 굴욕감이나 혐오감을 주는 행위뿐만 아니라 위협적이거나 적대적인 고용환경을 만드는 이른바 ‘환경적 성희롱’도 성희롱에 포함되어야 한다.[67] 셋째로, 성적 굴욕감이나 혐오감은 피해자

65) 여성발전기본법 제3조 제4호 : “성희롱”이라 함은 업무, 고용 그 밖의 관계에서 국가기관 · 지방자치단체 또는 대통령령이 정하는 공공단체(이하 “국가기관 등”이라 한다)의 종사자, 사용자 또는 근로자가 그 지위를 이용하거나 업무 등과 관련하여 성적 언동 등으로 상대방에게 성적 굴욕감 또는 혐오감을 느끼게 하거나 성적 언동 그 밖의 요구 등에 대한 불응을 이유로 고용상의 불이익을 주는 것을 말한다.

66) 국가인권위원회의 결정례를 예로 들면 남성간의 성희롱으로는 남성 병원직원이 남성 환자를 성희롱하는 행위(인권위 2006.7.4. 06진차 182)나 남성 대학교수가 남학생을 성희롱하는 행위(인권위 2008.12.29. 08직차15)가 가능하고, 여성간의 성희롱으로는 여성 직장동료 간의 성희롱(인권위 2006.8.29. 06진차266)이 가능하다.

67) 국가인권위원회의 결정례를 예로 들면 동료인 여성직원이 혼인관계에 있지 않은 어떤 남성과 모텔에 들어가고 남자들과 잠자리를 같이 했다는 등의 소문을 직장 내에 유포한 여성직원의 행위에 대하여

에 따라 주관적일 수 있다는 문제가 있다. 일정한 상황에서 행해진 성적 언동이 성적 굴욕감이나 혐오감을 느끼게 하는지 여부는 구체적인 상황을 전체적으로 고려하여 판단되는데 그 기준이 합리적인 개인(reasonable person)의 관점인지[68] 합리적인 여성(피해자)의 관점인지[69]에 대해서는 논란이 있다.[70] 성적인 언동에 대한 남성과 여성의 반응이 다를 수 있다는 점을 고려할 때 피해자가 여성일 경우

"(다른) 직원들은 진정인의 사생활을 이유로 진정인의 전직을 요구하는 탄원서를 작성하여 회사에 제출하였는바, 이는 진정인에게 매우 위협적이고 적대적인 고용환경이 형성된 것"이라고 하면서 "피진정인의 행위로 인해 결과적으로 진정인의 직무수행에 방해가 되고 진정인에게 위협적이고 적대적이며 모욕적인 근무환경이 형성되었는바 이는 **환경형 성희롱**에 해당한다"는 판단을 내렸다. 인권위 2006. 8.29. 06진차266 참조. 또한 인권위에 따르면 "성희롱의 판단에 있어서 가해자의 '성적 의도'는 성희롱을 판단하기 위한 필수 조건이 아니며, 가해자의 '성적 의도'가 없었더라도 결과적으로 그러한 결과를 초래하는 성적 발언이나 행위는 성희롱에 해당할 수 있다"고 하면서 "근본적으로 회식이나 야유회 등 업무의 연장선에 있는 직장 내 각종 활동이 음란 · 퇴폐적인 남성중심의 직장문화를 조장하거나, 여성의 성을 상품화하는 일련의 장소에서 이루어지는 것은 근로자 특히 여성 근로자에게 성적으로 유해한 근로 환경으로 해당 근로자의 정당한 업무 수행이나 고용 환경 상에 불이익을 주는 **환경형 성희롱**에 해당"된다고 한다. 인권위 2006.9.18. 06진차201 참조. 그리고 "음란하고 상스러운 대화를 나누는 행위, 업무와 관련하여 음란한 사진이나 그림 · 낙서 출판물 등을 게시하거나 보여주는 행위 또는 성과 관련된 자신의 특정 신체부위를 고의적으로 노출시키거나 만지는 행위 기타 사회통념상 성적 굴욕감을 유발하는 것으로 인정되는 언어나 행동과 같은 간접적인 형태의 것이라 하더라도 그것이 피해자로 하여금 성적 수치심이나 굴욕감을 느끼게 한다면 **환경형 성희롱**의 범주에 포괄된다"고 본다. 인권위 2010.1.21. 09진차396 참조.

68) 국가인권위원회의 결정례를 예로 들면 "어떤 행위가 성희롱에 해당하는지 여부는 양 당사자의 연령이나 관계, 행위가 행해진 장소 및 상황, 행위 상대방의 명시적 또는 추정적인 반응 등의 구체적 사정을 종합하여, 행위의 상대방이 그러한 행위를 원치 않았고 불쾌감을 느꼈는지, **합리적 일반인의 관점**에서 볼 때 성적 함의가 있는 불쾌감을 주는 행위였는지에 의해 결정"되어야 한다고 한다. 인권위 2006. 7.4. 06진차182 참조. 또한 "성적인 언동이 단순한 농담 또는 호의적인 언동의 범주를 넘어 성희롱에 해당하는지 여부를 판단함에 있어서는 사회통념상 **합리적인 보통 사람**이 피해자의 입장이라면 문제가 되는 행동에 대하여 어떻게 판단하고 대응하였을 것인가를 기준"으로 설정함이 타당하다고 한다. 인권위 2009.6.22. 09진차245 참조.

69) 국가인권위원회의 결정례를 예로 들면 "성적 굴욕감 또는 혐오감에 대한 판단은 피해자의 주관적 사정 외에도 보통의 **합리적 여성의 관점**에서 피진정인의 행위에 대해 피해자가 어떻게 반응하고 느꼈을 것인가를 기준"으로 이루어져야 한다고 한다. 인권위 2007.7.13. 06진차787 참조. 또한 "어떤 행위가 성희롱에 해당하는지 여부는 양 당사자의 업무 관련성 여부, 성적 언동의 사실관계, 해당 언동이 행해진 장소 및 상황, 행위 상대방의 명시적 또는 추정적인 반응 등의 구체적 사정을 종합하여 행위의 상대방이 그러한 행위를 원치 않았고 불쾌감을 느꼈는지, **합리적 여성의 관점**에서 볼 때 성적 함의가 있는 불쾌감을 주는 행위였는지 등을 종합하여 결정"되어야 한다고 본다. 인권위 2009.9.30. 09진차1091 참조.

70) 호주의 성차별금지법(SDA, 1984)은 명시적으로 "합리적인 개인"의 관점에서 성희롱을 판단하도록 규정하고 있다.

에는 합리적인 여성(피해자)의 관점에서 판단되어야 하는 사안도 존재할 수 있다. 대법원에 따르면[71] "성희롱의 전제요건인 '성적 언동 등'이란 남녀 간의 육체적 관계나 남성 또는 여성의 신체적 특징과 관련된 육체적, 언어적, 시각적 행위로서 사회공동체의 건전한 상식과 관행에 비추어 볼 때 객관적으로 상대방과 같은 처지에 있는 일반적이고도 평균적인 사람으로 하여금 성적 굴욕감이나 혐오감을 느끼게 할 수 있는 행위를 의미하고, … 성희롱이 성립하기 위해서는 행위자에게 반드시 성적 동기나 의도가 있어야 하는 것은 아니지만, 당사자의 관계, 행위가 행해진 장소 및 상황, 행위에 대한 상대방의 명시적 또는 추정적인 반응의 내용, 행위의 내용 및 정도, 행위가 일회적 또는 단기간의 것인지 아니면 계속적인 것인지 여부 등의 구체적 사정을 참작하여 볼 때, 객관적으로 상대방과 같은 처지에 있는 일반적이고도 평균적인 사람으로 하여금 성적 굴욕감이나 혐오감을 느낄 수 있게 하는 행위가 있고, 그로 인하여 행위의 상대방이 성적 굴욕감이나 혐오감을 느꼈음이 인정되어야" 하므로 합리적인 인간(개인)이 성희롱의 판단기준이 된다. 한편 고용상의 불이익은 고용의 모든 단계에서 당사자에게 부과될 수 있는 모든 불리한 대우를 의미한다. 한편 법률상의 명시적인 요건 이외에 성희롱을 판단하는 기준으로서 위력이나 물리력의 사용 또는 성희롱을 하겠다는 주관적 의도 등은 포함되지 않는다.

성희롱에 관한 현행법은 주로 고용영역에서 발생할 수 있는 성희롱에 대해서 규정하면서 '직위이용'이나 '업무관련성' 및 '고용상의 불이익'을 구성요건으로 규정하고 있기 때문에 고용영역의 바깥에서 발생할 수 있는 성희롱이나 업무관련성 및 고용상의 불이익을 입증하기 어려운 성희롱에 대해서 사각지대로 남겨두고 있는 한계를 갖고 있다. 물론 고용영역에서의 성희롱을 예방하는 것이 중요하고, 그렇기 때문에 직위이용이나 업무관련성 또는 고용상의 불이익이라는 구성요건이 필수적이지만 성희롱을 차별행위로서 금지하는 취지에서 본다면 성희롱을 금지하는 영역과 요건을 확대하여 규정하는 대안이 바람직하다 보인다.

---

71) 대판 2007.6.14. 2005두6461.

3. 성차별로 볼 수 없는 경우

상대적 평등의 이념에 따라 직접차별이든 간접차별이든 합리적인 근거가 있는 차별적 대우는 평등에 반하지 않는 행위로서 허용될 수 있다. 우선 직무의 성질상 특정한 성별이 직무의 수행에서 필수적으로 요구되는 진정직업요건(Bona Fide Occupational Qualification: BFOQ)인 경우에는 성별에 따른 차별대우가 합리적인 근거가 있는 것으로서 허용된다. 호주의 성차별금지법(SDA)은 진정직업요건이 될 수 있는 것들에 대해서 차별영역별로 상세하게 규정하고 있다(SDA 제30조 제2항). 예를 들어 해당 직무가 ① 반대의 성별의 사람들이 갖지 못한 특정한 신체적 특성(힘이나 체력)이 요구되는 경우, ② 연기 또는 기타 연예활동에서 사실성(authenticity)이나 미학 또는 전통 때문에 특정한 성별의 사람만이 담당할 수 있는 역할인 경우, ③ 특정한 성별에 속하는 사람들이 입는 의상을 입어야 하기 때문에 품위나 프라이버시 등을 이유로 특정한 성별의 사람들만 수행할 수 있는 경우, ④ 특정한 성별에 속하는 사람들의 옷이나 신체를 수색하는 업무인 경우, ⑤ 특정한 성별의 사람들만이 사용하는 화장실(lavatory)에 통상적으로 출입해야 하는 업무인 경우, ⑥ 성별에 따른 독립적인 기숙사나 위생시설을 갖출 수 없는데 이미 특정한 성별의 사람들이 그것을 사용하고 있고 다른 기숙사나 위생시설을 갖추도록 하는 것이 합리적이지 않은 경우 등에는 진정직업요건에 해당한다.

영국의 성차별금지법(SDA)도 유사한 규정을 두고 있는데 호주의 성차별금지법(SDA)에서 열거하고 있는 것들 이외에 직무의 특성상 ① 개인의 자택에서 거주해야 하거나 거기서 수행되는 것으로서 신체적 접촉이나 개인의 신상에 대한 은밀한 세부내용을 알아야 할 필요가 있는 경우, ② 병원, 감옥 또는 그 밖의 특별한 보호 · 감독 · 주의가 필요한 사람들을 수용하는 시설에서 수행되는 직무로서 수용된 사람들의 대부분이 남성이어서 합리적으로 판단했을 때 여성이 수행하기에는 부적합한 경우, ③ 특정한 사람들의 복지나 교육을 증진하기 위한 개인적 서비스(예: 강간피해자에 대한 상담) 또는 그와 유사한 개인적 서비스(예: 남자학교의 교사)를 제공하는 직무로서 남성이 수행하는 것이 가장 효과적인 경우 등을 진정직업요건으로 열거한다(SDA 제7조 제2항).

또한 임신이나 출산과 관련된 휴가 또는 수당은 모성보호를 위한 조치로 이해되기 때문에 성차별로 볼 수 없다. 여성차별철폐협약(CEDAW)도 모성보호를 위한 특별한 조치가 차별이 아님을 분명히 하고 있다(CEDAW 제4조 제2항).[72] 임신이나 출산은 남성과 비교하여 여성의 차이를 분명하게 보여주는 특성이라는 점에서 이러한 특성은 여성을 차별적으로 대우할 수 있는 합리적인 근거에 해당하기 때문이다. 현행 남녀고용평등법도 ① 직무의 성질상 특정 성이 불가피하게 요구되는 경우와 함께 ② 근로여성의 임신, 출산, 수유 등 모성보호를 위한 조치를 취하는 경우는 차별로 보지 않는다고 규정한다(동법 제2조 제1항 제1호 및 제2호).

그 밖에도 여성에 대한 기존의 차별을 해소하기 위하여 합리적인 범위 안에서 실시되는 적극적 조치는 성차별에 해당하지 않는다. 여성차별철폐협약(CEDAW)은 "남성과 여성의 사실적 평등을 촉진하기 위하여 잠정적으로 시행되는 특별한 조치"가 차별이 아니라고 규정함으로써 적극적 조치를 차별의 예외로 보고 있다(CEDAW 제4조 제1항).[73] 앞에서 살펴본 바와 같이 국가인권위원회법과 남녀고용평등법은 적극적 조치가 차별행위에 해당하지 않는다는 규정을 두고 있다. 또한 '여성과학기술인 육성 및 지원에 관한 법률'은 국가와 지방자치단체에게 여성과학기술인의 진출이 크게 부진한 과학기술분야에 이들의 진출을 확대하기 위하여 합리적인 범위 안에서 잠정적으로 여성과학기술인에 대한 채용목표비율 및 직급별 승진목표비율을 일정 수준으로 설정하는 등의 적극적 조치를 취할 수 있는 권한을 부여하고 있다(동법 제11조).

고용영역을 제외한 영역에서 발생할 수 있는 차별의 예외에 대해서 호주의 성차별금지법(SDA)은 자세하게 열거하고 있다. 예를 들어 특정한 성별에 속한 사람들에게만 제공되는 서비스(SDA 제32조), 성별에 따른 근로자비율에 따라 제공되는 시설 또는 특정한 성별의 학생에게만 제공되는 시설(SDA 제34조), 아동보호시

---

72) 여성차별철폐협약(CEDAW) 제4조 제2항 : Adoption by States Parties of ***special measures***, including those measures contained in the present Convention, ***aimed at protecting maternity*** shall not be considered discriminatory(이탤릭은 저자 강조).

73) 여성차별철폐협약(CEDAW) 제4조 제1항 : Adoption by States Parties of temporary ***special measures aimed at accelerating de facto equality between men and women*** shall not be considered discrimination as defined in the present Convention, but shall in no way entail as a consequence the maintenance of unequal or separate standards; these measures shall be discontinued when the objectives of equality of opportunity and treatment have been achieved(이탤릭은 저자 강조).

설(SDA 第35조), 공적 부조(charitable benefits, SDA 第36조), 종교기관 및 종교교육기관(SDA 第37조), 종교적 목적으로 설립된 교육기관(SDA 第38조), 자원봉사단체(SDA 第39조) 등의 경우에는 합리적 근거가 있는 차별로서 성차별이 허용되기도 한다.

III. 장애차별

1. 개 념

(1) 장애를 이유로 한 차별

장애차별은 '장애를 이유로 한(on the basis of disability; because of disability; on the grounds of disability) 차별행위'를 의미한다. 장애인권리협약(Convention on the Rights of Persons with Disabilities, 2006; 이하 'CRPD'로 약칭)에 따르면 장애는 "장기간의 신체적 · 정신적 · 지적 · 감각적 손상으로 부딪히는 다양한 장벽으로 인해 다른 사람과 동등하게 완전하고 효과적인 사회참여를 하는 데 방해받고 있는" 경우를 말한다(CRPD 제1조).[74] 이처럼 장애는 좁은 의미의 장애(disability)뿐만 아니라 손상(impairment)이나 질병(illness)을 포함하는 넓은 개념으로 이해된다. 그리고 장애의 개념에는 신체적(physical) 장애뿐만 아니라 정신적 또는 심리적(mental or psychiatric) 장애도 포함한다. 또한 현재의(existing) 장애뿐만 아니라 과거의(previous) 장애와 미래에 확실히 예측되는 장애도 포함된다. 그리고 장애는 계속적(permanent) 장애뿐만 아니라 일시적(temporary) 장애를 포함하는 개념이다. 캐나다 인권법에 따르면 장애의 개념에는 알코올중독이나 마약중독도 포함된다. 한편 장애인차별은 장애인 본인에 대한 차별뿐만 아니라 장애인의 가족(예: 배우자, 보호자)이나 동료(예: 직장동료)에 대한 차별도 포함한다.

뉴질랜드 인권법(HRA)에 따르면 장애의 개념에는 ① 신체적 장애 또는 손상

74) 장애인권리협약(CRPD) 제1조: Persons with disabilities include those who have long-term physical, mental, intellectual or sensory impairments which in interaction with various barriers may hinder their full and effective participation in society on an equal basis with others.

(예: 인공호흡기 사용 환자), ② 신체적 질병, ③ 심리적 질병(예: 우울증 또는 정신분열증), ④ 지적 · 심리적 장애 또는 손상(예: 학습장애), ⑤ 심리적 · 생리적 · 해부학적 구조나 기능의 결손이나 이상(예: 관절염 또는 절단), ⑥ 인도견(guide dog)이나 휠체어 또는 기타 치료수단에 대한 의존, ⑦ 질병을 유발할 수 있는 조직을 가진 신체의 존재(예: 에이즈 또는 간염) 등 조금 더 상세한 내용이 포함된다.

한편 호주 장애인차별금지법(DDA)에 따르면 장애인차별이란 '동일하거나 실질적으로 다르지 않은 상황에서 장애를 가진 사람을 장애가 없는 사람보다 불리하게 대우하는 것(treat less favorably)'을 의미한다(동법 제5조 제1항).[75] 여기서 장애를 가진 사람에게 다른 편의나 서비스가 제공된다고 해도 그러한 사실만으로 장애인에 대한 차별이 허용되는 다른 상황으로 보지는 않는다(동조 제2항). 또한 장애인이 통증완화장치나 치료장치 또는 장애인이 사용하는 보조물(auxiliary aid)을 휴대하거나 착용한다는 사실 또는 그와 관련된 문제를 이유로 불리하게 대우하는 것은 차별에 해당한다(DDA 제7조). 그리고 장애인이 통역이나 낭독인(reader) 또는 보조자 또는 보호자를 동행한다는 사실 또는 그와 관련된 문제를 이유로 불리하게 대우하는 것도 차별에 해당한다(DDA 제8조). 그 밖에도 시각장애인, 청각장애인 또는 기타 장애인이 인도견(guide dog)이나 청각이 필요한 활동을 돕는 훈련된 보조견, 기타 장애인을 돕는 훈련된 동물과 동행한다는 사실을 이유로 불리하게 대우하는 것은 차별로 본다(DDA 제9조).

미국 장애인법(ADA)은 고용에서 장애를 이유로 하는 장애인에 대한 차별을 금지하면서 장애인차별을 ① 장애를 이유로 채용지원자나 근로자의 기회나 지위에 불리하게 영향이 미치도록 제한(limiting) · 분리(segregating) · 분류(classifying)하는 것, ② 자격을 가진 장애인 채용지원자나 근로자에게 금지된 차별에 복종하도록 하는 계약이나 기타의 합의 또는 관계에 참여하는 것, ③ 장애에 기초한 차

75) 영국에서 2010년 일반적 차별금지법이 제정되기 전에 개별적 차별금지법으로서 장애차별금지법(Disability Discrimination Act 1995: DDA)도 장애차별을 유사하게 정의하였다. 우선 고용에서는 영국 장애차별금지법 제5조 제1항: "For the purposes of this Part, an employer discriminates against a disabled person if — (a)for a reason which relates to the disabled person's disability, he treats him less favourably than he treats or would treat others to whom that reason does not or would not apply; and (b)he cannot show that the treatment in question is justified." 다음으로 용역의 경우에는 제20조 제1항, 시설(premises)의 경우에는 제24조 제1항, 교육의 경우에는 제28B조 제1항 및 제28S조 제1항에서 차별의 개념을 동일하게 정의하였다.

별의 결과를 초래하거나 공통의 행정적 통제에 따르는 타인의 차별을 영속화시키는 행정의 표준 · 기준 · 방법을 사용하는 것, ④ 자격을 가진 개인과 관계를 맺고 있는 개인의 장애를 이유로 직업이나 급부의 평등을 배제하거나 거부하는 것, ⑤ 부당한 부담을 부과한다는 증명을 할 수 없음에도 불구하고 자격을 가진 장애인의 신체적 · 정신적 제한에 대해 편의를 제공해 주지 않거나 채용근로자의 신체적 · 정신적 손상에 대한 편의제공의 의무 때문에 자격을 가진 장애인의 채용기회를 거부하는 것, ⑥ 직업과 관련되고 업무활동과 일관되지 않음에도 불구하고 장애인을 걸러내는 자격요건, 채용시험, 기타 선발기준을 사용하는 것, ⑥ 장애인에게 적용했을 경우에도 지원자의 기술이나 태도 또는 시험이 측정하고자 하는 기타 요소를 정확하게 반영하는 시험을 선택하여 실시하지 않는 것 등으로 상세하게 정의한다(ADA 제102조 (a)-(b)). 그 밖에도 채용지원자나 근로자에 대하여 장애 여부와 특성 및 중대성에 관한 의학적 검진이나 질문을 하는 것은 금지된다(동조 (c)).

장애인에 대한 차별도 직접차별뿐만 아니라 간접차별도 존재할 수 있다. 따라서 외관상 동등하거나 실질적으로 다르지 않은 대우도 결과적으로는 차별이 될 수 있다. 호주의 장애인차별금지법(DDA)에 따르면 장애인에 대한 간접차별이란 ① 장애가 없는 사람들이 충족시키거나 만족시킬 수 있는 조건으로서, ② 구체적인 사정을 고려할 때 합리적이지 않고, ③ 장애인이 만족시키거나 충족시킬 수 없는 조건을 요구하는 경우를 말한다(DDA 제6조). 한편 2000년 제78호 EU지침은 장애인에 대한 평등대우의 원칙을 보장하기 위하여 합리적인 편의시설의 제공을 요구하면서(동지침 제5조) 외관상 중립적인 규정이나 기준 또는 관행으로 인하여 야기된 불이익을 제거하기 위하여 그러한 편의시설을 제공하기 위한 적절한 조치를 취하지 않은 경우에 간접차별이 행해진 것이라고 규정한다(동지침 제2조 제2항 (b) (ii)).

또한 장애인에게 유리한 차별과 장애인에게 불리한 차별이 구분될 수 있는데 여기서 금지되는 차별이란 장애인에게 불리한 차별을 의미한다. 장애인에 대하여 앞에서 설명한 적극적 우대조치가 행해지고 그것이 합리적 근거가 있는 경우에는 장애인에게 유리한 차별로서 허용될 수 있기 때문이다.

(2) 장애인에 대한 괴롭힘(harassment)

호주의 장애인차별금지법(DDA)에서는 장애인인 근로자 또는 장애인인 동료를 가진 근로자를 고용주가 장애를 이유로 괴롭히는 경우도 장애인차별에 해당한다고 규정한다(DDA 제35조, 제36조). 또한 장애인인 학생이나 입학지원자 또는 장애인을 동료로 가진 학생이나 입학지원자를 교육기관의 교사나 직원이 장애를 이유로 괴롭히는 경우도 장애인차별에 해당한다(DDA 제37조, 제38조). 그 밖에 재화나 용역을 제공하거나 시설을 이용하게 하는 사람이 재화나 용역을 제공받거나 시설을 이용하기 원하는 장애인이나 장애인을 동료로 가진 사람을 괴롭히는 경우에도 장애인차별로 본다(DDA 제39조).

(3) 정당한 편의제공의 거부

장애인권리협약(CRPD)은 장애인에게 "합리적인 편의제공(reasonable accommodation)"을 거부하는 행위를 차별에 포함시키고 있다(CRPD 제2조).[76] 그러면서 합리적인 편의제공을 "장애인이 특정한 사안에서 다른 사람과 평등하게 모든 인권과 기본적 자유를 향유하거나 행사하도록 보장하는 데 필요한 경우에 필수적이고 적절한 수정이나 교정으로 비례적이지 않거나 과도한 부담을 지우지 않는 것"으로 정의한다.[77]

(4) 한국법의 장애인차별금지

현행 장애인복지법은 "누구든지 장애를 이유로 정치 · 경제 · 사회 · 문화 생활의 모든 영역에 있어 차별을 받지 아니하고, 누구든지 장애를 이유로 정치 · 경제 · 사회 · 문화 생활의 모든 영역에서 장애인을 차별하여서는 아니 된다"고 규정함으로써 장애인에 대한 차별을 일반적으로 금지한다(동법 제8조 제1항). 또한 "누

---

76) 장애인권리협약(CRPD) 제2조 제3문: It("Discrimination on the basis of disability") includes all forms of discrimination, including denial of reasonable accommodation.

77) 장애인권리협약(CRPD) 제2조 제4문: "Reasonable accommodation" means necessary and appropriate modification and adjustments not imposing a disproportionate or undue burden, where needed in a particular case, to ensure to persons with disabilities the enjoyment or exercise on an equal basis with others of all human rights and fundamental freedoms.

구든지 장애인을 비하 · 모욕하거나 장애인을 이용하여 부당한 영리행위를 하여서는 아니 되며 장애인의 장애를 이해하기 위하여 노력하여야 한다"고 규정한다(동조 제2항). 장애인차별을 금지하는 독립적인 법률로 '장애인차별금지 및 권리구제 등에 관한 법률'(이하 '장애차별금지법'으로 약칭)이 제정되어 있다.[78] 이 법률에 따르면 "누구든지 장애 또는 과거의 장애경력 또는 장애가 있다고 추측됨을 이유로 차별"을 하는 것은 금지된다(동법 제6조).

여기서 '장애인'은 신체적 · 정신적 장애로 인하여 장기간에 걸쳐 일상생활 또는 사회생활에 상당한 제약을 받는 자로 넓게 정의된다(동법 제2조 제1항). 하지만 장애인복지법의 적용을 받는 장애인은 여기서 정의된 장애인 가운데 주요 외부신체기능의 장애, 내부기관의 장애 등 신체적 장애를 가진 자 또는 정신지체 또는 정신적 질환으로 발생하는 정신적 장애 가진 자로서 대통령령이 정하는 장애의 종류 및 기준에 해당하는 자를 말한다(동법 제2조 제2항). 이에 따라 제정된 장애인복지법 시행령 〈별표 1〉은 장애인의 종류를 15가지로 나누면서 그 기준을 다음과 같이 제시하고 있다.

장애인의 종류 및 기준(제2조 관련)

1. 지체장애인 (肢體障碍人)	(가) 한 팔, 한 다리 또는 몸통의 기능에 영속적인 장애가 있는 사람 (나) 한 손의 엄지손가락을 지골관절(指骨關節) 이상의 부위에서 잃은 사람 또는 한 손의 둘째손가락을 포함한 2 이상의 손가락을 모두 제1지골관절 이상의 부위에서 잃은 사람 (다) 한 다리를 리스프랑(Lisfranc)관절 이상의 부위에서 잃은 사람 (라) 두 발의 모든 발가락을 잃은 사람 (마) 한 손의 엄지손가락의 기능을 잃은 사람 또는 한 손의 둘째손가락을 포함한 2 이상의 손가락을 기능을 잃은 사람 (바) 왜소증으로 인하여 키가 심하게 작거나 척추에 현저한 변형 또는 기형이 있는 사람 (사) 지체(肢體)에 위 각목의 1에 해당하는 장애정도 이상의 장애가 있다고 인정 되는 사람
2. 뇌병변장애인 (腦病變障碍人)	뇌성마비, 외상성 뇌손상, 뇌졸중(腦卒中) 등 뇌의 기질적 병변에 기인한 신체적 장애로 보행 또는 일상생활의 동작 등에 상당한 제한을 받는 사람

78) 장애인차별금지법에 대한 자세한 설명은 이준일, "한국 장애인차별금지법의 법적 쟁점", 「안암법학」(안암법학회), 제34호(2011), 141면 이하 참조.

3. 시각장애인 (視覺障碍人)	(가) 나쁜 눈의 시력(만국식시력표에 따라 측정된 교정시력을 말한다. 이하 같다)이 0.02 이하인 사람 (나) 좋은 눈의 시력이 0.2 이하인 사람 (다) 두 눈의 시야가 각각 주시점에서 10도 이하로 남은 사람 (라) 두 눈의 시야의 2분의 1 이상을 잃은 사람
4. 청각장애인 (聽覺障碍人)	(가) 두 귀의 청력 손실이 각각 60데시벨(dB) 이상인 사람 (나) 한 귀의 청력 손실이 80데시벨(dB) 이상, 다른 귀의 청력 손실이 40데시벨(dB) 이상인 사람 (다) 두 귀에 들리는 보통 말소리의 명료도가 50퍼센트 이하인 사람 (라) 평형기능에 상당한 장애가 있는 사람
5. 언어장애인 (言語障碍人)	음성 기능 또는 언어 기능에 영속적으로 상당한 장애가 있는 사람
6. 지적장애인 (知的障碍人)	정신발육이 항구적으로 지체되어 지적 능력의 발달이 불충분하거나 불완전하고 자신의 일을 처리하는 것과 사회생활에의 적응이 상당히 곤란한 사람
7. 자폐성장애인 (自閉性障碍人)	소아기 자폐증, 비전형적 자폐증에 의한 언어·신체표현·자기조절·사회적응 기능 및 능력의 장애로 인하여 일상생활 또는 사회생활을 하는 데 있어 상당한 제한을 받아 다른 사람의 도움이 필요한 사람
8. 정신장애인 (精神障碍人)	지속적인 정신분열병, 분열형 정동장애(情動障碍), 양극성 정동장애 및 반복성 우울장애에 의한 감정조절·행동·사고 기능 및 능력의 장애로 인하여 일상생활 또는 사회생활을 하는 데 있어 상당한 제한을 받아 다른 사람의 도움이 필요한 사람
9. 신장장애인 (腎臟障碍人)	신장의 기능부전으로 인하여 혈액투석이나 복막투석을 지속적으로 받아야 하거나 신장기능의 영속적인 장애로 인하여 일상생활을 하는 데 있어 상당한 제한을 받는 사람
10. 심장장애인 (心臟障碍人)	심장의 기능부전으로 인한 호흡곤란 등의 장애로 인하여 일상생활을 하는 데 있어 상당한 제한을 받는 사람
11. 호흡기장애인 (呼吸器障碍人)	폐나 기관지 등 호흡기관의 만성적 기능부전으로 인한 호흡기능의 장애로 인하여 일상생활을 하는 데 있어 상당한 제한을 받는 사람
12. 간장애인 (肝障碍人)	간의 만성적 기능부전과 그에 따른 합병증 등으로 인한 간기능의 장애로 인하여 일상생활을 하는 데 있어 상당한 제한을 받는 사람
13. 안면장애인 (顔面障碍人)	안면부위의 변형 또는 기형으로 인하여 사회생활을 하는 데 있어 상당한 제한을 받는 사람
14. 장루·요루장애인 (腸瘻·尿瘻障碍人)	배변기능 또는 배뇨기능의 장애로 인하여 장루(腸瘻) 또는 요루(尿瘻)를 시술하여 일상생활을 하는 데 있어 상당한 제한을 받는 사람
15. 간질장애인 (癎疾障碍人)	간질에 의한 뇌신경세포의 장애로 인하여 일상생활 또는 사회생활을 하는 데 있어 상당한 제한을 받아 다른 사람의 도움이 필요한 사람

한편 '장애인고용촉진 및 직업재활법'에 따르면 장애인은 "신체 또는 정신상의 장애로 인하여 장기간에 걸쳐 직업생활에 상당한 제약을 받는 자로서 대통령

령이 정하는 기준에 해당하는 자"로, 중증장애인은 "장애인 중 근로능력이 현저하게 상실된 자로서 대통령령이 정하는 기준에 해당하는 자"로 정의된다(동법 제2조 제1호 및 제2호).

이 법률규정에 따라 제정된 장애인고용촉진 및 직업재활법 시행령은 '장애인'을 ① 「장애인복지법 시행령」 제2조의 규정에 의한 장애인기준에 해당하는 자 또는 ② 「국가유공자 등 예우 및 지원에 관한 법률 시행령」 제14조 제3항의 규정에 의한 상이등급기준에 해당하는 자로 정의한다. 그리고 중증장애인을 ① 「장애인복지법 시행령」 제2조의 규정에 의한 장애인기준에 해당하는 장애인 중 고용노동부령이 정하는 장애등급 이상의 장애등급에 해당하는 자,[79] ② 「장애인복지법 시행령」 제2조의 규정에 의한 장애인기준에 해당하는 장애인 중 제1호의 규정에 의한 장애등급보다 1단계 낮은 장애등급에 해당하는 자로서 뇌병변장애인 · 시각장애인 · 지적장애인 · 자폐성장애인 · 정신장애인 · 심장장애인 · 호흡기장애인 · 간질장애인 및 팔에 장애가 있는 지체장애인, ③ 「국가유공자 등 예우 및 지원에 관한 법률 시행령」 제14조 제3항의 규정에 따른 상이등급에 해당하는 자 중 3급 이상의 상이등급에 해당하는 자로 정의한다(동시행령 제3조 및 제4조).

모든 장애인에게 적용되는 장애인차별금지법에서 금지하는 차별행위로는 ① 장애인을 장애를 사유로 정당한 사유 없이 제한 · 배제 · 분리 · 거부 등에 의하여 불리하게 대하는 경우, ② 장애인에 대하여 형식상으로는 제한 · 배제 · 분리 · 거부 등에 의하여 불리하게 대하지 아니하지만 정당한 사유 없이 장애를 고려하지 아니하는 기준을 적용함으로써 장애인에게 불리한 결과를 초래하는 경우, ③ 정당한 사유 없이 장애인에 대하여 정당한 편의 제공을 거부하는 경우,[80] ④ 정당한 사유 없이 장애인에 대한 제한 · 배제 · 분리 · 거부 등 불리한 대우를 표시 · 조장하는 광고를 직접 행하거나 그러한 광고를 허용 · 조장하는 경우(이 경우 광고는 통상적으로 불리한 대우를 조장하는 광고효과가 있는 것으로 인정되는 행위를 포함한다),

---

79) 「장애인고용촉진 및 직업재활법 시행규칙」(2008.1.14. 노동부령 제292호로 전부개정된 것)에 따르면 「장애인고용촉진 및 직업재활법 시행령」 제4조 제1호에서 "고용노동부령으로 정하는 장애등급"이란 「장애인복지법 시행규칙」 〈별표 1〉에 따른 제2급의 장애등급을 말한다(동시행규칙 제2조).

80) 장애인차별금지법에 따르면 "정당한 편의"란 "장애인이 장애가 없는 사람과 동등하게 같은 활동에 참여할 수 있도록 장애인의 성별, 장애의 유형 및 정도, 특성 등을 고려한 편의시설 · 설비 · 도구 · 서비스 등 인적 · 물적 제반 수단과 조치"를 뜻한다(동법 제4조 제2항).

⑤ 장애인을 돕기 위한 목적에서 장애인을 대리 · 동행하는 자(장애아동의 보호자 또는 후견인 그 밖에 장애인을 돕기 위한 자임이 통상적으로 인정되는 자를 포함한다)에 대하여 위의 행위를 하는 경우(이 경우 장애인 관련자의 장애인에 대한 행위 또한 이 법에서 금지하는 차별행위 여부의 판단대상이 된다), ⑥ 보조견 또는 장애인보조기구 등의 정당한 사용을 방해하거나 보조견 및 장애인보조기구 등을 대상으로 ④에서 금지된 행위를 하는 경우가 포함된다(동법 제4조 제1항).

장애인차별금지법에 따라 장애를 이유로 한 차별행위가 금지되는 영역으로는 ① 고용(고용상 장애인차별금지, 사용자의 정당한 편의제공 의무, 장애여부의 조사를 위한 의학적 검사의 금지), ② 교육(교육기관에서 장애인차별금지, 교육기관의 정당한 편의제공 의무), ③ 재화와 용역의 제공 및 이용(재화 · 용역 등의 제공, 토지 및 건물의 매매 · 임대, 금융상품 및 서비스 제공, 시설물 접근 · 이용, 이동 및 교통수단 접근 · 이용, 정보접근, 문화 · 예술활동, 체육활동에서 장애인차별금지, 정보통신 · 의사소통에서의 정당한 편의제공의무, 장애인의 개인정보보호, 정보접근 · 의사소통에서의 국가 및 지방자치단체의 의무), ④ 사법 · 행정절차 및 서비스와 참정권(사법 · 행정절차 및 서비스 제공에서 장애인차별금지, 참정권행사에서 장애인차별금지 및 국가와 지방자치단체의 정당한 편의제공 의무), ⑤ 모 · 부성권 및 성(모 · 부성권에서 장애인차별금지, 성적 자기결정권의 보장과 성에서 장애인차별금지), ⑥ 가족 · 가정 · 복지시설 및 건강권(가족 · 가정 · 복지시설 등에서 장애인차별금지, 의료행위나 건강과 관련된 교육과정의 시행에서 장애인차별금지) 등이 열거되어 있다.

장애인에 대한 차별금지를 현실적으로 관철할 수 있는 법률로서 국가인권위원회법은 장애를 이유로 한 차별행위를 평등권을 침해하는 차별행위로서 금지하고 있다. 하지만 장애차별의 중요한 내용인 '장애를 이유로 한 괴롭힘'이 이러한 차별행위에 포함되는지에 대해서는 명확한 규정을 두고 있지 않다. 반면에 장애인차별금지법은 "집단따돌림, 방치, 유기, 괴롭힘, 희롱, 학대, 금전적 착취, 성적 자기결정권 침해 등의 방법으로 장애인에게 가해지는 신체적 · 정신적 · 정서적 · 언어적 행위"를 "괴롭힘 등"으로 규정하여(동법 제3조 제20호) 이러한 행위들을 금지하고 있다(동법 제32조).[81]

---

81) 금지되는 행위로는 ① 장애를 이유로 학교, 시설, 직장, 지역사회 등에서 장애인 또는 장애인 관련자에게 집단따돌림을 가하거나 모욕감을 주거나 비하를 유발하는 언어적 표현이나 행동을 하는 것, ②

국가인권위원회는 장애인차별금지법에서 금지하고 있는 차별행위를 한 자에게 권고를 할 수 있다. 한편 국가인권위원회의 권고를 받은 자가 정당한 사유 없이 권고를 이행하지 않고, 그것이 ① 피해자가 다수인인 차별행위에 대한 권고 불이행이거나, ② 반복적 차별행위에 대한 권고 불이행이거나, ③ 피해자에게 불이익을 주기 위한 고의적 불이행이거나, ④ 그 밖에 시정명령이 필요한 경우에는 그 피해의 정도가 심각하고 공익에 미치는 영향이 중대하다고 인정되면 법무부장관은 피해자의 신청에 의하여 또는 직권으로 시정명령을 할 수 있다(장애인차별금지법 제43조 제1항). 시정명령에 포함시킬 수 있는 조치로는 ① 차별행위의 중지, ② 피해의 원상회복, ③ 차별행위의 재발방지를 위한 조치, ④ 그 밖에 차별시정을 위하여 필요한 조치가 있다(동조 제2항). 시정명령에 불복하는 자는 행정소송을 제기할 수 있고, 법정기간 내에 행정소송을 제기하지 않으면 당해 시정명령은 확정된다(동법 제44조). 확정된 시정명령을 정당한 사유 없이 이행하지 않은 자에게는 3천만원 이하의 과태료가 부과된다(동법 제50조 제1항). 국가인권위원회의 권고권 이외에 법무부장관의 시정명령권이 인정된다는 점이 장애인차별금지법의 중요한 특징 가운데 하나다.

장애인차별금지법을 위반하여 타인에게 손해를 가한 자는 그로 인하여 피해를 입은 사람에 대하여 손해배상책임을 진다(동법 제46조). 또한 법원은 장애인차별금지법에 따라 금지된 차별행위에 관한 소송 제기 전 또는 소송 제기 중에 피해자의 신청으로 피해자에 대한 차별이 소명되는 경우 본안 판결 전까지 차별행위의 중지 등 그 밖의 적절한 임시조치를 명할 수 있고, 피해자의 청구에 따라 차별적 행위의 중지, 임금 등 근로조건의 개선, 그 시정을 위한 적극적 조치 등의 판결을 할 수 있다(동법 제48조). 그리고 장애인차별금지법에서 금지한 차별행위를 행하고 그것이 악의적인 차별행위로 인정되는 경우에[82] 법원은 차별을 한 자에 대하여 3년 이하의 징역 또는 3천만원 이하의 벌금에 처할 수 있다(동법 제49조 제1항).[83] 악의적인 차별행위에 대해서 형사처벌을 할 수 있다는 점이 장애인차별

장애를 이유로 사적인 공간, 가정, 시설, 직장, 지역사회 등에서 장애인 또는 장애인 관련자에게 유기, 학대, 금전적 착취를 하는 것, ③ 장애인의 성적 자기결정권을 침해하거나 수치심을 자극하는 언어표현, 희롱, 장애 상태를 이용한 추행 및 강간 등을 하는 것 등이 있다(장애인차별금지법 제32조).

82) 차별행위의 악의성은 ① 차별의 고의성, ② 차별의 지속성 및 반복성, ③ 차별 피해자에 대한 보복성, ④ 차별 피해의 내용 및 규모를 전부 고려하여 판단한다(장애인차별금지법 제49조 제2항).

금지법의 또 다른 특징이다.

그 밖에도 '장애인고용촉진 및 직업재활법'에 따르면 사업주가 근로자를 장애인이라는 이유로 채용 · 승진 · 전보 및 교육훈련 등 인사관리상의 차별대우를 하는 것은 금지된다(동법 제5조 제2항). 그리고 상시 50명 이상의 근로자를 고용하는 사업주에게 근로자 총수의 5퍼센트 범위에서 대통령령으로 정하는 '의무고용률' 이상에 해당하는 장애인을 고용해야 하는 의무를 부과하고 있다(동법 제28조 제1항).[84] 또한 '장애인기업활동 촉진법'은 공공기관이 장애인기업에 대하여 불합리한 차별적 관행이나 제도를 시행할 경우에 중소기업청장에게 이에 대한 시정을 요청할 수 있는 권한을 부여하고(동법 제4조), 정신보건법은 정신질환자에 대하여 정신질환을 이유로 한 부당한 차별대우를 금지한다(동법 제2조 제3항). 그리고 '장애인 등에 대한 특수교육법'은 각급학교의 장에게 입학에서 특수교육대상자에 대한 불이익한 처분을 금지하면서 입학전형이나 수학에서 편의제공의무를 부과하고(동법 제4조 제1항 및 제31조), 장애인 등에 대한 특수교육법은 각급학교의 장 또는 대학의 장에게 특수교육대상자에 대하여 교육기회에 있어서 차별대우를 금지한다(동법 제4조 제1항 및 제31조).

한편 '장애인 · 노인 · 임산부 등의 편의증진보장에 관한 법률'은 장애인에게 '접근권'을 보장하고 있다(동법 제4조). 이러한 권리는 "장애인 등이 아닌 사람들이 이용하는 시설과 설비를 동등하게 이용하고 정보에 자유롭게 접근할 수 있는 권리"로 정의된다. 이와 함께 시설주에게는 장애인이 시설을 이용함에 있어 가능한 최단거리로 이동할 수 있도록 편의시설을 설치해야 할 의무가 부과된다(동법 제3조).[85] 또한 교통약자의이동편의증진법은 장애인에게 '이동권'을 보장하고 있다(동법 제3조). 이에 따르면 장애인은 장애인 등 교통약자가 아닌 사람들이 이용하는

83) 법인의 대표자나 법인 또는 개인의 대리인 · 사용인, 그 밖의 종업원이 그 법인 또는 개인의 업무에 관하여 악의적인 차별행위를 한 때에는 행위자를 벌하는 외에 그 법인 또는 개인에 대하여도 3천만원 이하의 벌금형을 과한다(장애인차별금지법 제49조 제3항).

84) 의무고용률에 못 미치는 장애인을 고용하는 사업주(상시 50명 이상 100명 미만의 근로자를 고용하는 사업주는 제외)는 대통령령으로 정하는 바에 따라 매년 노동부장관에게 '장애인 고용부담금'을 납부하여야 한다(장애인고용촉진 및 직업재활법 제33조 제1항).

85) 시설주가 법률에서 정하고 있는 의무를 이행하지 않은 경우에 시설주관기관은 시정명령을 하고(장애인 · 노인 · 임산부등의편의증진보장에관한법률 제23조), 시정명령을 이행하지 않은 자에게는 벌금이나 과태료 또는 이행강제금이 부과될 수 있다(동법 제25조, 제27조, 제28조).

모든 교통수단, 여객시설 및 도로를 차별 없이 안전하고 편리하게 이용하여 이동할 수 있는 권리를 가진다. 이에 함께 국가 및 지방자치단체는 교통약자가 안전하고 편리하게 이동할 수 있도록 교통수단과 여객시설의 이용편의 및 보행환경개선을 위한 정책을 수립하고 이를 시행해야 할 의무가 있다(동법 제4조). 또한 교통사업자 또는 도로관리청 등 대상시설을 설치·관리하는 자에게 대상시설을 설치하거나 대통령령이 정하는 주요부분을 변경하는 때에는 법에서 정한 설치기준에 적합하게 이동편의시설을 설치하고 이를 유지·관리해야할 의무가 부과된다(동법 제11조).[86] 이와 같은 접근권이나 이동권은 장애인에 대한 사실적 차별을 제거하기 위하여 장애인에게 보장된 권리로 이해된다.

2. 장애인의 권리

1975년 12월 9일 UN총회에서 결의된 장애인권리선언(Declaration on the Rights of disabled Persons, 1975)에 따르면 장애인(disabled person)이란 "신체적 또는 정신적 능력에 있어서 선천적이거나 후천적인 결함의 결과로 정상적인 개인적 또는 사회적 생활에 필요한 것들의 전부 또는 일부를 스스로는 보장할 수 없는 사람"을 의미한다. 그리고 장애인의 권리로서 다음과 같은 것들을 들고 있다.

① 인종, 피부색, 성별, 언어, 종교, 정치적 또는 기타 견해, 출신국가 또는 출신사회, 부의 상태, 출생, 기타 자신이나 자신의 가족이 처한 상황에 따라 예외 없이, 그리고 구분이나 차별 없이 장애인의 권리를 향유할 수 있는 권리[87]

② 장애의 유래, 특성, 중대성과 상관없이 그의 인간존엄을 존중받을 권리, 보통사람의 삶을 향유할 권리를 포함하여 동일한 연령대의 비장애인과 동등한 기

86) 이러한 의무를 위반한 자에게 교통행정기관은 시정명령을 할 수 있고(교통약자의이동편의증진법 제29조), 시정명령을 이행하지 않은 자에게는 이행강제금 및 벌금을 부과할 수 있다(동법 제29조의2 및 제31조).

87) 유엔장애인권리선언 제2조: Disabled persons shall enjoy all the rights set forth in this Declaration. These rights shall be granted to all disabled persons without any exception whatsoever and without distinction or discrimination on the basis of race, colour, sex, language, religion, political or other opinions, national or social origin, state of wealth, birth or any other situation applying either to the disabled person himself or herself or to his or her family.

본권을 정상적으로, 그리고 완벽하게 향유할 권리[88]

③ 시민적 · 정치적 권리에 관한 비장애인과 동등한 권리[89]

④ 가능한 한 독립적 존재가 될 있게 하는 조치에 관한 권리[90]

⑤ 의학적 · 심리적 · 기능적 치료에 관한 권리, 의학적 · 사회적 재활, 교육, 직업교육 및 자신의 능력과 기술을 최대한 개발할 수 있도록 하고 사회적 통합이나 재통합의 과정을 견고하게 만드는 재활, 보조, 상담, 직업소개, 기타 서비스에 관한 권리[91]

⑥ 경제 · 사회적 안전과 사회적 기준에 맞는 생활에 관한 권리, 자신의 능력에 맞게 고용되어 직업을 가질 권리[92]

⑦ 특수한 필요에 대하여 고려받을 권리[93]

⑧ 가족 및 부모와 함께 살 권리, 모든 사회적 · 창조적 · 여가적 활동에 참여할 권리, 주거와 관련하여 장애인의 상황이나 장애인의 발전을 위하여 필수적인 것 이외의 차별적 대우를 받지 않을 권리, 시설수용장애인이 유사연령의 사람들

88) 유엔장애인권리선언 제3조: Disabled persons have the inherent right to respect for their human dignity. Disabled persons, whatever the origin, nature and seriousness of their handicaps and disabilities, have the same fundamental rights as their fellow-citizens of the same age, which implies first and foremost the right to enjoy a decent life, as normal and full as possible.

89) 유엔장애인권리선언 제4조: Disabled persons have the same civil and political rights as other human beings; paragraph 7 of the Declaration on the Rights of Mentally Retarded Persons applies to any possible limitation or suppression of those rights for mentally disabled persons.

90) 유엔장애인권리선언 제5조: Disabled persons are entitled to the measures designed to enable them to become as self-reliant as possible.

91) 유엔장애인권리선언 제6조 Disabled persons have the right to medical, psychological and functional treatment, including prosthetic and orthetic appliances, to medical and social rehabilitation, education, vocational training and rehabilitation, aid, counselling, placement services and other services which will enable them to develop their capabilities and skills to the maximum and will hasten the processes of their social integration or reintegration.

92) 유엔장애인권리선언 제7조: Disabled persons have the right to economic and social security and to a decent level of living. They have the right, according to their capabilities, to secure and retain employment or to engage in a useful, productive and remunerative occupation and to join trade unions.

93) 유엔장애인권리선언 제8조: Disabled persons are entitled to have their special needs taken into consideration at all stages of economic and social planning.

이 향유하는 통상의 생활조건에 근접한 생활조건을 향유할 권리[94]

⑨ 모든 착취 및 모든 차별적, 악의적(abusive), 명예훼손적(degrading) 성격의 규정, 대우로부터 보호받을 권리[95]

⑩ 장애인의 권리에 관한 모든 문제에 대한 유용한 자문을 받을 수 있는 장애인단체의 권리, 장애인에 대한 소송에서 신체적·정신적 조건을 고려받을 권리[96]

⑪ 장애인권리선언에 포함된 권리에 대한 정보를 얻을 수 있는 장애인 및 그 가족의 권리[97]

⑫ 장애인권리선언의 권리에 대한 정보를 적절한 방법으로 제공받을 권리[98]

이러한 권리들을 통해 장애인도 비장애인이 향유하는 모든 권리에서 평등하기 때문에 차별받아서는 안 되고, 오히려 그들에게 필수적인 보호와 배려를 요구할 수 있는 권리가 보장되기 때문에 이것은 장애인에 대한 유리한 차별이라는 점에서 정당화된다는 점을 주목할 필요가 있다.

그 밖에도 1971년 12월 20일 결의된 정신지체인권리선언(Declaration on the Rights of Mentally Restarded Persons)에서는 ① 비장애인과 동등한 권리,[99] ② 적절한 치료와 교육, 훈련, 재활, 보호의 권리,[100] ③ 경제적 안전, 직업에 관한

---

94) 유엔장애인권리선언 제9조: Disabled persons have the right to live with their families or with foster parents and to participate in all social, creative or recreational activities. No disabled person shall be subjected, as far as his or her residence is concerned, to differential treatment other than that required by his or her condition or by the improvement which he or she may derive therefrom. If the stay of a disabled person in a specialized establishment is indispensable, the environment and living conditions therein shall be as close as possible to those of the normal life of a person of his or her age.

95) 유엔장애인권리선언 제10조: Disabled persons shall be protected against all exploitation, all regulations and all treatment of a discriminatory, abusive or degrading nature.

96) 유엔장애인권리선언 제11조: Disabled persons shall be able to avail themselves of qualified legal aid when such aid proves indispensable for the protection of their persons and property. If judicial proceedings are instituted against them, the legal procedure applied shall take their physical and mental condition fully into account.

97) 유엔장애인권리선언 제12조: Organizations of disabled persons may be usefully consulted in all matters regarding the rights of disabled persons.

98) 유엔장애인권리선언 제13조: Disabled persons, their families and communities shall be fully informed, by all appropriate means, of the rights contained in this Declaration.

99) 정신지체인권리선언 제1조: The mentally retarded person has, to the maximum degree of feasibility, the same rights as other human beings.

권리,[101] ④ 가족과 함께 살 권리,[102] ⑤ 자격있는 보호자를 가질 권리,[103] ⑥ 착취나 악의적이고 모욕적인 대우로부터 자유로울 권리,[104] ⑦ 정신지체장애인의 권리에 대한 절차적 보장[105] 등을 규정하고 있다.

장애인권리협약(CRPD)은 장애인에게 보장되어야 하는 인권으로 ① 생명권(제10조), ② 위험과 인도적 응급상황에서 보호받을 권리(제11조), ③ 평등권(제12조), ④ 재판받을 권리(제13조), ⑤ 인신의 자유와 안전(제14조), ⑥ 고문, 잔인하거나 비인간적 또는 모욕적 처우나 처벌을 받지 않을 권리(제15조), ⑦ 착취 · 폭력 · 인신매매를 당하지 않을 권리(제16조), ⑧ 인신의 완전성(integrity)을 존중받을 권리(제17조), ⑨ 이주 및 국적선택의 자유(제18조), ⑩ 독립적 생활과 공동체에 편입될 권리(제19조), ⑪ 이동권(제20조), ⑫ 표현의 자유와 정보접근권(제21조), ⑬ 프라이버시권(제22조), ⑭ 가정과 가족을 존중받을 권리(제23조), ⑮ 교육권(제24조), ⑯ 건강권(제25조), ⑰ 재활권(제26조), ⑱ 근로권(제27조), ⑲ 적절한 생활기준 및 사

---

100) 정신지체인권리선언 제2조 The mentally retarded person has a right to proper medical care and physical therapy and to such education, training, rehabilitation and guidance as will enable him to develop his ability and maximum potential.

101) 정신지체인권리선언 제3조: The mentally retarded person has a right to economic security and to a decent standard of living. He has a right to perform productive work or to engage in any other meaningful occupation to the fullest possible extent of his capabilities.

102) 정신지체인권리선언 제4조: Whenever possible, the mentally retarded person should live with his own family or with foster parents and participate in different forms of community life. The family with which he lives should receive assistance. If care in an institution becomes necessary, it should be provided in surroundings and other circumstances as close as possible to those of normal life.

103) 정신지체인권리선언 제5조: The mentally retarded person has a right to a qualified guardian when this is required to protect his personal well-being and interests.

104) 정신지체인권리선언 제6조: The mentally retarded person has a right to protection from exploitation, abuse and degrading treatment. If prosecuted for any offence, he shall have a right to due process of law with full recognition being given to his degree of mental responsibility.

105) 정신지체인권리선언 제7조: Whenever mentally retarded persons are unable, because of the severity of their handicap, to exercise all their rights in a meaningful way or it should become necessary to restrict or deny some or all of these rights, the procedure used for that restriction or denial of rights must contain proper legal safeguards against every form of abuse. This procedure must be based on an evaluation of the social capability of the mentally retarded person by qualified experts and must be subject to periodic review and to the right of appeal to higher authorities.

회보장수급권(제28조), ⑳ 정치적 · 공적 생활에 대한 참여권(제29조), ㉑ 문화적 생활에 대한 참여권(제30조)을 열거하고 있다. 이동권이나 재활권을 제외하면 장애를 갖지 않은 사람들이 일반적으로 향유해야 할 인권의 목록을 확인하고 있다고 보인다.

3. 장애인차별로 볼 수 없는 경우

(1) 호주 장애인차별금지법

호주의 장애인차별금지법(DDA)에 따르면 첫째, ① 장애인에게 비장애인과 동일한 평등한 기회의 보장, ② 장애인에게 필요한 재화나 용역 또는 편의나 기회의 제공, ③ 장애인에게 특별히 필요한 보조금(grants)이나 급부(benefits) 또는 프로그램의 제공을 위한 목적의 합리적인 조치(DDA 제45조)는 차별에 해당하지 않는다. 둘째, 장애를 이유로 연금 · 생명보험 · 사고보험 · 기타 보험 및 퇴직자회원 가입을 거부하거나 다른 기간 · 조건을 제시하는 것이 합리적인 통계에 기초하고, 통계자료와 기타 관련 요인의 문제를 고려하는 것이 합리적인 경우(DDA 제46조)도 차별이 아니다. 셋째, 법률이나 법원의 명령과 같이 규정된 권한에 근거하여 행해지는 조치인 경우(DDA 제47조)도 차별로 보지 않는다. 넷째, 장애의 내용이 전염성 질환이고, 그로 인한 차별이 공공의 건강을 보호하기 위한 합리적인 필요가 있는 경우(DDA 제48조)에는 차별이 아니다. 다섯째, 장애인에 대한 자선적 급부를 내용으로 하는 규정(DDA 제49조)은 차별에 해당하지 않는다. 여섯째, 장애인에 대한 전화서비스 제공자의 차별, 일곱째, 전투의무나 전투관련의무 또는 평화유지업무와 같은 병역에서의 고용이나 임명의 차별(DDA 제53조)은 차별로 보지 않는다.

(2) 뉴질랜드 인권법

뉴질랜드인권법(HRA)에 따르면 ① 일정한 용역이나 편의를 제공하는 것이 합리적이지 않은(not reasonable) 경우(예: 건물에 장애인접근시설을 설치하기 위하여 소규모 기업에 사무실의 재배치나 엄청난 비용의 지출을 요구하는 경우), ② 다른 사람에 대한 피해의 위험(risk of harm)이 합리적이지 않은 경우(예외: 합리적인 수단을 사용하여 피해의 위험이 정상적인 수준으로까지 감소되는 경우), ③ 재화나 용역의 제공이 제공자에게 합리적으로 기대할 수 없는 특별한 방법(special manner)으로만 가능한 경우, ④ 보험계약에서 잔여수명, 사고, 질병에 관한 합리적으로 신뢰할 수 있는 통계적 데이터에 기초하거나 데이터가 전혀 없는 경우, ⑤ 합리적으로 신뢰할 수 있거나 특수한 상황에서 합리적인 자문이나 의견에 기초한 경우, ⑥ 국가안전이 관련된 노동의 경우, ⑦ 개인가정에서 고용하는 경우, ⑧ 일정한 질병을 가진 사람의 고용을 배제하는 규정이 있는 경우 및 그러한 질병에 대한 설문조사, ⑨ 건강과 안전이 중요한 직장의 경우 등은 차별로 볼 수 없는 경우에 해당한다.

(3) 소 결

장애인에 대해서 일정한 편의(facilities)나 특혜(special treatment)를 제공한다고 해서 그로 인해 비장애인에 대한 차별대우가 발생하는 것은 아니다. 오히려 장애인에게 일정한 편의나 특혜를 제공하지 않으면 그것이 장애인에게 불리한 차별대우가 될 수 있다. 다만 장애인에게 제공되어야 하는 편의나 특혜는 합리적인 범위에서 인정될 수 있는 것에 한정되어야 한다. 따라서 장애인을 고용하거나 장애인에게 재화나 용역 또는 시설이나 교육서비스를 제공하는 자가 장애인을 위하여 제공해야 하는 편의나 특혜는 그들에게 재정적으로 '부당한 부담'[106]을 주지 않는 정도에 그쳐야 한다. 물론 부당한 부담의 정도는 일률적으로 말할 수 없고, 관련된 개인이나 단체 또는 기관의 크기나 재정 정도에 따라 달라질 수 있다.

4. 한국에서 장애인차별의 특수한 문제

한국에서 장애인차별의 특수한 문제로 논의되어야 하는 주제는 장애인의 보험가입에 대한 거부다. 이와 관련하여 국가인권위원회는 장애인의 보험가입에 대한 거부행위가 합리적인 근거를 갖기 위한 두 가지 조건을 제시하였다. 우선 ① 피보험자의 보험사고 위험성 판단을 위해서는 피보험자의 장애등급 외에도 그의

106) 미국장애인법(ADA)에 따르면 "undue hardship", 아일랜드 고용평등법(EEA)에 따르면 "disproportionate burden"으로 표현된다.

장애 정도, 환경 및 조건 등을 개별적·구체적으로 검토하여야 한다. 다음으로 ② 보험인수 기준은 검증된 통계자료와 과학적·의학적 자료 등 객관적이고 합리적인 자료에 기초하여 설정되어야 한다.[107] 한편 국가인권위원회는 장애인에 대한 보험가입을 거부할 수 있는 법적 근거로서 "심신상실자 또는 심신박약자"를 피보험자로 하는 보험계약을 무효로 하는 상법 제732조는 그 개념의 추상성으로 인해 자의적 해석될 수 있다는 이유로 인권위는 폐지를 권고하였다.[108] 이와 같은 '심신상실자 또는 심신박약자' 조항은 다른 많은 법률에서도 산재해 있는데 입법자의 편의적인 입법으로 장애인에 대한 차별을 조장할 수 있으므로 신속한 개정이 요구된다.

IV. 연령차별

1. 개 념

연령차별(age discrimination)은 연령을 이유로 한 차별행위로서 주로 고용영역에서 발생한다.[109] 미국의 민권법(Title VII)에 따르면 연령에 따른 차별대우가

107) 인권위 2010.9.10. 09진차1552, 1554, 1556, 1557, 1562, 1565(병합) 참조.

108) 인권위 2005. 같은 취지의 결정으로 인권위 2010.10.20. 09진차1560 참조.

109) 헌법재판소에서 연령에 따른 차별로서 연령에 따른 선거권 및 피선거권의 차별이 여러 차례 문제된 바 있다. 하지만 헌법재판소는 연령에 따른 선거권 및 피선거권의 차별은 '합리적인 근거가 있는 차별'로서 평등권을 침해하지 않는다고 한다. 첫째, **선거권**의 경우에 헌재 1997.6.26. 96헌마89: "입법자가 공직선거및선거부정방지법에서 민법상의 성년인 20세 이상으로 선거권연령을 합의한 것은 미성년자의 정신적·신체적 자율성의 불충분 외에도 교육적 측면에서 예견되는 부작용과 일상생활 여건상 독자적으로 정치적인 판단을 할 수 있는 능력에 대한 의문 등을 고려한 것이다. 선거권과 공무담임권의 연령을 어떻게 규정할 것인가는 입법자가 입법목적 달성을 위한 선택의 문제이고 입법자가 선택한 수단이 현저하게 불합리하고 불공정한 것이 아닌 한 재량에 속하는 것인바, 선거권연령을 공무담임권의 연령인 18세와 달리 20세로 규정한 것은 입법부에 주어진 합리적인 재량의 범위를 벗어난 것으로 볼 수 없다." 그 밖에도 2001.6.28. 2000헌마111; 2002.4.25. 2001헌마851등; 2003.11.27. 2002헌마787등 참조. 둘째, **피선거권**이 경우에 헌재 2005.4.28. 2004헌마219: "국가의 기관구성권과 정책결정권을 분리하고 정책결정권을 대의기관에게 자유위임하는 대의민주주의 통치질서에서 국가기능의 확대 및 복잡화에 따른 대의기관의 전문성 확보, 국회의원의 지위변화 및 권한의 확대로 인한 고양된 대의활동능력 및 정치적 인식능력에 대한 요구, 이러한 능력과 자질을 갖추기 위하여 요구되는 정규 또는 비정규적인 교육과정과 직접 또는 간접적인 경험을 쌓는 데 소요되는 최소한의 기간, 국가정책결정권자의 성실한 납세 및 병역 의무의 이행을 요구하는 국민의 기대와 요청 그리고 선거권의 행사

발생하는 고용영역은 채용, 해고, 승진, 정리해고(layoff), 보상(compensation), 수당(benefits), 직업배치(job assignments), 훈련(training)을 포함하고, 연령을 이유로 고용의 기간, 조건, 특권 등에서 차별대우하는 것을 연령차별로 정의한다. 한편 호주의 연령차별금지법(ADA)은 연령차별을 고용에서 요구되는 능력과 연령이 전혀 상관없는 영역에서 단지 연령을 이유로 고용을 거부하는 것으로 정의한다. 그리고 연령차별의 내용은 연령을 이유로 동일하거나 유사한 상황에서 다른 연령대에 있는 사람들보다 불리하게 대우하는 것(less favourable treatment)을 말한다. 또한 연령차별이란 연령을 직접적 이유로 한 차별뿐만 아니라 연령과 일반적으로 관련된 특성이나 일정한 연령의 사람들이 가지는 특성(예: 나이든 사람은 컴퓨터사용능력이 떨어진다든지 또는 나이가 어린 사람은 경제적 능력이 없다)을 이유로 한 차별도 포함한다.

채용연령을 제한한다든지, 연령에 따라 임금을 달리 지급한다든지, 퇴직연령을 규정하는 방식으로 고용영역에서 연령에 의한 차별이 발생할 수 있다. 이러한 연령차별은 연령에 따라 개인의 능력을 일반화함으로써 충분한 숙련도나 능력을 갖추었음에도 불구하고 단지 일정한 연령에 도달했거나 일정한 연령에 도달하지 못했다는 이유로 특정한 사람들을 고용대상에서 배제하는 데 문제가 있다. 고용영역에서 연령에 의한 차별은 근로의 내용이 공개채용, 자원봉사, 채용기관을 통한 모집, 계약 등 어떠한 형식이 되든 상관없이 연령을 이유로 고용에서 차별하는 것을 말한다.

2. 영 역

연령차별은 주로 고용영역에서 발생하지만 공공장소에 대한 접근에서도 발생할 수 있다. 또한 연령을 이유로 재화나 용역 또는 편의(facilities)의 제공(은행, 보험, 대출, 신용거래, 재정을 포함)을 거부하는 경우 및 불리한 기간이나 조건으로 재화, 용역, 편의를 제공하는 경우에도 연령에 의한 차별이 발생한다. 그리고 연령

연령에 비하여 피선거권의 행사연령을 일반적으로 높게 정하는 주요국가의 입법례 등을 고려할 때, 국회의원의 피선거권 행사연령을 25세 이상으로 정한 공직선거및선거부정방지법 제16조 제2항은 입법자의 입법형성권의 범위와 한계 내의 것으로, 청구인들의 공무담임권 등 기본권의 본질적 내용을 침해할 정도로 과도한 것이라 볼 수 없다.”

에 의한 차별은 시설(accommodation)의 사용에서도 발생한다. 예를 들어 부동산 소유자나 관리자가 연령을 이유로 주거시설이나 업무시설의 제공을 거부한다든지, 불리한 기간이나 조건으로 계약을 요구한다든지, 지원자의 우선권에서 후순위를 부여한다든지, 일정한 면제혜택을 거부하거나 제한하는 차별을 들 수 있다. 이러한 차별은 시설의 구매나 임차 또는 호텔이나 야영장(caravane park)의 숙박에서도 발생한다. 마지막으로 학교나 대학 또는 교육기관 같은 교육영역에서도 연령차별이 발생할 수 있다. 이러한 차별은 연령에 따라 지원이나 입학허가의 거부, 교육기간과 입학조건, 학비면제의 거부나 제한 등을 내용으로 한다. 따라서 연령차별금지법제는 고용영역뿐만 아니라 연령차별이 발생할 수 있는 모든 영역을 포괄하는 일반적 법률의 형태나 연령차별이 발생하는 영역별로 규율하는 개별적 법률의 형태로 제정될 수 있다.110)

연령차별은 연령을 직접적 이유로 한 직접차별뿐만 아니라 연령을 직접적 이유로 하고 있지는 않지만 일정한 자격, 조건, 관행들이 일정한 연령의 사람들에게 불리한 결과를 초래하는 간접차별도 포함한다. 예를 들어 일정한 직업을 수행하는 데 신체조건이 합리적 기준이 아님에도 불구하고 신체조건을 요구하게 되면 결과적으로 젊은 사람에게 유리한 결과를 초래하는 경우에는 간접적인 연령차별이 될 수 있다.

연령차별을 금지하고 있는 국가인권위원회법 이외에도 연령에 따른 차별을 금지하고 있는 개별법령들이 산재해 있다. 우선 현행 고용정책기본법에 따르면 사업주는 근로자를 모집 · 채용함에 있어서 합리적인 이유 없이 연령을 이유로 차별을 하여서는 아니 되며, 균등한 취업기회를 보장하여야 한다(동법 제7조). 그리고 직업소개, 직업지도, 고용정보 제공 등 고용지원서비스를 제공하는 자(동조 제2항)는 그 업무를 수행함에 있어서 합리적인 이유 없이 연령을 이유로 구직자를 차별하여서는 아니 된다. 또한 직업능력개발훈련을 실시하는 자는 훈련대상자의 모집, 훈련의 실시 및 취업지원 등에 있어서 합리적인 이유 없이 연령을 이유로 훈

110) 연령차별금지법제에 대해서는 조용만, "고용에서의 연령차별금지의 법적 현황과 과제", 「노동법연구」(서울대학교 노동법연구회), 제15호(2003), 121면 이하; 이준일, "연령차별금지의 법제와 법적 문제 -미국 · 네덜란드 · 호주의 연령차별금지법을 중심으로-", 「미국헌법연구」(미국헌법학회), 제19권 제1호(2008), 105면 이하; 전윤구, "연령차별금지의 실효성과 도입방안 연구", 「경기법학논총」(경기대학교), 제10호(2010), 145면 이하 참조.

련생을 차별하여서는 아니 된다(동조 제3항). 한편 고용영역에서 연령차별을 규율하는 개별적 차별금지법인 '고용상 연령차별금지 및 고령자고용촉진에 관한 법률'(이하 '연령차별금지법'으로 약칭)이 제정되어 있다. 이에 따라 합리적인 이유 없이 연령을 이유로 근로자 또는 근로자가 되려는 자를 차별하는 행위는 금지된다(동법 제4조의4 제1항). 연령차별금지를 위반하여 연령차별을 당한 피해자는 국가인권위원회에 진정할 수 있고(동법 제4조의6 제1항), 진정을 받은 국가인권위원회는 진정을 조사한 결과 연령차별이 있다고 판단하면 구체조치 등을 권고할 수 있으며(동조 제2항), 국가인권위원회로부터 구제조치 등의 권고를 받은 사업주가 정당한 사유 없이 권고를 이행하지 않아[111] 피해의 정도가 심각하다고 인정되면 고용노동부장관은 피해자의 신청에 의하거나 직권으로 시정명령을 할 수 있다(동법 제4조의7 제1항).[112]

3. 연령차별로 볼 수 없는 경우

캐나다 인권법(CHRA)에 따르면 통상의 퇴직연령에 도달한 근로자에게 고용계약을 종료시키는 것은 연령에 따른 차별이 아니다(CHRA 제15조 제1항 (c)). 호주의 연령차별금지법도 정년퇴직(superannuation) 이외에 보험과 신용, 이민과 시민권, 조세법과 사회안전법, 일부 건강프로그램, 청소년임금 또는 산업상의 계약이나 판정의 준수(direct compliance with industrial agreements and awards)의 경우에는 연령차별을 적용하지 않는다. 또한 특정한 연령대의 사람들을 대상으로 하는 교육기관의 경우에는 연령차별로 볼 수 없다.

이와는 다른 맥락에서 연령에 따라 일정한 혜택(예: 요금의 면제나 할인)을 주는 관례가 문제될 수 있다. 캐나다 인권법에 근거한 '연령지침'(Age Guideline)[113]

---

111) 권고를 받고 이행하지 않아 ① 피해자가 다수인인 연령차별행위에 대한 권고 불이행, ② 반복적 연령차별행위에 대한 권고 불이행, ③ 피해자에게 불이익을 주기 위한 고의적 권고 불이행, ④ 그 밖에 피해의 내용과 규모 등을 고려하여 시정명령이 필요하다고 고용노동부령으로 정하는 경우 중 어느 하나에 해당하면 시정명령을 할 수 있다.

112) 시정명령의 내용으로 ① 연령차별행위의 중지, ② 피해의 원상회복, ③ 연령차별행위의 재발방지를 위한 조치, ④ 그 밖에 연령차별시정을 위하여 필요하다고 고용노동부령으로 정한 조치가 포함될 수 있다.

113) Where adverse differentiation in relation to any individual in the provision of goods,

에 따르면 일반공중이 통상 이용할 수 있는 재화나 용역 또는 시설과 관련된 역차별(adverse differentiation)은 어린이나 청소년 또는 노인의 요금할인과 관련되는 경우는 합리적이며 캐나다 인권법에 따른 차별이 아니라고 한다. 뉴질랜드 인권법(HRA)의 경우에도 동일한 규정을 두고 있다. 한편 뉴질랜드 인권법에서는 연령차별이 적용되는 연령을 16세 이상으로 규정하고 있다.

뉴질랜드 인권법에 따라 연령에 따른 차별로 볼 수 없는 경우로 ① 뉴질랜드 국적이 아닌 선박이나 항공기의 승무원으로서 뉴질랜드 국외에서 고용된 경우, ② 개인가정에서 고용된 경우, ③ 낮은 임금으로 20세 미만의 자가 고용된 경우, ④ 다른 법률에서 연령을 제한하여 고용하는 경우(예: 경찰공무원), ⑤ 안전 기타의 사유로 연령이 필수적인 직업적 자격요건이 되는 경우, ⑥ 직업이나 업무(profession, trade or calling)에 필요한 자격요건으로서 합리적인 최소연령이 요구되는 경우, ⑦ 보험계약에서 잔여수명, 사고, 질병에 관한 신뢰할 만한 정보에 기초한 차별계약의 경우, ⑧ 일정한 연령대를 대상으로 하는 스포츠행사를 위한 단체의 경우, ⑨ 일정한 연령대를 대상으로 하는 단체여행의 경우, ⑩ 회원제(membership) 클럽의 경우, ⑪ 공동으로 사용하고 있는 주거시설의 경우, ⑫ 은퇴자시설과 같은 제도적 시설의 경우, ⑬ 교육시설이나 직업훈련시설의 장학금, 등록금, 입학금의 경우 등을 들고 있다.

그 밖에도 아동을 입양하거나 양육(fostering)하기 원하는 사람에게 입양되거나 양육되는 아동의 필요에 따라 일정한 연령을 요구하는 것은 합리적인 이유가 있는 경우에 연령차별로 볼 수 없다.[114] 또한 성별의 경우처럼 일정한 운동경기 또는 연기나 연예 활동에서 연령의 요구가 합리적인 경우에 연령에 따른 차별대우가 가능하다.

연령차별금지법은 차별금지의 예외로서 ① 직무의 성격에 비추어 특정 연령기준이 불가피하게 요구되는 경우(진정직업요건), ② 근속기간의 차이를 고려하여 임금이나 임금 외의 금품과 복리후생에서 합리적인 차등을 두는 경우, ③ 이 법

---

services, facilities or accommodation customarily available to the general public is based only on a reduction or absence of rates, fares or charges with respect to children, youths or senior citizens, such adverse differentiation is reasonable and is not, in the opinion of the Commission, a discriminatory practice within the meaning of section 5 of the Act.

114) 아일랜드 평등위원회(The Equality Authority), 「The Equal Status Acts 2000-2004」, 17면.

이나 다른 법률에 따라 근로계약, 취업규칙, 단체협약 등에서 정년을 설정하는 경우, ④ 이 법이나 다른 법률에 따라 특정 연령집단의 고용유지·촉진을 위한 지원조치를 하는 경우를 들고 있다(동법 제4조의5). 한편 국가인권위원회에 따르면 합리적인 이유가 있는 연령차별로 인정되기 위해서는 ① 수행할 업무의 성격이나 업무수행의 상황에 비추어 정해진 연령을 초과하는 모든 자 또는 거의 모든 자가 해당 업무의 본질적인 내용을 효율적이고 안전하게 수행할 수 없다는 것이 인정되고, 그러한 특성을 개인적으로 파악하는 것이 불가능하거나 비현실적인 경우, 또는 ② 효과적으로 해당 업무를 수행하는 데 훈련이 필요하고 그러한 훈련에 소요되는 비용과 시간을 고려하여 응시연령 제한이 필요한 경우라거나 정해진 연령을 초과하는 자가 해당 업무를 수행하는 데 편의 제공이 필요하며 그 부담이 사회통념상 과도한 경우 등과 같은 사정이 있어야 한다고 한다.[115]

V. 종교차별

1. 종교차별의 개념

UN은 종교와 신념에 대한 비관용과 차별의 철폐에 관한 선언(Declaration on the Elimination of All Forms of Intolerance and of Discrimination Based on Religion or Belief, 1981; 이하 'DEDR'로 약칭)[116]에서 "모든 인간은 사상, 양심, 종교의 자유에 관한 권리를 가진다. 이러한 권리는 자신이 선택한 종교나 어떠한 신념도 가질 수 있는 자유와 개인적으로든 다른 사람과의 공동체로든 아니면 공적으로든 사적으로든 자신의 종교나 신념을 경배, 의식, 실천, 교육의 형태로 고

115) 인권위 2010.5.14. 10진정105300 참조. 한국방송공사(KBS) 신인코미디언 공채시험에서 응시연령은 '18세 이상 30세 미만'으로 정한 것이 문제가 된 이 사건에서 인권위는 이러한 특별한 사정이 있다고 인정하지 않았다. 한편 경찰공무원 채용시험의 연령제한과 관련해서도 그러한 특별한 사정이 있다고 인정하지 않았다. 인권위 2006.12.11. 05직차18; 2007.4.11. 05진차215, 06진차57, 06진차677(병합); 2009.3.11. 08진차910, 928, 979, 08진차1043, 1118, 1366, 09진차201(병합) 참조. 또한 소방공무원 채용시험의 연령제한에 대해서도 그러한 특별한 사정을 인정하지 않았다. 인권위 2007.9.20. 07진차238, 246(병합); 2009.3.11. 09진차9 참조.

116) '종교와 신념에 대한 비관용과 차별의 철폐에 관한 선언'은 1981년 11월 25일 유엔총회에서 의결(General Assembly resolution 36/55)되었다.

백할 수 있는 자유가 포함된다"(DEDR 제1조 제1항)[117]고 한다. 그리고 자신이 선택한 종교나 신념을 가질 수 있는 자유를 손상시키는 강압에 대해서 복종하지 않는다고 한다(동조 제2항).[118] 또한 자신의 종교나 신념을 고백할 수 있는 자유는 법률에 규정된 경우나 공적 안전, 질서, 건강이나 도덕 또는 다른 사람의 기본권을 보호하기 위하여 필요한 경우에만 제한될 수 있다고 한다(동조 제3항).[119] 그러면서 종교와 신념에 따른 차별을 "종교나 신념에 근거한 구분, 배제, 제한 또는 특혜 및 평등에 기초한 인권과 기본적 자유의 인정, 향유, 실현을 제거하거나 손상시키는 행위"로 정의한다(DEDR 제2조 제2항).[120]

종교를 이유로 한 차별에서 문제가 되는 것은 개인의 종교적 신념이 진지하고 강력한 것인지 여부, 개인의 종교적 신념과 차별대우 사이에 직접적인 관련이 있는지 여부, 그리고 그러한 차별대우가 합리적인 근거에 따라 정당화될 수 있는지 여부다. 종교를 이유로 한 차별은 어떤 사람이 특정한 종교를 가졌다는 사실에 따른 '직접적인' 차별과 일정한 기준이나 정책 또는 결정이 특정한 종교를 가진 사람들에게 불리한 효과(adverse effect)를 발생시키는 '간접적인' 차별로 구분된다.[121] 또한 종교는 오로지 인간 내면의 정신활동에 그치지 않기 때문에 종교적 신념을 표현하거나 실천하는 다양한 활동을 위하여 일정한 편의가 제공되어야 하고, 일정한

117) 유엔종교차별철폐선언(DEDR) 제1조 제1항: Everyone shall have the right to freedom of thought, conscience and religion. This right shall include freedom to have a religion or whatever belief of his choice, and freedom, either individually or in community with others and in public or private, to manifest his religion or belief in worship, observance, practice and teaching.

118) 유엔종교차별철폐선언(DEDR) 제1조 제2항: No one shall be subject to coercion which would impair his freedom to have a religion or belief of his choice.

119) 유엔종교차별철폐선언(DEDR) 제1조 제3항: Freedom to manifest one's religion or belief may be subject only to such limitations as are prescribed by law and are necessary to protect public safety, order, health or morals or the fundamental rights and freedoms of others.

120) 유엔종교차별철폐선언(DEDR) 제2조 제2항: For the purposes of the present Declaration, the expression "intolerance and discrimination based on religion or belief" means any distinction, exclusion, restriction or preference based on religion or belief and having as its purpose or as its effect nullification or impairment of the recognition, enjoyment or exercise of human rights and fundamental freedoms on an equal basis.

121) 고용상의 차별금지에 관한 2000년 제78호 EU지침도 종교 또는 신념, 장애, 연령, 성적 지향을 이유로 한 고용이나 직업에서의 차별을 금지하면서 금지되는 차별에 직접차별뿐만 아니라 간접차별을 포함시키고 있다(동지침 제2조 제2항).

시설이 필요할 수도 있다. 따라서 만약 이러한 편의제공과 시설이 확보되지 않으면 종교를 가진 자를 차별하는 결과를 초래할 수 있다. 미국 민권법(Title VII)은 근로자의 종교적 신념을 실천하기 위한 편의제공(religious accommodation)이 사용자에게 '부당한 부담(undue hardship)'을 부과하지 않는 경우에는 사용자는 그런 편의를 제공해야 한다고 규정한다. 예를 들어 유동적 근로시간, 자발적 대체근로 제공이나 근로시간 교체, 직업 재배치, 측면 배치 등이 그러한 편의에 해당한다. 또한 사용자는 근로자의 종교적 필요와 충돌하는 시간에 시험이나 선발절차를 실시할 수 없다.[122] 그리고 사용자는 입사지원자에게 일정한 시간에 근로할 수 있는지 여부를 질문할 수 없고, 엄격한 복장규정(dress code)을 요구할 수도 없다. 그 밖에도 사용자는 근로자가 안식일(Sabbath)이나 종교적 휴일을 지킬 수 있도록 허용한다고 해도 그로 인해 사용자에게 부당한 부담을 준다는 사실을 증명하지 못하는 경우에는 근로자의 요구를 거부할 수 없다.

여기서 '부당한 부담'이란 근로자의 종교활동을 위한 편의를 제공함으로써 일반적인(ordinary) 관리비용 이상의 비용이 드는 경우를 말한다. 또한 근로자의 종교활동을 위한 편의를 제공함으로써 진정연공서열체계(bona fide seniority system)

---

122) 하지만 사법시험 제1차 시험의 시행일을 일요일로 정한 것에 대해서 헌법재판소는 다음과 같이 종교의 자유를 침해하지 않을 뿐만 아니라 불합리한 차별대우도 아니라는 결정을 한 바 있다. 헌재 2001. 9.27. 2000헌바159: "이 사건에서 청구인은 자신의 신앙적 의무를 지키기 위하여 사법시험 응시를 포기하고 예배행사에 참여하였다는 것이므로 사법시험 시행일을 일요일로 정한 피청구인의 처분이 직접적으로 청구인의 종교의 자유를 침해하였다고 보기는 어렵다. 다만 매년 반복하여 시행되는 사법시험의 시행일을 일요일로 정하는 것이 청구인의 일요일에 예배행사에 참석할 종교적 행위의 자유를 제한하는 것으로 볼 수 있는지가 문제이나, 종교적 행위의 자유는 신앙의 자유와는 달리 절대적 자유가 아니라 질서유지, 공공복리 등을 위하여 제한할 수 있는 것으로서 사법시험 제1차 시험과 같은 대규모 응시생들이 응시하는 시험의 경우 그 시험 장소는 중·고등학교 건물을 임차하는 것 이외에 특별한 방법이 없고 또한 시험관리를 위한 2,000여 명의 공무원이 동원되어야 하며 일요일 아닌 평일에 시험이 있을 경우 직장인 또는 학생 신분인 사람들은 결근, 결석을 하여야 하고 그 밖에 시험 당일의 원활한 시험관리에도 상당한 지장이 있는 사정이 있는바, 이러한 사정을 참작한다면 피청구인이 사법시험 제1차 시험 시행일을 일요일로 정하여 공고한 것은 국가공무원법 제35조에 의하여 다수 국민의 편의를 위한 것이므로 이로 인하여 청구인의 종교의 자유가 어느 정도 제한된다 하더라도 이는 공공복리를 위한 부득이한 제한으로 보아야 할 것이고 그 정도를 보더라도 비례의 원칙에 벗어난 것으로 볼 수 없고 청구인의 종교의 자유의 본질적 내용을 침해한 것으로 볼 수도 없다. 또한 기독교 문화를 사회적 배경으로 하고 있는 구미 제국과 달리 우리나라에서는 일요일은 특별한 종교의 종교의식일이 아니라 일반적인 공휴일로 보아야 할 것이고 앞서 본 여러 사정을 참작한다면 사법시험 제1차 시험 시행일을 일요일로 정한 피청구인의 이 사건 공고가 청구인이 신봉하는 종교를 다른 종교에 비하여 불합리하게 차별대우하는 것으로 볼 수도 없다."

를 변경하는 데 대해서 이러한 연공서열체계에 의해 직무나 근로시간상의 우대를 보장받아온 다른 근로자가 반대하는 경우도 부당한 부담에 해당한다. 노동조합에 조합비를 납부하는 것이 종교적 신념상 허용되지 않는 경우에 근로자는 그러한 조합비 납부를 강요당하지 않는다. 다만 동일한 금액을 자선단체에 기부할 수 있다. 명상, 요가, 생체자기제어(biofeedback), 그 밖의 활동을 통해 근로자의 동기부여, 협동심, 생산성을 증진시키기 위하여 고안된 뉴에이지(new age) 훈련 프로그램 참여 의무는 차별행위에 해당할 수 있다. 근로자가 이러한 프로그램이 자신의 종교적 신념과 일치하지 않는다고 고지한 경우에는 근로자의 거부에 종교적 근거가 존재하는지 여부와 상관없이 사용자는 편의를 제공해야 한다.

미국의 민권법에 따라 금지된 종교차별에는 종교적 표현(religious expression)의 금지와 종교적 괴롭힘(religious harassment)이 포함된다. 따라서 사용자에게 부당한 부담이 되지 않는 한 근로자가 자신의 종교를 표현하는 행위(예: 종교적 의상)를 금지할 수 없고, 근로자 상호간에 종교를 이유로 괴롭히는 행위가 발생하지 않도록 예방해야 할 의무가 있다. 고용상 차별금지에 관한 2000년 제78호 EU지침[123]도 종교를 이유로 한 괴롭힘을 금지하고(동지침 제2조 제3항), 또한 종교를 이유로 한 차별의 지시(instruction to discriminate)도 불법적 차별행위로 금지하고 있다(동조 제4항).

2. 종교차별의 예외

고용상의 차별금지에 관한 2000년 제78호 EU지침에 따르면 특정한 직업활동의 성격(nature) 또는 특정한 직업활동이 수행되는 조건(context)으로 인해 종교와 관련된 특성이 결정적이고 진정한 직업요건(genuine and determining occupational requirement)에 해당하는 경우에는 예외적으로 종교차별이 허용된다(동지침 제4조 제1항). 또한 교회 및 종교에 기반한 에토스(ethos)를 가진 공적 단체나 사적 단체에서 수행되는 직업활동의 경우에 그러한 종교적 에토스를 고려할 때 그 직업활동의 성격 또는 그 직업활동이 수행되는 조건으로 인해 종교가 진정하고 정당한

123) Council Directive 2000/78/EC of 27 November 2000 establishing a general framework for equal treatment in employment and occupation, EU Official Journal L 303(2000.12.2.), 16~22면.

직업요건(genuine, legitimate and justified occupational requirement)에 해당하면 종교를 이유로 한 차별대우는 차별이 아니다(동조 제2항). 그 밖에도 종교차별을 인한 불이익을 예방하거나 보상하기 위하여 실시되는 특별한 조치로서 적극적 조치(positive action)는 차별로 보지 않는다(동지침 제7조 제1항).

한편 현행 방송법에 따르면 방송은 성별 · 연령 · 직업 · 종교 · 신념 · 계층 · 지역 · 인종 등을 이유로 방송편성에 차별을 두어서는 안 된다고 규정한다(동법 제6조 제2항). 다만, 종교의 선교에 관한 전문편성을 행하는 방송사업자가 그 방송분야의 범위 안에서 방송을 하는 경우에는 예외로 하여 종교차별의 예외를 규정하고 있다.

3. 한국에서 종교차별

대한민국 헌법은 종교를 이유로 한 차별을 명시적으로 금지하고 있고, 국가인권위원회법도 종교차별을 차별행위의 한 유형으로 열거하고 있다. 종교차별의 경우에 종교의 범위를 어디까지로 한정할 것인지가 가장 중요한 문제가 된다. 기성 종교만을 종교의 범위에 포함시킬 것인지, 기성 종교의 경우에도 이른바 '이단'으로 판정받은 종파를 종교로 볼 것인지, 사회적으로 문제를 많이 발생시키고 있는 종교가 포함되는지 등이 문제될 수 있다. 주관적일 수밖에 없는 종교의 속성상 신생종교와 이단교파도 종교의 범위에 포함되어야 한다고 본다. 미국의 경우에는 어떠한 종교집단이 일정한 종교적 신념을 받아들이지 않고 있다는 사실, 또는 일정한 종교집단이 그러한 종교적 신념을 받아들이지 않아도 된다는 사실만으로 그러한 종교적 신념이 종교인지 여부를 결정하지는 않는다고 한다.[124]

종교차별과 관련하여 한국사회에서 중요한 이슈는 종교에 기반하여 설립된 사립학교(종립학교)에서 실시되고 있는 종교교육(예: 채플)이다.[125] 종교교육은 학생의 종교의 자유에 대한 침해라는 인권침해의 문제도 있고, 종교를 갖지 않거나 학교에서 요구하는 종교와 다른 종교를 가진 학생들에 대한 차별의 문제도 제기한다. 종교교육으로 인한 인권침해나 차별이 발생하지 않기 위해서는 무엇보다도

124) CFR Title 29, Part 1605 Guidelines on Discrimination on because of Religion 참조.

125) 종교교육과 관련된 문제와 대안에 대해서는 이준일, 「인권법」, 제4판(2012), 제12장 참조.

학생에게 학교선택권이 인정되어야 한다. 그밖에도 입학 전에 학교의 종교교육에 대해서 학생들에게 충분한 설명이 이루어져야 하고, 종교교육을 대체할 수 있는 과목이 개설되어야 하며, 종교교육의 내용이 학생의 종교의 자유를 침해하지 않는 내용으로 구성되어야 하고, 종교교육의 이수요건을 완화시켜 학생의 부담을 줄여주는 것이 해결책으로 제시될 수 있다.

한편 또 다른 종교차별의 문제는 종립학교에서 교원이나 직원을 채용할 때 해당 종립학교의 기반이 되는 종교를 신봉하는 사람만 채용하는 조건을 제시하는 경우다. 국가인권위원회는 '진정직업자격'을 기준으로 종교차별 여부를 판단하고 있다. 이 기준에 따르면 '교원'의 경우에는 종교의 이념과 무관한 학과인 경우 교수 선발에서 '세례교인 증명서'를 요구하는 것은 고용상 차별이고, "모든 학부 교수에 대하여 기독교인지 여부가 필수적인 직업자격에 해당된다고 보기 어렵다."[126] 그리고 '직원'의 경우에는 "해당 직무를 안전하고 효율적으로 수행할 수 있는 조건이 된다거나 업무 본질의 정상적인 운영을 위해 합리적으로 필요하다고 객관적으로 인정되는 경우를 의미하는 진정직업자격에 해당하지 않는다."[127]

최근에 대통령을 포함한 공무원의 종교활동이 사회적 문제가 되자 국가공무원법이 개정되어 공무원은 종교에 따른 차별 없이 직무를 수행해야 하는 '정치적 중립의무'를 명시하였다(동법 제59조의2 제1항). 또한 공무원은 소속 상관이 이러한 정치적 중립의무에 위배되는 직무상 명령을 한 경우에는 이에 따르지 아니할 수 있도록 규정하고 있다(동조 제2항). 공무원의 직무수행과 개인생활은 구별되어야 하지만 공무원의 신분을 유지하는 한 양자가 구별되기 어렵다는 점에서 공무원은 평소에 다른 국민보다 신중하게 행동해야 할 필요가 있다.

VI. 양심 또는 신념에 따른 차별

1. 양심에 따른 차별의 개념

양심이나 신념은 종교적 신앙과는 구별된다. 예를 들어 뉴질랜드 인권법

126) 인권위 2007.5.14. 05진차345; 2007.10.22. 05진차494 참조.

127) 인권위 2010.5.10. 09진차1241 참조.

(HRA)은 종교적 신앙(religious belief)과 윤리적 신념(ethical belief)을 구분하고 있는데 이러한 구분에 따르면 양심이나 신념은 윤리적 신념에 가깝다고 볼 수 있다.[128] 이러한 윤리적 신념은 피안(彼岸)에 대한 초월적 가치관을 의미하는 종교적 신앙을 포함하지 않는 선악에 관한 도덕적 신념으로 이해된다. 하지만 종교를 이유로 한 차별만을 명시적으로 금지하고 있는 미국의 경우에 종교차별에 도덕적 또는 윤리적 신념에 따른 차별도 포함시키고 있다.[129] 다만 이러한 도덕적 또는 윤리적 신념은 전통적인 종교에서 나타나는 강력하고(with strength) 진지한(sincere)것으로, 옳고 그름에 관한 신념이어야 한다고 한다.

헌법재판소는 양심의 개념을 다음과 같이 넓게 정의한 바 있다.[130] "양심이란 세계관 · 인생관 · 주의 · 신조 등은 물론, 이에 이르지 아니하여도 보다 널리 개인의 인격형성에 관계되는 내심에 있어서의 가치적 · 윤리적 판단도 포함된다고 볼 것이다." 그러면서 양심의 자유를 다음과 같이 이해하고 있다. "양심의 자유에는 널리 사물의 시시비비나 선악과 같은 윤리적 판단에 국가가 개입해서는 안 되는 내심적 자유는 물론, 이와 같은 윤리적 판단을 국가권력에 의하여 외부에 표명하도록 강제 받지 않는 자유, 즉 윤리적 판단사항에 관한 침묵의 자유까지 포괄한다고 할 것이다."

한편 최근에는 양심의 개념을 다음과 같이 좁게 이해하고 있나. "헌법이 보호하고자 하는 양심은 어떤 일의 옳고 그름을 판단함에 있어서 그렇게 행동하지 않고는 자신의 인격적 존재가치가 파멸되고 말 것이라는 강력하고 진지한 마음의 소리로서의 절박하고 구체적인 양심을 말한다. 따라서 막연하고 추상적인 개념으로서의 양심이 아니다."[131] 따라서 헌법재판소에 따르면 '양심상의 결정'은 "선과 악의 기준에 따른 모든 진지한 윤리적 결정으로서 구체적인 상황에서 개인이 이러한 결정을 자신을 구속하고 무조건적으로 따라야 하는 것으로 받아들이기 때문에 양심상의 심각한 갈등이 없이는 그에 반하여 행동할 수 없는 것을 말한다."[132]

---

128) 뉴질랜드 인권법(HRA)의 경우에 종교적 신앙과 윤리적 신념 이외에 정치적 견해를 차별사유로 열거하고 있다.

129) CFR Title 29, Part 1605 Guidelines on Discrimination on because of Religion 참조.

130) 헌재 1991.4.1. 89헌마160, 판례집 3, 149, 153 참조.

131) 헌재 1997.3.27. 96헌가 11, 판례집 9-1, 245, 263; 헌재 2002.4.25. 98헌마425등, 판례집 14-1, 351, 363 참조.

양심의 개념을 넓게 이해하면 사상이나 신념이 포함될 수 있는 반면에 좁게 이해하면 사상이나 신념이 포함될 수 없다. 그런데 현행 헌법은 양심의 자유를 명시적으로 보장하고 있는 반면에 사상 또는 신념의 자유는 명시적으로 보장하고 있지 않다. 따라서 양심의 개념을 좁게 이해하는 경우에 사상 또는 신념의 자유가 헌법적으로 보호되는지가 문제될 수 있다. 하지만 양심의 개념을 좁게 이해한다고 하더라도 양심의 개념에 포함되는 사상이나 신념이 존재할 수 있고, 열거되지 않은 개별적 기본권을 보장한 헌법의 이념에 따라 사상 또는 신념의 자유도 보장된다고 볼 수 있다. 결론적으로 자유권과 마찬가지로 평등권에 있어서도 양심에 따른 차별이 명시적으로 금지되는 경우에는 사상이나 신념에 따른 차별도 금지된다고 보아야 한다.

한편 국가인권위원회법은 “사상”과 “정치적 견해”를 차별사유로 열거하고 있다. 헌법에서 양심의 자유를 명시하면서 사상의 자유를 명시하지 않은 것과 대조적이다. 어쨌든 앞에서 설명한 맥락에서 보면 사상과 정치적 견해에는 양심도 포함될 수 있다. 사상과 정치적 견해에 따른 차별금지는 특정한 사상과 정치적 견해를 가졌다는 이유로 차별하는 것을 금지할 뿐만 아니라 특정한 사상과 정치적 견해를 갖지 않거나 심지어 아무런 사상과 정치적 견해도 갖지 않는다는 이유로 차별하는 것도 금지한다.

2. 양심에 따른 차별의 예외

앞서 종교차별의 예외에서 설명한 것처럼 고용상의 차별금지에 관한 2000년 제78호 EU지침에 따르면 양심이나 신념을 이유로 한 차별의 경우에도 동일한 차별의 예외가 인정될 수 있다. 또한 뉴질랜드 인권법(HRA)에 따르면 특정한 신념의 추종자들의 사제, 사립학교의 교사, 대부분의 구성원이 특정한 신념의 추종자인 단체의 사회봉사활동가 등에 대해서 신념에 따른 차별이 가능하다고 한다.

132) 헌재 2004.8.26. 2002헌가1, 판례집 16-2(상), 141, 151 참조.

3. 양심에 따른 차별과 양심적 병역거부

양심이나 신념을 이유로 한 차별과 관련하여 양심적 병역거부를 인정할 것인지가 문제되고 있다.[133] 양심적 병역거부는 병역의무를 부과하는 국가에서만 문제가 될 수 있다. 헌법에서 병역의무를 부과하고 있는 한국에서도 평화주의나 비폭력주의의 양심을 가진 사람들에게 병역의무를 부과하는 것은 '양심에 반하는 행동을 강제당하지 않을 자유'를 침해할 가능성이 있다. 이처럼 양심적 병역거부의 문제는 우선 양심의 자유라는 인권에 대한 침해와 관련되지만 양심적 병역거부를 인정하지 않는 경우에 평화주의나 비폭력주의의 양심을 가진 사람들을 다른 양심을 가진 사람들과 비교하여 차별대우하는 것이 되어 차별의 문제도 발생시킨다. 양심적 병역거부자에 대한 인권침해와 차별을 제거하는 가장 합리적인 해결방안은 대체복무제를 도입하는 것으로 판단된다. 다만 대체복무제를 도입할 경우에 발생할 수 있는 부작용을 방지하기 위해서는 진정한 양심적 병역거부자인지를 판정하는 엄격한 요건과 절차의 구비가 전제되어야 한다. 한편 헌법재판소는 양심의 자유로부터 대체복무를 요구할 수 있는 권리가 도출되지 않는다고 하고,[134] 대

133) 양심적 병역거부에 대해서는 이준일, 「인권법」(2012), 제10장 참조.

134) 헌재 2004.8.26. 2002헌가1, 판례집 16-2(상), 141, 154면: "양심의 자유가 보장된다는 것은, 곧 개인이 양심상의 이유로 법질서에 대한 복종을 거부할 수 있는 권리를 부여받는다는 것을 의미하지는 않는다. 모든 개인이 양심의 자유를 주장하여 합헌적인 법률에 대한 복종을 거부할 가능성이 있으며, 개인의 양심이란 지극히 주관적인 현상으로서 비이성적 · 비윤리적 · 반사회적인 양심을 포함하여 모든 내용의 양심이 양심의 자유에 의하여 보호된다는 점을 고려한다면, '국가의 법질서는 개인의 양심에 반하지 않는 한 유효하다'는 사고는 법질서의 해체, 나아가 국가공동체의 해체를 의미한다. 그러나 어떠한 기본권적 자유도 국가와 법질서를 해체하는 근거가 될 수 없고, 그러한 의미로 해석될 수 없다. … 헌법 제19조의 양심의 자유는 개인에게 병역의무의 이행을 거부할 권리를 부여하지 않는다. 양심의 자유는 단지 국가에 대하여 가능하면 개인의 양심을 고려하고 보호할 것을 요구하는 권리일 뿐, 양심상의 이유로 법적 의무의 이행을 거부하거나 법적 의무를 대신하는 대체의무의 제공을 요구할 수 있는 권리가 아니다. 따라서 양심의 자유로부터 대체복무를 요구할 권리도 도출되지 않는다. 우리 헌법은 병역의무와 관련하여 양심의 자유의 일방적인 우위를 인정하는 어떠한 규범적 표현도 하고 있지 않다. 양심상의 이유로 병역의무의 이행을 거부할 권리는 단지 헌법 스스로 이에 관하여 명문으로 규정하는 경우에 한하여 인정될 수 있다." 같은 맥락에서 헌법재판소는 대체복무제를 인정하지 않는 것이 평등원칙에 위배되지도 않는다고 한다. 헌재 2011.8.30. 2008헌가22, 공보 제179호, 1214면: "이 사건 법률조항은 일반 병역기피자들과 본질적으로 다른 이유에서 병역거부에 이른 양심적 병역거부자를 일반 병역기피자들과 같이 취급하여 처벌하는 것이어서 평등원칙에 위배되는 것이 아닌지 문제될 수 있으나, 이는 결국 '양심적 병역거부자에게 병역의무에 대한 예외를 인정하지 않은 것이 위헌인지'의 판단 문제로 귀착되므로, 이 사건 법률조항의 적용에 대한 예외를 양심적 병역거부자에게 부여하지 않았다 하여 평등원칙에 위반된다고 할 수 없다. 또한 당해 사건 피고인들은 종교적 양심에 따라

법원도 양심에 따른 병역거부자에게 대체복무의 특례를 인정하지 않는 것이 차별금지원칙에 위반되지 않는다고 한다.[135]

VII. 성적 지향을 이유로 한 차별

1. 개 념

성적 지향(sexual orientation) 또는 성적 선호(sexual preference)[136]가 차별금지사유로 인식된 것은 아주 최근의 일이다. 예를 들어 1977년에 인권법을 제정한 캐나다의 경우에도 1996년 개정된 법률에서야 비로소 성적 지향을 차별금지사유로서 추가하였다. 성적 지향은 일반적으로 ① 자신의 성과 반대되는 성을 가진 사람에게 성적 매력을 느끼는 이성애적 성적 지향(heterosexuality), ② 자신의 성과 같은 성을 가진 사람에게 성적 매력을 느끼는 동성애적 성적 지향(homosexuality), 더 구체적으로 말하자면 남성으로서 남성에게 성적 매력을 느끼는 게이(gay)의 성적 지향과 여성으로서 여성에게 성적 매력을 느끼는 레즈비언(lesbian)의 성적 지향, ③ 남성과 여성 모두에게 성적 매력을 느끼는 양성애적 성적 지향(bisexuality)의 세 가지로 구분된다. '성적 지향'의 개념은 '성정체성(sexual identity)'의 개념과 구분되어야 한다. 성정체성이란 자신의 성별을 남성이나 여성으로 느끼거나 인식하는 정신적 상태를 의미한다. 따라서 성정체성이 성별을 판단하는 기준으로 인정되는 경우에 자신의 성정체성과 동일한 성정체성을 가진 사람에게 성적 매력을 느끼는 사람은 동성애자가 된다.

병역을 거부하는 자이고, 이 사건 법률조항은 이들을 처벌하는 규정이므로 이 사건 법률조항이 헌법 제11조에 반하여 종교를 사유로 차별취급을 하는 것은 아닌지 여부가 문제가 될 수 있으나, 이 사건 법률조항은 병역거부가 양심에 근거한 것이든 아니든, 그 양심이 종교적 양심이든, 비종교적 양심이든 가리지 않고 일률적으로 규제하는 것일 뿐, 종교를 이유로 차별을 가하는 것이 아니다. 따라서 이 사건 법률조항은 평등원칙에 위반되지 아니한다."

135) 대판 2004.7.15. 2004도2965 참조.

136) 성적 지향은 이미 결정된 것임에 반해 성적 선호는 개인이 주관적으로 결정할 수 있다는 점에서 두 개의 개념은 구분되기도 한다.

2. 유 형

고용차별금지에 관한 2000년 제78호 EU지침[137)]은 고용과 직업에서 성적 지향을 이유로 한 차별을 금지한다(동지침 제2조 제1항). 금지된 차별에는 직접차별뿐만 아니라 간접차별도 포함되고(동조 제2항), 성적 지향을 이유로 한 괴롭힘(harassment)과 차별의 지시(instruction to discriminate)도 차별로 본다(동조 제3항 및 제4항). 하지만 특정한 직업활동의 성격(nature) 또는 특정한 직업활동이 수행되는 조건(context)으로 인해 성적 지향과 관련된 특성이 결정적이고 진정한 직업요건(genuine and determining occupational requirement)에 해당하는 경우에는 예외적으로 성적 지향을 이유로 한 차별대우가 허용된다(동지침 제4조 제1항). 또한 성적 지향을 이유로 한 차별로 발생하는 불이익을 예방하거나 보상하기 위하여 실시되는 특별한 조치로서 적극적 조치(positive action)도 차별에 해당하지 않는다(동지침 제7조 제1항).

성적 지향을 이유로 한 차별은 단지 고용영역에서만 금지되는 것은 아니다. 우선 스웨덴의 경우에 고용영역에서 성적 지향을 이유로 한 차별은 성적 지향을 이유로 한 고용차별금지법[138)]에 따라, 교육영역에서 성적 지향을 이유로 한 차별은 대학생평등대우법[139)]과 아동 · 학생에 대한 차별 및 굴욕적 대우의 금지에 관한 법률[140)]에 따라, 재화 · 용역의 제공과 관련하여 성적 지향을 이유로 한 차별은 차별금지법[141)]에 따라 금지되었다. 하지만 2009년 1월 1일부터 시행된 통합 차별금지법(Discrimination Act, 2008:567)에 따라 ① 성별, ② 성정체성(transgender identity or expression), ③ 출신민족, ④ 종교(religion or other belief), ⑤ 장애, ⑥ 성적 지향, ⑦ 연령을 이유로 한 차별이 통합적으로 규율되고 있다. 한편 영

137) Council Directive 2000/78/EC of 27 November 2000 establishing a general framework for equal treatment in employment and occupation, EU Official Journal L 303(2000.12.2.), 16~22면.

138) Lag(1999:133) om förbud mot diskriminering i arbetslivet på grund av sexuell läggning; Sexual Orientation Discrimination(Employment) Act(1999:133).

139) Lag(2001:1286) om likabehandling av studenter i högskolan; Equal Treatment of Students at Universities Act(2001:1286).

140) Lag(2006:67) om förbud mot diskriminering och annan kränkande behandling av barn och elever; Discrimination and Other Degrading Treatment of Children and Pupils Act(2006:67).

141) Lag(2003:307) om förbud mot diskriminering; Discrimination(Goods and services) Act (2003:307).

국의 경우에 성적 지향을 이유로 한 고용상의 차별행위는 고용평등(성적 지향)규칙[142]에 따라, 고용영역 외에서 발생하는 성적 지향을 이유로 한 차별행위는 평등법[143]에 따라 금지되고 있다.

스웨덴의 차별금지법제

<table>
<tr><th>차별금지사유</th><th>법률명</th><th>감시기관</th><th>차별영역</th><th>적용시점</th></tr>
<tr><td>-성별</td><td>기회평등법
[Equal Opportunities Act (1991:433)]</td><td>기회평등 옴부즈만
(Equal Opportunities Ombudsman)</td><td rowspan="4">고용</td><td rowspan="6">2008년
이전</td></tr>
<tr><td>-출신민족
-종교 · 신념</td><td>출신민족 · 종교 · 신념을 이유로 한 고용차별금지법
[Measures to Counteract Ethnic Discrimination in Working Life Act(1999:130)]</td><td>민족차별감시 옴부즈만(Ombudsman against Ethnic discrimination)</td></tr>
<tr><td>-장애</td><td>장애인고용차별금지법
[Prohibition of Discrimination in Working Life of People with Disability Act(1999:132)]</td><td>장애차별감시 옴부즈만(Disability Ombudsman)</td></tr>
<tr><td>-성적 지향</td><td>성적 지향을 이유로 한 차별금지법[Sexual Orientation Discrimination(Employment) Act(1999:133)]</td><td>성적 지향을 이유로 한 차별감시 옴부즈만
(Ombudsman against Discrimination because of Sexual Orientation)</td></tr>
<tr><td rowspan="2">-출신민족
-종교 · 신념
-성적 지향
-장애
-성별</td><td>대학생평등대우법[Equal Treatment of Students at Universities Act (2001:1286)]</td><td rowspan="2">-출신민족 · 종교 · 신념: 민족차별감시 옴부즈만
-성적 지향: 성적 지향을 이유로 한 차별감시 옴부즈만
-장애: 장애차별감시 옴부즈만
-성별: 기회평등 옴부즈만</td><td rowspan="2">교육</td></tr>
<tr><td>아동 · 학생에 대한 차별 및 굴욕적 대우의 금지에 관한 법률
[Act Prohibiting Discrimination and Other Degrading Treatment of Children and School Students(2006:67)]</td></tr>
</table>

142) Employment Equality(Sexual Orientation) Regulations 2003 No. 1661.

143) Equality Act 2006(c. 3).

	차별금지법 [Prohibition of Discrimination Act(2003:307)]		재화 · 용역	
-성별 -성정체성 -출신민족 -종교 -장애 -성적 지향 -연령	차별금지법[Discrimination Act(2008:567)]	평등옴부즈만 (Equality Ombudsman)	고용 교육 재화 · 용역 사회보장 공직채용	2009년 이후

성적 지향을 이유로 한 차별의 금지는 예를 들어 고용영역에서 동성애자라는 이유로 고용을 거부하거나 해고하는 것은 금지되고, 동성애자인 근로자와 그 파트너에게 이성애자인 근로자와 그 파트너에게 지급되는 동일한 혜택(same-sex benefit)이 지급되어야 함을 의미한다. 현행 국가인권위원회법도 성적 지향을 금지된 차별사유의 하나로 규정하고 있다. 또한 2006년 국가인권위원회가 정부에 권고한 차별금지법안에도[144] 성적 지향은 차별금지사유로 포함되어 있었다. 하지만 2007년 법무부가 입법예고한 차별금지법안에는 성적 지향이 명시적으로 열거된 차별금지사유에서 삭제되고, "등"으로 표현되는 기타 차별금지사유에 포함될 수 있는 가능성만을 남겼다. 성적 지향이 명시적인 차별금지사유에서 탈락한 이유는 기독교계의 반발 때문이었다. 물론 동성애를 반대하는 기독교의 종교적 신앙이 보호받아야 한다는 사실은 분명하다. 하지만 그렇다고 해서 동성애자에 대한 기독교인의 모든 차별행위가 허용되는 것은 아니다. 따라서 원칙적으로 성적 지향을 이유로 한 차별은 금지되고, 이러한 금지는 기독교인에게도 적용되어야 한다. 다만 기독교의 교리와 밀접하게 관련된 직업의 경우, 그리고 기독교인들의 종교적 감수성을 침해할 수 있는 직업의 경우에는 성적 지향을 이유로 한 차별이 예외적으로 허용될 수 있다.

144) 국가인권위원회의 차별금지법안과 법무부의 차별금지법안에 대해서는 이준일, "차별금지법(안)의 검토와 비교를 통한 대안의 제시 - 국가인권위원회와 법무부의 차별금지법안 및 국가인권위원회법과 장애인차별금지법을 중심으로 -", 「안암법학」(안암법학회), 제25호(2007), 157면 이하 참조.

영국의 차별금지법제

<table>
<tr><th>차별금지사유</th><th>법률명</th><th>차별영역</th><th>차별시정기구</th></tr>
<tr><td rowspan="2">-성별(sex)</td><td>동일임금법
[Equal Pay Act 1970 (c. 41)]</td><td>-고용</td><td rowspan="9">-비고용:
평등과인권위원회
(Commission for Equality and Human Rights)

-고용:
고용심판소
(Employment Tribunal)</td></tr>
<tr><td>성차별금지법
[Sex Discrimination Act 1975 (c. 65)]</td><td>-고용
-교육
-재화 · 시설 · 용역
-광고</td></tr>
<tr><td>-인종</td><td>인종관계법[Race Relations Act 1976(c. 74)]
수정인종관계법[Race Relations (Amendment) Act 2000(c. 34)]</td><td>-고용
-교육
-재화 · 시설 · 용역
-공공기관</td></tr>
<tr><td>-장애</td><td>장애차별금지법[Disability Discrimination Act 1995(c. 50)]</td><td>-고용
-교육
-재화 · 시설 · 용역
-대중교통수단</td></tr>
<tr><td>-성전환</td><td>성차별(성정체성)규칙
[The Sex Discrimination(Gender Reassignment) Regulations 1999 No. 1102]</td><td rowspan="4">-고용</td></tr>
<tr><td>-성적 지향</td><td>고용(성적지향)평등규칙
[Employment Equality(Sexual Orientation) Regulations 2003 No. 1661)]</td></tr>
<tr><td>-종교 · 신념</td><td>고용(종교)평등규칙[Employment Equality(Religion or Belief) Regulations 2003 No. 1660)]</td></tr>
<tr><td>-연령</td><td>고용(연령)평등규칙
[The Employment Equality(Age) Regulations 2006 No. 1031]</td></tr>
<tr><td>-연령
-장애
-성별 (gender)
-성전환
-인종
-종교 · 신념
-성적 지향</td><td>평등법[Equality Act 2006(c. 3)]</td><td>-교육
-재화 · 시설 · 용역
-광고
-공공기관(public authority)</td></tr>
</table>

3. 동성애의 비범죄화와 동성간 혼인의 합법화

성적 지향을 이유로 한 차별과 관련된 구체적 문제로 '동성간 혼인의 허용가능성'과 '동성애의 비범죄화'를 들 수 있다.145) 전세계적으로 동성간 혼인을 법적으로 허용하고 있는 국가는 ① 네덜란드(2001년), ② 벨기에(2003년), ③ 스페인(2005년), ④ 캐나다(2005년), ⑤ 남아프리카공화국(2006년),146) ⑥ 노르웨이(2009년), ⑦ 스웨덴(2009년)으로 소수에 지나지 않고, 미국에서는 매사추세츠주, 코네티컷주, 아이오와주가 판례를 통해, 버몬트주, 메인주, 뉴햄프셔주가 입법을 통해 동성간의 혼인을 법적으로 인정한다.147) 그리고 동성간의 결합을 동반자관계(partnership)나 시민결합(civil union)의 형태로 보호하는 국가로는 덴마크(1989년), 노르웨이(1993년), 스웨덴(1994년), 벨기에(1998년), 네덜란드(1998년),148) 프랑스(1999년), 핀란드(2001년), 독일(2001년), 영국(2004년), 스위스(2004년), 뉴질랜드(2004년), 남아프리카공화국(2006년) 등이 있고, 그 밖에 미국의 몇 개 주149)도 동성커플에게 혼인대체제도를 인정하고 있다. 혼인을 대체하는 제도는 일반적으로 동성커플에게만 인정되지만 이성커플에게도 혼인대체제도를 인정하는 국가도 존재한다. 그리고 혼인에 대해서 인정되는 대부분의 원칙(예: 중혼금지, 근친혼금지)이나 법적 효과(예: 상속, 이혼)가 혼인대체제도에 대해서도 동일하게 적용되는 것이

---

145) 동성간 혼인이 허용가능성과 동성애의 비범죄화에 대해서는 이준일, 「섹슈얼리티와 법」(2009), 262면 이하 참조. 특히 동성간 혼인의 헌법적 쟁점에 대해서는 이준일, "헌법상 혼인의 개념 – 동성간 혼인의 헌법적 허용가능성 –", 「공법연구」(한국공법학회), 제37집 제3호(2009), 165면 이하 참조.

146) 남아프리카공화국은 기존의 혼인제도와 함께 시민결합(civil union)제도를 인정하면서 시민결합의 형태를 혼인과 동반자관계로 구분하고 있다.

147) 미국의 경우에 연방법인 혼인보호법(Defence of Marriage Act: DOMA)에 따라 동성간 혼인이 금지된다. 45개 주가 동성간 혼인을 금지하고 있다. 이 가운데 26개 주는 헌법상으로 동성간 혼인을 금지하고, 19개 주는 법률에 의하여 동성간 혼인을 금지한다.

148) 동성커플뿐만 아니라 이성커플에게도 동반자관계의 등록이 허용되는 네덜란드의 경우에 동반자관계 등록제도가 시행된 첫 해인 1998년도에만 2,626쌍이 등록했고 이 가운데 동성커플은 3,010쌍(남성간 동성커플 1,686쌍, 여성간 동성커플 1,324쌍)은 차지하였다. 하지만 2001년에 동성간에도 혼인이 허용되면서 매년 신규로 등록하는 동성커플은 평균 500여쌍 정도를 유지하고 있다.

149) 미국에서 동성커플을 시민결합이나 동반자관계로 보호하는 주로는 ① 캘리포니아(California), ② 코네티컷(Connecticut), ③ 하와이(Hawaii), ④ 매인(Maine), ⑤ 뉴햄프셔(New Hampshire), ⑥ 뉴저지(New Jersey), ⑦ 오리건(Oregon), ⑧ 워싱턴(Washington), ⑨ 워싱턴D.C.(District of Columbia), ⑩ 버몬트(Vermont)가 포함된다.

일반적인 경향이다. 한국의 경우에 동성간 혼인에 관한 명시적 규정은 없지만 해석상 동성간 혼인은 금지되고 있는 것으로 이해되고 있다. 따라서 성적 지향을 이유로 한 차별의 금지를 실질화하기 위해서는 외국의 입법례처럼 동성커플에 대해서 혼인이나 혼인대체제도를 인정하는 법률의 제정이 필요하다.

한편 동성애를 범죄화하고 있는 다수의 국가도 여전히 존재한다. 사실 인권분야에서 선진국가로 인정되는 미국의 경우에도 2003년 로렌스 대 텍사스주(Lawrence v. the State of Texas) 사건[150]에 이르러서야 비로소 연방대법원은 동성애를 범죄화하고 처벌하는 텍사스주의 법률규정을 위헌으로 선언하였다. 한국은 원칙적으로 동성애를 범죄로 규정하지 않는다. 다만 군형법상 "계간(鷄姦, sodomy) 기타 추행"은 범죄행위로서 처벌받는다(동법 제92조의5). 여기서 계간은 남성의 항문(anus)에 성기를 삽입하는 성교행위를 의미하고, 기타 추행은 그 밖에 남성간에 이루어지는 성적 만족행위를 뜻한다. 따라서 적어도 남성군인들 사이에서 이루어진 항문성교행위뿐만 아니라 그 밖의 성적 만족행위가 존재하는 경우에는 동성애가 처벌받게 된다. 결국 이것은 이성애와 달리 동성애를 처벌함으로써 동성애자를 차별하게 된다.[151]

---

150) 2003.6.26. 선고된 미국 연방대법원의 Lawrence v. Texas 539 U.S. 558 판결 참조.

151) 그러나 헌법재판소는 군형법상 계간죄가 동성애자를 차별하는 규정이 아니라고 본다. 헌재 2011. 3.31. 2008헌가21: "군대는 동성 간의 비정상적인 성적 교섭행위가 발생할 가능성이 현저히 높고, 상급자가 하급자를 상대로 동성애 성행위를 감행할 가능성이 높으며, 이를 방치할 경우 군의 전투력 보존에 직접적인 위해가 발생할 우려가 크므로, 이 사건 법률조항이 동성 간의 성적 행위만을 금지하고 이를 위반한 경우 형사처벌한다고 볼 경우에도, 그러한 차별에는 합리적인 이유가 인정되므로 동성애자의 평등권을 침해한다고 볼 수 없다." 또한 계간죄는 성적 자기결정권이나 사생활의 비밀과 자유도 침해하지 않는다고 본다. "군이라는 공동사회의 건전한 생활과 군기 확립을 목적으로 동성 군인간의 성적 만족 행위를 금지하고 이를 형사처벌하므로 입법목적의 정당성 및 수단의 적정성이 인정된다. 또한 추행의 유형이나 그 상대방의 피해상황 등을 구체적으로 구분하지 아니하고 '군이라는 공동사회의 건전한 생활과 군기'라는 사회적 법익을 침해한 모든 추행행위에 대하여 일괄적으로 1년 이하의 징역형으로 처벌하도록 규정하였다는 사유만으로는 입법재량권이 자의적으로 행사되었다고 보기 어렵고, 단순한 행정상의 제재만으로는 효과적으로 추행 행위를 규제하기 어려우며, 다른 법률에 규정된 추행 관련 범죄와 비교하여 그 법정형이 지나치게 무겁다고 볼 수 없을 뿐만 아니라, 선고유예도 가능하다는 점을 종합해 보면, 피해최소성원칙에 반한다고 볼 수 없다. 나아가 성적 자기결정권이나 사생활의 비밀과 자유의 제한 정도가, '군이라는 공동사회의 건전한 생활 및 군기의 보호', 나아가 '국가안보'라는 공익보다 크다고 할 수 없어, 법익 균형성을 일탈하였다고 보기도 어려우므로, 이 사건 법률조항은 과잉금지원칙에 위반하여 군인들의 성적 자기결정권이나 사생활의 비밀과 자유를 침해한 것으로 볼 수 없다."

병역의무와 관련하여 모든 남성에게 병역이 헌법상의 기본의무로 부과되는 한에서 동성애자도 병역의무를 부담해야 한다. 하지만 트랜스젠더의 경우에는 자신을 여성으로 인식하므로 병역의무를 부과하는 것이 대단히 가혹하지만 동성애자의 경우에는 여전히 자신을 남성으로 인식하므로 병역의무의 부과가 반드시 가혹하다고 볼 수 없기 때문이다. 그러나 많은 병사들이 하나의 기다란 침상에서 함께 생활하고 취침하면서 신체적 접촉이 많을 수밖에 없는 현재의 군대여건을 고려할 때 동성애자에 대한 배려가 필요하다.[152]

4. 한국에서 동성애

국가인권위원회에 따르면 동성애는 "정신의학상 정신질환이 아니고, 정신적 장애와 아무 관계도 없으며, 정상적인 성적 지향의 하나로 간주되고 … 있는 사정 등에 비추어 보면 동성애를 수간, 혼음, 근친상간, 가학 · 피학성음란증 등과 같이 사회통념상 허용되지 아니한 성관계라고 할 수는 없다"고 본다.[153] 이러한 인식에 근거하여 국가인권위원회는 "동성애를 표현한 매체물을 청소년유해매체물로 지정하여 청소년들의 접근을 막는 청소년보호법시행령 [별표1] 청소년유해매체물 심의기준(제7조 관련)은 … 합리적인 이유 없이 성적 지향을 이유로 동성애자를 배제 · 구별하거나 불리하게 대우함으로써 헌법 제11조 제1항에 보장된 평등권을 … 침해하는 것으로" 판단하면서 해당 심의기준(제7조 관련) 중 '동성애'를 삭제하도록 권고하였다.[154] 한편 국가인권위원회에 따르면 "헌혈기록카드 문진사항 중 '동성이나 불특정 이성과 성접촉이 있었다'는 문항은 안전한 성생활을 영위하여 HIV 감염확률이 없는 동성애자도 헌혈에서 배제하고, 동성애가 에이즈의 원인인 것처럼 간주되어온 잘못된 편견을 심화시킬 수 있으므로 이는 성적 지향을 이유로 한 헌법 제11조의 평등권을 침해하는 행위"라고 한다.[155] 이에 따라 보건복지

152) '징병 신체검사 등 검사규칙'에 따르면 성적 지향은 '인격장애 및 행태장애'의 하나인 '성적선호장애'로 규정되어 보충역이나 제2국민역 편입대상이 되는 질병 또는 심신장애 등급에 해당할 수 있다(동규칙 제11조 별표2).

153) 인권위 2003.3.31. 02진차80, 130 참조.

154) 위의 결정 참조.

155) 인권위 2004.8.3. 03진차663 참조.

부장관에게 "헌혈기록카드 문진사항 15번의 3을 동성간 성접촉이 있었다는 사실만으로 에이즈 바이러스에 감염될 수 있다고 해석되지 않는 방향으로 개정하되, 최소한 동성간 성접촉 여부에 대한 질문을 남성에게만 한정하도록" 권고하였다.[156] 또한 군대내 동성애자를 정신질환자로 포함시켜 전역시키려 한 사건에서도 "사회적 편견에 근거한 차별행위"로 보았다.[157]

VIII. 성정체성을 이유로 한 차별

1. 개 념

성정체성(sexual identity)을 이유로 한 차별은 성적 지향을 이유로 한 차별과 구별된다. 성정체성이란 자신이 특정한 성별에 소속되어 있다고 느끼거나 인식하는 것으로서 정신적(psychological) 성별을 의미한다. 대부분의 사람은 성염색체나 생식기관에 따라 결정되는 신체적(physical) 성별[158]과 동일한 정신적 성별을 가진다. 반면에 소수이기는 하지만 선천적으로 결정된 신체적 성별과 반대되는 성별에 소속감을 느끼는 성정체성을 가진 사람들이 존재한다. 이러한 사람들을 트랜스젠더(transgender)라고 부르고, 성정체성을 이유로 한 차별은 이처럼 신체적 성별과 정신적 성별의 혼란으로 성전환증(transsexualism)의 상태에 있는 트랜스젠더에 대한 차별을 뜻한다. 따라서 자신의 성별과 동일한 또는 반대되는 성별에 속한 사람에게 성적 호감이나 매력을 느끼는 성적 지향을 이유로 한 차별과 트랜스젠더에 대한 차별을 의미하는 성정체성을 이유로 한 차별은 구분되어야 한다. 성정체성은 성별과 관련된 자신의 '정체성'을 뜻하는 반면에 성적 지향은 그러한 성정체성을 기초로 타인에 대한 성적인 의미의 '지향성'을 의미한다. 그러므로 트랜스젠더도 타인에 대한 성적 지향에 따라 이성애적 성적 지향을 가진 트랜스젠더와 동성애적 성적 지향을 가진 트랜스젠더로 분류될 수 있다.[159]

---

156) 위의 결정 참조.

157) 인권위 2006.6.26. 06진차87 참조.

158) 신체적 성별은 '생물학적(biological) 성별'이나 '유전학적(genetic) 성별' 또는 '해부학적(anatomical) 성별'이라고 부르기도 한다.

2. 유 형

성정체성을 이유로 한 차별을 금지하고 있는 독일의 평등대우기본법(AAG)[160]에 따르면 성정체성을 이유로 행해지는 직접차별뿐만 아니라 간접차별도 금지되고, 성정체성을 이유로 가해지는 괴롭힘도 금지된다. 한편 영국은 성차별금지법(SDA)을 성전환치료(gender reassignment)를 이유로 한 차별까지 확대하기 위하여 성차별금지규칙(SDR)[161]을 제정하였다. 이 규칙에 따라 원칙적으로 성전환치료를 이유로 차별하는 행위는 금지되지만 성별이 진정직업요건에 해당하는 경우에 예외적으로 성전환치료를 이유로 한 차별은 허용된다. 또한 종교적 교리의 준수를 위하여 또는 그 종교를 믿는 신도들의 감수성에 대한 보호를 위하여 성전환치료를 이유로 한 차별행위도 차별의 예외로서 허용된다.

3. 이름변경과 성별변경의 문제

트랜스젠더의 성정체성을 이유로 한 차별은 본질적으로 성정체성이라는 정신적 성별을 성별의 판단기준으로 인정하지 않는 경우에 발생한다. 전통적인 성별 판단기준으로 확고하게 자리잡은 성염색체나 생식기관만이 성별을 판단하는 유일한 기준이 되는 경우에 트랜스젠더는 자신의 성정체성과 그에 맞게 성전환수술을 통하여 변경한 신체의 성징을 성별판단기준으로 인정받지 못하게 됨으로써 대단히 가혹한 삶을 살아갈 수밖에 없기 때문이다. 따라서 성정체성을 이유로 한 트랜스젠더에 대한 차별을 해소하는 구체적 방법은 트랜스젠더의 성정체성을 성별판단의 기준으로 인정함으로써 그들에게 이름과 성별을 변경할 수 있는 기회를 제공하는 것이다.[162]

---

159) 실제로 독일에서 신체적 성별은 남성이지만 정신적 성별이 여성인 트랜스젠더(male to female: MTF)가 동성애적 성적 지향을 가진 사례가 문제되었다. 이 트랜스젠더는 법적으로 이름을 변경하였지만 성전환수술을 받지는 않았다. 그런데 성전환수술을 받지 않은 트랜스젠더는 법적으로 성별의 변경이 허용되지 않기 때문에 자신의 파트너와 혼인을 할 수밖에 없었다. 하지만 트랜스젠더가 혼인하면 본래의 이름으로 되돌아가야 하므로 이 트랜스젠더는 성전환수술을 하지 않는 한 본래의 남성이름으로 되돌아갈 수밖에 없었다. BVerfG, 1 BvF vom 2002.7.17. http://www.bverfg.de/entscheidungen/ls20020717_1bvf000101.html 참조.

160) Allgemeine Gleichbehandlungsgesetz, 2006.

161) Sex Discrimination(Gender Reassignment) Regulations 1999.

162) 트랜스젠더의 이름과 성별의 변경에 관한 비교법적 검토로 이준일, “트랜스젠더의 헌법적 문제”, 「고

일찍이 독일은 트랜스젠더의 이름과 성별의 변경을 허용하는 '이름의 변경 및 성별의 확인에 관한 특별법'[163]을 제정하였다. 이 법률에 따르면 우선 이름의 변경(改名)을 위해서는 ① 출생 당시의 성별과 반대되는 성별에 대한 강한 소속감을 가지고 3년 이상 살아왔어야 하고, ② 다시 본래의 성별로 되돌아갈 가능성이 거의 없어야 한다. 이러한 사실을 증명하기 위하여 2명의 전문의사로부터 감정서를 받아야 한다. 한편 성별을 변경하기 위해서는 이름변경을 위한 두 가지 요건과 함께 ① 혼인상태에 있지 않아야 하고, ② 생식능력이 제거되어야 하며, ③ 반대의 성별이 가지는 성징이 분명하게 드러나도록 성전환수술을 받아야 할 것이 추가로 요구된다. 한편 영국의 경우에 2004년에 이르러서야 성별인정법[164]이 제정되어 트랜스젠더의 성별변경을 허용하였다. 이 법률에 따라 트랜스젠더가 성별을 변경하기 위해서는 ① 성별불안증(gender dysphoria)을 가지고, ② 2년 이상 반대의 성별로 살았어야 하며, ③ 변경된 성별로 평생 동안 살겠다는 의사가 있어야 한다. 독일의 특별법과 비교할 때 혼인한 자에게도 성별변경을 허용하고, 성별변경을 위한 요건으로 성전환수술이 필수적이지 않다는 점이 특징이다.

한국에서 트랜스젠더의 이름과 성별에 대한 변경허가는 하급심 법원에서 일치되지 않은 결정이 나오다가 2006년에서야 비로소 대법원결정이 있었다.[165] 이

려법학」(고려대학교 법학연구원), 제51호(2008), 50면 이하 참조.

163) Gesetz über die Änderung der Vornamen und die Feststellung der Geschlechtszugehörigkeit in besonderen Fällen: Transsexuellengesetz(TSG), 1980.

164) Gender Recognition Act(GRA), 2004.

165) 대법원 2006.6.22. 2004스42: "성전환자의 경우에는 출생시의 성과 현재 법률적으로 평가되는 성이 달라, 성에 관한 호적의 기재가 현재의 진정한 신분관계를 공시하지 못하게 되므로, 현재 법률적으로 평가되는 성이 호적에 반영되어야 한다. 현행 호적법에는 출생시 호적에 기재된 성별란의 기재를 위와 같이 전환된 성에 따라 수정하기 위한 절차 규정이 따로 마련되어 있지 않다. 그러나 진정한 신분관계가 호적에 기재되어야 한다는 호적의 기본원칙과 아울러, 첫째 성전환자도 인간으로서의 존엄과 가치를 향유하며 행복을 추구할 권리와 인간다운 생활을 할 권리가 있고 이러한 권리들은 질서유지나 공공복리에 반하지 아니하는 한 마땅히 보호받아야 한다는 점, 둘째 호적법이 성전환자의 호적상 성별란 기재를 수정하는 절차규정을 두지 않은 이유는 입법자가 이를 허용하지 않기 때문이 아니라 입법 당시에는 미처 그 가능성과 필요성을 상정하지 못하였기 때문이라는 점, 셋째 호적법 제120조에 의한 호적정정사유 중 호적의 기재가 법률상 허용될 수 없는 경우를 해석함에 있어서 호적 기재 후의 법령의 변경 등 사정의 변경에 의하여 법률상 허용될 수 없음이 명백하게 된 경우를 반드시 배제하여야 할 필요가 있다고 보기 어려울 뿐 아니라, 호적법 제120조에 의한 호적정정 절차를 둔 근본적인 취지가 호적의 기재가 부적법하거나 진실에 반하는 것이 명백한 경우에 그 기재 내용을 판결에 의하지 아니하고 간이한 절차에 의하여 사실에 부합하도록 수정할 수 있도록 함에 있다는 점을 함께

에 따라 이름과 성별의 변경에 관한 통일적인 결정이 가능하게 되었다. 이후 대법원은 '성전환자의 성별정정허가신청사건 등 사무처리지침'[166]을 제정하여 성별 변경의 허가요건으로 ① 신청인이 대한민국 국적자로서 만 20세 이상의 행위능력자이고 혼인한 사실이 없으며 신청인에게 자녀가 없음이 인정될 것, ② 신청인이 성전환증으로 인하여 성장기부터 지속적으로 선천적인 생물학적 성과 자기의식의 불일치로 인하여 고통을 받고 오히려 반대의 성에 대하여 귀속감을 느껴온 사정이 인정될 것, ③ 신청인에게 상당기간 정신과적 치료나 호르몬요법에 의한 치료 등을 실시하였으나 신청인이 여전히 수술적 처치를 희망하여, 자격 있는 의사의 판단과 책임 아래 성전환수술을 받아 외부성기를 포함한 신체외관이 반대의 성으로 바뀌었음이 인정될 것, ④ 성전환수술의 결과 신청인이 현재 반대의 성으로서의 삶을 성공적으로 영위하고 있으며, 생식능력을 상실하였고, 향후 종전의 성으로 재전환할 개연성이 없거나 극히 희박하다고 인정될 것, ⑤ 남자에서 여자로의 성전환(MTF)인 경우에는 신청인이 병역법 제3조에 의한 병역의무를 이행하였거나 면제받았을 것, ⑥ 신청인에게 범죄 또는 탈법행위에 이용할 의도나 목적으로 성별정정허가신청을 하였다는 등의 특별한 사정이 없다고 인정될 것, ⑦ 기타 신청인의 성별정정이 신청인의 신분관계에 중대한 영향을 미치거나 사회에 부정적인 영향을 주지 아니하여 사회적으로 허용된다고 인정될 것을 요구하였다.[167] 이러한

참작하여 볼 때, 구체적인 사안을 심리한 결과 성전환자에 해당함이 명백하다고 증명되는 경우에는 호적법 제120조의 절차에 따라 그 전환된 성과 호적의 성별란 기재를 일치시킴으로써 호적기재가 진정한 신분관계를 반영할 수 있도록 하는 것이 호적법 제120조의 입법 취지에 합치되는 합리적인 해석이라는 점을 종합하여 보면, 성전환자에 해당함이 명백한 사람에 대하여는 호적정정에 관한 호적법 제120조의 절차에 따라 호적의 성별란 기재의 성을 전환된 성에 부합하도록 수정할 수 있도록 허용함이 상당하다. 성전환자에 해당함이 명백한 사람에 대하여 호적법 제120조에서 정한 절차에 따라 성별을 정정하는 호적정정이 허가되고 그에 따라 전환된 성이 호적에 기재되는 경우에, 위 호적정정 허가는 성전환에 따라 법률적으로 새로이 평가받게 된 현재의 진정한 성별을 확인하는 취지의 결정이므로 호적정정허가 결정이나 이에 기초한 호적상 성별란 정정의 효과는 기존의 신분관계 및 권리의무에 영향을 미치지 않는다고 해석함이 상당하다."

166) 이 사무지침은 2006.9.6. 호적예규 제716호로 제정된 것을 의미한다.

167) 현재의 사무지침(2011.12.5. 가족관계등록예규 제346호로 개정된 것)에 따르면 성별변경허가를 신청하기 위해서는 ① 가족관계등록부의 기본증명서, 가족관계증명서 및 주민등록표등(초)본② 신청인이 성전환증 환자임을 진단한 2명 이상의 정신과 전문의사의 진단서나 감정서③ 신청인이 성전환수술을 받아 현재 생물학적인 성과 반대되는 성에 관한 신체의 성기와 흡사한 외관을 구비하고 있음을 확인하는 성전환시술 의사의 소견서 산부인과 전문의의 진단서④ 신청인에게 현재 생식능력이 없고, 향후에도 생식능력이 발생하거나 회복될 가능성이 없음을 확인하는 전문의사 명의의 진단서나 감정서, ⑤

엄격한 요건은 독일의 특별법에 규정된 요건과 유사하지만 남자에서 여자로 성전환한 트랜스젠더에게 병역의무를 요구하고 있다는 점 등에 대해서는 지나치게 엄격한 요건이라는 비판을 제기할 수 있다. 같은 맥락에서 국가인권위원회는 성별정정허가 요건 중 '성기수술', '만 20세 이상일 것', '혼인한 사실이 없을 것', '자녀가 없을 것', '반대 성으로서의 삶을 성공적으로 영위할 것', '병역의무를 이행하였거나 면제 받았을 것', '범죄 또는 탈법행위의 의도나 목적이 없을 것', '신분관계에 영향을 미치거나 사회에 부정적인 영향을 주지 아니하여 사회적으로 허용된다고 인정될 것', '부모의 동의서를 제출할 것' 등의 요건에 대해 인권침해 요소가 없도록 개정할 것과 성전환자에 대한 비밀누설 금지 조항을 신설할 것과 성전환자의 성별변경에 대한 요건 및 절차를 규정한 특별법을 제정할 것을 권고하였다.[168] 대법원은 여전히 혼인중에 있거나 자녀가 있는 트랜스젠더의 성별변경을 인정할 수 없다고 한다.[169]

신청인의 성장환경진술서 및 2명 이상 인우인의 보증서, ⑥ 부모의 동의서가 첨부되어야 한다(동지침 제3조 제1항). 그리고 신청을 받은 법원은 심리를 위하여 ① 신청인이 대한민국 국적자로서 만 20세 이상의 행위능력자인지, 현재 혼인중인지, 신청인에게 미성년인 자녀가 있는지 여부, ② 신청인이 성전환증으로 인하여 성장기부터 지속적으로 선천적인 생물학적 성과 자기의식의 불일치로 인하여 고통을 받고 오히려 반대의 성에 대하여 귀속감을 느껴왔는지 여부, ③ 신청인에게 상당기간 정신과적 치료나 호르몬요법에 의한 치료 등을 실시하였으나 신청인이 여전히 수술적 처치를 희망하여, 자격있는 의사의 판단과 책임 아래 성전환수술을 받아 외부성기를 포함한 신체외관이 반대의 성으로 바뀌었는지 여부, ④ 성전환수술의 결과 신청인이 생식능력을 상실하였고, 향후 종전의 성으로 재 전환할 개연성이 없거나 극히 희박한지 여부, ⑤ 신청인에게 범죄 또는 탈법행위에 이용할 의도나 목적으로 성별정정허가신청을 하였다는 등의 특별한 사정이 있는지 여부를 조사해야 한다(동지침 제6조).

168) 인권위 2008.8.25. 06진차525, 673(병합) 참조.

169) 대결 2011.9.2. 2009스117: [다수의견] 성전환수술에 의하여 출생 시의 성과 다른 반대의 성으로 성전환이 이미 이루어졌고, 정신과 등 의학적 측면에서도 이미 전환된 성으로 인식되고 있다면, 전환된 성으로 개인적 행동과 사회적 활동을 하는 데에까지 법이 관여할 방법은 없다. 그러나 성전환자가 혼인 중에 있거나 미성년자인 자녀가 있는 경우에는, 가족관계등록부에 기재된 성별을 정정하여, 배우자나 미성년자인 자녀의 법적 지위와 그에 대한 사회적 인식에 곤란을 초래하는 것까지 허용할 수는 없으므로, 현재 혼인 중에 있거나 미성년자인 자녀를 둔 성전환자의 성별정정은 허용되지 않는다. [대법관 양창수, 대법관 이인복의 반대의견] 미성년자인 자녀가 있다는 사정은 이와 더불어 그 자녀의 연령과 취학 여부, 부모의 성별정정에 대한 자녀의 이해나 동의 여부, 자녀에 대한 보호·교양·부양의 모습과 정도, 기타 가정환경 등 제반 사정과 함께 그 성전환자가 사회통념상 전환된 성을 가진 자로서 인식될 수 있는지 여부를 결정하는 여러 가지 요소들의 일부로 포섭하여 법원이 구체적 사안에 따라 성별정정의 허가 여부를 결정하면 충분하고, 미성년자인 자녀가 있다는 사정을 성별정정의 독자적인 소극적 요건으로 설정할 것이 아니다. [대법관 박시환, 대법관 김지형, 대법관 전수안의 반대의견] 미성년자인 자녀가 있는 성전환자의 경우 성별정정을 허용할 것인지는 입법정책의 문제에 속하는 것이

3. 트랜스젠더에 대한 성폭행의 문제

성전환수술을 받고 법적으로 성별변경까지 마친 트랜스젠더를 성폭행(强姦)한 경우에는 형법상의 강간죄에 해당한다. 하지만 앞서 살펴본 것처럼 성별변경의 요건이 대단히 엄격하기 때문에 성전환수술을 받고도 성별변경의 허가를 받지 못하는 경우가 발생할 수 있다. 이 경우에 트랜스젠더가 성폭행을 당해도 가해자는 강간죄로 처벌받지 않을 수 있다.170) 여기서 강간죄의 대상이 되는 행위를 단지 여성의 질(vagina)에 대한 성교행위뿐만 아니라 항문(anus)이나 구강에 대한 성교행위까지 포함시키는 법률의 개정이 필요하다. 이것만이 성적 문제에 대해서 스스로 결정할 수 있는 권리인 '성적 자기결정권'을 트랜스젠더에게 효과적으로 보호할 수 있는 대안이 된다. 강간죄에 대한 이해가 성기중심에서 벗어나 성적 자기결정권에 대한 보호로 이동하면 트랜스젠더의 인공질(artificial vagina)에 대한 성교행위도 일반적인 질성교행위와 동일한 법적 평가를 받을 수 있기 때문이다. 이러한 맥락에서 법률개정이 있기 전까지도 성별변경을 하지 않았지만 성전환수술을 받아 여성으로 살고 있는 트랜스젠더에 대한 강간죄의 성립을 적극적으로 인정해야 할 필요가 있다.171)

고, 나아가 이미 부모의 전환된 성에 따라 자연스러운 가족관계가 형성된 경우 등에서는 성별정정을 허용하지 않는 것이 오히려 미성년자의 복리에 장애가 될 수 있다. 한편 다수의견이 과거의 혼인사실을 이유로 성별정정이 제한되는 것은 아니라고 본 점에 대하여는 견해를 같이 하나, 현재 혼인 중에 있다는 사정을 성별정정의 독자적인 소극적 요건으로 보는 데에는 찬성할 수 없다. 혼인 중에 있다고 하더라도, 성별정정신청 당시 그 혼인관계의 실질적 해소 여부와 그 사유, 혼인관계의 실질적 해소로부터 경과한 기간, 실질적으로 해소된 혼인관계의 부활가능성 등 제반사정을 종합적으로 고려하여 가족관계등록부상의 성별란 정정이 신분관계에 혼란을 줄 염려가 있는지를 가리고 그에 따라 성별정정 여부를 결정하면 충분하다.

170) 대법원은 남성에서 여성으로의 성전환수술을 받은 트랜스젠더가 성폭행을 당한 사건에서 강간죄의 성립을 인정하지 않았다. 대판 1996.6.11. 96도791: "형법 제297조는 '폭행 또는 협박으로 부녀를 강간한 자'라고 하여 객체를 부녀에 한정하고 있다. 위 규정에서 부녀라 함은 성년이든 미성년이든, 기혼이든 미혼이든 불문하며 곧 여자를 가리키는 것이라 할 것이다. … 위 피해자가 비록 어릴 때부터 정신적으로 여성에의 성귀속감을 느껴 왔고 위의 성전환 수술로 인하여 남성으로서의 내 · 외부성기의 특징을 더 이상 보이지 않게 되었으며 남성으로서의 성격도 대부분 상실하여 외견상 여성으로서의 체형을 갖추고 성격도 여성화되어 개인적으로 여성으로서의 생활을 영위해 가고 있다 할지라도, 기본적인 요소인 성염색체의 구성이나 본래의 내 · 외부성기의 구조, 정상적인 남자로서 생활한 기간, 성전환 수술을 한 경위, 시기 및 수술 후에도 여성으로서의 생식능력은 없는 점, 그리고 이에 대한 사회일반인의 평가와 태도 등 여러 요소를 종합적으로 고려하여 보면 위 피해자를 사회통념상 여자로 볼 수는 없다 할 것이다."

4. 성전환증은 장애인가?

한편 징병 신체검사 등 검사규칙(국방부령)에 따르면 성정체성은 일종의 '인격장애 및 행태장애(성주체성장애)'로 분류되어 3급에서 7급의 신체등위 판정을 받게 된다(동규칙 제11조 및 별표2 제102호).[172] 이것은 트랜스젠더가 장애인으로 취급되어 보충역이나 제2국민역에 편입될 수 있음을 의미한다. 따라서 성전환수술을 받지 않았거나 성전환수술을 받고도 법원으로부터 성별변경의 허가를 받지 못한 트랜스젠더도 사실상 병역을 면제받을 수 있는 가능성이 있다. 다만 성전환증을 장애로 보고 이러한 상태에 있는 트랜스젠더를 장애인으로 취급하는 것이 트랜스젠

---

171) 대법원은 종래의 판결을 변경하여 성전환수술을 받은 트랜스젠더에 대한 강간죄의 성립을 인정하고 있다. 대판 2009.9.10. 2009도3580: (1) 강간죄의 객체는 부녀로서 여자를 가리키는 것이므로, 강간죄의 성립을 인정하기 위하여는 피해자를 법률상 여자로 인정할 수 있어야 한다. 종래에는 사람의 성을 성염색체와 이에 따른 생식기 · 성기 등 생물학적인 요소에 따라 결정하여 왔으나, 근래에 와서는 생물학적인 요소뿐 아니라 개인이 스스로 인식하는 남성 또는 여성으로의 귀속감 및 개인이 남성 또는 여성으로서 적합하다고 사회적으로 승인된 행동 · 태도 · 성격적 특징 등의 성역할을 수행하는 측면, 즉 정신적 · 사회적 요소들 역시 사람의 성을 결정하는 요소 중의 하나로 인정받게 되었으므로, 성의 결정에 있어 생물학적 요소와 정신적 · 사회적 요소를 종합적으로 고려하여야 한다. (2) 성전환증을 가진 사람의 경우에도 남성 또는 여성 중 어느 한쪽의 성염색체를 보유하고 있고 그 염색체와 일치하는 생식기와 성기가 형성 · 발달되어 출생하지만, 출생 당시에는 아직 그 사람의 정신적 · 사회적인 의미에서의 성을 인지할 수 없으므로, 사회통념상 그 출생 당시에는 생물학적인 신체적 성징에 따라 법률적인 성이 평가된다. 그러나 출생 후의 성장에 따라 일관되게 출생 당시의 생물학적인 성에 대한 불일치감 및 위화감 · 혐오감을 갖고 반대의 성에 귀속감을 느끼면서 반대의 성으로서의 역할을 수행하며 성기를 포함한 신체 외관 역시 반대의 성으로서 형성하기를 강력히 원하여, 정신과적으로 성전환증의 진단을 받고 상당기간 정신과적 치료나 호르몬치료 등을 실시하여도 여전히 위 증세가 치유되지 않고 반대의 성에 대한 정신적 · 사회적 적응이 이루어짐에 따라, 일반적인 의학적 기준에 의하여 성전환수술을 받고 반대 성으로서의 외부 성기를 비롯한 신체를 갖추고, 나아가 전환된 신체에 따른 성을 가진 사람으로서 만족감을 느끼며 공고한 성정체성의 인식 아래 그 성에 맞춘 의복, 두발 등의 외관을 하고 성관계 등 개인적인 영역 및 직업 등 사회적인 영역에서 모두 전환된 성으로서의 역할을 수행함으로써 주위 사람들로부터도 그 성으로서 인식되고 있으며, 전환된 성을 그 사람의 성이라고 보더라도 다른 사람들과의 신분관계에 중대한 변동을 초래하거나 사회에 부정적인 영향을 주지 아니하여 사회적으로 허용된다고 볼 수 있다면, 이러한 여러 사정을 종합적으로 고려하여 사람의 성에 대한 평가 기준에 비추어 사회통념상 신체적으로 전환된 성을 갖추고 있다고 인정될 수 있는 경우가 있다. 이와 같은 성전환자는 출생시와는 달리 전환된 성이 법률적으로도 그 성전환자의 성이라고 평가받을 수 있다.

172) 병역법에 따르면 신체검사에 따라 신체등위는 ① 1급~4급(신체 및 심리상태가 건강하여 현역 또는 보충역복무를 할 수 있는 사람), ② 5급(현역 또는 보충역복무는 할 수 없으나 제2국민역복무는 할 수 있는 사람), ③ 6급(질병 또는 심신장애로 병역을 감당할 수 없는 사람), ④ 7급(질병 또는 심신장애로 위의 세 가지 등위로 판정하기 어려운 사람)으로 판정받게 된다.

더에 대한 차별인지에 대해서는 논란이 있다. 결론부터 말하면 성전환증을 장애로 보거나 트랜스젠더를 장애인으로 대우할 필요는 없다. 성정체성도 독자적이고 합리적인 성별판단기준이 되기 때문이다. 미국 장애인법(ADA)은 성전환증을 장애로 보지 않는다고 명시적으로 규정하고 있다(ADA 제511조). 오히려 트랜스젠더가 성별변경을 허가받을 수 있는 요건을 지나치게 엄격하게 규정하지 않음으로써 남성으로 태어났지만 여성으로서의 귀속감을 가진 트랜스젠더에게 법적으로 여성이 될 수 있는 길을 가능한 한 넓게 열어주고 병역으로부터 해방시켜주는 것이 근본적인 문제해결로 판단된다. 결국 성별변경의 가능성을 좁게 인정함으로써 단지 유전학적으로만 남성에 불과한 여성 트랜스젠더에게 병역의무를 부과하는 것 자체가 성정체성을 이유로 한 차별이 된다는 사실을 확인할 필요가 있다.

IX. 출신국가 · 출신민족을 이유로 한 차별

1. 개 념

미국 민권법(Title VII)은 출신국가(national origin)를 이유로 한 차별을 금지한다. 이에 따르면 출신국가를 이유로 한 차별이란 출생지나 출신국가, 조상의 국적, 문화 또는 특수한 민족(종족)에 공통적인 언어적 특성에 근거하여 차별하는 것을 말한다. 그밖에 출신국가에 의한 차별은 결혼, 기타의 결합으로 특정한 국적을 가진 사람과의 관계를 맺고 있는 자를 차별하는 것도 포함한다. 미국의 경우처럼 출신국가를 이유로 한 차별의 개념에 출신민족(ethnic origin)을 이유로 한 차별을 포함시키는 입법례도 있지만 양자를 구분하는 입법례도 많다.[173] 국적과 민족이 동일한 경우도 있겠지만 국적은 법적 개념이고, 민족은 혈연적 개념이라는 점에서 구분되는 것이 적절하다. 또한 출신국가를 이유로 한 차별은 국적을 이유로 한 차별과 반드시 일치하는 것은 아니지만 국적이 명시적인 차별금지사유로 열거되지 않은 경우에 국적을 이유로 한 차별은 출신국가를 이유로 한 차별에 포함시킬 수 있다. 한편 출신국가나 출신민족을 이유로 한 차별은 인종이나 피부

173) 예를 들어 캐나다 인권법(CHRA)은 출신국가 또는 출신민족(national or ethnic origin)을 이유로 한 차별을 금지한다(CHRA 제2조).

색을 이유로 한 차별과 중복되기도 한다.[174]

출신국가나 출신민족을 이유로 한 차별의 금지원칙에 따라 해당 국가의 언어만을 사용해야 한다든지, 해당 국가의 언어를 유창하게 구사해야 한다든지, 외국인의 억양을 가진 사람을 차별한다든지, 출신국가를 이유로 괴롭힘을 주는 것은 차별에 해당할 수 있다. 예를 들어 미국 민권법(Title VII)에 따르면 ① 출신국가로 고용여부를 결정하는 행위(employment decision), ② 출신국가를 이유로 적대적 근로환경을 만드는 괴롭힘(harassment), ③ 억양에 따른 차별(accent discrimination), 유창한 영어 구사능력(english fluency)의 요구, 영어 외 사용금지(english-only rules)와 같은 사용언어에 따른 차별행위는 출신국가에 따른 차별행위에 포함된다. 이에 따라 해당 국가의 언어만을 사용하거나 유창하게 구사하는 것이 안전하고 효과적인 업무수행에 반드시 필요하다든지, 외국인의 억양이 직무수행을 방해하는 경우가 아닌 한 그것은 차별이 된다. 합리적인 근거가 없는 차별대우는 허용될 수 없다는 일반적 원칙이 출신국가를 이유로 한 차별에도 적용되기 때문이다.

2. 출신국가 · 출신민족을 이유로 한 차별과 이주노동자

출신국가나 출신민족을 이유로 한 차별의 금지는 무엇보다도 고용에 있어서 이주노동자(migrant worker) 또는 외국인노동자에 대한 차별과 관련된다. 출신국가나 출신민족을 이유로 한 차별의 금지는 모집, 채용, 임금, 해고 등 고용과 관련된 영역에서 원칙적으로 국적에 따른 차별을 허용하지 않기 때문이다. 그러나 이주노동자의 문제는 좀 더 복잡한 경제적 · 사회적 맥락을 함유하고 있기 때문에 단순한 해결책의 제시는 올바른 답이 될 수 없다. 특히 국경과 국적이 엄존하는 현실을 고려할 때 완전한 이주의 자유에 대한 보장을 전제로 한 대안은 문제해결에 큰 도움이 되지 못한다. 이주의 자유에 대한 제한은 어느 한 순간에 모든 국가에서 동시적으로 철폐되는 것은 현실적으로 불가능하고, 해당 국가간의 조약을 통해 점진적으로 해결될 수밖에 없기 때문이다.

174) 예를 들어 호주의 인종차별금지법(Racial Discrimination Act)에 따르면 인종을 이유로 한 차별과 함께 피부색, 출신국가 또는 출신민족을 이유로 한 차별을 함께 묶어서 규율하고 있다.

이주노동자와 그 가족의 권리보호에 관한 국제협약[175]에 따르면 이주노동자와 그 가족은 출신국가나 출신민족을 포함하여 어떠한 이유로든 차별받지 않는다고 규정한다.[176] 여기서 이주노동자란 자신의 국가가 아닌 국가에서 임금을 받고 일하는 자를 말한다.[177] 특별히 이주노동자는 임금이나 근로조건에서 내국인노동자와 비교하여 불리한 대우를 받지 않는다.[178] 그 밖에도 이주노동자는 사회보장[179] 또는 해고나 실업과 관련된 제도[180]에서 내국인과 동등한 권리를 보장받는

---

175) 이주노동자와 그 가족의 권리보호에 관한 국제협약(International Convention on the Protection of the Rights of All Migrant Workers and Members of Their Families)은 1990년 12월 18일 유엔총회에서 채택되었고, 2003년 7월 1일부터 발효되었다. 2007년 7월 18일 현재 37개 국가가 이 협약에 비준하였고, 한국은 아직 가입하지 않고 있다. 자세한 내용은 이 협약에 관한 유엔인권고등판무관실(Office of the United Nations High Commissioner for Human Rights) 웹사이트 (http://www2.ohchr.org/english/bodies/ratification/13.htm) 참조.

176) 이주노동자와 그 가족의 권리보호에 관한 국제협약 제7조: States Parties undertake, in accordance with the international instruments concerning human rights, to respect and to ensure to all migrant workers and members of their families within their territory or subject to their jurisdiction the rights provided for in the present Convention without distinction of any kind such as to sex, race, colour, language, religion or conviction, political or other opinion, national, ethnic or social origin, nationality, age, economic position, property, marital status, birth or other status.

177) 이주노동자와 그 가족의 권리보호에 관한 국제협약 제2조 제1호: The term "migrant worker" refers to a person who is to be engaged, is engaged or has been engaged in a remunerated activity in a State of which he or she is not a national.

178) 이주노동자와 그 가족의 권리보호에 관한 국제협약 제25조: 1. Migrant workers shall enjoy treatment not less favourable than that which applies to nationals of the State of employment in respect of remuneration and: (a) Other conditions of work, that is to say, overtime, hours of work, weekly rest, holidays with pay, safety, health, termination of the employment relationship and any other conditions of work which, according to national law and practice, are covered by these terms; (b) Other terms of employment, that is to say, minimum age of employment, restriction on work and any other matters which, according to national law and practice, are considered a term of employment. 2. It shall not be lawful to derogate in private contracts of employment from the principle of equality of treatment referred to in paragraph 1 of the present article. 3. States Parties shall take all appropriate measures to ensure that migrant workers are not deprived of any rights derived from this principle by reason of any irregularity in their stay or employment. In particular, employers shall not be relieved of any legal or contractual obligations, nor shall their obligations be limited in any manner by reason of such irregularity.

179) 이주노동자와 그 가족의 권리보호에 관한 국제협약 제27조: 1. With respect to social security, migrant workers and members of their families shall enjoy in the State of employment

다. 그리고 이주노동자[181]와 그 가족[182]은 교육이나 직업교육, 사회복지, 문화생

the same treatment granted to nationals in so far as they fulfil the requirements provided for by the applicable legislation of that State and the applicable bilateral and multilateral treaties. The competent authorities of the State of origin and the State of employment can at any time establish the necessary arrangements to determine the modalities of application of this norm. 2. Where the applicable legislation does not allow migrant workers and members of their families a benefit, the States concerned shall examine the possibility of reimbursing interested persons the amount of contributions made by them with respect to that benefit on the basis of the treatment granted to nationals who are in similar circumstances.

180) 이주노동자와 그 가족의 권리보호에 관한 국제협약 제54조: 1. Without prejudice to the terms of their authorization of residence or their permission to work and the rights provided for in articles 25 and 27 of the present Convention, migrant workers shall enjoy equality of treatment with nationals of the State of employment in respect of: (a) Protection against dismissal; (b) Unemployment benefits; (c) Access to public work schemes intended to combat unemployment; (d) Access to alternative employment in the event of loss of work or termination of other remunerated activity, subject to article 52 of the present Convention. 2. If a migrant worker claims that the terms of his or her work contract have been violated by his or her employer, he or she shall have the right to address his or her case to the competent authorities of the State of employment, on terms provided for in article 18, paragraph 1, of the present Convention.

181) 이주노동자와 그 가족의 권리보호에 관한 국제협약 제43조: 1. Migrant workers shall enjoy equality of treatment with nationals of the State of employment in relation to: (a) Access to educational institutions and services subject to the admission requirements and other regulations of the institutions and services concerned; (b) Access to vocational guidance and placement services; (c) Access to vocational training and retraining facilities and institutions; (d) Access to housing, including social housing schemes, and protection against exploitation in respect of rents; (e) Access to social and health services, provided that the requirements for participation in the respective schemes are met; (f) Access to co-operatives and self-managed enterprises, which shall not imply a change of their migration status and shall be subject to the rules and regulations of the bodies concerned; (g) Access to and participation in cultural life.

2. States Parties shall promote conditions to ensure effective equality of treatment to enable migrant workers to enjoy the rights mentioned in paragraph 1 of the present article whenever the terms of their stay, as authorized by the State of employment, meet the appropriate requirements.

3. States of employment shall not prevent an employer of migrant workers from establishing housing or social or cultural facilities for them. Subject to article 70 of the present Convention, a State of employment may make the establishment of such facilities subject to the requirements generally applied in that State concerning their installation.

182) 이주노동자와 그 가족의 권리보호에 관한 국제협약 제45조: 1. Members of the families of migrant workers shall, in the State of employment, enjoy equality of treatment with

활에서도 내국인과 동등한 대우를 받는다.

한편 현행 '외국인근로자의 고용 등에 관한 법률'에 따르면 "사용자는 외국인 근로자라는 이유로 부당한 차별적 처우를 하여서는 아니 된다"(동법 제22조). 이 법에서 외국인근로자는 대한민국의 국적을 가지지 아니한 자로서 국내에 소재하고 있는 사업 또는 사업장에서 임금을 목적으로 근로를 제공하고 있거나 제공하고자 하는 자를 말하되, 출입국관리법의 규정에 의하여 취업활동을 할 수 있는 체류자격을 받은 외국인 중 취업분야 또는 체류기간 등을 고려하여 대통령령이 정하는 자를 제외한다(동법 제2조). 이주노동자와 동일한 의미로 사용되고 있는 외국인근로자에 대한 인권침해의 현실이 심각하지만[183] 그 가운데서도 특별히 차별의 현실을 고려하여 차별금지원칙을 규정한 것으로 이해된다. 또한 근로기준법은 사용자에게 근로자에 대하여 국적을 이유로 근로조건에 대한 차별적 처우를 하지 못하도록 규정한다(동법 제6조).

미국의 경우에 이민법(IRCA : The Immigration Reform and Control Act of 1986)은 출신국가나 국적에 따른 근로자의 차별이 금지한다.[184] 따라서 사용자가 특정한 출신국가의 근로자 또는 외국인으로 보이는 근로자만을 골라 노동허가증명서를 제시하도록 요구하는 것은 이민법 및 민권법 제7편을 위반하는 행위가 될 수 있다. 또한 사용자가 근로자에게 미국 시민권자임을 요구하거나 미국 시민권

---

nationals of that State in relation to: (a) Access to educational institutions and services, subject to the admission requirements and other regulations of the institutions and services concerned; (b) Access to vocational guidance and training institutions and services, provided that requirements for participation are met; (c) Access to social and health services, provided that requirements for participation in the respective schemes are met; (d) Access to and participation in cultural life.

2. States of employment shall pursue a policy, where appropriate in collaboration with the States of origin, aimed at facilitating the integration of children of migrant workers in the local school system, particularly in respect of teaching them the local language.

3. States of employment shall endeavour to facilitate for the children of migrant workers the teaching of their mother tongue and culture and, in this regard, States of origin shall collaborate whenever appropriate.

4. States of employment may provide special schemes of education in the mother tongue of children of migrant workers, if necessary in collaboration with the States of origin.

183) 외국인근로자의 인권침해와 법적 대안에 대해서는 이준일, 「인권법」, 제4판(2012), 제30장 참조.

184) 미국 이민법(IRCA, 1986)은 사용자에게 1986년 11월 6일 이후에 고용된 모든 근로자가 미국 내에서 합법적으로 노동할 수 있는 자격을 가진 자임을 증명하도록 요구하고 있다.

자에게 특혜를 부여하면서 이것이 특정한 직무에서 법적으로 또는 근로계약상 요구되는 자격임을 증명하지 못한 경우에는 이민법을 위반하는 행위가 될 수 있다. 그리고 사용자가 미국 시민권자임을 요구하거나 미국시민권자에게 특혜를 부여하는 것이 특정한 출신국가의 개인을 차별할 목적을 가지고 행해진 경우에는 민권법 제7편을 위반하는 차별행위가 된다.

3. 한국에서의 의의

한국에서 발생하는 가혹한 차별 가운데 하나는 출신지역(고향)에 의한 차별이라고 할 수 있다. 출신국가 또는 출신민족에 의한 차별의 정신을 고려한다면 출신지역과 그 지역의 문화나 전통에 의한 차별대우도 차별로 취급되어야 한다. 현행 국가인권위원회법에 따르면 출신국가와 출신민족을 이유로 한 차별과 함께 출신지역, 즉 출생지, 원적지, 본적지, 성년이 되기 전의 주된 거주지역 등에 의한 차별도 금지된다(동법 제2조 제3호). 이러한 출신지역을 이유로 한 차별의 금지는 지역차별의 기초가 되고 있는 지역감정의 해소를 완전히 대체할 수 있는 수단은 아니다. 하지만 근본적인 해결책이 실현되기 전까지는, 출신지역을 이유로 한 차별의 금지가 명시적으로 규정됨으로써 한국사회에서 은밀하게, 그러나 대단히 가혹하게 벌어지는 차별을 시정하는 하나의 수단이 될 수 있을 것이다.

출신지역을 이유로 한 차별과 관련하여 탈북자에 대한 차별을 검토할 필요가 있다.[185] 탈북자는 북한의 실체를 어떻게 이해하는지에 따라 상이한 법적 지위를 갖는다. 북한을 하나의 독립된 국가로 인정하면 북한주민은 외국인의 법적 지위를 갖지만 북한을 반국가단체로 보아 국가로서의 실체를 인정하지 않으면 북한주민은 비록 반국가단체의 구성원이기는 하지만 여전히 대한민국 국민이 된다. 현행 법령이나 판례는 북한을 국가로 인정하지 않음으로써 북한주민을 대한민국 국민으로 전제하고 있는 듯하다. 헌법은 대한민국의 영토를 한반도와 그 부속도서로 규정하고, 국가보안법은 북한을 정부임을 참칭하는 반국가단체[186]로 전제한다.

185) 탈북자의 인권에 대해서는 이준일, 「인권법」(2012), 제29장 참조.

186) 국가보안법에 따르면 반국가단체는 “정부를 참칭하거나 국가를 변란할 것을 목적으로 하는 국내외의 결사 또는 집단으로서 지휘통솔체제를 갖춘 단체”를 뜻한다(동법 제2조 제1항).

헌법재판소[187]나 대법원[188]도 일관되게 북한을 반국가단체로 보고 있다. 따라서 북한주민은 대한민국 국민으로서의 법적 지위를 갖는다.[189] 그렇다면 탈북자에 대한 차별은 외국인에 대한 차별처럼 출신국가를 이유로 한 차별이 아니라 출신지역을 이유로 한 차별에 해당한다. 하지만 북한을 하나의 독립된 국가로 인정해야 한다는 주장이 끊임없이 제기되고 있기 때문에 탈북자에 대한 차별은 외국인

---

187) 헌법재판소 1993.7.29. 92헌바48: "현 단계에 있어서의 **북한은** 조국의 평화적 통일을 위한 대화와 협력의 동반자임과 동시에 대남적화노선을 고수하면서 우리자유민주체제의 전복을 획책하고 있는 **반국가단체**라는 성격도 함께 갖고 있음이 엄연한 현실인 점에 비추어, 헌법 제4조가 천명하는 자유민주적 기본질서에 입각한 평화적 통일정책을 수립하고 이를 추진하는 한편 국가의 안전을 위태롭게 하는 반국가활동을 규제하기 위한 법적 장치로서, 전자를 위하여는 남북교류협력에관한법률 등의 시행으로써 이에 대처하고 후자를 위하여는 국가보안법의 시행으로써 이에 대처하고 있는 것이다."; 헌법재판소 1997.1.16. 92헌바6등: "북한이 남 · 북한의 유엔동시가입, 소위 남북합의서의 채택 · 발효 및 남북교류협력에관한법률 등의 시행 후에도 적화통일의 목표를 버리지 않고 각종 도발을 자행하고 있으며 남 · 북한의 정치, 군사적 대결이나 긴장관계가 조금도 해소되고 있지 않음이 현실인 이상, 국가의 존립 · 안전과 국민의 생존 및 자유를 수호하기 위하여 신 · 구 국가보안법의 해석 · 적용상 **북한을 반국가단체로 보고** 이에 동조하는 반국가활동을 규제하는 것 자체가 헌법이 규정하는 국제평화주의나 평화통일의 원칙에 위반된다고 할 수 없다."(강조는 필자)

188) 대판 1993.2.9. 92도1815: "대한민국과 북한 사이에 '남북 사이의 화해와 불가침 및 교류협력에 관한 합의서'가 체결, 발효되었다고 하여도 북한이 국가보안법상의 반국가단체가 아니라거나 국가보안법이 그 규범력을 상실한 것으로 볼 수 없다."; 대판 1999.12.28. 99도4027: "북하이 우리의 자유민주주의직 기본질서에 대한 위협이 되고 있음이 분명한 상황에서, 남 · 북한이 유엔에 동시가입을 하였고 그로써 북한이 국제사회에서 하나의 주권국가로 승인을 받았으며, 남 · 북한 총리들이 '남북 사이의 화해, 불가침 및 교류에 관한 합의서'에 서명을 하였다는 등의 사유가 있었다고 하더라도 북한이 국가보안법상 반국가단체가 아니라고 할 수는 없다."; 대판 2004.8.30. 2004도3212: "북한이 여전히 우리나라와 대치하면서 우리나라의 자유민주주의 체제를 전복하고자 하는 적화통일노선을 완전히 포기하였다는 명백한 징후를 보이지 않고 있고, 그들 내부에 뚜렷한 민주적 변화도 보이지 않고 있는 이상, **북한은** 조국의 평화적 통일을 위한 대화와 협력의 동반자임과 동시에 적화통일노선을 고수하면서 우리의 자유민주주의 체제를 전복하고자 획책하는 **반국가단체**라는 성격도 아울러 가지고 있다고 보아야 하고, 남북 사이에 정상회담이 개최되고 남 · 북한 사이의 교류와 협력이 이루어지고 있다고 하여 바로 북한의 반국가단체성이 소멸하였다거나 대한민국의 안전을 위태롭게 하는 반국가활동을 규제함으로써 국가의 안전과 국민의 생존 및 자유를 확보함을 목적으로 하는 국가보안법의 규범력이 상실되었다고 볼 수는 없다."(강조는 필자)

189) 대판 1996.11.12. 96누1221: "조선인을 부친으로 하여 출생한 자는 남조선과도정부법률 제11호 국적에관한임시조례의 규정에 따라 조선국적을 취득하였다가 제헌헌법의 공포와 동시에 대한민국 국적을 취득하였다 할 것이고, 설사 그가 북한법의 규정에 따라 북한국적을 취득하여 중국 주재 북한대사관으로부터 북한의 해외공민증을 발급받은 자라 하더라도 북한지역 역시 대한민국의 영토에 속하는 한반도의 일부를 이루는 것이어서 대한민국의 주권이 미칠 뿐이고, 대한민국의 주권과 부딪치는 어떠한 국가단체나 주권을 법리상 인정할 수 없는 점에 비추어 볼 때, 그러한 사정은 그가 대한민국 국적을 취득하고 이를 유지함에 있어 아무런 영향을 끼칠 수 없다."

에 대한 차별과 동일한 맥락에서 다루어야 할 필요도 있다. 아무튼 탈북자를 국민으로 보든 외국인으로 보든 이들에 대한 차별은 현행법상 금지되어 있다는 사실을 확인하는 것이 중요하다.

X. 혼인 여부에 따른 차별

혼인 여부에 따른 차별이란 미혼(single) 또는 기혼(married), 법률혼 또는 사실혼, 이성간의 혼인 또는 동성간의 결합(civil union), 사별(死別), 이혼(사실혼이나 동성간 결합의 경우 이별), 별거(사실혼과 동성간 혼인 포함) 등 혼인 또는 동거와 관계된 사실을 이유로 차별하는 것을 말한다. 최근에 특별히 문제가 되고 있는 동성간의 결합은 혼인 여부에 따른 차별일 수도 있지만 앞서 설명한 성적 지향에 따른 차별일 수 있다는 점에서 특수한 성격을 갖는다.

뉴질랜드 인권법은 차별사유로서 혼인여부를 포함시키면서 그 유형으로 ① 미혼, ② 기혼 · 동성결합(civil union) · 사실혼, ③ 법률혼 · 동성결합 · 사실혼의 사별자, ④ 이혼 · 동성결합 · 사실혼의 이별자, ⑤ 아직 해소되지 않은 기혼 · 동성결합, ⑥ 아직 종료되지 않은 사실혼 등을 열거하고 있다.

한편 현행 국가인권위원회법은 차별사유의 하나로 혼인 여부를 규정하고 있고, 여기에는 ① 기혼, ② 미혼, ③ 별거, ④ 이혼, ⑤, 사별, ⑥ 재혼, ⑦ 사실혼 등을 구체적으로 예시하고 있다. 뉴질랜드인권법과 비교해 보면 동성결합이 포함되어 있지 않다는 점에서 여전히 불충분한 입법이라고 볼 수 있다. 사회적 합의가 필요한 부분이기는 하지만 동성간의 결합이 가장 첨예하게 대립된 이슈가 되고 있는 세계적인 추세에 비추어 보면 동성간의 결합이 법적으로 인정될 수 없을지라도 적어도 이로 인한 차별이 발생하지 않도록 보호될 필요는 있기 때문이다.

XI. 가족관계에 따른 차별

1. 개 념

가족관계(family status)에 따른 차별이란 친족관계(consanguinity), 입양, 가계(ancestral relationship) 등을 이유로 한 차별을 말한다. 예를 들어 부양가족(dependent)이 있는지 여부, 법률혼·사실혼·동성간 결합을 포함하여 특정인과 배우자관계에 있는지 여부, 특정인과 친척관계에 있는지 여부에 따라 차별하는 것을 들 수 있다.

한편 가족관계는 미성년인 자녀나 장애를 가진 피보호자에 대한 관계에서 가지는 책임으로 좁게 이해될 수도 있다. 예를 들어 아일랜드의 1998년 고용평등법(EEA)은 가족관계를 다음과 같이 정의한다(EEA 제2조). ① 18세 미만의 자에 대하여 부모 또는 부모를 대신하는 자로서의 책임, ② 18세 미만의 자 또는 계속적, 정규적, 항상적 보호나 지원이 필요한 장애를 가진 18세 이상의 자에 대하여 후견인 또는 동거하는 우선적 보호자(resident primary carer)로서의 책임(우선적 보호자가 장애인과 동거하는 경우에 장애인에 대하여 동거하는 우선적 보호자가 된다).

현행 국가인권위원회법은 "가족형태 또는 가족상황"을 사유로 합리적 이유 없이 차별하는 행위를 평등권을 침해하는 차별행위의 한 유형으로 규정하고 있다(동법 제2조 제3호). 여기서 가족형태 또는 가족상황은 "가족구성의 형태, 가족의 구성원, 그리고 가족에 대한 책임과 관련한 상황"을 의미한다.[190] 또한 남녀고용평등법도 "가족 안에서의 지위"에 따라 합리적 이유 없이 고용상 불이익한 조치를 취하는 경우에 차별로 본다(동법 제2조 제1호). 가족 안에서의 지위는 가족관계와 같은 의미로 캐나다 인권법에서 차별금지사유로 열거되어 있다.[191] 입법론적으로는 '가족형태나 가족상황'보다는 '가족관계나 가족 안에서의 지위'로 표현하는 것이 적절하다고 보인다. 어쨌든 국가인권위원회에 따르면 배우자가 근무하고 있다는 이유로 특정인을 대학교수의 임용에서 배제한 경우,[192] 출산지원금 지원에서

190) 국가인권위원회, 「차별판단지침」(2008), 180면.

191) 캐나다 인권법(CHRA)에 대해서는 이 책 제3장 II. 1. 참조.

자신이 출산한 자녀 모두를 양육하지 않는 여성(재혼한 여성)이 세 번째 아이를 출산했음에도 출산지원금을 지급하지 않는 경우,[193] 장애인이나 노인에게 편의시설을 임대하면서 본인이 직접 운영하기 어려운 사람에게 친족동의서를 요구하여 결과적으로 가족이 없는 사람을 배제한 경우,[194] 국가유공자 자녀의 보충역 편입에서 양자를 배제한 경우[195] 등은 가족상황을 이유로 한 차별행위로서 합리적인 이유가 없다고 한다.

2. 가족관계에 따른 차별로 볼 수 없는 경우

일반적으로 부양가족의 부양에 대한 유리한 대우는 차별로 볼 수 없다. 따라서 고용에 있어서 부양가족이 있는 사람을 우대하는 것은 차별이 아니다. 고용에서 가족관계에 대해서 기술(report)하도록 하는 것도 차별은 아니다.

XII. 병력에 따른 차별

질병은 근로능력을 감소시키거나 상실시키고, 타인에게 전염의 우려도 있으므로 병력(病歷)에 따른 차별은 합리적인 이유가 있는 차별로 정당화될 수도 있다. 따라서 근로능력의 감소나 상실에 이르지 않는 질병 또는 타인에게 전염의 우려가 없는 질병을 이유로 차별하는 행위는 정당화될 수 없다. 질병이 장애의 개념에 포함되는 경우에 병력에 따른 차별은 장애차별로 다루어질 수 있다.

병력에 따른 차별과 관련하여 우선 'B형 간염 바이러스'가 문제된다. 국가인권위원회에 따르면 단지 B형 간염 환자라는 이유만으로 최종합격에서 탈락시킨 것이 아니라 전문 의사의 소견을 받은 후 그 결과에 따라 건강상 직무수행의 부적격자로서 불합격 조치하였다면 이러한 행위가 B형 간염에 대한 편견으로 인해

192) 인권위 2005.2.25. 04진차244 참조. 유사한 사례로 인권위 2007.4.11. 06진차739; 2010.3.29. 10진차39 참조.

193) 인권위 2007.11.13. 07진차423 참조.

194) 인권위 2008.12.8. 08진차603 참조.

195) 인권위 2009.5.25. 08진차1081 참조.

원천적으로 고용에서 배제하였다고 인정할 수 없다고 한다.[196] B형 간염 바이러스 보유자에 대한 편견에 기초한 것이 아니라 건강상태와 업무적합성을 고려하여 고용에서 배제한 것은 합리적인 이유가 있는 차별행위라는 뜻이다. 그 이유는 사업주가 해당업무를 수행하는 데 적합한 기술 및 경험 그리고 직무수행에 있어서 필요한 신체적 · 정신적 기준과 건강안정 등 직무 관련성 등을 고려하여 자격요건에 맞는 근로자를 채용하는 것은 기본적으로 경영사 고유한 재량이라는 데 있다.[197] 같은 맥락에서 단지 B형 간염 바이러스 보유자라는 이유만으로, 특히 그것이 "일반인의 통념"이라는 이유만으로[198] 고용에서 배제하는 행위는 합리적 이유가 없는 차별행위에 해당한다.[199] 또한 전문가들에 의견에 따르면 혈액이나 성접촉이 아닌 일반적인 공동생활로 B형 간염 바이러스에 감염될 가능성은 높지 않기 때문에 타인에 대한 전염가능성만을 이유로 채용에서 배제하는 것은 불합리하다.[200] 또한 대한간학회의 판단에 따르면 타인에게 전염가능성이 없는 B형 간염 바이러스 보유자인 학생의 기숙사 입사를 불허하는 학교의 행위는 합리적인 이유가 없는 차별행위에 해당한다.[201]

다음으로 문제가 되는 것은 'HIV(Human Immunodeficiency Virus, 인체 면역 결핍 바이러스)'다. 이와 관련하여 국가인권위원회는 HIV가 전파되는 주된 경로 가운데 하나가 의료인의 직업적 노출이고 고관절 수술의 성격상 의료진의 보호를 위한 장비를 세심하게 갖추는 것은 필요하며, HIV의 감염 예방을 강조한 미국의 보편지침을 보더라도 의료진의 감염 예방을 위한 보호노력은 필요하고 중요하지만 의료진의 보호가 환자의 치료받을 권리와 상충되지 않는다는 점과 타 병원 의료진의 의견을 종합해 볼 때 의료진 보호를 위해 취한 수술 거부는 HIV 보유자의 진료 받을 권리를 제한한 행위에 해당한다고 본다. 더욱이 이미 20여 년 전에 미국의학협회가 HIV 감염인에 대한 치료가 의사들의 윤리적인 의무임을 명시하는

196) 인권위 2003.12.1. 03진차585. 같은 취지로 인권위 2004.2.16. 03진차670 참조.

197) 인권위 2009.9.16. 09진차965 참조.

198) 인권위 2007.3.9. 06진차392 참조.

199) 인권위 2009.9.16. 09진차965 참조.

200) 인권위 2010.10.18. 09진차1654 참조.

201) 인권위 2011.4.11. 10진정0768600 참조.

공식적인 입장을 발표한 점에 비춰 봐도 인간의 생명을 다루는 의료기관에서 HIV 감염인에 대한 치료는 더욱 차별 없이 이뤄져야 하기 때문에 HIV 보유자의 수술 시 설혹 특수장갑이 필요했다면 HIV 보유자의 수술을 할 수 있는 장비를 사전에 마련해 두는 것이 종합병원의 규모와 성격에도 맞는다고 본다.[202] 한편 미국 연방대법원은 "인체면역바이러스(HIV) 감염은 감염된 순간부터 감염된 사람의 혈액·림프관에 지속적인 손상(deterimental effect)을 주는 생리학적 이상(physiological disorder)으로 간주되어야 한다"고 하여 HIV를 장애의 하나로 본다.[203]

XIII. 전과에 따른 차별

전과는 범죄의 경력을 의미하고, 도덕성이 요구되는 영역에서 전과를 이유로 한 차별은 정당화된다. 예를 들어 공무원이나 청소년을 대상으로 하는 직업의 요건으로 전과가 없을 것을 요구할 수 있다. 문제는 전과의 내용과 시기다. 경미한 범죄나 이미 오래 전에 일어난 범죄까지도 전과를 이유로 한 차별을 정당화할 수는 없다. 따라서 무엇보다도 실효된 전과를 이유로 한 차별은 합리적인 이유가 없다고 보아야 한다. 다만 재범의 가능성이 상당히 높다고 객관적으로 증명된 범죄의 경우에는 실효된 전과라고 하더라도 차별을 정당화할 여지가 있다. 국가인권위원회에 따르면 국적법에서 국적취득의 요건으로 품행이 단정할 것을 요구하는 것은 이와 관련한 구체적 기준 규정이 전혀 없이, 또한 범죄전력의 내용과 정도를 고려함이 없이, 더구나 이미 실효된 전과를 이유로 귀화에 의한 국적취득신청을 불허하기 때문에 합리적인 이유 없이 실효된 전과를 이유로 하는 차별행위에 해당한다고 보았다.[204] 하지만 형사처벌 결과의 대부분이 벌금형이라고는 하지만 다양한 범죄유형, 20여년에 걸친 누적적 범죄현황 등을 고려하여 전과자에 대해 총포 소지를 허가하지 않은 것은 합리적 이유가 있는 차별행위로 보았다.[205]

---

202) 인권위 2011.6.10. 11진정0034200 참조.

203) Bragdon v. Abbott, 524 U.S. 624 (1998) 참조.

204) 인권위 2011.11.7. 11진정0098500 참조.

XIV. 사회적 신분에 따른 차별

사회적으로 부여된 신분이나 지위를 이유로 하는 차별행위도 합리적 이유가 없으면 정당화되지 못한다. 한국사회에서 사회적 신분으로 문제가 되는 것은 비정규직 근로자와 특수형태근로자다. '비정규직 근로자'와 관련하여 국가인권위원회는 1년제 기간제교사의 임용시점을 3월 2일로 기산함으로써 퇴직금을 지급하지 않는 것은 기간제교원에 대한 차별이라는 입장을 견지하고 있다.[206] 비정규직 근로자에 대한 차별을 금지하는 독립적인 법률로 '기간제 및 단시간근로자 보호 등에 관한 법률'이 제정되어 2007년 7월 1일부터 시행되고 있다. 이에 따라 사용자는 기간제근로자(비정규직 근로자)라는 이유로 당해 사업 또는 사업장에서 동종 또는 유사한 업무에 종사하는 기간의 정함이 없는 근로계약을 체결한 근로자(정규직 근로자)에 비하여 차별적 처우를 하는 것은 금지된다(동법 제8조 제1항).[207] 한편 국가인권위원회에 따르면 학습지교사의 경력을 교원 호봉책정시 반영하지 않는 것은 '특수형태근로종사자'라는 "고용형태"를 이유로 한 차별로 보았다.[208] 사회적 신분은 개념의 외연이 대단히 넓기 때문에 특정한 차별금지사유로 쉽게 포섭되지 않는 경우에 활용할 수 있는 유용한 차별금지사유로 보인다.

XV. 기타 차별

그 밖에도 각국의 입법례를 살펴보면 노조활동, 문화, 언어, 고용관계 등이 금지된 차별사유로 등장한다. 결국 각국의 사정에 따라 특수한 차별유형이 발생할 수밖에 없기 때문에 대단히 많은 수의 차별유형이 존재할 수 있다. 예를 들어

205) 인권위 2007.2.20. 06진차680 참조.

206) 인권위 2007.5.29. 06진차773; 2011.11.25. 11진정0393800 등 참조.

207) 대법원에 따르면 차별금지 규정 시행에도 불구하고 비정규직 근로자를 성과상여금 지급대상에서 제외할 수밖에 없는 불가피한 사유가 있었다고 볼 만한 사정이 없는데도 성과상여금 지급대상에서 배제한 한국철도공사의 처우는 기간제법상 차별금지 규정의 적용대상이 된다고 판시하였다. 대판 2012. 1.27. 2009두13627 참조.

208) 인권위 2007.11.13. 07진차207 참조. 같은 맥락에서 국가인권위원회가 권고한 차별금지법안에는 차별금지사유의 하나로 "고용형태"가 명시되어 있다.

한국의 특수한 사정에 비추어 보면 학력차별이나 지역차별 또는 외모차별이 차별의 유형으로 열거되어 있다. 우선 '학력차별'과 관련하여 국가인권위원회는 경찰청이 외사요원을 채용하면서 4년제 대학 졸업자만 지원이 가능하도록 하여 2년제 대학 졸업자의 지원이 불가능하도록 한 것에 대하여 외국어능력과 학력은 일치하지 않는다고 하면서 2년제 대학 졸업자에게도 별도의 능력평가시험을 도입하지 않은 것은 불합리한 차별이라고 보았다.[209] 또한 직원을 신규로 채용할 때 학력별 분리채용도 합리적인 이유가 없는 차별행위라고 보았다.[210] 그리고 학력란에 학교명을 기재하도록 요구하는 것도 우리 사회의 채용 관행상 대학의 서열화에 따른 학력차별, 특정학교 출신을 우대 또는 배제하거나 임용권자 및 인사관련자의 특정학교에 대한 편견이 작용하게 될 우려가 크고, 전공에 대한 전문성 여부는 채용시 면접, 실기, 필기시험 등을 통해 확인하는 것이 가능하기 때문에 합리적인 이유가 없는 차별행위라고 보았다.[211] 다음으로 '외모차별'과 관련하여 항공사가 스튜어디스(객실승무원)를 채용할 때 일정한 신장 이상을 요구하면서도 스튜어디스 채용에서 신장(키)기준을 두는 것이 불가피하다는 점을 항공사가 입증하지 못했기 때문에 합리적인 이유가 없는 차별행위라고 보았다.[212]

---

209) 인권위 2007.4.30. 06진차664 참조. 유사한 결정으로 2007.4.11. 06진차555 참조. 그 밖에 육군3사관학교 예비 장교후보생 모집시 2년제 대학 출신자 배제를 합리적 이유 없는 차별로 판단한 2010.7.29. 10진정242400 참조.

210) 인권위 2007.10.30. 06진차788 참조.

211) 인권위 2007.2.20. 06진차161 참조.

212) 인권위 2008.3.24. 07진차436, 07진차182 · 193 · 08진차60(병합) 참조.

제 5 절 차별영역에 따른 차별유형

다양한 차별사유에 따라 가해지는 수많은 차별행위들은 여러 가지 차별영역에서 발생할 수 있다. 차별사유를 일일이 열거하는 것이 어려운 것처럼 차별영역을 완벽하게 설명하는 것도 쉽지 않은 일이다. 따라서 이하에서는 차별행위가 비교적 많이 발생하는 영역들을 중심으로 차별영역을 설명하기로 한다.

I. 각국의 차별금지법상 유형

1. 재화와 용역 및 편의시설의 제공

각국의 차별금지법은 공통적으로 재화(상품)나 용역(서비스 또는 편의)의 제공자에게 재화나 용역을 제공받는 자에 대한 차별적 대우를 금지한다. 여기서 제공되는 재화나 용역은 일반인이 통상적으로 접근할 수 있는 재화나 용역을 말한다. 반드시 대가를 받고 제공되는 경우에 한정되지 않으며 무료로 제공되는 경우도 포함된다. 용역의 경우에는 그에 대한 접근(access)이나 이용(using)까지도 포함될 수 있다. 또한 편의시설에는 토지 및 주거나 상업적 용도의 시설과 부동산, 그리고 교통수단 등이 포함된다.[213] 한편 차별적 대우의 내용은 재화나 용역 또는 편의시설의 제공을 거부하거나 불리한 조건하에 제공하는 것을 말한다.

미국의 민권법(Title VII)에 따르면 재화나 용역을 제공하는 공중시설로서 다음과 같은 것들이 있다.[214] ① 여인숙(inn), 여관(hotel), 모텔과 같은 숙박시설(5개 이하의 임대용 방을 가진 건물 또는 주거 등의 목적으로 사실상 소유자가 사실상 점유하고 있는 건물은 제외), ② 레스토랑이나 카페테리아와 같은 음식점 및 주유소, ③ 영화관, 극장, 콘서트홀, 운동경기장과 같은 공연시설이나 위락시설 등이 그에 해

213) 시설 영역에서의 차별에 대해서는 이준일, "시설 이용에서의 차별과 국가인권위원회의 과제", 「안암법학」(안암법학회), 제37호(2012), 27면 이하 참조.

214) 42 U.S.C. §2000a (b) 참조.

당한다.

그 밖에도 은행 · 증권 · 보험과 같은 금융서비스, 이동이나 여행을 위한 서비스, 문화활동과 관련된 서비스 등 다양한 서비스 영역이 포함될 수 있다. 그리고 사인에 의해 제공되는 서비스뿐만 아니라 국가나 지방자치단체 또는 공공기관이 제공하는 공공서비스도 포함된다.

2. 고 용

차별에서 가장 중요한 영역은 고용이다. 고용영역에서 차별로 볼 수 없는 경우로서 이른바 진정직업자격요건(bona fide occupation requirement)에 따라, 즉 안전하고, 효율적이며 성실하게 직업을 수행할 수 없는 사람을 고용하지 않은 것은 차별이 아니다[CHRA 제15조 제1항 (a)].

캐나다의 고용평등법(EEA)은 고용에서의 차별을 제거하기 위하여 모든 고용주에게 ① 법으로 인정되지 않는 고용체계 · 정책 · 관행의 결과로 발생하는 여성, 장애인, 원주민 및 소수자에 대한 고용장벽을 확인하여 제거할 의무, ② 여성, 장애인, 원주민 및 소수자가 전체 노동력에서 그들이 차지하는 비율 또는 자격이나 적격성을 고려하여 고용할 수 있는 전체 노동력에서 그들이 차지하는 비율을 사업장의 각 직업집단에서 제대로 반영할 수 있을 만큼 보장하는 적극적 정책과 관행을 실시하고, 합리적 시설을 만들 의무가 있다고 규정한다[EEA(C) 제5조]. 또한 고용주는 사업장의 각 직업집단에서 여성, 장애인, 원주민 및 소수자가 차지하는 비율이 미달하는 정도를 결정하기 위하여 사업장의 노동력에 대한 정보를 수집하고 분석할 의무, ② 고용주의 고용체계 · 정책 · 관행이 여성, 장애인, 원주민 및 소수자에게 미치는 고용장벽의 결과를 확인하기 위하여 그러한 고용체계 · 정책 · 관행을 검토(review)할 의무도 부여받는다[EEA(C) 제9조 제1항]. 그리고 고용주는 적극적 정책과 관행의 실시 및 고용장벽제거에 관한 고용평등계획을 수립하고[EEA(C) 제10조 제1항], 고용평등계획이 합리적으로 진전될 수 있도록 보장하며[EEA(C) 제11조], 고용평등계획의 이행 및 합리적인 진전이 있었는지에 대한 평가를 위한 이행감시[EEA(C) 제12조], 고용평등계획에서 제시된 채용목표수치를 고려하여 검토 및 수정[EEA(C) 제13조], 근로자에게 정보제공[EEA(C) 제14조], 근로자

대표의 협의[EEA(C) 제15조]의 의무도 규정한다. 한편 고용평등에 관한 기록을 보존할 의무도 있다[EEA(C) 제17조]. 이러한 의무의 이행을 위하여 캐나다인권위원회(CHRC)와 인권재판소(CHRT)가 설치되어 있다.[215]

3. 교육시설

교육시설의 제공에 있어서도 차별은 금지된다. 이러한 교육시설에는 유치원, 초 · 중 · 고등학교, 대학교 등 정규학교뿐만 아니라 직업훈련학교 및 평생교육시설도 포함된다. 교육시설의 차별은 ① 입학의 거부 및 재학기간과 입학조건의 차별대우, ② 특정한 학생을 특정한 교육과정, 교육편의시설, 재정지원으로부터 배제, ③ 교육과정에 참가할 수 있는 기간과 조건의 제한, ④ 특정한 학생의 배제나 제재 등의 형태로 나타난다.

한편 여성이나 장애인을 위한 특수한 목적으로 설치된 교육시설의 경우에 차별적 대우는 허용될 수 있다. 또한 하나의 성에 대해서만 입학을 허가하는 교육시설(single sex school)이 허용될 수 있다. 그밖에도 특정한 종교의 사제를 훈련시키기 위한 교육시설의 경우에 종교차별이 허용되고, 특정한 성에 대한 교육을 위한 학교의 경우에 성차별이 허용된다.

4. 한국의 국가인권위원회법상의 차별영역

대한민국의 국가인권위원회법도 세계 각국의 차별금지법과 동일하게 차별이 금지되는 영역을 ① 모집, 채용, 교육, 배치, 승진, 임금 및 임금 외의 금품 지급, 자금의 융자, 정년, 퇴직, 해고 등을 포함하는 고용영역, ② 재화 · 용역 · 교통수단 · 상업시설 · 토지 · 주거시설의 공급이나 이용과 관련된 거래영역, ③ 교육시설이나 직업훈련기관에서의 교육 · 훈련이나 그 이용과 관련된 영역으로 열거하고 있다(동법 제2조 제3호 가목에서 다목).

215) 캐나다 인권위원회(CHRC)와 인권재판소(CHRT)에 대해서는 아래 제4장 참조.

II. 한국헌법상의 차별영역

대한민국 헌법은 차별이 금지되는 영역을 "정치 · 경제 · 사회 · 문화의 모든 영역"이라고 규정한다. 결국 어떠한 영역에서도 차별은 금지된다는 뜻이 된다. 이러한 규정방식은 사실상 모든 영역에서의 차별을 금지하기 때문에 합리적 근거 없이 정당화될 수 있는 차별적 대우가 어떠한 영역에서도 전혀 인정될 수 없다는 장점이 있다. 하지만 구체적으로 어떠한 영역에서 차별이 발생할 수 있고, 그러한 차별이 어떠한 경우에 정당화될 수 없는지를 구체적으로 보여줄 수 없다는 점에서는 한계가 있다.

1. 정치생활영역

정치생활영역에서의 차별은 정치적 기본권에 대한 차별로 나타난다. 정치적 기본권으로는 선거권(헌법 제24조)과 피선거권(헌법 제25조) 및 국민투표권 이외에 정당설립의 자유(헌법 제8조 제1항), 정치적 표현의 자유(헌법 제21조)를 들 수 있기 때문에 이러한 기본권에 대한 차별이 정치생활영역에서의 차별로 이해된다.

2. 경제생활영역

경제생활영역에서의 차별은 경제적 기본권에 대한 차별을 의미한다. 경제적 기본권으로는 일반적으로 직업의 자유(헌법 제15조), 거주 및 이전의 자유(헌법 제14조), 재산권(헌법 제23조), 근로의 권리(헌법 제31조) 및 열거되지 않은 자유로서 거래의 자유와 계약의 자유 등을 들 수 있다. 경제생활영역에서의 주된 차별은 고용(employment)이나 직업(occupation)과 관련된 차별을 의미한다.

3. 사회생활영역

사회생활영역은 다른 생활영역과 비교하여 불명확한 영역으로 이해된다. 사회생활영역은 국가생활영역(정치생활영역)과 구분되는 경제생활영역으로 이해될 수도 있고, 개인생활영역과 구분되는 공동체생활영역으로 이해될 수도 있기 때문이다. 하지만 경제생활영역이 독립적으로 구분되어 있다는 점에서 첫 번째 이해는 문제가 있고, 공동체생활영역은 정치, 경제, 문화생활영역을 모두 포함한다는 점에서 두 번째 이해도 문제가 있다. 그렇다면 이른바 사회적 기본권과 관련되는 대상인 주거, 교육, 의료 등이 문제되는 생활영역 또는 이러한 생활영역에 대한 국가의 급부가 이루어지는 사회보장제도나 사회복지제도에 있어서의 차별이 금지되는 것으로 이해되어야 한다.

4. 문화생활영역

문화적 기본권으로는 양심, 종교, 학문, 예술, 언론, 출판, 집회, 결사의 자유를 든다.[216] 따라서 이러한 문화적 기본권에 대한 차별은 문화영역에서의 차별로 이해할 수 있다. 한편 문화영역에서의 차별을 이해함에 있어서 중요한 것은 이러한 기본권에 대한 차별이 단순히 법적 자유에 대한 차별에 머무르지 않고, 사실적 자유에 대한 차별에까지 이를 수 있다는 점이다. 다시 말해서 이른바 '문화적 불평등'이라고 부르는 현상에 따라 이러한 문화적 기본권의 실질적 행사나 문화의 향유에서 발생할 수 있는 차별이 문제가 될 수 있다. 문화적 기본권을 실제로 행사하기 위한 경제적 토대나 문화를 향유할 수 있는 재정적 기초는 개인의 경제적 사정에 따라 상이하다. 이러한 경제적 차이는 문화적 차별로 이어진다. 따라서 문화적 차별은 문화적 기본권 자체의 불평등으로서 문제될 수 있지만 문화적 기본권의 행사나 향유를 위한 경제적 불평등으로서도 문제될 수 있는 특징을 갖는다.

216) 헌법재판소는 이러한 기본권을 헌법의 기본원리인 '문화국가원리'의 필수적 조건으로 본다. 헌재 2004.5.27. 2003헌가1등: "헌법은 문화국가를 실현하기 위하여 보장되어야 할 정신적 기본권으로 양심과 사상의 자유, 종교의 자유, 언론·출판의 자유, 학문과 예술의 자유 등을 규정하고 있는바, 개별성·고유성·다양성으로 표현되는 문화는 사회의 자율영역을 바탕으로 한다고 할 것이고, 이들 기본권은 견해와 사상의 다양성을 그 본질로 하는 문화국가원리의 불가결의 조건이라고 할 것이다."

제3장

차별금지법제

차별의 개념과 유형에 대한 지금까지의 일반적 설명을 조금 더 구체화기 위하여 세계 각국의 차별금지법제에 대하여 자세하게 살펴보기로 한다. 지구상에 수많은 차별금지법제가 존재하지만 독특한 차별금지법제를 가지고 있는 국가를 엄선하여 검토하기로 한다. 이를 위해서 미국과 캐나다, 호주와 뉴질랜드, 인도와 남아프리카공화국, 그리스와 아일랜드의 차별금지법제가 선택되었다. 이러한 차별금지법제들에 대하여 검토한 후에 이것을 일반적 차별금지법제와 개별적 차별금지법제로 유형화한다. 그리고 한국의 차별금지법제를 살펴본 후에 이에 대한 개선안을 제시하도록 한다.

제1절 각국의 차별금지법제

1948년 12월 10일 유엔(국제연합)총회에서 채택된 인권선언(UDHR)은 "모든 인간은 자유롭고, 그 존엄과 권리에 있어서 평등하게 태어났다"(제1조)[1]고 선포한다. 동시에 "모든 인간은 이 인권선언에서 표방된 모든 권리와 자유를 향유하며, 인종, 피부색, 성별, 언어, 종교, 정치적 또는 기타의 견해, 출신국가나 출신사회, 재산, 출생이나 기타 지위 등 어떠한 이유로도 차별받지 않는다"(제2조)[2]고 선언한다. 이처럼 인권선언은 자유와 평등을 보편적으로 승인된 인간의 기본적 권리로서 선언함과 동시에 모든 인간에 대한 차별금지의 원칙을 보편적 가치로서 확인하고 있다.

이러한 인권선언의 정신을 구체화하기 위하여 ① 유엔난민지위협약(United Nations Convention relating to the Status of Refugees, 1960), ② 인종차별철폐에 관한 국제협약(International Convention on the Elimination of All Forms of Racism: ICERD, 1965),[3] ③ 시민·정치적 권리에 관한 국제협약(International Covenant on Civil and Political Rights: ICCPR, 1966),[4] ④ 경제·사회·문화적 권리에 관한 국제협약(International Covenant on Economic, Social and Cultural Rights: ICESCR, 1966),[5] ⑤ 여성차별철폐협약(Convention on the Elimination of

---

1) UN인권선언(UDHR) Article 1: All human beings are born ***free and equal in dignity and rights.*** They are endowed with reason and conscience and should act towards one another in a spirit of brotherhood.

2) UN인권선언(UDHR) Article 2: Everyone is entitled to all the rights and freedoms set forth in this Declaration, ***without distinction*** of any kind, such as race, colour, sex, language, religion, political or other opinion, national or social origin, property, birth or other status.
Furthermore, no distinction shall be made on the basis of the political, jurisdictional or international status of the country or territory to which a person belongs, whether it be independent, trust, non-self-governing or under any other limitation of sovereignty.

3) 인종철폐에 관한 국제협약(ICERD)은 1965년 12월 21일 UN총회에서 채택되어 1969년 1월 4일부터 발효되었다.

4) 시민·정치적 권리에 관한 국제협약(ICCPR)은 1966년 12월 16일 UN총회에서 채택되어 1976년 3월 24일부터 발효되었다.

All Forms of Discrimination Against Women: CEDAW, 1979),[6] ⑥ 고문과 잔혹행위 및 반인도적 대우와 처벌 반대협약(Convention Against Torture and Other Cruel, Inhuman or Degrading Treatment or Punishment: CAT, 1984),[7] ⑦ 유엔아동권리협약(United Nations Convention on the Rights of the Child: CRC, 1989)[8] 등이 채택되었다.

그 밖에도 차별과 관련해서는 유엔교육 · 과학 · 문화기구(UNESCO)의 교육차별철폐협약(Convention against Discrimination in Education, 1960),[9] 종교와 신념에 대한 비관용과 차별의 철폐에 관한 선언(Declaration on the Elimination of All Forms of Intolerance and of Discrimination Based on Religion or Belief, 1981)[10] 등이 국제적 기준으로 마련되어 있다.

한편 국제연합에 가입한 국가들은 인권선언의 정신을 실천하고 그것을 구체화하는 국제협약의 내용을 실현하기 위하여 모든 인간에게 존엄과 자유 및 평등의 권리가 보장된다는 정신을 구현하는 입법을 위하여 노력하였고, 특히 평등권의 관점에서 차별을 금지하는 법률을 제정하고자 하였다. 이하에서는 유엔의 인권선언과 국제협약에 포함된 인권보장의 정신을 구현하는 각국의 차별금지법제에 대해서 살펴보기로 한다.

I. 미 국

1. 개 관

차별을 금지하는 미국의 법제로는 ① 인종, 피부색, 종교, 성별 또는 출신국

---

5) 경제 · 사회 · 문화적 권리에 관한 국제협약(ICESCR)은 1966년 12월 16일 UN총회에서 채택되어 1976년 1월 3일부터 발효되었다.

6) 여성차별철폐협약(CEDAW)은 1979년 12월 18일 UN총회에서 채택되어 1981년 9월 3일부터 발효되었다.

7) 고문과 잔혹행위 및 반인도적 대우와 처벌 반대협약(CAT)은 1984년 12월 10일 UN총회에서 채택되어 1987년 6월 26일부터 발효되었다.

8) UN아동권리협약(CRC)은 1989년 11월 20일 UN총회에서 채택되어 1990년 9월 2일부터 발효되었다.

9) 교육차별철폐협약은 1960년 12월 14일 UNESCO총회에서 채택되어 1962년 5월 22일부터 발효되었다.

10) 이 선언은 1981년 11월 25일 UN총회에서 결의되었다.

가에 근거한 고용차별을 금지하는 민권법 제7편(Title VII of the Civil Rights Act, 1964: Title VII), ② 동일한 사업장에서 실질적으로 동일노동을 하는 남성과 여성을 성별에 근거한 임금차별로부터 보호하는 동일임금법(Equal Pay Act, 1963: EPA), ③ 40세 이상의 사람을 보호하는 연령차별금지법(Age Discrimination in Employment Act, 1967: ADEA), ④ 장애인차별을 금지하는 장애인법(Americans with Disabilities Act, 1990: ADA), ⑤ 연방정부에서 일하는 장애인 고급인력에 대한 차별을 금지하는 재활법(Rehabilitation Act, 1973), ⑥ 의도적인 고용차별에 대한 보상적(compensatory) 또는 징벌적(punitive) 손해배상을 규정하는 개정 민권법(Civil Rights Act, 1991: CRA) 등을 들 수 있다.

미국의 민권법 제7편과 장애인법 및 연령차별금지법에 따라 고용영역에서 금지되는(불법적인) 차별적 관행으로 ① 고용과 해고, ② 보수(compensation)나 배치(assignment) 또는 근로자의 분류(classification), ③ 전보(transfer), 승진(promotion), 정리해고(layoff), 해임(recall), ④ 직업광고(job advertisements), ⑤ 모집(recruitment), ⑥ 시험(testing), ⑦ 기업시설의 사용(use of company facilities), ⑧ 훈련과 견습 프로그램(apprenticeship programs), ⑨ 부가급부(fringe benefits), ⑩ 임금(pay), 퇴직자연금제도(retirement plans), 장애퇴직(disability leave), ⑪ 고용기간과 조건, ⑫ 이 법률들에서 규성한 자별적 관행 등을 들고 있다.

이 법률들에서 규정한 차별적 관행으로는 ① 인종, 피부색, 종교, 성별, 출신국가, 장애, 연령 등 금지된 차별사유에 근거한 괴롭힘(harrassment), ② 차별의 진정 · 조사에 참여, 차별적 관행에 대한 반대를 이유로 한 보복(retaliation), ③ 일정한 성별, 인종, 연령, 종교, 민족 집단에 소속된 개인이나 장애인의 능력, 특성, 성과에 대한 고정관념이나 가설에 근거한 고용결정, ④ 특정한 인종, 종교, 출신국가에 속한 사람이나 장애인과의 혼인관계나 친척관계를 이유로 한 고용기회의 거부, ⑤ 특정한 인종, 민족, 종교 집단의 학교나 예배장소의 참석을 이유로 한 차별 등이 있다.

2. 연령차별금지법

미국의 연령차별금지법(ADEA, 1967)은 40세 이상의 근로자 또는 채용지원자가 고용에서 차별받는 것을 금지하기 위하여 제정되었다. 이 법률에 따라 연령을 이유로 고용기간이나 근로조건 또는 고용상의 혜택 등에서 차별하는 것은 불법이다. 또한 연령차별에 반대하거나 연령차별에 관한 진정이나 소송절차에 참여했다는 이유로 보복하는 행위(retaliation)도 불법이다. 이 법률은 20인 이상의 근로자를 고용한 기업뿐만 아니라 주정부나 지방정부 및 연방정부, 고용대행기관이나 노동조합에도 적용된다.[11]

구체적으로 연령차별금지법이 보호하는 내용은 다음과 같다. 첫째, 연령제한 등 연령을 근거로 직업훈련(apprenticeship) 프로그램에서 차별하는 것은 불법이다. 둘째, 채용공고나 광고에서 연령에 따른 선호나 제한 또는 한정(specification)은 불법이다. 셋째, 채용지원자에게 나이나 생년월일을 질문하는 것 자체는 원칙적으로 금지되지 않는다. 하지만 지원자의 나이나 생년월일에 관한 정보가 차별목적으로 이용될 수 있기 때문에 나이나 생년월일에 대한 질문이 합법적 목적을 위한 것이라는 사실에 대해서는 엄격한 심사가 이루어진다. 넷째, 연령차별금지법을 수정한 고령근로자급부보호법(Older Worker Benefit Protection Act: OWBPA, 1990)은 고령근로자에 대한 급부의 거부를 금지한다. 다섯째, 근로자는 차별관련 분쟁을 해결하기 위하여, 또는 명예퇴직제(exit incentive program) 등 고용해지에 관한 제도와 관련하여 연령차별금지법에 의해 보장된 권리를 포기할 수 있는데 여기에는 다음과 같은 최소한의 한계가 있다. 권리포기는 서면으로, 이해할 수 있도록 작성되어야 하고, 연령차별금지법상의 권리라는 점에 대한 특별한 언급이 있어야 하며, 미래에 발생할 권리는 포기할 수 없고, 금전적 보상(valuable consideration)을 대가로 해야 하며, 권리포기에 대한 서명을 하기 이전에 변호사와 상의하도록 서면으로 권고를 받아야 하고, 권리포기에 동의하기 전에 21일 이상 숙고할 수 있는 기간과 권리포기에 서명한 후 7일 이상 동의를 취소할 수 있는 기간이 보장되어야 한다.

11) EEOC(미국 평등고용위원회)의 통계에 따르면 2005회계년도에 EEOC는 연령차별에 관한 16,585건의 이의제기를 접수하였고, 14,076건을 해결하였다. 그리고 7,700만달러의 금전적 이익(소송을 통한 금전적 이익은 제외)을 이의제기 당사자들에게 보상받게 했다고 한다. 자세한 내용은 EEOC 웹사이트(www.eeoc.gov) 참조.

3. 장애인법

미국 장애인법(ADA, 1990)[12]의 입법목적은 ① 장애인 차별의 철폐에 관한 명확하고 포괄적인 국가과제를 제시하고, ② 장애인 차별에 관한 명확하고 강력하며 일관되고 관철가능한 기준을 제시하며, ③ 장애인을 위하여 규정된 기준을 관철함에 있어서 연방정부의 중심적 역할을 보장하고, ④ 의회의 권한이 장애인이 매일 부딪히는 차별의 주요영역에 향하도록 촉구하는 데 있다[ADA(US) 제2조].

미국장애인법의 적용을 받는 장애인은 ① 생활의 중요한 활동 가운데 하나 이상을 실질적으로 제한하는 신체적 또는 정신적 손상(impairment)을 가진 자, ② 그와 같은 손상의 기록을 가지고 있는 자, ③ 그러한 손상을 가진 것으로 간주되는 자를 의미한다. 한편 '자격있는(qualified) 장애인'이란 합리적인 편의(accommodation)가 제공되는지와 상관없이 문제가 되는 직업의 본질적인인 기능을 수행할 수 있는 장애인 근로자 또는 채용지원자를 말한다. 여기서 말하는 '편의'란 ① 근로자가 사용하는 기존의 편의시설에 대해서 장애인이 용이하게 접근할 수 있고 사용할 수 있도록 만드는 것, ② 업무를 재구성하거나(job restructuring) 근로시간을 수정하거나(modifying work schedules), 공석인 업무로 재배치하는 것(reassignment to a vacant position), ③ 시설 · 장비를 구입 · 재배치하거나 시험 · 훈련자료 · 정책을 장애인에게 맞춰 수정하거나 자격 있는 낭독인(reader) · 통역인을 제공하는 것을 뜻한다.

미국장애인법에 따르면 자격 있는 장애인에 대한 차별의 금지는 사기업, 주정부나 지역정부 및 연방정부, 고용대행기관이나 노동조합에 적용된다.[13] 사기업의 경우에 장애인법은 15인 이상의 사업장에 적용된다. 사용자는 기업활동에 "부당한 부담(undue hardship)"을 주지 않은 한 자격 있는 장애인 근로자에게 합리적인 편의를 제공해야 한다. 여기서 부당한 부담이란 기업의 크기, 재정적 여력, 기업활동의 특성이나 구조와 같은 요소를 고려했을 때 중대한 어려움이나 비용을 요구하는 조치를 말한다. 편의의 제공을 위하여 품질이나 생산기준의 저하가 고

---

12) 미국장애인법은 1992년 7월 26일부터 시행되었다.

13) EEOC의 통계에 따르면 장애차별의 경우 2005회계년도에 총 1,493건의 이의제기가 접수되었고, 1,537건을 해결하였다고 한다. 이를 통해 4,480만달러의 금전적 이익(소송을 통한 금전적 이익은 제외)을 당사자에게 보상받게 하였다고 한다. 자세한 내용은 EEOC 웹사이트(www.eeoc.gov) 참조.

용주에게 요구되지 않으며, 고용주가 장애인 근로자에게 안경이나 보청기를 개인적으로 사용할 수 있도록 제공해야 할 의무도 없다.

그 밖에도 미국장애인법에 따르면 고용주가 채용지원자에게 장애의 존재와 특성 및 중대성에 관한 질문을 하는 것은 금지된다. 직무를 수행할 수 있는 능력에 대해서 질문하는 것은 가능하다. 또한 건강검진(medical examination)을 실시하는 것은 가능하지만 그러한 검진은 모든 지원자에게 실시하는 경우에만 가능하다. 그리고 그러한 검진은 직업과 관련된 것이어야 하고, 고용주의 기업활동의 필요와 일치하는 것이어야 한다. 마약사용자는 장애인차별법의 적용을 받지 않는다. 따라서 고용주는 마약사용에 관한 건강검진을 실시할 수 있다. 한편 장애인법에 따르면 장애를 이유로 한 차별적 고용관행에 반대하거나 장애인법에 따른 이의제기, 증언, 조사나 소송에 참여 등에 대하여 보복적 조치를 하는 것은 불법이다.

II. 캐나다

1. 캐나다 인권법

캐나다는 1977년에 "기회의 평등과 차별로부터의 해방"을 목적으로 캐나다 인권법(Canadian Human Rights Act: CHRA)을 제정하였다. 구체적으로 캐나다인권법은 입법목적을 다음과 같이 밝히고 있다. "이 법의 목적은 캐나다 내에서 효력을 가진 법률들이 의회의 입법권 안에서 등장하는 문제들의 영역에서 다음과 같은 원칙에까지 확대되도록 하는 데 있다. 그 원칙이란 모든 개인들이 ① 인종, ② 출신국가 또는 출신민족(national or ethnic origin), ③ 피부색, ④ 종교, ⑤ 연령, ⑥ 성별, ⑦ 성적 지향, ⑧ 혼인관계, ⑨ 가족관계, ⑩ 장애, ⑪ 기록이 삭제된(pardoned) 전과 등 11가지 차별사유에 기초한 차별적 관행(discriminatory practices)에 의하여 방해받거나 제약받음이 없이 사회의 구성원으로서 자신의 의무와 책임과 부합하여 소유할 수 있거나 소유하고 싶고, 자신의 필요를 충족시킬 수 있거나 충족시키고 싶은 삶을 영위하는 기회를 다른 개인들과 평등하게 가져야만 한다는 원칙이다"(동법 제1조).

캐나다 인권법은 입법목적에서 열거된 11가지 차별사유에 근거한 차별적 관행들을 다음과 같이 좀 더 상세하게 유형화하고 있다.

① 재화 · 용역 · 편의 · 시설의 제공: 통상적으로 공중이 사용할 수 있는 재화(goods), 용역(services), 편의(facilities) 또는 시설(accommodation)의 제공을 거부하거나 다른 사람에 비하여 불리한 차이를 두는 것(CHRA 제5조).

② 업무용부동산 · 주거시설의 제공: 업무용 부동산이나 시설의 제공을 거부하거나 다른 사람에 비하여 불리한 차이를 두는 것(CHRA 제6조).

③ 고용: 고용이나 고용유지를 거부하거나 다른 사람에 비하여 불리한 차이를 두는 것(CHRA 제7조).

④ 채용공고: 금지된 차별사유에 기초한 지원서의 사용 및 배포, 채용공고 또는 서면이나 구두질문(CHRA 제8조).

⑤ 근로자단체: 근로자단체 가입의 금지, 근로자단체 가입자의 해고나 정직, 근로자단체 가입자 또는 집단적 의결에 대한 단체의 의무에 대하여 개인의 고용기회를 박탈하거나 제한하거나 불리한 영향을 미치는 방식의 제한 · 구분 · 분류(통상의 퇴직연령에 도달한 근로자의 경우에는 예외: CHRA 제9조).

⑥ 정책 · 관행 · 계약: 금지된 차별사유에 따라 개인 또는 일정한 집단의 개인들로부터 고용기회를 박탈하거나 박탈하는 경향이 있는 정책이나 관행의 수립 또는 추구 및 그러한 모집 · 구직자보내기 · 채용 · 승진 · 교육 · 견습생훈련 · 전보 · 기타 고용관련문제에 영향을 주는 계약의 체결(CHRA 제10조).

⑦ 임금: 동일한 가치의 노동을 수행하는 동일 사업장에서 남성과 여성 간에 임금차이의 부여 및 유지(CHRA 제11조).

⑧ 차별적 표시 등의 출판 · 상영: 차별이나 차별의도를 표현하거나 내포하는 또는 다른 사람으로 하여금 차별을 자극하거나 자극할 것으로 예측되는 표시(notice), 기호(sign), 상징(symbol), 문장(emblem), 기타 묘사(representation)를 공중에 출판하거나 상영하는 것 또는 출판이나 상영을 유발하는 것(CHRA 제12조).

⑨ 증오메시지: 금지된 차별사유에 따라 누구인지를 확인할 수 있는 사실을 가지고 증오나 중상을 일으키는 문제를 전화로 반복적으로 보내거나 받도록 하는 것, 또는 컴퓨터나 인터넷을 이용하여 그런 문제에 관하여 통신하는 것(CHRA 제13조).

⑩ 괴롭힘(harassment): 금지된 차별사유에 따라 통상적으로 공중이 사용할 수 있는 재화 · 용역 · 편의 · 시설의 제공이나 업무용 부동산 · 주거시설의 제공, 고용과 관련된 문제에서 어떤 사람을 괴롭히는 것.

2. 고용평등법

또한 캐나다는 고용평등법(Employment Equity Act: EEA)을 제정하여 고용과 관련된 차별의 금지를 규율하고 있다. 캐나다의 고용평등법은 특별히 ① 여성, ② 장애인, ③ 원주민(aboriginal peoples) 및 ④ 가시적 소수자(member of visible minority)에 대하여 고용영역에서 평등한 기회를 보장하기 위한 목적으로 제정되었다. 고용평등법의 이행 여부를 판단하는 권한은 캐나다 인권위원회(CHRC)[14]가 갖는다.

III. 호 주

호주의 경우에 차별판단의 근거로서 개별적인 차별사유에 따라 연방법인 ① 연령차별금지법(Age Discrimination Act 2004: ADA), ② 장애인차별금지법(Disability Discrimination Act 1992: DDA), ③ 인종차별금지법(Racial Discrimination Act 1975: RDA), ④ 성차별금지법(Sex Discrimination Act 1984: SDA)이 제정되어 있다. 또한 차별과 관련된 조사와 조정을 담당하는 기관인 '호주인권위원회'(Australian Human Rights Commission: AHRC)의 조직과 권한을 규정한 ⑤ 호주 인권위원회법(Australian Human Rights Commission Act 1986: AHRCA)이 연령, 장애(손상, 신체적 장애, 정신적 · 지적 · 심리적 장애), 인종, 성별 이외에 성적 선호(sexual preference), 종교, 전과(criminal record), 정치적 견해, 노조활동, 병력(medical record), 혼인관계, 국적까지 포함하는 일반적인 차별금지법으로서 제정되어 있다.

① 첫째, 연령차별금지법(ADA)은 고용, 재화와 용역의 제공, 교육, 복지법과 프로그램에 관한 행정과 같은 공공생활영역에서 연령을 이유로 불리하게 대우받

14) 캐나다 인권위원회에 대해서는 아래 제4장 제1절 II. 참조.

지 않도록 보장하기 위한 법률이다. ② 둘째, 장애인차별금지법(DDA)은 장애인에 대한 차별을 제거하고, 장애인이 공동체의 다른 구성원과 동등한 기본권을 향유한다는 원칙에 대한 공동체의 인정을 촉진시키며, 장애인이 다른 구성과 동등하게 법 앞의 평등권을 향유한다는 사실을 실질적으로 보장하기 위하여 제정되었다. ③ 셋째, 인종차별금지법(RDA)은 인종차별철폐에 관한 국제협약(ICERD)을 준수하여 인종, 피부색, 출신국가나 출신인종과 상관없이 모든 사람에게 법 앞의 평등을 향상시키며 인종, 피부색, 출신국가나 출신인종을 이유로 한 차별을 불법으로 확인하기 위하여 제정되었다. ④ 넷째, 성차별금지법(SDA)은 여성차별철폐협약(CEDAW)을 준수하고 국제노동기구 제156호 협약을 고려하여 양성평등을 증진시키고 성별, 혼인관계나 임신, 가족에 대한 책임 등을 이유로 한 차별을 제거하며, 직장, 교육시설, 재화와 용역의 제공, 시설의 제공, 복지프로그램의 제공에서 성희롱을 제거하기 위한 목적으로 제정되었다.

마지막으로 일반적 차별금지법에 해당하는 호주 인권위원회법(AHRCA)은 호주가 동의한 ① 시민적 · 정치적 권리에 관한 국제협약(ICCPR), ② 국제노동기구 고용차별협약(ILO 제111호 협약), ③ 아동권리협약(CRC), ④ 아동권리선언(DRC), ⑤ 장애인권리선언(DRDP), ⑥ 정신지체장애인선언(DRMRP), ⑦ 종교 또는 신념에 따른 비관용과 차별 철폐선언(DEIDRB)에 따라 제정되었다.

호주의 차별금지법제

<table>
<tr><th>차별금지사유</th><th>법률명</th><th>차별영역</th><th>차별시정기구</th></tr>
<tr><td>-인종
-피부색
-출신민족
-출신국가</td><td>인종차별금지법
(Racial Discrimination Act 1975)</td><td>-법적 권리
-편의시설
-토지 · 주거 · 영업시설
-재화 · 용역
-노동조합
-고용
-광고</td><td rowspan="2">호주인권
위원회
(Australian Human Rights Commission)</td></tr>
<tr><td>-성별
-혼인 여부
-임신</td><td>성차별금지법
(Sex Discrimination Act 1984)</td><td>-고용
-교육
-재화 · 용역 · 편의시설
-주거 · 영업시설
-토지</td></tr>
</table>

		-회원가입(clubs) -법집행	
-장애	장애차별금지법 (Disability Discrimination Act 1992)	-고용 -교육 -건물(premises) -재화 · 용역 · 편의시설 -주거 · 영업시설 -토지 -회원가입 -스포츠 -법집행	
-연령	연령차별금지법 (Age Discrimination Act 2004)	-고용 -교육 -주거 · 영업시설 -재화 · 용역 · 편의시설 -법집행 -건물 -토지	
-인종 -피부색 -성별 -종교 -정치적 의견 -출신국가 (national extraction) -출신지역 (social origin)	인권위원회법 (Australian Human Rights Commission Act 1986)	위의 모든 영역	

Ⅳ. 뉴질랜드

뉴질랜드의 인권관련 법률로는 평등권과 관련된 차별금지법으로서 '인권법'과 모든 기본적 인권을 포괄하는 '권리장전법'이 있다.

1. 인권법

뉴질랜드에서는 1978년 9월 1일부터 '인권위원회법(Human Rights Commission

Act: HRCA, 1977)'이 시행되었다. 이 법은 1993년에 '인권법(Human Rights Act: HRA, 1993)'으로 개정되었다. 명칭은 인권법으로 되어 있지만 차별로부터 국민을 보호하기 위하여 금지된 차별사유와 차별영역을 규율하는 사실상 차별금지법으로 이해될 수 있다. 인권법은 2001년 다시 개정되었는데 여기서 인종관계위원(동법 제16조)과 고용평등위원(동법 제17조)에 관한 조항이 신설되었다. 또한 개정 인권법에는 진정의 조사를 담당하던 기존의 '진정처리국(Complaints Division)'을 대체하는 '인권심판국(Office of Human Rights Proceedings)'이 설치되어 진정을 더욱 신속하고 탄력적으로 해결할 수 있게 되었다.

뉴질랜드의 인권법(HRA)은 금지된 차별사유를 다음과 같이 비교적 상세하게 열거하고 있다(HRA 제21조 제1항).

① 성별 – 임신과 출산 포함

② 혼인관계

- 미혼
- 기혼, 동성애 결합(civil union), 사실혼
- 법률혼, 동성애 결합, 사실혼의 사별자
- 이혼, 동성애 결합 및 사실혼의 이별자
- 아직 해소되지 않은 기혼 및 동성애결합, 아직 종료되지 않은 사실혼

③ 종교적 신앙

④ 하나 또는 그 이상의 종교와 관련된 종교적 신앙이 결여된 윤리적 신념

⑤ 피부색

⑥ 인종

⑦ 출신민족 또는 출신국가(국적이나 시민권 포함)

⑧ 장애

- 신체적 장애와 손상
- 신체적 질병
- 정신질환
- 지적 · 정신적 장애와 손상
- 심리적, 생리적, 해부학적 구조나 기능의 결손이나 비정상

- 인도견(guide dog), 휠체어, 기타 치료수단에의 의존
- 질병을 유발할 수 있는 조직의 신체 내 존재

⑨ 연령(16세 이상)

⑩ 정치적 견해(특정한 정치적 견해를 갖지 않거나, 전혀 정치적 견해를 갖지 않은 것도 포함)

⑪ 고용상태
- 실업자
- 수혜자

⑫ 가족관계
- 자녀 또는 기타 부양가족에 대한 전적이거나 부분적 책임
- 자녀 또는 기타 부양가족에 대한 책임이 없음
- 특정인과의 혼인, 동성애 결합, 사실혼
- 특정인과의 친척관계

⑬ 성적 취향
- 이성애적 취향
- 동성애적 취향
- 레즈비언
- 양성애적 취향

이러한 금지된 차별사유는 차별을 받는 본인뿐만 아니라 가족이나 동료에게도 적용될 수 있고, 과거나 현재의 차별뿐만 아니라 차별받았다고 주장하는 사람에 의해 현재 존재하거나 과거에 존재했었다고 의심이 가거나 가정되거나 확신이 드는 경우에도 적용될 수 있다.

2. 권리장전법

뉴질랜드 '권리장전법(Bill of Rights Act, 1990: BRA)'은 국민에게 보장된 권리에 관한 실체법의 역할을 한다.[15] 이러한 권리들은 입법, 집행, 사법을 포함한

15) 뉴질랜드 권리장전법(BRA)에 대해서는 뉴질랜드 법무부 웹사이트(www.justice.govt.nz/pubs/other/pamphlets/2001/bill_rights_act.html)에서 소개된 설명을 참조.

모든 국가활동의 한계를 설정한다. 이 법에 따르면 검찰은 권리장전에 모순되는 입법에 관한 보고서를 제출한다.

권리장전에 포함되는 권리는 크게 ① 생명과 안전에 관한 권리, ② 민주적 · 시민적 권리, ③ 차별금지와 소수자의 권리, ④ 수색 · 체포 · 구속에 관한 권리, ⑤ 형사소송에 관한 권리, ⑥ 사법(司法)에 관한 권리로 구분된다.

첫째, 생명과 안전에 관한 권리에는 ① 생명을 박탈당하지 않을 권리(BRA 제8조), ② 고문이나 가혹한 대우 또는 가혹한 처벌을 받지 않은 권리(BRA 제9조), ③ 의학적 · 과학적 실험을 당하지 않을 권리(BRA 제10조), ④ 의학적 치료를 거부할 권리(BRA 제11조)가 포함된다.

둘째, 민주적 · 시민적 권리로는 ① 표현의 자유(BRA 제14조), ② 평화적 집회의 자유(BRA 제16조), ③ 결사의 자유(BRA 제17조), ④ 사상 · 양심 · 종교 · 신념의 자유(BRA 제13조), ⑤ 선거권 및 피선거권(18세 이상의 국민: BRA 제12조), ⑥ 거주 · 이전의 자유(BRA 제18조), ⑦ 종교와 신념을 고백하고 실현할 수 있는 권리(BRA 제15조)를 들 수 있다.

셋째, 차별금지와 소수자의 권리는 ① 인권법에서 열거된 금지된 차별사유에 근거하여 차별받지 않을 권리(BRA 제19조)와 ② 민족 · 종교 · 언어에서 소수자가 자신의 문화를 향유하고 자신의 종교를 실천하며 자신의 언어를 사용할 수 있는 권리(BRA 제20조)를 의미한다.

넷째, 수색 · 체포 · 구속에 관한 권리는 ① 비합리적인 수색이나 압류를 당하지 않을 권리(BRA 제21조), ② 자의적인 체포나 구속을 당하지 않을 권리(BRA 제22조)를 포함한다. 그 밖에도 체포나 구속을 당한 자의 권리로서 ① 체포 · 구속의 이유를 고지 받을 권리, ② 변호사의 도움을 받을 권리 및 그러한 권리에 대하여 고지 받을 권리, ③ 묵비권 및 그 권리를 고지 받을 권리, ④ 체포 · 구속의 적부심사를 받을 권리, ⑤ 신속하게 기소되거나 석방될 권리, ⑥ 신속하게 재판을 받을 권리를 포함한다(BRA 제23조). 한편 피고인의 권리로서 ① 신속하게 기소의 성격을 고지 받을 권리, ② 정당한 구속사유가 없는 경우 석방될 권리, ③ 방어를 준비할 적절한 시간과 편의를 받을 권리, ④ 3개월 이상의 금고 이상의 형에 해당하는 경우 배심원재판(jury trial)을 받을 권리, ⑤ 재판의 이익이 있지만 충분한 자력(means)이 없는 경우 무료법률구조를 받을 권리, ⑥ 필요한 경우 무료통역지원을 받을 권리가 포함된다(BRA 제24조).

다섯째, 형사소송에 관한 권리로는 ① 지체없이 재판받을 권리, ② 자신에게 불리한 진술이나 자백을 강제당하지 않을 권리, ③ 유죄로 확정될 때까지 무죄로 추정받을 권리, ④ 공정한 재판을 받고 자신의 재판에 참석할 권리, ⑤ 방어하고 반대심문(cross-examine)할 수 있는 권리, ⑥ 항소할 수 있는 권리를 들 수 있다(BRA 제25조).

여섯째, 재판받을 권리에는 ① 중립적인(unbiased) 법관에 의한 공정한 재판을 받을 권리와 ② 판결에 항소할 수 있는 권리가 포함된다(BRA 제26조).

V. 인도(India)

인도에는 독립적인 차별금지법이 제정되어 있지 않다. 다만 인권보호를 위하여 설치된 국가인권기구로서 국가인권위원회(National Commission for Human Rights)의 조직과 권한에 관한 법률인 인권보호법(the Protection of Human Rights Act: PHRA, 1993)이 제정되어 있다. 1993년 9월 28일부터 시행된 인도의 인권보호법에 따르면 인권이란 "헌법에 보장되거나 국제협약에 규정되고 인도의 법원이 효력을 인정한 생명, 자유, 평등, 개인의 존엄에 관한 권리"를 의미한다(동법 제2조 제1항 (d)). 여기서 국제협약이란 1966년 12월 16일 국제연합(UN) 총회가 채택한 '시민적 · 정치적 권리에 관한 국제협약'(ICCPR)과 '경제적 · 사회적 · 문화적 권리에 관한 국제협약(ICESCR)'을 말한다(동조 동항 (e)). 그 밖에도 소수자를 보호하기 위한 법률로서 국가소수자위원회법(National Commission for Minorities: NCM)과 국가여성위원회법(National Commission for Women: NCW) 등이 제정되어 있다.

VI. 남아프리카공화국

1. 남아프리카공화국 헌법

남아프리카공화국 헌법(Constitution of the Republic of South Africa: 이하 남아공헌법)[16)]은 인종차별적 역사를 반증하듯 평등에 관하여 비교적 상세하게 규정하고 있다. 우선 모든 사람은 법 앞에 평등하고 법의 보호와 혜택을 평등하게 받을 권리를 갖는다고 규정한다(남아공헌법 제9조 제1항). 그리고 평등은 모든 권리와 자유의 완전하고 평등한 향유를 의미한다고 하면서, 평등의 실현을 증진하기 위하여 불공정한 차별로 불이익을 당하는 개인이나 집단을 보호하고 향상시키는 입법적 조치 및 기타 조치들을 이행해야 한다고 한다(동조 제2항). 또한 국가는 어떤 사람도 ① 인종, ② 성별(gender, sex), ③ 임신, ④ 혼인 여부, ⑤ 인종적 · 사회적 출신배경, ⑥ 피부색, ⑦ 성적 지향, ⑧ 연령, ⑨ 장애, ⑩ 종교, ⑪ 양심, ⑫ 신앙, ⑬ 문화, ⑭ 언어, ⑮ 출생지 가운데 하나 또는 그 이상의 사유로 직접적 또는 간접적으로 불공정하게 차별해서는 안 된다고 하여 차별금지사유를 대단히 상세하게 규정하고 있다(동조 제3항). 따라서 누구도 이러한 차별사유 가운데 하나 이상의 사유로 직접적 또는 간접적으로 불공정하게 차별받지 않으며, 국가는 불공정한 차별을 예방하고 금지하기 위한 법률을 제정해야 한다(동조 제4항). 위에서 언급된 차별사유들 가운데 하나 이상의 사유를 근거로 한 차별은 그것이 공정하다고 확정되지 않는 한 불공정한 것으로 간주된다(동조 제5항).

---

16) 남아프리카공화국 헌법은 1994년 4월 27일 실시된 최초의 인종차별 없는 선거에서 선출된 400명의 의원으로 구성된 하원(National Assembly)과 90명의 의원으로 구성된 상원(Senate)의 합동회의인 헌법회의(Constitutional Assembly)에서 기초되었다. 임시헌법에 따라 구성된 헌법회의는 2년 동안의 활동기간을 부여받아 1994년 5월 3일부터 활동을 개시하여 1996년 5월 8일에 최종 헌법안을 제시하였다. 하지만 헌법재판소는 합헌성확인심리(certification hearing)를 한 결과 같은 해 9월 6일 이 최종안이 헌법원칙에 위반되어 합헌성확인을 거부하였다. 이에 따라 헌법회의는 최종안을 수정하여 다시 헌법재판소에 송부하였고, 1996년 12월 4일 헌법재판소는 이 수정된 최종안의 합헌성을 확인하게 된다. 마침내 1996년 12월 10일 넬슨 만델라 대통령이 이 헌법안에 비준함으로써 남아프리카공화국 헌법이 탄생하게 된다. 남아프리카공화국 헌법의 역사에 대한 자세한 설명을 남아프리카공화국 헌법재판소의 웹사이트(www.constitutionalcourt.or.za)를 참조.

2. 인권위원회법과 성평등위원회법

남아공 헌법에 따라 불공정한 차별을 예방하고 금지하기 위하여 제정된 법률로는 ① 인권위원회법(Human Rights Commission Act: HRCA, 1994)[17]과 ② 성평등위원회법(Commission on Gender Equality Act: CGEA, 1996)[18]이 있다.

VII. 그리스

그리스는 차별관련 법률로서 1998년 국가인권위원회 및 국가생명윤리위원회 조직법(Constitution of a National Commission for Human Rights and a National Bioethics Commission: 이하 '그리스 국가인권위원회법'으로 약칭)을 제정하여 2000년, 2002년, 2003년에 개정하였다. 나중에 설명하는 바와 같이 그리스의 국가인권위원회는 인권침해구제나 차별시정을 위한 기관이 아니라 인권에 관한 연구와 자문을 목적으로 설치된 기관이다. 따라서 그리스 국가인권위원회법은 차별에 관한 조항은 없고, 국가인권위원회의 구성과 조직에 관하여 규정하고 있을 뿐이다.

VIII. 아일랜드

아일랜드의 차별금지법으로는 고용영역에서 차별을 금지하는 고용평등법(Employment Equality Act: EEA, 1977)이 대표적이다. 고용평등법은 1998년에 개정되었다(1999년 10월 18일 시행). 그 밖에도 인종이나 출신국가에 따른 차별을 금지하는 2000년 제43호 EU지침을 이행하기 위하여 2000년에는 평등지위법(Equal Status Act, 2000)이 추가로 제정되었다. 고용평등법이 고용영역에서 발생하는 차별행위를 규율한다면 평등지위법은 고용영역 이외에 중요한 차별영역인 재화 · 용역 · 편의시설 · 교육시설의 제공과 관련된 영역에서 발생하는 차별행위를 규율한다.[19]

---

17) 남아공의 인권위법에 대해서는 아래 참조.

18) 남아공의 성평등위법에 대해서는 아래 참조.

이러한 차별금지법률들에 따라 고용, 직업훈련, 광고, 단체협약(collective agreements), 재화와 용역의 제공 및 공중이 일반적으로 접근할 수 있는 기회에 있어서 차별은 불법적 행위로서 금지된다. 금지되는 차별사유로는 ① 성(gender), ② 혼인 여부(marital status), ③ 가족관계(family status), ④ 성적 지향, ⑤ 종교적 신앙, ⑥ 연령, ⑦ 장애, ⑧ 인종 · 피부색 · 국적 · 출신국가 · 출신민족, ⑨ 유랑족구성원(membership of the Traveller Community) 등 9가지를 규정하고 있다.

2004년에는 고용평등법과 평등지위법을 수정하는 평등법(Equality Act, 2004년 10월 25일)이 제정되었다. 주요내용으로는 차별의 지시(instruction)도 차별에 포함시키고, 현재의 차별사유뿐만 아니라 과거나 미래의 차별사유까지 포함시키며(동법 제4조), 성차별에 임신과 출산에 의한 차별이 포함된다는 것을 명시한다는 점 등이다.

19) 차별영역에 대해서는 이 책 제2장 참조.

제 2 절 차별금지법제의 유형

각국의 차별금지법은 ① 차별을 일반적으로 규율하는 '일반적 차별금지법'의 유형과 ② 개별적인 차별사유나 구체적인 차별영역에 따라 개별적으로 규율하는 '개별적 차별금지법'의 유형으로 구분될 수 있다. 예를 들어 캐나다의 인권법, 뉴질랜드의 인권법, 인도의 인권보호법, 남아프리카공화국의 인권위원회법 등이 일반적 차별금지법에 해당한다. 반면에 미국의 연령차별금지법이나 장애인법, 호주의 인종차별금지법, 성차별금지법, 장애인차별금지법, 연령차별금지법 또는 남아프리카공화국의 성평등위원회법 등은 개별적 차별금지법에 해당한다고 할 수 있다. 한편 예외적이기는 하지만 남아프리카공화국의 헌법처럼 직접적으로 차별에 대해서 규정함으로써 헌법적 수준에서 일반적으로 차별에 관한 규정을 하는 예도 발견할 수 있다. 이러한 규정방식은 각국이 처한 특수한 역사적 배경이나 사회적 환경과 관련이 있는 것으로 판단된다.

일반적 차별금지법	개별적 차별금지법
캐나다 인권법(CHRA, 1977) 뉴질랜드 인권위법(HRCA, 1977) → 인권법(HRA, 1993) 인도 인권위법(NHRCA) 남아프리카공화국 인권위법(HRCA) 아일랜드 평등지위법(ESA, 2000) 아일랜드 평등법(EA, 2004) 대한민국 국가인권위원회법(NHRCA)	미국 연령차별금지법(ADEA) 미국 장애인법(ADA) 호주 인종차별금지법(RDA) 호주 성차별금지법(SDA) 호주 장애인차별금지법(DDA) 호주 연령차별금지법(ADA) 남아프리카공화국 성평등위법(CGEA) 아일랜드 고용평등법(EEA, 1998)

I. 일반적 차별금지법

일반적 차별금지법(general anti-discrimination law)이란 차별사유나 차별영역을 포괄적으로 규정하는 차별금지법을 말한다. 미국의 민권법 제7편(Title VII)

이나 아일랜드의 고용차별금지법(EEA, 1998)처럼 고용영역에서 발생하는 차별행위를 모든 차별사유에 대해서 금지하는 법률의 경우에 이것을 일반적 차별금지법으로 분류할 수 있을지가 문제된다. 굳이 구분한다면 차별사유나 차별영역을 모두 아우르는 '좁은 의미의 일반적 차별금지법'과 차별사유나 차별영역을 각각 포괄적으로 규율하는 '넓은 의미의 일반적 차별금지법'으로 나눌 수 있을 것이다. 이 경우에 고용영역에서의 차별행위를 포괄적으로 금지하는 법률도 일반적 차별금지법에 포함시킬 수 있다. 하지만 여기서는 좁은 의미의 차별금지법만을 일반적 차별금지법으로 부르기로 한다. 따라서 개별적 차별사유마다 또는 개별적 차별영역마다 규율하는 차별금지법의 경우에는 개별적 차별금지법으로 분류하기로 한다.

일반적 차별금지법의 형태로 차별금지에 관한 법률이 제정되면 다음과 같은 장점이 있다. ① 첫째, 가능한 모든 차별사유나 차별영역들을 예상하여 비교적 완벽한 차별목록과 해결방안을 제시할 수 있다. ② 둘째, 발생할 수 있는 모든 차별사안들을 체계적이고 조직적으로 규율하여 차별판단기준과 구제방법에 관한 일관되고 통일된 대안을 제시할 수 있다. ③ 셋째, 차별사유나 차별영역이 중첩되는 경우에 효과적으로 차별사안을 처리할 수 있는 절차를 제시할 수 있다. ④ 외관상 차별사유가 상이하거나 실제적으로 차별사유가 다양함으로써 발생할 수 있는 차별에 대한 결정의 중복을 예방함으로써 신속하게 분쟁을 해결하고 차별시정에 드는 비용을 줄일 수 있다. 하지만 개별적인 차별사유나 차별영역에 따라 다양하게 발생할 수 있는 차별에 대한 구체적이고 전문적인 차별기준과 구제방법을 제시하는 데 일정한 한계가 있을 수밖에 없다.

일반적 차별금지법이 제정된 경우에 이것을 집행하는 차별시정기관을 일원화할 수도 있지만 그 안에 포함된 개별적 차별사유나 차별영역에 따라 차별시정기관을 다원화할 수 있는 가능성도 열려 있다. 하지만 일반적 차별금지법을 제정한 입법목적을 고려한다면 일관되고 효율적인 집행을 위해서는 일원화된 차별시정기구가 합목적적일 것이다. 물론 이러한 일원화된 차별시정기관이 개별적이고 구체적인 차별사유나 차별영역에 따라 발생할 수 있는 다양한 차별사안의 특수성을 고려하지 않을 수 있다. 따라서 일원화된 차별시정기관은 모든 차별사유와 차별영역에서 발생할 수 있는 차별사안을 위하여 일반적으로 형성된 통일된 차별판단 기준과 구제방법을 모든 개별적 차별사안에 일률적으로 적용함으로써 구체적 타당성을 결여할 수 있는 단점도 배제할 수 없다.

II. 개별적 차별금지법

개별적 차별금지법(individual anti-discrimination law)은 개별적 차별사유나 개별적 차별영역에 따라 제정된 차별금지법을 말한다. 견해에 따라서는 개별적 차별사유마다 규율하는 법률은 개별적 차별금지법으로 부르지만 개별적 차별영역마다 규율하는 법률의 경우에(특히 고용영역을 규율하는 법률의 경우에) 모든 차별사유에 대해서 포괄적으로 규정하면 일반적 차별금지법으로 부를 수 있을지도 모른다. 하지만 이러한 분류는 분류기준의 일관성이 없기 때문에 앞에서 언급한 것처럼 모든 차별사유와 차별영역을 동시에 포괄하는 경우에만 일반적 차별금지법으로 분류하기로 한다.

개별적 차별금지법의 형태로 입법이 되면 개별적 차별사유와 관련된 업무를 담당하는 해당 정부부처 산하에 차별의 개선 및 구제를 담당하는 위원회를 두거나 독립된 개별적 차별시정기관을 설치할 수 있다. 예를 들어 보건복지부 산하에 장애인차별을 시정하는 위원회나 여성가족부 산하에 여성차별을 시정하는 위원회를 두거나 장애인차별, 여성차별 등 개별적 차별사유를 다루는 독립된 차별시정기관을 설치하는 것이다. 이 경우에 개별적 차별사유마다 구체적이고 효과적인 차별시정이 가능할 수 있다는 장점이 있다. 하지만 개별적인 차별사유나 차별영역과 관련하여 설치된 다양한 해당 위원회나 독립된 차별시정기구가 서로 모순되는 결정을 내리거나 결정의 중복이 발생할 수 있는 단점도 존재한다. 그밖에도 차별사유나 차별영역이 중첩되는 경우에 차별에 관한 결정을 서로 다른 기관에게 미룸으로써 차별의 피해자에게 이중의 고통을 줄 가능성도 있다.

III. 대한민국의 차별금지법

우리나라에는 현재 국가인권위원회법을 필두로 장애인차별금지법, 남녀고용평등법, 연령차별금지법, 비정규직(기간제근로자, 단시간근로자, 파견근로자)차별금지법 등에서 차별을 금지하는 다양한 규정을 두고 있다. 국가인권위원회법이 가장 일반적면서 체계적인 차별금지법이고, 그 밖의 법률들은 구체적인 차별사유나 차별영역을 규율하는 개별적인 차별금지법 또는 각각의 법률이 규율하는 영역에서 차별금지의 원칙을 선언한 규정으로 이해될 수 있다. 차별금지규정의 경우에 금지위반에 대한 제재나 금지위반으로 인한 권리침해의 구제를 위한 절차규정이 별도로 마련되어 있지 않는 한 단지 선언적 의미만을 갖는다는 문제점이 있다. 한편 국가인권위원회는 차별금지에 관한 기본법으로서 차별금지법의 제정을 준비하고 있다. 그 밖에도 개별적 차별사유에 따라 학력차별이나 인종차별 또는 외국인 차별의 금지에 관한 별도의 입법도 준비 중에 있는 것으로 알려져 있다.

차별금지 법률조항

5·18민주유공자 예우에 관한 법률	제28조(차별대우 금지) ① 취업지원 실시기관은 이 법에 따른 취업자(신규로 채용된 자를 포함한다. 이하 같다)에 대하여 직급의 부여·보직·승진·승급 등 모든 처우에서 채용의무에 따라 채용한 것을 사유로 다른 직원보다 불리한 대우를 하여서는 아니 된다. ② 국가보훈처장은 취업지원 실시기관이 제1항을 위반하여 이 법에 따른 취업자에게 차별대우를 한 것으로 인정되면 시정을 요구할 수 있다. ③ 제2항에 따라 시정요구를 받은 취업지원 실시기관은 이에 따른 시정조치를 하여야 하며 그 결과를 국가보훈처장에게 통보하여야 한다.
결혼중개업의 관리에 관한 법률	제12조(거짓·과장된 표시·광고의 금지 등) ① 결혼중개업자는 거짓·과장되거나 국가·인종·성별·연령·직업 등을 이유로 차별하거나 편견을 조장할 우려가 있는 내용 또는 인신매매나 인권 침해의 우려가 있는 내용의 표시·광고를 하여서는 아니 된다.
고용정책 기본법	제7조(취업기회의 균등한 보장) ① 사업주는 근로자를 모집·채용할 때에 합리적인 이유 없이 성별, 신앙, 연령, 신체조건, 사회적 신분, 출신지역, 출신학교, 혼인·임신 또는 병력(病歷) 등(이하 "성별 등"이라 한다)을 이유로 차별을 하여서는 아니 되며, 균등한 취업기회를 보장하여야 한다. ② 고용서비스를 제공하는 자는 그 업무를 수행할 때에 합리적인 이유 없이 성별 등을 이유로 구직자를 차별하여서는 아니 된다. ③ 직업능력개발훈련을 실시하는 자는 훈련대상자의 모집, 훈련의 실시 및 취업지원 등을 하는 경우에 합리적인 이유 없이 성별 등을 이유로 훈련생을 차별하여서는 아니 된다.
공익신고자 보호법	제15조(불이익조치 등의 금지) ① 누구든지 공익신고자 등에게 공익신고 등을 이유로 불이익조치를 하여서는 아니 된다.

공인중개사의 업무 및 부동산 거래신고에 관한 법률	제24조(부동산거래정보망의 지정 및 이용) ④ 거래정보사업자는 중개업자로부터 공개를 의뢰받은 중개대상물의 정보에 한하여 이를 부동산거래정보망에 공개하여야 하며, 의뢰받은 내용과 다르게 정보를 공개하거나 어떠한 방법으로든지 중개업자에 따라 정보가 차별적으로 공개되도록 하여서는 아니 된다.
공직자윤리법	제18조의4(퇴직공직자 등에 대한 행위제한) ② 공무원과 공직유관단체 임직원이 제1항에 따른 부정한 청탁 또는 알선을 받은 때에는 이를 소속 기관의 장에게 신고하여야 한다. ⑤ 제2항에 따라 신고한 공무원과 공직유관단체 임직원은 신고로 인하여 소속 기관으로부터 징계조치 등 어떠한 신분상 불이익이나 근무조건의 차별을 받지 아니한다. 다만, 거짓으로 신고한 경우는 그러하지 아니하다.
교원지위향상을 위한 특별법	제6조(교원의 신분보장 등) ② 교원은 해당 학교의 운영과 관련하여 발생한 부패행위나 이에 준하는 행위 및 비리 사실 등을 관계 행정기관 또는 수사기관 등에 신고하거나 고발하는 행위로 인하여 정당한 사유 없이 징계조치 등 어떠한 신분상의 불이익이나 근무조건상의 차별을 받지 아니한다.
교육기본법	제4조(교육의 기회균등) ① 모든 국민은 성별, 종교, 신념, 인종, 사회적 신분, 경제적 지위 또는 신체적 조건 등을 이유로 교육에서 차별을 받지 아니한다. ② 국가와 지방자치단체는 학습자가 평등하게 교육을 받을 수 있도록 지역 간의 교원 수급 등 교육 여건 격차를 최소화하는 시책을 마련하여 시행하여야 한다.
교통약자의 이동편의 증진법	제3조(이동권) 장애인 등 교통약자는 인간으로서의 존엄과 가치 및 행복을 추구할 권리를 보장받기 위하여 장애인 등 교통약자가 아닌 사람들이 이용하는 모든 교통수단, 여객시설 및 도로를 차별없이 안전하고 편리하게 이용하여 이동할 수 있는 권리를 가진다.
국가공무원법	제59조의2(종교중립의 의무) ① 공무원은 종교에 따른 차별 없이 직무를 수행하여야 한다. ② 공무원은 소속 상관이 제1항에 위배되는 직무상 명령을 한 경우에는 이에 따르지 아니할 수 있다.
국가과학기술 경쟁력 강화를 위한 이공계 지원특별법	제3조(국가 등의 책무) ② 국가와 지방자치단체는 이공계인력의 공직(公職) 진출 기회를 확대하고, 소속 기관에서 정책결정 과정에의 참여 또는 승진 등 직무수행 과정에서 불합리한 차별을 받지 아니하도록 종합적인 시책을 세우고 추진하여야 한다.
국가유공자 등 예우 및 지원에 관한 법률	제36조(차별대우 금지) ① 취업지원 실시기관은 이 법에 따른 취업자(신규로 채용된 자를 포함한다. 이하 같다)에 대하여 직급의 부여 · 보직 · 승진 · 승급 등 모든 처우에서 채용의무에 따라 채용한 것을 사유로 다른 직원보다 불리한 대우를 하여서는 아니 된다. ② 국가보훈처장은 취업지원 실시기관이 제1항을 위반하여 이 법에 따른 취업자에게 차별대우를 한 것으로 인정되면 그 시정을 요구할 수 있다. ③ 제2항에 따라 시정을 요구받은 취업지원 실시기관은 이에 따른 시정조치를 하여야 하며 그 결과를 국가보훈처장에게 통보하여야 한다.
국민기초생활 보장법	제33조(보장시설의 장의 의무 ③ 보장시설(사회복지시설)의 장은 위탁받은 수급자에게 급여를 실시할 때 성별 · 신앙 또는 사회적 신분 등을 이유로 차별대우를 하여서는 아니 된다.
군에서의 형의 집행 및 군수용자의 처우에 관한 법률	제6조(차별금지) 군수용자는 합리적인 이유 없이 성별, 종교, 장애, 나이, 사회적 신분, 출신지역, 용모 등 신체조건, 병력(病歷), 혼인 여부, 정치적 의견 및 성적(性的) 지향 등을 이유로 차별받지 아니한다.
군인사법	제45조(평등 취급의 원칙) 군인은 이 법을 적용할 때에 평등하게 취급되어야 하며 차별받지 아니한다.
근로기준법	제6조(균등한 처우) 사용자는 근로자에 대하여 남녀의 성(性)을 이유로 차별적 대우를 하지 못하고, 국적 · 신앙 또는 사회적 신분을 이유로 근로조건에 대한 차별적 처우를 하지 못한다.

근로복지기본법	제3조(근로복지정책의 기본원칙) ② 근로복지정책을 수립 · 시행할 때에는 근로자가 성별, 나이, 신체적 조건, 고용형태, 신앙 또는 사회적 신분 등에 따른 차별을 받지 아니하도록 배려하고 지원하여야 한다.
근로자직업능력 개발법	제3조(직업능력개발훈련의 기본원칙 ③ 직업능력개발훈련은 근로자의 성별, 연령, 신체적 조건, 고용형태, 신앙 또는 사회적 신분 등에 따라 차별하여 실시되어서는 아니 되며, 모든 근로자에게 균등한 기회가 보장되도록 하여야 한다.
기간제 및 단시간 근로자 보호 등에 관한 법률	제8조(차별적 처우의 금지) ① 사용자는 기간제근로자임을 이유로 당해 사업 또는 사업장에서 동종 또는 유사한 업무에 종사하는 기간의 정함이 없는 근로계약을 체결한 근로자에 비하여 차별적 처우를 하여서는 아니 된다. ② 사용자는 단시간근로자임을 이유로 당해 사업 또는 사업장의 동종 또는 유사한 업무에 종사하는 통상근로자에 비하여 차별적 처우를 하여서는 아니 된다. 제9조(차별적 처우의 시정신청) ① 기간제근로자 또는 단시간근로자는 차별적 처우를 받은 경우 「노동위원회법」 제1조의 규정에 따른 노동위원회(이하 "노동위원회"라 한다)에 그 시정을 신청할 수 있다. 다만, 차별적 처우가 있은 날(계속되는 차별적 처우는 그 종료일)부터 3월이 경과한 때에는 그러하지 아니하다.
노동조합 및 노동관계조정법	제9조(차별대우의 금지) 노동조합의 조합원은 어떠한 경우에도 인종, 종교, 성별, 연령, 신체적 조건, 고용형태, 정당 또는 신분에 의하여 차별대우를 받지 아니한다.
농수산물 유통 및 가격안정에 관한 법률	제38조(수탁의 거부금지 등) 도매시장법인 또는 시장도매인은 그 업무를 수행할 때에 다음 각 호의 어느 하나에 해당하는 경우를 제외하고는 입하된 농수산물의 수탁을 거부 · 기피하거나 위탁받은 농수산물의 판매를 거부 · 기피하거나, 거래 관계인에게 부당한 차별대우를 하여서는 아니 된다. 1.~5. 생략
뉴스통신 진흥에 관한 법률	제5조(뉴스통신의 공정성과 공익성) ① 뉴스통신은 공정하고 객관적인 보도를 하여야 한다. 이 경우 성별 · 연령 · 직업 · 종교 · 신념 · 계층 · 지역 · 인종 등을 이유로 차별을 두어서는 아니 된다.
다문화가족지원법	제10조(아동 보육 · 교육) ① 국가와 지방자치단체는 아동 보육 · 교육을 실시함에 있어서 다문화가족 구성원인 아동을 차별하여서는 아니 된다.
대중교통의 육성 및 이용촉진에 관한 법률	제4조 (국민의 권리와 의무) ① 모든 국민은 대중교통서비스를 제공받는 데 있어 부당한 차별을 받지 아니하고, 편리하고 안전하게 대중교통을 이용할 권리를 가진다.
도선법	제18조의2(차별 도선 금지) 도선사는 도선 요청을 받은 선박의 입항 · 출항 순서에 따르지 아니하는 차별 도선을 하여서는 아니 된다. 다만, 대통령령으로 정하는 사유에 해당되는 경우에는 그러하지 아니하다.
도시가스사업법	제20조(공급규정) ② 지식경제부장관 또는 시 · 도지사는 공급규정이 다음의 기준에 적합한 경우에만 승인하여야 한다. 4. 특정사업자나 특정인을 부당하게 차별하는 것이 아닐 것
독점규제 및 공정거래에 관한 법률	제23조 (불공정거래행위의 금지) ① 사업자는 다음 각 호의 어느 하나에 해당하는 행위로서 공정한 거래를 저해할 우려가 있는 행위(이하 "불공정거래행위"라 한다)를 하거나, 계열회사 또는 다른 사업자로 하여금 이를 행하도록 하여서는 아니 된다. 1. 부당하게 거래를 거절하거나 거래의 상대방을 차별하여 취급하는 행위
민주화운동관련자 명예회복 및 보상 등에 관한 법률	제5조의6(불이익행위 금지 등) 이 법에 의하여 관련자로 인정된 자는 국가 · 지방자치단체 또는 사용자 등으로부터 민주화운동을 하였다는 이유로 어떠한 차별대우 및 불이익을 받지 아니한다.

방문판매 등에 관한 법률	제20조(후원수당의 지급기준 등) ① 다단계판매업자는 다단계판매원에게 고지한 후원수당의 산정 및 지급기준과 다르게 후원수당을 산정 · 지급하거나 그 밖의 부당한 방법으로 다단계판매원을 차별하여 대우하여서는 아니 된다.
방송광고판매대행 등에 관한 법률	제15조(광고판매대행자 등의 금지행위) ① 광고판매대행자는 다음 각 호의 행위를 하여서는 아니 된다. 2. 정당한 사유 없이 특정 방송사업자 또는 광고대행자에 대하여 광고판매를 거부, 중단 또는 해태하거나 거래조건을 차별하는 행위
방송법	제6조(방송의 공정성과 공익성) ② 방송은 성별 · 연령 · 직업 · 종교 · 신념 · 계층 · 지역 · 인종 등을 이유로 방송편성에 차별을 두어서는 아니 된다. 다만, 종교의 선교에 관한 전문편성을 행하는 방송사업자가 그 방송분야의 범위 안에서 방송을 하는 경우에는 그러하지 아니하다.
방송통신발전 기본법	제4조(시청자와 이용자의 권익 보호) ① 방송통신사업자는 방송통신서비스 제공과 관련하여 정당한 사유 없이 시청자나 이용자를 차별하여서는 아니 된다.
법원조직법	제81조의6(양형기준의 설정 등) ② 위원회(양형위원회)는 양형기준을 설정 · 변경함에 있어 다음 각 호의 원칙을 준수하여야 한다. 3. 동종 또는 유사한 범죄에 대하여는 고려하여야 할 양형요소에 차이가 없는 한 양형에 있어 상이하게 취급하지 아니할 것 4. 피고인의 국적 · 종교 및 양심 · 사회적 신분 등을 이유로 양형상 차별을 하지 아니할 것
병역법	제3조 (병역의무) ③ 제1항에 따른 병역의무 및 지원은 인종, 피부색 등을 이유로 차별하여서는 아니 된다.
보행안전 및 편의증진에 관한 법률	제3조(보행권의 보장)② 국가와 지방자치단체는 모든 국민이 장애, 성별, 나이, 종교, 사회적 신분 또는 경제적 · 지역적 사정 등에 따라 보행과 관련된 차별을 받지 아니하도록 필요한 조치를 마련하여야 한다.
보험업법	제97조(보험계약의 체결 또는 모집에 관한 금지행위) ① 보험계약의 체결 또는 모집에 종사하는 자는 그 체결 또는 모집에 관하여 다음 각 호의 어느 하나에 해당하는 행위를 하여서는 아니 된다. 10. 정당한 이유 없이「장애인차별금지 및 권리구제 등에 관한 법률」제2조에 따른 장애인의 보험가입을 거부하는 행위 제129조(보험요율 산출의 원칙) 보험회사는 보험요율을 산출할 때 객관적이고 합리적인 통계자료를 기초로 대수(大數)의 법칙 및 통계신뢰도를 바탕으로 하여야 하며, 다음 각 호의 사항을 지켜야 한다. 3. 보험요율이 보험계약자 간에 부당하게 차별적이지 아니할 것
보훈보상대상자 지원에 관한 법률	제45조(차별대우 금지) ① 취업지원 실시기관은 이 법에 따른 취업자(신규로 채용된 사람을 포함한다. 이하 같다)에 대하여 직급의 부여 · 보직 · 승진 · 승급 등 모든 처우에서 채용의무에 따라 채용한 것을 사유로 다른 직원보다 불리한 대우를 하여서는 아니 된다. ② 국가보훈처장은 취업지원 실시기관이 제1항을 위반하여 이 법에 따른 취업자에게 차별대우를 한 것으로 인정되면 그 시정을 요구할 수 있다. ③ 제2항에 따라 시정을 요구받은 취업지원 실시기관은 이에 따른 시정조치를 하여야 하며 그 결과를 국가보훈처장에게 통보하여야 한다.
	제62조(신분보장 등) ① 누구든지 이 법에 따른 신고나 이와 관련한 진술 그 밖에 자료제출 등을 한 이유로 소속기관 · 단체 · 기업 등으로부터 징계조치 등 어떠한 신분상 불이

부패방지 및 국민권익위원회 설치에 관한 법률	익이나 근무조건상의 차별을 받지 아니한다. ② 누구든지 신고를 한 이유로 신분상 불이익이나 근무조건상의 차별을 당하였거나 당할 것으로 예상되는 때에는 위원회에 해당 불이익처분의 원상회복·전직·징계의 보류 등 신분보장조치와 그 밖에 필요한 조치를 요구할 수 있다. ③ 누구든지 신고로 인하여 인·허가 등의 취소, 계약의 해지 등 경제적·행정적 불이익을 당한 때에는 위원회에 원상회복 또는 시정을 위하여 인·허가, 계약 등의 잠정적인 효력유지 등 필요한 조치를 요구할 수 있다.
사회복지사 등의 처우 및 지위 향상을 위한 법률	제3조(사회복지사 등의 처우개선과 신분보장) ④ 사회복지사 등은 사회복지법인 등의 운영과 관련된 위법·부당 행위 및 그 밖의 비리 사실 등을 관계 행정기관과 수사기관에 신고하는 행위로 인하여 징계 조치 등 신분상 불이익이나 근무조건상 차별을 받지 아니한다.
사회복지사업법	제4조(복지와 인권증진의 책임) ① 국가와 지방자치단체는 사회복지서비스를 증진하고, 서비스를 이용하는 사람에 대하여 인권침해를 예방하고 차별을 금지하며 인권을 옹호할 책임을 진다. 제5조(인권존중 및 최대 봉사의 원칙) 이 법에 따라 복지업무에 종사하는 사람은 그 업무를 수행할 때에 사회복지를 필요로 하는 사람을 위하여 인권을 존중하고 차별 없이 최대로 봉사하여야 한다.
생명윤리 및 안전에 관한 법률	제31조(유전정보에 의한 차별금지) ① 누구든지 유전정보를 이유로 하여 교육·고용·승진·보험 등 사회활동에 있어서 다른 사람을 차별하여서는 아니 된다.
선원법	제77조(선내 급식비) ① 선박소유자는 국토해양부장관의 승인을 받아 제76조 제1항에 따른 식료품 공급을 갈음하여 선내 급식을 위한 식료품의 구입비용(이하 "선내 급식비"라 한다)을 선장에게 지급하고, 선장에게 선내 급식을 관리하게 할 수 있다. 이 경우 선장은 선원 모두에게 차별 없이 선내 급식이 이루어지도록 하여야 한다.
성폭력범죄의 처벌 등에 관한 특례법	제40조(공개정보의 악용금지) ③ 공개정보를 확인한 자는 공개정보를 등록대상 성폭력범죄로부터 보호할 목석 외에 다음 각 호와 관련된 복적으로 사용하여 공개대상자를 차별하여서는 아니 된다. 1.~3. 생략
아동복지법	제2조(기본 이념) ① 아동은 자신 또는 부모의 성별, 연령, 종교, 사회적 신분, 재산, 장애유무, 출생지역, 인종 등에 따른 어떠한 종류의 차별도 받지 아니하고 자라나야 한다.
아동의 빈곤예방 및 지원 등에 관한 법률	제4조 (국가 및 지방자치단체의 책무) ③ 국가 및 지방자치단체는 빈곤아동이 어떠한 종류의 차별도 받지 아니하도록 필요한 시책을 마련하여야 한다.
아동·청소년의 성보호에 관한 법률	제43조(공개정보의 악용금지) ③ 공개정보를 확인한 자는 공개정보를 아동·청소년을 성범죄로부터 보호할 목적 외에 다음 각 호와 관련된 목적으로 사용하여 공개대상자를 차별하여서는 아니 된다. 1.~3. 생략
여객자동차 운수사업법	제42조(터미널사업자의 준수 사항 등) ① 터미널사업자는 다음 각 호의 사항을 지켜야 한다. 2. 터미널 사용료를 부당하게 차별하지 아니할 것
여성기업지원에 관한 법률	제4조(차별적 관행의 시정) ① 중소기업청장은 공공기관이 여성기업에 불합리한 차별적 관행이나 제도를 시행할 경우 그 시정을 요청할 수 있다. ② 제1항에 따른 시정을 요청받은 공공기관은 특별한 사유가 없으면 이를 시정하여야 한다.
여신전문금융업법	제18조의3(가맹점수수료율의 차별금지 등) ① 신용카드업자는 신용카드가맹점과의 가맹점수수료율을 정함에 있어서 공정하고 합리적으로 정하여야 하며 부당하게 가맹점수수료율을 차별하여서는 아니 된다.

영유아보육법	제3조(보육 이념) ③ 영유아는 자신이나 보호자의 성, 연령, 종교, 사회적 신분, 재산, 장애, 인종 및 출생지역 등에 따른 어떠한 종류의 차별도 받지 아니하고 보육되어야 한다.
영화 및 비디오물의 진흥에 관한 법률	제28조(영화의 공급 및 유통) ① 영화업자가 다른 영화업자에게 영화를 공급하는 때에는 공정하고 합리적인 시장가격으로 차별 없이 공급하여야 한다.
예술인복지법	제4조(국가 및 지방자치단체의 책무 등) ② 국가와 지방자치단체는 예술인이 지역, 성별, 연령, 인종, 장애, 소득 등에 따른 차별 없이 예술 활동에 종사할 수 있도록 시책을 마련하여야 한다.
옥외광고물 등 관리법	제5조(금지광고물 등) ① 누구든지 다음 각 호의 어느 하나에 해당하는 광고물 등을 표시하거나 설치하여서는 아니 된다.
외국인근로자의 고용 등에 관한 법률	제22조(차별금지) 사용자는 외국인근로자라는 이유로 부당한 차별적 처우를 하여서는 아니 된다.
응급의료에 관한 법률	제3조(응급의료를 받을 권리) 모든 국민은 성별, 나이, 민족, 종교, 사회적 신분 또는 경제적 사정 등을 이유로 차별받지 아니하고 응급의료를 받을 권리를 가진다. 국내에 체류하고 있는 외국인도 또한 같다.
의무소방대설치법	제4조(복무 등) 의무소방원의 임용 · 보수 · 복무 · 당연퇴직 · 직권면직 및 휴직 등에 관하여 필요한 사항은 대통령령으로 정한다. 이 경우 의무소방원이 파산선고를 받고 복권되지 아니한 자라는 이유로 임용 · 보수 · 복무 · 당연퇴직 · 직권면직 · 휴직 등에서 불이익을 주거나 차별할 수 없다.
이러닝(전자학습) 산업발전 및 이러닝 활용 촉진에 관한 법률	제3조(이러닝의 차별 금지 등) ① 정부는 이러닝이라는 이유로 다른 형태의 학습과 차별하여서는 아니 된다.
인터넷 멀티미디어 방송사업법	제14조(전기통신설비의 동등제공) ③ 인터넷 멀티미디어 방송 제공사업자는 자기 보유설비를 다른 인터넷 멀티미디어 방송 제공사업자에게 부당하게 차별적인 대가와 조건으로 제공하여서는 아니 된다.
자본시장과 금융투자업에 관한 법률	제58조(수수료) ② 금융투자업자는 제1항에 따른 수수료 부과기준을 정함에 있어서 투자자를 정당한 사유 없이 차별하여서는 아니 된다.
장기 등 이식에 관한 법률	제3조(장기 등 기증자의 존중) ② 누구든지 장기 등 기증을 이유로 장기 등 기증자를 차별대우하여서는 아니 된다. ③ 국가 또는 지방자치단체는 제2항을 위반하여 장기 등 기증자에게 불이익을 주거나 차별대우를 한 것으로 인정되는 자에 대하여 시정을 요구할 수 있다.
장애인고용촉진 및 직업재활법	제4조(사업주의 책임) ② 사업주는 근로자가 장애인이라는 이유로 채용 · 승진 · 전보 및 교육훈련 등 인사관리상의 차별대우를 하여서는 아니 된다.
장애인기업활동 촉진법	제4조(차별적 관행의 시정) ① 중소기업청장은 공공기관이 장애인기업에 불합리한 차별적 관행이나 제도를 시행할 경우 그 시정을 요청할 수 있다. ② 제1항에 따른 시정을 요청받은 공공기관은 특별한 사유가 없으면 이를 시정하여야 한다.
장애인 등에 대한 특수교육법	제4조(차별의 금지) ① 각급학교의 장 또는 대학(「고등교육법」 제2조에 따른 학교를 말한다. 이하 같다)의 장은 특수교육대상자가 그 학교에 입학하고자 하는 경우에는 그가 지닌 장애를 이유로 입학의 지원을 거부하거나 입학전형 합격자의 입학을 거부하는 등 교육기회에 있어서 차별을 하여서는 아니 된다. ② 국가, 지방자치단체, 각급 학교의 장 또는 대학의 장은 다음 각 호의 사항에 관하여 장애인의 특성을 고려한 교육시행을 목적으로 함이 명백한 경우 외에는 특수교육대상자

	및 보호자를 차별하여서는 아니 된다. 1. 제28조에 따른 특수교육 관련서비스 제공에서의 차별 2. 수업참여 배제 및 교내외 활동 참여 배제 3. 개별화교육지원팀에의 참여 등 보호자 참여에서의 차별 4. 대학의 입학전형절차에서 장애로 인하여 필요한 수험편의의 내용을 조사 · 확인하기 위한 경우 외에 별도의 면접이나 신체검사를 요구하는 등 입학전형 과정에서의 차별
장애인복지법	제8조(차별금지 등) ① 누구든지 장애를 이유로 정치 · 경제 · 사회 · 문화 생활의 모든 영역에서 차별을 받지 아니하고, 누구든지 장애를 이유로 정치 · 경제 · 사회 · 문화 생활의 모든 영역에서 장애인을 차별하여서는 아니 된다.
재한외국인 처우 기본법	제10조(재한외국인 등의 인권옹호) 국가 및 지방자치단체는 재한외국인 또는 그 자녀에 대한 불합리한 차별 방지 및 인권옹호를 위한 교육 · 홍보, 그 밖에 필요한 조치를 하기 위하여 노력하여야 한다.
저출산 · 고령사회기본법	제8조(자녀의 출산과 보육 등) ① 국가 및 지방자치단체는 모든 자녀가 차별받지 아니하고 안전하고 행복한 생활을 영위하며 교육과 인성함양에 도움을 주는 사회환경을 조성하기 위한 시책을 강구하여야 한다.
전기사업법	제20조(전기설비의 이용 제공) ① 송전사업자 또는 배전사업자는 그 전기설비를 다른 전기사업자 또는 제32조 단서에 따라 전력을 직접 구매하는 전기사용자에게 차별 없이 이용할 수 있도록 하여야 한다. 제21조(금지행위) ① 전기사업자는 전력시장에서의 공정한 경쟁을 해치거나 전기사용자의 이익을 해칠 우려가 있는 다음 각 호의 어느 하나의 행위를 하거나 제3자로 하여금 이를 하게 하여서는 아니 된다. 2. 송전용 또는 배전용 전기설비의 이용을 제공할 때 부당하게 차별을 하거나 이용을 제공하는 의무를 이행하지 아니하는 행위 또는 지연하는 행위
전기통신사업법	제28조(이용약관의 신고 등) ③ 제2항 본문의 경우 방송통신위원회는 이용약관이 다음 각 호의 기준에 맞으면 이용약관을 인가하여야 한다. 4. 특정인을 부당하게 차별하여 취급하지 아니할 것
전자거래기본법	제31조의4(시정명령) 산업자원부장관은 공인전자문서보관소가 다음 각 호의 어느 하나에 해당하는 때에는 6월 이내의 기간을 정하여 그 시정을 명할 수 있다. 6. 제31조의9 제2항의 규정을 위반하여 이용자를 부당하게 차별한 때 제31조의9(준수사항) ② 공인전자문서보관소는 이용자를 부당하게 차별하여서는 아니 된다.
전자서명법	제7조(인증역무의 제공 등) ② 공인인증기관은 가입자 또는 인증역무 이용자를 부당하게 차별하여서는 아니 된다. 제11조(시정명령) 정보통신부장관은 공인인증기관이 다음 각 호의 어느 하나에 해당하는 경우에는 기간을 정하여 시정조치를 명할 수 있다. 5. 제7조의 규정에 위반하여 인증역무의 제공을 거부하거나 가입자 또는 인증역무 이용자를 부당하게 차별한 경우
정신보건법	제2조(기본이념) ③ 모든 정신질환자는 정신질환이 있다는 이유로 부당한 차별대우를 받지 아니한다.
제대군인지원에 관한 법률	제14조(취업보호 등) ② 제1항에 따른 취업보호 실시와 관련하여 취업보호 실시기관, 국가기관 등의 채용의무, 국가기관 등에 대한 채용실태 확인, 기업체 등의 우선고용 의무, 업체 등의 신고, 보훈특별고용, 경력기간의 합산 및 차별대우 금지에 관하여는 「국가유공자 등 예우 및 지원에 관한 법률」 제30조, 제32조, 제33조, 제33조의2, 제33조의3, 제

	34조 제1항부터 제4항까지, 제35조의2 및 제36조를 준용한다.
중소기업기본법	제23조(의견 제출 등) ① 중소기업자 · 이해관계자와 관련 단체의 장은 중소기업에 영향을 주는 불합리한 규제의 개선 및 행정기관의 규제집행에 따르는 애로사항 등에 관하여 중소기업 옴부즈만에게 의견을 제출할 수 있다. 이 경우 의견을 제출하는 방법 및 처리절차에 관하여는 「행정규제기본법」 제17조 및 「행정절차법」 제44조를 준용한다. ② 제1항의 의견 제출과 관계된 행정기관은 규제 개선 등에 관한 의견을 제출하였다는 이유로 그 의견을 제출한 자에게 불이익을 주거나 차별을 하여서는 아니 된다. ③ 중소기업 옴부즈만은 제1항에 따라 의견을 제출한 자가 그 의견을 제출하였다는 이유로 관계 행정기관으로부터 불이익이나 차별을 받았다는 내용의 진정 등을 제기한 경우에는 그 진정 등을 제기한 자를 대리하여 국민권익위원회에 고충민원을 신청할 수 있다.
중증장애인생산품 우선구매 특별법	제6조(중증장애인생산품 우선구매지원) ① 보건복지부장관은 공공기관이 중증장애인생산품을 구매함에 있어서 불합리한 차별적 관행이나 제도를 행할 경우 이의 시정을 요구하여야 한다. ② 보건복지부장관은 중증장애인생산품의 구매증대를 위하여 공공기관에 우선구매를 요구할 수 있으며 해당 공공기관은 이에 응하여야 한다.
지방공무원법	제51조의2(종교중립의 의무) ① 공무원은 종교에 따른 차별 없이 직무를 수행하여야 한다. ② 공무원은 소속 상관이 제1항에 위배되는 직무상 명령을 한 경우에는 이에 따르지 아니할 수 있다.
지방세기본법	제142조의2(지방세수납정보시스템 운영계획의 수립 · 시행) ② 행정안전부장관은 제1항에 따른 지방세수납정보시스템 운영계획을 수립 · 시행할 때에는 납세자의 편의성 제고를 우선적으로 반영하여야 하며, 지방세수납정보시스템의 이용에 지역 간 차별이 없도록 하여야 한다.
지방자치단체를 당사자로 하는 계약에 관한 법률	제6조(계약의 원칙) ② 지방자치단체의 장 또는 계약담당자는 제5조 제1항에 따른 국제입찰의 경우에는 호혜(互惠)의 원칙에 따라 정부조달협정 등에 가입한 국가의 국민과 이들 국가에서 생산되는 물품이나 용역에 대하여 대한민국의 국민과 대한민국에서 생산되는 물품이나 용역과 차별되는 특약이나 조건을 정하여서는 아니 된다.
직업안정법	제2조(균등처우) 누구든지 성별, 연령, 종교, 신체적 조건, 사회적 신분 또는 혼인 여부 등을 이유로 직업소개 또는 직업지도를 받거나 고용관계를 결정할 때 차별대우를 받지 아니한다.
채무자 회생 및 파산에 관한 법률	제32조의2(차별적 취급의 금지) 누구든지 이 법에 따른 회생절차 · 파산절차 또는 개인회생절차 중에 있다는 이유로 정당한 사유 없이 취업의 제한 또는 해고 등 불이익한 처우를 받지 아니한다.
청년고용촉진 특별법	제9조(청년 미취업자 등에 대한 직업능력개발훈련의 기본원칙) 청년 미취업자 또는 청년 재직자에 대한 직업능력개발훈련은 다음 각 호의 원칙에 따라 실시하여야 한다. 4. 직업능력개발훈련계획을 수립할 때에는 근로 취약계층 · 취약지역 또는 취약분야 출신자가 차별적인 대우를 받지 아니하도록 할 것
청소년기본법	제5조(청소년의 권리와 책임) ② 청소년은 인종 · 종교 · 성별 · 연령 · 학력 · 신체조건 등에 따른 어떠한 종류의 차별도 받지 아니한다.
청소년복지지원법	제3조(청소년의 인권보장) ① 청소년은 인종 · 종교 · 성 · 연령 · 학력 · 신체조건 등 여타의 조건에 의하여 이 법이 정한 규정을 적용함에 있어서 차별을 받아서는 아니 된다.
청원법	제12조(차별대우 등의 금지) 누구든지 청원하였다는 이유로 차별대우를 받거나 불이익을 강요당하지 아니한다.

출입국관리법	제56조의3(피보호자 인권의 존중 등) 피보호자의 인권은 최대한 존중하여야 하며, 국적, 성별, 종교, 사회적 신분 등을 이유로 피보호자를 차별하여서는 아니 된다.
특수임무수행자 지원에 관한 법률	제27조(차별대우 금지) ① 취업지원 실시기관은 이 법에 따른 취업자(신규로 채용된 자를 포함한다. 이하 같다)에 대하여 직급의 부여 · 보직 · 승진 · 승급 등 모든 처우에서 채용의무에 따라 채용한 것을 사유로 다른 직원보다 불리한 대우를 하여서는 아니 된다. ② 국가보훈처장은 취업지원 실시기관이 제1항을 위반하여 이 법에 따른 취업자에게 차별대우를 한 것으로 인정되면 시정을 요구할 수 있다. ③ 제2항에 따라 시정 요구를 받은 취업지원 실시기관은 이에 따른 시정조치를 하여야 하며, 그 결과를 국가보훈처장에게 통보하여야 한다.
파견근로자보호 등에 관한 법률	제21조(차별적 처우의 금지 및 시정 등) ① 파견사업주와 사용사업주는 파견근로자임을 이유로 사용사업주의 사업 내의 동종 또는 유사한 업무를 수행하는 근로자에 비하여 파견근로자에게 차별적 처우를 하여서는 아니 된다. ② 파견근로자는 차별적 처우를 받은 경우 노동위원회에 그 시정을 신청할 수 있다.
하도급거래 공정화에 관한 법률	제4조(부당한 하도급대금의 결정 금지) ② 다음 각 호의 어느 하나에 해당하는 원사업자의 행위는 부당한 하도급대금의 결정으로 본다. 3. 정당한 사유 없이 특정 수급사업자를 차별 취급하여 하도급대금을 결정하는 행위
한부모가족지원법	제3조(한부모가족의 권리와 책임) ① 한부모가족의 모(母) 또는 부(父)는 임신과 출산 및 양육을 사유로 합리적인 이유 없이 교육 · 고용 등에서 차별을 받지 아니한다.
항공법	제121조(운수에 관한 협정 등) ② 운수협정과 제휴협정에는 다음 각 호의 어느 하나에 해당하는 내용이 포함되어서는 아니 된다. 2. 이용자의 이익을 부당하게 침해하거나 특정 이용자를 차별하는 내용
해운법	제31조(외항화물운송사업자의 금지행위) ① 외항 정기 화물운송사업자(제28조 제1항에 따른 외국인을 포함한다)는 다음 각 호의 어느 하나에 해당하는 행위를 하여서는 아니 된다. 3. 비상업적인 이유로 하주(荷主)를 부당하게 차별하는 행위 ③ 외항 부정기 화물운송사업을 경영하는 자(외국인 부정기 화물운송사업자를 포함한다)는 비상업적인 이유로 하주를 부당하게 차별하는 등 대통령령으로 정하는 행위를 하여서는 아니 된다.
형의 집행 및 수용자의 처우에 관한 법률	제5조(차별금지) 수용자는 합리적인 이유 없이 성별, 종교, 장애, 나이, 사회적 신분, 출신지역, 출신국가, 출신민족, 용모 등 신체조건, 병력(病歷), 혼인 여부, 정치적 의견 및 성적(性的) 지향 등을 이유로 차별받지 아니한다.
후천성면역결핍증 예방법	제3조(국가 · 지방자치단체 및 국민의 의무) ① 국가와 지방자치단체는 후천성면역결핍증의 예방 및 관리와 감염인의 보호 및 지원을 위한 대책을 수립 · 시행하고 감염인에 대한 차별 및 편견 방지와 후천성면역결핍증의 예방을 위한 교육과 홍보를 실시하여야 한다. ④ 제1항부터 제3항까지의 경우에 국가 · 지방자치단체 및 국민은 감염인의 인간으로서의 존엄과 가치를 존중하고 그 기본적 권리를 보호하며 이 법에서 정한 이외의 불이익을 주거나 차별대우를 하여서는 아니 된다. ⑤ 사용자는 근로자가 감염인이라는 이유로 근로관계에 있어서 법률로 정한 것 외의 불이익을 주거나 차별대우를 하여서는 아니 된다.

제 3 절 한국의 차별금지법을 위한 제안

차별금지법은 모든 차별사유와 차별영역을 아우르는 일반적 차별금지법의 형태로 제정될 수도 있고, 각각의 차별사유나 차별영역마다 규율하는 개별적 차별금지법의 형태로 제정될 수도 있다. 물론 이러한 두 가지 형태의 차별금지법은 각각 장점과 함께 단점도 가지고 있다. 이러한 장점과 단점을 모두 고려하여 한국의 차별금지법이 어떻게 제정되어야 하는지에 대해서 이제부터 검토하기로 한다. 현재 한국의 차별금지법제는 일반적 차별금지법인 국가인권위원회법과 개별적 차별금지법인 장애인차별금지법, 남녀고용평등법, 연령차별금지법 및 다양한 차별금지조항으로 이루어져 있다.

I. 일반적 차별금지법으로서 국가인권위원회법

1. 개 관

차별사유와 차별영역을 포괄적으로 아우르는 일반적 차별금지법으로서 국가인권위원회법은 국가인권위원회를 설립하여 모든 개인이 가지는 불가침의 기본적 인권을 보호하고 그 수준을 향상시킴으로써 인간으로서의 존엄과 가치를 구현하고 민주적 기본질서의 확립에 이바지함을 목적으로 2001년 5월 24일 제정되어, 2001년 11월 25일부터 시행되었다.[20] 이 법은 63개 조항과 3개의 부칙으로 구성되어 있다. 구체적으로는 국가인권위원회의 구성과 조직, 업무와 권한 등을 규정하는 형식으로 되어 있다.

이 법에 따라 차별시정을 포함한 인권보장기구로서 국가인권위원회가 설치되었다. 국가인권위원회의 업무는 다음과 같이 10가지로 규정되어 있다: ① 인권에 관한 법령(입법과정중에 있는 법령안을 포함) · 제도 · 정책 · 관행의 조사와 연구 및

20) 국가인권위원법은 제정된 이후 2005년에 네 차례(① 3월 31일, ② 7월 29일, ③ 8월 4일, ④ 12월 29일) 개정되었다. 그 가운데 국가인권위원회법에 중요한 변화를 가져온 개정은 7월 29일의 개정이다.

그 개선이 필요한 사항에 관한 권고 또는 의견의 표명, ② 인권침해행위에 대한 조사와 구제, ③ 차별행위에 대한 조사와 구제, ④ 인권상황에 대한 실태조사, ⑤ 인권에 관한 교육 및 홍보, ⑥ 인권침해의 유형 · 판단기준 및 그 예방조치 등에 관한 지침의 제시 및 권고, ⑦ 국제인권조약에의 가입 및 그 조약의 이행에 관한 연구와 권고 또는 의견의 표명, ⑧ 인권의 옹호와 신장을 위하여 활동하는 단체 및 개인과의 협력, ⑨ 인권과 관련된 국제기구 및 외국의 인권기구와의 교류 · 협력, ⑩ 그 밖에 인권의 보장과 향상을 위하여 필요하다고 인정하는 사항(동법 제19조). 이 가운데 차별과 관련하여 중요한 권한은 차별행위에 대한 조사와 구제의 권한이다(동조 제3호). 국가인권기구가 담당할 수 있는 거의 모든 업무가 열거되어 있다고 볼 수 있다.

국가인권위원회법에 따르면 "평등권을 침해하는 차별행위"는 합리적인 이유 없이 ① 성별, ② 종교, ③ 장애, ④ 나이, ⑤ 사회적 신분, ⑥ 출신지역(출생지, 원적지, 본적지, 성년이 되기 전의 주된 거주지역 등을 말한다), ⑦ 출신국가, ⑧ 출신민족, ⑨ 용모 등 신체조건, ⑩ 기혼 · 미혼 · 별거 · 이혼 · 사별 · 재혼 · 사실혼 등 혼인 여부, ⑪ 임신 또는 출산, ⑫ 가족형태 또는 가족상황, ⑬ 인종, ⑭ 피부색, ⑮ 사상 또는 정치적 의견, ⑯ 형의 효력이 실효된 전과, ⑰ 성적(性的) 지향, ⑱ 학력, ⑲ 병력(病歷) 등을 이유로 행해지는 차별행위를 말한다. 다만, 현존하는 차별을 해소하기 위하여 특정한 사람(특정한 사람들의 집단을 포함)을 잠정적으로 우대하는 행위와 이를 내용을 하는 법령의 제 · 개정 및 정책의 수립 · 집행은 평등권 침해의 차별행위로 보지 않는다(동법 제2조 제3호).

이러한 차별행위에는 ① 고용(모집, 채용, 교육, 배치, 승진, 임금 및 임금 외의 금품 지급, 자금의 융자, 정년, 퇴직, 해고 등을 포함한다)에 있어서 특정한 사람을 우대 · 배제 · 구별하거나 불리하게 대우하는 행위, ② 재화 · 용역 · 교통수단 · 상업시설 · 토지 · 주거시설의 공급이나 이용에 있어서 특정한 사람을 우대 · 배제 · 구별하거나 불리하게 대우하는 행위, ③ 교육시설이나 직업훈련기관의 이용에 있어서 특정한 사람을 우대 · 배제 · 구별하거나 불리하게 대우하는 행위, ④ 성희롱이 포함된다.

다양한 차별사유와 차별영역에 대해서 비교적 상세하게 열거하고 있고, 적극적 우대조치가 차별행위에 해당하지 않는다고 명시하고 있는 점은 높게 평가할 만하지만 차별에 관한 국제적 기준에서 일반적으로 인정되는 몇 가지 중요한 개념들(간접차별, 괴롭힘, 차별의 지시, 보복행위 등)이 빠져 있다는 점도 간과할 수 없다.

차별행위의 주체로는 국가기관과 지방자치단체 및 구금보호시설뿐만 아니라 사인과 법인 및 단체까지 포함된다(동법 제30조 제1항 제2호). 다만 국회의 입법 및 법원 · 헌법재판소의 재판은 제외된다.21)

2. 비판과 대안

(1) 법체계상의 문제점과 대안

국가인권위원회법은 다양한 차별사유와 가능한 차별영역을 상세하게 규정함으로써 일반적 차별금지법으로 부를 수도 있지만 법명에서 나타나듯이 차별시정을 포함한 포괄적인 인권보장을 위한 국가기구(국가인권기구)로서 국가인권위원회의 구성과 조직, 업무와 권한에 대하여 규정하는 형식으로 되어 있다. 따라서 이 법률을 일반적 차별금지법으로 이해하는 데는 어려움이 있다. 결국 차별사유를 차별유형에 따라 더욱 구체적으로 규정하는 '실체법'으로서 일반적인 차별금지법

21) 법원의 재판이 국가인권위원회에 진정할 수 있는 대상에서 제외된 것에 대해서 헌법재판소는 합헌결정을 하였다. 헌재 2004.8.26. 2002헌마302: (가) 국가인권위원회는 제대로 운영되고 있는 기존의 국가기관들과 경합하는 것이 아니라 보충하는 방법으로 설립되고 운영되는 것이 바람직하며, 법원의 재판을 포함하여 모든 인권침해에 관한 진정을 빠짐없이 국가인권위원회의 조사대상으로 삼아야만 국가인권기구의 본질에 부합하는 것은 아니다. 입법례를 살피더라도 국가인권기구가 각 나라의 실정에 따라 진정대상을 제한하는 것이 보편적이다. 구두심리절차와 엄격한 증거방법을 모두 채택하기 어려운 국가인권위원회가 법원의 재판의 당부를 판단하는 것도 곤란한 측면이 있으며, 국가인권위원회가 법원의 재판을 진정대상으로 삼는다면, 분쟁 또는 인권침해의 해결과정이 무한정 반복되고 지연될 가능성마저 있게 된다. 또한 국가인권위원회는 인권의 보호와 향상을 위하여 필요하다고 인정하는 경우에는 법원에 대하여 정책과 관행의 개선 또는 시정을 권고하거나 의견을 표명할 수 있고, 법원의 담당재판부에 사실상 또는 법률상의 사항에 관하여 의견을 제출할 수 있다. 이러한 사정을 종합하면 입법자가 법원의 재판을 국가인권위원회의 조사대상에 포함시키지 않은 것이 국민의 기본적 인권보장을 다하지 못한 것이라고 단언할 수는 없어, 국가인권위원회법 제30조 제1항 제1호 중 '법원의 재판을 제외한다' 부분이 청구인의 기본권을 과도하게 침해하는 것이라고 할 수 없다. (나) 법원의 재판도 국민의 기본권을 침해할 가능성이 없지 아니하나, 기본권침해에 대한 보호의무를 담당하는 법원에 의한 기본권침해의 가능성은 입법기관인 국회나 집행기관인 행정부에 의한 경우보다 상대적으로 적고, 상급심법원이 하급심법원이 한 재판이 기본권을 침해하는지 여부에 관하여 다시 심사할 기회가 있다는 점에서 다른 기관에 의한 기본권침해의 경우와는 본질적인 차이가 있어 차별을 정당화하므로, 평등의 원칙에 위반된 것이라고 할 수 없다.

이 제정되고, 국가인권위원회법은 이러한 실체법을 구체적으로 관철하는 '절차법'으로 위치시키는 것이 법체계상 더 합리적이다.

차별을 판단하는 권한과 절차에 관한 절차법과 구별되는 실체법으로서의 일반적 차별금지법에는 다양한 차별사유의 구체적 개념과 내용을 담을 필요가 있다. 그리고 이러한 차별사유에 따른 차별여부를 판단하는 권한을 현재의 국가인권위원회에 일반적으로 부여하는 규정을 두든지, 아니면 개별적 차별사유마다 독립적인 차별시정기관을 두어 개별적으로 권한을 부여하는 규정을 둠으로써 실체법으로서의 일반적 차별금지법과 절차법으로서의 차별판단기관에 관한 법률을 체계적으로 연계시킬 필요가 있다. 현재 장애인차별금지법과 연령차별금지법의 경우에도 차별시정기구를 국가인권위원회로 통일시키고 있다.

(2) 차별개념의 문제점과 대안

국가인권위원회법을 실체법으로서의 일반적 차별금지법으로 보는 경우에도 국가인권위원회법에 규정된 차별의 개념과 관련하여 우선 차별의 개념이 상당히 협소하다는 비판이 가능하다. 입법정책적 차원에서 차별개념에 포함시킬 수 있는 유형으로 간접차별, 괴롭힘, 보복 등에 대해서 살펴보기로 한다.

① 간접차별

우선 국가인권위원회법의 차별개념에는 직접차별 이외에 간접차별이 포함되어 있지 않다. 앞에서 살펴본 바와 같이 차별개념과 관련된 국제적 기준들은 대체로 직접차별과 함께 간접차별을 포함시키고 있다. 특히 성차별의 경우에는 간접차별의 개념이 대단히 유용하다는 점에 비추어 보면 간접차별의 개념을 차별개념에 반드시 포함시킬 필요가 있다. 간접차별의 개념이 가지는 유용성 때문에 다른 차별사유로까지 확대하는 것도 고려되어야 한다. 특히 개별적 차별금지법인 장애인차별금지법[22]과 남녀고용평등법[23] 및 연령차별금지법[24]에서 간접차별이 차

22) '장애인차별금지 및 권리구제 등에 관한 법률' 제4조 제1항: ① 이 법에서 금지하는 차별이라 함은 다음 각 호의 어느 하나에 해당하는 경우를 말한다. 2. 장애인에 대하여 형식상으로는 제한 · 배제 · 분리 · 거부 등에 의하여 불리하게 대하지 아니하지만 정당한 사유 없이 장애를 고려하지 아니하는 기준을 적용함으로써 장애인에게 불리한 결과를 초래하는 경우.

23) '남녀고용평등과 일 · 가정 양립지원에 관한 법률' 제2조 제1호: 사업주가 채용조건이나 근로조건은 동일하게 적용하더라도 그 조건을 충족할 수 있는 남성 또는 여성이 다른 한 성(性)에 비하여 현저히

별의 개념에 포함되고 있다는 점을 고려하면 더욱 그렇다.

② 괴롭힘

한편 성희롱을 차별행위의 한 유형에 포함시키고 있는 점은 주목할 만하다. 하지만 성별과 관련된 괴롭힘(harassment)만을 차별행위로 보고 있기 때문에 다른 차별사유에 의한 괴롭힘을 차별행위에 포함시키고 있지 않은 것은 문제점으로 지적할 수 있다. 특히 혼혈인에 대한 차별이 가혹하게 이루어지고 있는 한국적 현실에 비추어 보면 인종에 따른 괴롭힘이 빠진 것은 입법적 결함으로 지적되어야 한다. 따라서 다양한 차별사유에 따른 괴롭힘을 일반적으로 차별의 개념에 포함시키는 입법적 개선이 이루어지거나 적어도 한국사회에서 가혹하게 가해지는 차별적 괴롭힘의 사유들을 개별적으로 명시할 필요가 있다. 개별적 차별금지법인 장애인차별금지법은 괴롭힘을 차별의 개념에 포함시키고 있지는 않지만 장애인에게 "폭력으로부터 자유로울 권리"를 보장하면서(동법 제32조 제1항) 집단따돌림, 방치, 유기, 괴롭힘, 희롱, 학대, 금전적 착취, 성적 자기결정권 침해 등의 방법으로 장애인에게 가해지는 신체적 · 정신적 · 정서적 · 언어적 행위를 금지하고 있다.

③ 보 복

미국의 차별금지법이 차별에 대한 이의제기나 소송제기 또는 기타 차별에 반대한다는 이유로 행해지는 보복행위(retaliation)도 차별행위에 포함시키고 있는 점에 대해서는 주목할 필요가 있다.[25] 여기서 보복행위란 ① 차별행위에 대한 '합법적 방어활동(protected activity)'에 관여했다는 이유로, ② '당사자(covered individuals)'에게 가해지는, ③ '적대적 행위(adverse action)'로 정의된다. 이하에서는 미국의 차별금지법에서 금지하고 있는 보복차별에 대해서 간단하게 살펴봄으로써 한국의 차별금지법이 담을 수 있는 차별개념의 범위를 확장해 보기로 한

적고 그에 따라 특정 성에게 불리한 결과를 초래하며 그 조건이 정당한 것임을 증명할 수 없는 경우.

24) '고용상 연령차별금지 및 고령자고용촉진에 관한 법률' 제4조의4 제2항: 제1항을 적용할 때 합리적인 이유 없이 연령 외의 기준을 적용하여 특정 연령집단에 특히 불리한 결과를 초래하는 경우에는 연령차별로 본다.

25) 뉴질랜드의 인권법(HRA, 1993)도 보복(Victimisation)을 불법행위로 규정한다(HRA 제66조). 아일랜드의 경우에도 고용평등법(EEA, 1998)과 평등지위법(ESA, 2000)에 따라 보복(Victimisation)을 불법으로 규정하고 있다(EEA 제74조 제2항; ESA 제3조 제2항).

다.[26)]

첫째, 차별행위에 대한 합법적 방어활동으로는 ① 불법적 차별이라고 생각되는 관행에 대한 반대행위(opposition), ② 차별관련 분쟁절차에 관여하는 행위(participation)가 포함된다. 그밖에도 합리적 방어활동에는 종교나 장애를 이유로 한 편의제공을 요구하는 것도 포함된다.

우선 반대행위는 차별이라는 사실을 고지하는 행위(informing)로서 여기에는 ① 자신 또는 타인에 대한 불법적 차별에 대해서 진정하는 행위(complaining), ② 차별에 대하여 이의를 제기하겠다고 위협하는 행위(threatening), ③ 차별에 반대하는 시위(picketing), ④ 차별적이라는 합리적 의심이 드는 명령에 대한 거부행위(refusing) 등이 해당된다. 반면에 근로자를 무력하게 만들기 위하여 근로의 제공을 방해하는 행위 또는 폭력이나 협박과 같은 불법적 행위는 합법적 방어활동에 해당되지 않는다. 보복으로부터 법적 보호를 받을 수 있는 반대행위는 차별하는 자의 행위가 차별금지법을 위반하고 있다는 합리적이고(reasonable), 신뢰할 만한(good-faith) 의심이 존재하고, 반대하는 방법이 합리적인 경우이다.

다음으로 분쟁절차에 관여하는 행위로는 차별에 대한 이의(진정)를 제기하는 행위, 차별적 관행에 대한 내부적 조사에 협조하는 행위, 차별시정기관의 조사나 소송에서 증인으로 출석하는 행위 등이 포함된다. 이러한 행위들은 비록 진정이나 소송이 종국적으로 기각된 경우에도 합법적 방어활동이 된다.

둘째, 보복행위가 가해지는 당사자는 불법적 차별관행에 반대하거나 차별관련 분쟁절차에 관여하거나 차별과 관련된 편의제공을 요구한 사람을 말한다. 합법적 방어활동에 참여한 사람과 밀접한 관계를 가진 사람도 당사자에 포함된다. 예를 들어 배우자가 차별소송에 관여했다는 이유로 해고하는 것은 불법이다. 보복차별금지를 둔 차별금지법의 목적에 비추어 차별 이외의 불법사실에 주의를 끌기 위하여 활동을 한 사람은 당사자에 해당하지 않는다. 예를 들어 차별과 무관한 윤리적, 재정적 또는 그 밖의 관심을 끌기 위하여 활동을 한 이른바 '내부고발

26) 현행 국가인권위원회법도 진정 등의 이유로 불이익처우를 받게 하는 것을 금지하고 있다: "누구든지 이 법에 따라 위원회에 진정, 진술, 증언, 자료 등의 제출 또는 답변을 하였다는 이유만으로 해고, 전보, 징계, 부당한 대우, 그 밖에 신분이나 처우와 관련하여 불이익을 받지 아니한다."(동법 第55조 제1항) 하지만 이러한 규정은 보복을 차별대우로서 금지하는 것과는 전혀 다른 의미를 갖는다.

자(whistleblower)'는 당사자에 해당하지 않는다.

셋째, 적대적 행위는 차별에 반대하는 행위나 차별관련 분쟁절차에 관여하는 것을 막기 위하여 행해지는 모든 행위를 말한다. 예를 들어 해고, 고용거부, 승진거부 등과 같은 고용행위가 포함된다. 또한 협박, 근거 없는 부정적 평가, 근거 없는 부정적 신원증명(reference), 감시강화 등과 같이 고용에 영향을 주는 행위도 적대적 행위에 해당한다. 그밖에도 합리적인 사람이 자신의 권리를 주장하지 못하도록 하기 위하여 가해지는 공격과 근거 없이 제기되는 민 · 형사소송도 적대적 행위로 볼 수 있다. 경우에 따라서 적극적 또는 중립적 평가를 받을 사람에 대한 부정적 언급과 같은 사소한 모욕(slight)이나 괴롭힘(annoyance), 또는 직장동료에 의한 냉대(snubbing), 근로자의 업무수행이나 이력에 의해 정당화된 부정적 평가 등은 적대적 행위에 포함되지 않는다. 한편 이전의 다른 사용자의 불법행위에 대한 합법적 방어활동을 이유로 현재의 사용자가 보복하는 것도 적대적 행위에 해당한다. 사용자의 보복행위가 금지되는 반면에 근로자도 차별에 반대하거나 진정을 제기했다는 이유로 근로제공이나 회사의 정당한 직장규칙 준수를 면제받는 것은 아니다.

④ 인간관계

인간관계(association)에 의한 차별이란 차별사유에 속하는 자와 일정한 인적 관계를 맺고 있다는 이유로 차별하는 것을 말한다. 이에 대해서는 아일랜드의 차별금지법들이 자세하게 규정하고 있다. 차별은 차별받는 당사자뿐만 아니라 그와 일정한 인적 관계를 맺고 있는 자에 대한 차별도 포함되어야 한다. 물론 차별받는 자와 일정한 인적 관계를 맺고 있는 자에 대한 차별의 이유는 기존의 차별사유가 아니라 바로 그렇게 차별받는 자와의 일정한 인적 관계에 있기 때문에 인간관계는 새로운 차별사유로서 이해될 필요가 있다. 특히 한국사회처럼 인간관계를 중요시하는 사회에서 차별받는 자와의 일정한 관계에 의한 차별은 대단히 가혹할 수 있다는 점에서 인간관계에 의한 차별을 차별행위로 포함시킬 필요성이 요구된다.

(3) 차별영역의 문제점과 대안

국가인권위원회법은 차별영역으로서 일반적 인정되는 고용, 재화 · 용역 · 편의시설의 제공, 교육시설의 제공 영역에서 차별행위를 금지하고 있다. 하지만 최근에 문제가 되고 있는 광고영역과 같은 새로운 차별영역에 대해서도 고려할 필요가 있다고 생각된다. 예를 들어 광고를 통해 다양한 차별사유에 따른 차별(괴롭힘을 포함)의 의도를 드러내고 있는 경우, 또는 그러한 의도가 분명하지는 않지만 합리적으로 판단했을 때 그러한 의도가 있는 것으로 이해되는 경우에 이러한 행위를 차별행위에 포함시켜 금지할 필요가 있다. 참고로 개별적 차별금지법인 장애인차별금지법은 광고영역에서 장애차별을 금지하고 있다.[27)]

II. 개별적 차별금지법

1. 개 관

개별적 차별금지법으로 ① 장애인차별금지법과 ② 남녀고용평등법 및 ③ 연령차별금지법이 있다. 차별금지사유를 기준으로 구분하면 장애인차별금지법은 '장애'를 이유한 차별을, 남녀고용평등법은 '성별'을 이유로 한 차별을, 연령차별금지법은 '연령'을 이유로 한 차별을 금지하는 개별적 차별금지법이다. 한편 차별금지영역을 기준으로 할 때 장애인차별금지법은 모든 영역을 아우르고 있는 반면에 남녀고용평등법과 연령차별금지법은 고용영역에 한정되어 있다는 점에서 차이가 있다.

(1) 장애인차별금지법

장애인차별금지법(장애인차별금지 및 권리구제 등에 관한 법률)[28)]은 모든 생활영역에서 장애를 이유로 한 차별을 금지하는 개별적 차별금지법이다. 금지되는 차별행위에는 직접차별뿐만 아니라 간접차별도 포함되고(동법 제4조 제1항 제1호 및

27) 장애인차별금지법 제4조 제1항: 이 법에서 금지하는 차별이라 함은 다음 각 호의 어느 하나에 해당하는 경우를 말한다. 4. 정당한 사유 없이 장애인에 대한 제한 · 배제 · 분리 · 거부 등 불리한 대우를 표시 · 조장하는 광고를 직접 행하거나 그러한 광고를 허용 · 조장하는 경우. 이 경우 광고는 통상적으로 불리한 대우를 조장하는 광고효과가 있는 것으로 인정되는 행위를 포함한다.

28) 장애인차별금지법에 대한 자세한 설명은 이준일, "한국 장애인차별금지법의 법적 쟁점", 「안암법학」(안암법학회), 제34호(2011), 101면 이하 참조.

제2호), 정당한 편의의 제공을 거부하는 행위도 차별행위가 된다(동조 동항 제3호). 또한 차별적 광고(동조 동항 제4호)와 장애인 관련자[29]에 대한 차별행위(동조 동항 제5호) 및 보조견이나 장애인보조기구에 대한 사용방해와 차별적 광고(동조 동항 제6호)도 차별행위로서 금지된다. 차별이 금지되는 영역에는 ① 고용, ② 교육, ③ 재화 · 용역의 제공 및 이용, ④ 사법행정절차 및 서비스와 참정권, ⑤ 모 · 부성권과 성, ⑥ 가족 · 가정 · 복지시설 건강권이 포함된다(동법 제10조부터 제29조). 한편 금지된 차별행위를 하지 않음에 있어서 과도한 부담이나 현저히 곤란한 사정 등이 있는 경우, ② 금지된 차별행위가 특정 직무나 사업 수행의 성질상 불가피한 경우(특정 직무나 사업 수행의 성질은 교육 등의 서비스에도 적용), ③ 장애인의 실질적 평등권을 실현하고 장애인에 대한 차별을 시정하기 위하여 장애인차별금지법 또는 다른 법령 등에서 취하는 적극적 조치는 차별의 예외로서 차별행위로 인정되지 않는다(동법 제4조 제3항 및 제4항).

장애를 이유로 한 차별행위로 피해를 입은 사람[30]은 국가인권위원회에 진정할 수 있고(동법 제38조), 국가인권위원회는 직권으로 차별행위에 대한 조사를 할 수도 있다(동법 제39조). 조사한 결과 차별행위가 있으면 국가인권위원회는 차별의 시정을 권고할 수 있고, 국가인권위원회의 권고를 받고도 정당한 사유 없이 권고를 불이행한 경우에 법무부장관은 피해자의 신청이나 직권으로 시정명령을 할 수 있다(동법 제43조). 한편 차별을 당한 피해자는 법원에 손해배상청구소송을 제기할 수 있고(동법 제46조 제1항), 차별행위가 악의적인[31] 경우에는 형벌이 부과될 수도 있다(동법 제49조 제1항).

(2) 남녀고용평등법

남녀고용평등법(남녀고용평등과 일 · 가정 양립 지원에 관한 법률)은 고용영역에서

29) 장애인을 돕기 위한 목적에서 장애인을 대리 · 동행하는 자로서 장애아동의 보호자 또는 후견인 그 밖에 장애인을 돕기 위한 자임이 통상적으로 인정되는 자를 모두 포함한다.

30) 피해자 외에도 장애차별의 사실을 알고 있는 사람이나 단체도 국가인권위원회 진정할 수 있다(장애인차별금지법 제38조).

31) 차별의 악의성을 판단할 때 고려되어야 하는 요소로는 ① 차별의 고의성, ② 차별의 지속성 및 반복성, ③ 차별 피해자에 대한 보복성, ④ 차별 피해의 내용 및 규모가 있다(장애인차별금지법 제49조 제2항).

성별을 이유로 한 차별을 금지하는 개별적 차별금지법으로서 성별뿐만 아니라 혼인, 가족 안에서의 지위, 임신 또는 출산 등을 이유로 합리적인 근거 없는 차별행위를 금지하고 있다(동법 제2조 제1호). 차별행위에는 직접차별뿐만 아니라 간접차별도 포함되고, 차별행위에는 포함되어 있지 않지만 성희롱도 금지된다(동법 제12조). 차별이 금지되는 고용영역에는 ① 모집 · 채용, ② 임금, ③ 임금 외의 금품, ④ 교육 · 배치 및 승진, ⑤ 정년 · 퇴직 및 해고가 포함된다(동법 제7조부터 제11조). 한편 차별의 예외로 ① 직무의 성격에 비추어 특정성이 불가피하게 요구되는 경우, ② 여성 근로자의 임신 · 출산 · 수유 등 모성보호를 위한 조치를 하는 경우, ③ 그 밖에 남녀고용평등법 또는 다른 법률에 따라 적극적 고용개선조치를 하는 경우가 인정된다(동법 제2조 제1호 가목부터 다목). 사업장의 남녀고용평등 이행을 촉진하기 위하여 그 사업장 소속 근로자 중 노사가 추천하는 자를 '명예고용평등감독관'으로 임명하고(동법 제24조 제1항), 차별행위를 포함하여 근로자의 고충을 해당 사업장에 설치된 '노사협의회'에서 처리하도록 하는 등(동법 제25조) 자율적인 분쟁해결을 강조하고 있다. 하지만 차별행위에 대해서는 형벌이나 과태료가 부과될 수도 있다(동법 제37조부터 제39조).

(3) 연령차별금지법

연령차별금지법(고용상 연령차별금지 및 고령자고용촉진에 관한 법률)은 고용영역에서 연령을 이유로 한 차별행위를 금지하는 개별적 차별금지법이다. 연령을 이유로 한 직접차별뿐만 아니라 간접차별도 금지되고, 차별이 금지되는 고용영역에는 ① 모집 · 채용, ② 임금, 임금 외의 금품 지급 및 복리후생, ③ 교육 · 훈련, ④ 배치 · 전보 · 승진, ⑤ 퇴직 · 해고가 포함된다(동법 제4조의4 제1항). 차별의 예외로는 ① 직무의 성격에 비추어 특정 연령기준이 불가피하게 요구되는 경우, ② 근속기간의 차이를 고려하여 임금이나 임금 외의 금품과 복리후생에서 합리적인 차등을 두는 경우, ③ 연령차별금지법이나 다른 법률에 따라 근로계약, 취업규칙, 단체협약 등에서 정년을 설정하는 경우, ④ 연령차별금지법이나 다른 법률에 따라 특정 연령집단의 고용유지 · 촉진을 위한 지원조치를 하는 경우가 있다(동법 제4조의5).

연령차별을 당한 피해자는 국가인권위원회에 진정할 수 있고(동법 제4조의6 제

1항), 진정을 조사한 결과 차별행위가 있는 경우에 국가인권위원회는 차별의 시정을 권고할 수 있다. 권고를 받고도 정당한 사유 없이 권고를 불이행하면 고용노동부장관은 피해자의 신청이나 직권으로 시정명령을 할 수 있다(동법 제4조의7 제1항). 한편 모집 · 채용에서 합리적인 이유 없이 연령을 이유로 차별한 사업주에 대해서 형벌이 부과될 수 있다(동법 제23조의3 제2항).

(4) 비정규직차별금지법

비정규직차별금지법(기간제 및 단시간근로자 보호 등에 관한 법률)은 고용영역에서 '고용형태'를 이유로 한 차별행위를 금지하는 개별적 차별금지법이다. 이에 따라 기간제근로자 또는 단시간근로자(이하 '비정규직근로자'로 약칭)임을 이유로 당해 사업이나 사업장에서 동종 업무나 유사한 업무에 종사하는 기간의 정함이 없는 근로계약을 체결한 근로자 또는 통상근로자에 비하여 차별적 처우를 하는 행위는 금지된다(동법 제8조). 차별적 처우를 받은 비정규직근로자는 '노동위원회'에 그 시정을 신청할 수 있다(동법 제9조 제1항). 시정신청을 받은 노동위원회는 필요한 조사와 심문을 해야만 한다(동법 제10조 제1항). 이러한 심문 과정에서 노동위원회는 조정이나 중재를 할 수도 있다(동법 제11조 제1항).[32] 노동위원회가 조사 · 심문을 종료하고 차별적 처우에 해당된다고 판정한 때에는 사용자에게 시정명령을 발하여야 한다(동법 제12조 제1항). 노동위원회의 결정에 대해서는 중앙노동위원회에 재심을 청구할 수 있고(동법 제14조 제1항), 중앙노동위원회의 재심결정에 불복이 있으면 행정소송을 제기할 수 있다(동조 제3항). 비정규직근로자가 차별적 처우의 시정신청, 노동위원회에의 참석 및 진술, 중앙노동위원회에 재심신청 또는 행정소송의 제기, 시정명령 불이행의 신고를 했다는 이유로 해고 그

---

32) 노동위원회는 관계당사자 쌍방 또는 일방의 신청 또는 직권에 의하여 조정(調停)절차를 개시할 수 있고, 관계당사자가 미리 노동위원회의 중재(仲裁)결정에 따르기로 합의하여 중재를 신청한 경우에는 중재를 할 수 있다(동법 제11조 제1항). 이러한 조정 또는 중재의 신청은 차별적 처우의 시정신청을 한 날부터 14일 이내에 하여야 한다(노동위원회의 승낙이 있는 경우에는 14일 후에도 신청가능, 동조 제2항). 조정 또는 중재를 할 때 노동위원회는 관계당사자의 의견을 충분히 들어야 한다(동조 제3항). 그리고 노동위원회는 특별한 사유가 없는 한 조정절차를 개시하거나 중재신청을 받은 때부터 60일 이내에 조정안을 제시하거나 중재결정을 하여야 한다(동조 제4항). 관계당사자 쌍방이 조정안을 수락한 경우에 노동위원회는 조정조서를 작성하고 중재결정을 한 경우에는 중재결정서를 작성하여야 한다(동조 제5항). 이러한 조정 또는 중재결정은 「민사소송법」의 규정에 따른 재판상 화해와 동일한 효력을 갖는다(동조 제7항).

밖의 불리한 처우를 한 사용자에게는 형벌이 부과될 수 있다(동법 제16조 제2호 및 제3호). 파견근로자의 경우에는 '파견근로자보호 등에 관한 법률'의 적용을 받는데 그 내용에서 '기간제 및 단시간근로자 보호 등에 관한 법률'의 준용을 받는다(동법 제21조 제3항).

	장애인차별금지법	남녀고용평등법	연령차별금지법	비정규직차별금지법
차별금지사유	장애	성별	연령	고용형태
차별금지영역	모든 생활영역	고용	고용	고용
진정 및 권고권	국가인권위원회	×	국가인권위원회	×
시정명령권	법무부	×	고용노동부	노동위원회
손해배상청구권	○	×	×	×
형벌	○	○	○	○

2. 비판과 대안

(1) 체계정합성의 제고

차별금지법제가 '하나의 정합적인 체계'를 이루어야 한다는 점에서 일반적 차별금지법과 개별적 차별금지법, 그리고 개별적 차별금지법 상호간에 체계적 정합성이 요구된다. 이러한 관점에서 일반적 차별금지법에서 인정되고 있지 않은 간접차별이 개별적 차별금지법들에서 정의된 차별의 개념에 포함되어 있는 등의 모순점은 입법적 개선을 통해 시급하게 해결될 필요가 있다. 반대로 일반적 차별금지법에서 차별의 개념에 포함되어 있는 성희롱이 개별적 차별금지법인 남녀고용평등법에서는 차별의 개념에 포함되어 있지 않은 모순점도 해결되어야 한다. 또한 일반적 차별금지법에서 괴롭힘의 한 유형인 성희롱이 차별의 개념에 포함되어 있음에도 불구하고 다른 차별금지사유에 따른 괴롭힘이 차별의 개념에 포함되어 있지 않고, 이로 인해 개별적 차별금지법인 장애인차별금지법에서도 장애인에 대한 괴롭힘이 차별로 인정되지 않는 모순점도 개선이 요구된다.

(2) 차별시정기구의 일원화와 시정명령권의 폐지

일반적 차별금지법과 개별적 차별금지법에서 권고권을 가진 차별시정기구는 국가인권위원회로 통일되어 있지만 시정명령권을 가지는 차별시정기구가 관련된 행정각부로 분할되어 있는 문제점이 있다. 기본적으로 행정각부가 가지고 있는 시정명령권은 폐지되는 것이 바람직하다. 차별의 문제는 본질적으로 사적 분쟁이기 때문이다. 이러한 사적 분쟁은 자율적으로 해결되는 것이 이상적이라는 점에서 권고권을 가진 국가인권위원회가 차별에 관한 사적 분쟁을 조정하고 중재하는 역할이 강조되어야 한다. 이처럼 차별의 성격에 비추어 차별시정기구는 조정자 또는 중재자인 국가인권위원회로 일원화되고, 신속한 권리구제라는 명목으로 행정각부에 인정되고 있는 시정명령권은 자율적 분쟁해결을 위해서 삭제될 필요가 있다. 만약 국가인권위원회의 조정이나 중재를 통해서도 자율적으로 분쟁이 해결되지 않은 경우에는 법원에 의한 해결이 가능하기 때문에 행정각부에 의한 개입은 불필요하다고 보인다. 행정각부의 시정명령권이 인정되면 차별에 관한 분쟁이 민사법원이 아니라 (시정명령에 대한 소송을 담당하는) 행정법원에서 해결될 수밖에 없다는 점을 고려할 때는 더욱 그렇다.[33]

(3) 형벌권의 제한

앞서 언급한 것처럼 차별에 관한 분쟁은 사적 분쟁이라는 점에서 국가는 조정자나 중재자로서의 역할을 수행하는 것이 바람직하다. 따라서 차별에 관한 사적 분쟁에 국가가 형벌권을 동원하여 개입하는 것은 '과도한 후견주의적 간섭'으로 이해된다. 같은 맥락에서 행정부에 부여된 시정명령권도 불필요한 국가개입으로 이해될 수밖에 없다. 따라서 개별적 차별금지법들에서 인정되고 있는 형벌권은 원칙적으로 차별행위에 대해서는 인정될 필요가 없고, 차별행위에 대한 진정이나 소송의 제기로 불이익을 주는 보복행위에 대해서만 예외적으로 인정되어야 한다.[34] 차별행위에 대한 형벌권이 인정되면 차별에 관한 소송이 형사소송화되

33) 장애인차별금지법에 따르면 시정명령에 대하여 불복하는 관계 당사자는 그 명령서를 송달받은 날부터 30일 이내에 행정소송을 제기할 수 있고(동법 제44조 제1항), 이 기간 이내에 행정소송을 제기하지 아니한 때에는 그 시정명령은 확정된다(동조 제2항).

34) 연령차별금지법은 사업주에게 근로자가 이 법이 금지하는 연령차별행위에 대한 진정, 자료제출, 답

고, 이로 인해 차별에 관한 형사소송은 차별에 관한 민사소송을 해결하기 위한 압박수단으로 이용될 가능성도 배제할 수 없다는 점에서 차별행위에 대한 형벌권의 인정은 재고될 필요가 있다.

변 · 증언, 소송, 신고 등을 하였다는 이유로 근로자에게 해고, 전보, 징계, 그 밖의 불리한 처우를 하는 것을 금지하면서(동법 제4조의9) 이를 위반하여 근로자에게 해고, 전보, 징계, 그 밖의 불리한 처우를 한 사업주에게 2년 이하의 징역 또는 1천만원 이하의 벌금에 처할 수 있도록 규정하고 있다(동법 제23조의2).

제4장

차별시정기구

세계 각국은 각국의 현실에 맞게 인권의 보장과 향상을 위하여 포괄적 인권기구를 설치하기도 하고, 차별금지에 초점을 맞춘 차별시정기구를 설치하기도 한다. 따라서 차별시정기구는 본질적으로 인권의 보호와 증진을 목적으로 설치된 국가인권기구의 한 형태로 이해된다. 여기서 차별시정기구를 포함한 국가인권기구의 이상적 모형을 구성해 볼 필요가 있다.

인권의 보장과 증진을 위하여 세계 각국은 그 나라의 실정과 필요에 맞는 국가인권기구(National Human Rights Institution: NHRI)를 설치하였는데 이러한 국가인권기구에 관한 국제적 기준으로서 1993년 12월 20일 UN총회는 '파리원칙'(Paris Principle: 정식명칭은 Principles relating to the status and functioning of national institutions for protection and promotion of human rights)을 결의하였다. 여기서 파리원칙이란 1991년 10월 인권센터가 개최한 인권에 관한 국제워크샵에서 국가인권기관, 정부, 국제연합, 정부간기구, 비정부기구의 대표로 구성된 참여자들이 국가인권기관의 역할, 구성, 지위, 권한에 관하여 제안한 포괄적인 권고를 말한다.

국가인권기구에 관한 이러한 국제적 기준이 존재하지만 세계 각국에 설치된 국가인권기구나 차별시정기구는 독자적인 역사와 전통을 가지고 있다. 따라서 먼저 각국의 국가인권기구나 차별시정기구를 개별적으로 검토하는 것이 필요하다. 다음으로 파리원칙을 중심으로 국가인권기구에 관한 국제적 기준을 마련해 보기로 한다. 마지막으로 이러한 국제적 기준을 고려하면서 한국의 실정에 맞는 국가인권기구 또는 차별시정기구의 기준을 제안하기로 한다.

제1절 각국의 차별시정기구

차별시정기구는 각 나라의 현실과 상황에 맞게 자유침해의 구제와 차별의 시정을 통합적으로 관할하는 국가인권기구로 설치되기도 하고, 오로지 차별시정만을 위한 국가기구로 설치되기도 한다. 또한 그 업무와 권한의 범위도 각 나라의 실정에 맞게 부여되고 있다. 지금부터 중요한 국가들이 자신의 역사와 문화를 배경으로 설치한 차별시정기구에 대해서 살펴보기로 한다.

I. 미 국

"직장으로부터 불법적 차별의 제거"를 기치로 탄생한 미국 고용기회평등위원회(Equal Employment Opportunity Commission: 이하 'EEOC'로 약칭)[1]는 역사적인 민권법 제7장(Title VII of ths Civil Rights Act, 1964)에 근거하여 설치되었다.[2] EEOC의 근거법인 민권법은 1960년대 미국사회의 인권운동에서 핵심이슈가 되었던 인종차별과 인종분리의 현실을 배경으로 탄생하였다.[3] 따라서 EEOC가 다루게 되는 중요한 차별사유는 무엇보다도 고용영역에서 발생하는 인종차별일 수밖에 없었다.[4] 하지만 EEOC는 그 밖에도 민권법에서 금지된 차별사유인 성별, 종

1) 미국의 고용기회평등위원회에 대해서는 이준일, "차별시정기구에 대한 비교법적 고찰 – 미국과 캐나다의 차별시정기구에 대한 검토를 기초로 한국 국가인권위원회의 방향 제시 –", 「고려법학」(고려대학교 법학연구원), 제49호(2007), 411면 이하 및 위원회의 공식 웹사이트(www.eeco.gov) 참조.

2) EEOC는 민권법이 제정되고 1년 후인 1965년 7월 2일부터 활동을 시작하였다. 민권법이 제정될 당시에 수많은 반대가 있었기 때문에 입법자는 EEOC권한에 대하여 일정한 타협점을 찾아야 했다. 따라서 출범당시 EEOC는 강제권한을 갖지 못했고, 단지 차별이 발생했다고 믿을 만한 합리적인 근거가 있다고 인정한 경우에 진정을 접수·조사·조정할 수 있는 권한만을 가졌다. EEOC는 출범 35주년을 기념하는 웹사이트(www.eeoc.gov/abouteeoc/35th)에서 EEOC가 존속했던 35년의 기간을 ① 민권법 제정 이전 시기, ② 1965년-1971년 시기, ③ 1970년대 시기, ④ 1980년대 시기, ⑤ 1990년대 시기, ⑥ 2000년대 시기 등 여섯 시기로 나누면서 초기시기를 "이빨 없는 호랑이(Toothless Tiger)"의 시기로 부르고 있다.

3) 노예제도폐지를 둘러싼 미국의 남북전쟁(Civil War)과 링컨의 노예해방선언이 있은 후 정확하게 100여년이 지나서도 여전히 인종차별의 문제가 미국사회의 핵심적 이슈가 되었다는 사실은 매우 흥미롭다.

교, 출신국가에 따른 차별사건과 개별적 차별금지법에서 금지된 장애, 연령에 따른 차별사건 등 고용영역에서 발생하는 각종 차별을 시정하는 기구로서의 역할을 충실히 이행하고 있다.

EEOC는 5인의 위원(Commissioner)과 1인의 사무총장(General Counsel)으로 구성된다. 위원과 사무총장은 대통령이 임명하고 상원의 인준을 받는다. 위원의 임기는 5년으로 모든 위원의 임기가 동시에 시작하여 끝나지 않고, 서로 교차하여 시작하고 끝나는 교차임기제(staggered terms)에 따른다. 사무총장의 임기는 4년이다. 대통령은 5인의 위원 가운데 1인을 위원장(the Chair)으로, 다른 1인을 부위원장(the Vice-Chair)으로 임명한다. 5인의 위원은 고용평등정책을 입안하고, 이의제기에 대해서 인정 여부를 결정할 수 있는 권한을 가진다. 사무총장은 EEOC의 결정을 강제집행하기 위한 소송을 수행한다.

EEOC의 회의는 통상 공개하지만 비공개로 진행되는 경우도 있다. 예를 들어 소송상의 유리함이나 소송전략 또는 행정상의 재결, 그 밖의 특별한 문제들을 고려해서 비공개로 한다. 공개로 진행되는 회의는 방청할 수 있지만 회의에 참여하거나 방해하는 행위는 허용되지 않는다. 통상 회의는 매월 세 번째 수요일에 개최되고, 회의의 의제는 회의 1주일 전에 연방공보에 공개된다.

EEOC의 설치근거가 되는 민권법 제7장에서 규정하는 차별사유(인종, 피부색, 종교, 성별, 출신국가)뿐만 아니라 각각의 차별사유에 따라 차별을 금지하는 동일임금법(EPA), 연령차별금지법(ADEA), 장애인법(ADA), 재활법(RA) 등도 EEOC가 집행하는 법률에 해당한다. 이러한 법률들에서 금지한 차별사유를 근거로 차별하는 경우에 EEOC는 이의제기(charge)를 받아 조사 또는 조정 · 중재하거나 법원에 소송을 제기할 수 있는 권한을 가진다.

EEOC는 전국을 15개의 구역으로 나누어 구역사무소(District Office)를 두고 있다.[5] 그 밖에도 각 구역마다 거기에 속한 지역을 나누어 현장사무소(Field

---

4) EEOC가 출범한 당일에만 거의 1000건의 이의제기가 있었고, 1965년 한해에만 8,852건의 이의가 제기되었다고 한다. 이 가운데 대부분은 민권법 제정에 찬성하는 인권단체와 협력관계를 유지했던 유색인종진보국민회의법률구조재단(National Association for the Advancement of Colored People Legal Defense Fund)이 제기했다고 한다.

5) 구역사무소는 1개의 주를 나누거나 1개의 주 또는 몇 개의 주를 묶어 구성된 구역을 관할한다: ① Atlanta District Office(Georgia주 전체 및 South Carolina주의 일부 카운티), ② Birmingham

Office)[6]와 영역사무소(Area Office),[7] 그리고 지역사무소(Local Office)[8]를 두고

District Office(Alabama주의 일부 카운티), ③ Charlotte District Office(North Carolina주 전체 및 South California주의 일부 카운티, Virginia주의 일부 카운티와 독립시), ④ Chicago District Office(Iowa주, Minnesota주, North Dakota주, South Dakota주, Wisconsin주 전체 및 Illinois 주의 일부 카운티), ⑤ Dallas District Office(Texas주의 일부 카운티, New Mexico주의 일부 카운티), ⑥ Houston District Office(Louisiana주 전체 및 Texas주의 일부 카운티), ⑦ Indianapolis District Office(Indiana주, Kentucky주, Michigan주 전체 및 Ohio주의 일부 카운티), ⑧ Los Angeles District Office(California주의 일부 카운티, Hawaii주, 미국령인 Samoa, Guam, 북 Mariana군도), ⑨ Memphis District Office(Arkansas주, Tennessee주 전체 및 Mississippi주 일부 카운티), ⑩ Miami District Office(Florida주의 일부 카운티, Puerto Rico 미연방 자치령, Virgin군도), ⑪ New York District Office(Connecticut주, Maine주, Massachusetts주, New Hampshire주, New York주, Rhode Island주, Vermont주 전체 및 New Jersey주의 일부 카운티), ⑫ Philadelphia District Office(Delaware주, Pennsylvania주, West Virginia주 전체 및 Maryland주의 일부 카운티, New Jersey주의 일부 카운티, Ohio주의 일부 카운티), ⑬ Phoenix District Office(Arizona주, Colorado주, Utah주, Wyoming주 전체 및 New Mexico주의 일부 카운티), ⑭ San Francisco District Office(Alaska주, Idaho주, Montana주, Oregon주, Washington주 전체 및 Nevada주의 일부 카운티), ⑮ St. Louis District Office(Kansas주, Missouri주, Nebraska주, Oklahoma주 전체 및 Illinois주의 일부 카운티).

6) 9개의 현장사무소가 설치되어 있다: ① Baltimore Field Office(Philadelphia District 소속, Maryland주), ② Cleveland Field Office(Philadelphia District 소속, Ohio주의 일부 카운티), ③ Denver Field Office(Phoenix District 소속, Colorado주, Wyoming주), ④ Detroit Field Office(Indianapolis District 소속, Michigan주 전체 및 Ohio주의 일부 카운티), ⑤ New Orleans Field Office(Houston District 소속, Louisiana주), ⑥ San Antonio Field Office(Dallas District 소속, Texas주의 일부 카운티), ⑦ Tampa Field Office(Miami District 소속, Florida주의 일부 카운티), ⑧ Seattle Field Office(San Francisco District 소속, Alaska주, Idaho주, Montana주, Oregon주, Washington주), ⑨ Washington Field Office(District of Columbia 및 Virginia주의 일부 카운티와 독립시).

7) 15개의 영역사무소가 설치되어 있다: ① Albuquerque Area Office(Phoenix District 소속, New Mexico주의 일부 카운티), ② Boston Area Office(New York District 소속, Connecticut주, Maine주, Massachusetts주, New Hampshire주, Rhode Island주, Vermont주), ③ Cincinnati Area Office(Indianapolis District 소속, Ohio주의 일부 카운티, Kentucky주의 일부 카운티), ④ El Paso Area Office(Dallas District, Texas주의 일부 카운티, New Mexico주의 일부 카운티), ⑤ Jackson Area Office(Birmingham District 소속, Mississippi주의 일부 카운티), ⑥ Kansas City Area Office(St. Louis District 소속, Kansas주, Nebraska주 전체 및 Missouri주의 일부 카운티), ⑦ Little Rock Area Office(Memphis District 소속, Arkansas주), ⑧ Louisville Area Office(Indianapolis District 소속, Kentucky주의 일부 카운티), ⑨ Milwaukee Area Office(Chicago District 소속, Iowa주, Wisconsin주), ⑩ Minneapolis Area Office(Chicago District 소속, Minnesota주, North Dakota주, South Dakota주, 남서부 16개 카운티를 제외한 Illinois주), ⑪ Nashville Area Office(Memphis District 소속, Tennessee주의 일부 카운티), ⑫ Newark Area Office(New York District 소속, New Jersey의 일부 카운티), ⑬ Oklahoma Area Office(St. Louis District 소속, Oklahoma주), ⑭ Pittsburgh Area Office(Philadelphia District 소속, West Virginia주 전체 및 Pennsylvania주의 일부 카운티), ⑮ Raleigh Area Office(Charlotte

있다. 구역사무소의 관할구역은 현장사무소, 영역사무소, 지역사무소의 관할구역을 포함하기 때문에 구역사무소의 관할구역 안에 있는 현장사무소, 영역사무소, 지역사무소의 관할구역에서 발생한 사건은 구역사무소의 관할이 될 수 있다. 예를 들어 텍사스(Texas)주와 뉴멕시코(New Mexico)주를 관할구역으로 하는 달라스(Dallas)구역사무소는 그 구역 안에 설치된 산안토니오(San Antonio)현장사무소와 엘파소(El Paso)영역사무소의 관할구역 안에서 발생한 차별사건을 관할한다.

II. 캐나다

1. 캐나다 인권위원회(CHRC)

(1) 구 성

캐나다의 차별시정기구로 캐나다 인권위원회(Canadian Human Rights Commission: 이하 CHRC)[9]를 들 수 있다.[10] CHRC는 캐나다 인권법(CHRA)을 집행하고, 고용

District 소속, North Carolina주의 일부 카운티).

8) 지역사무소는 각 구역에 설치된 것으로 현재 14개의 지역사무소가 설치되어 있다: ① Buffalo Local Office(New York District 소속, New York주의 일부 카운티), ② Fresno Local Office(Los Angeles District 소속, California주의 일부 카운티), ③ Greensboro Local Office(Charlotte District 소속, North Carolina주의 일부 카운티), ④ Greenville Local Office(Charlotte District 소속, South Carolina주의 일부 카운티), ⑤ Honolulu Local Office(Los Angeles District 소속, Hawaii주), ⑥ Las Vegas Local Office(Los Angeles District 소속, Nevada주의 일부 카운티), ⑦ Mobile Local Office(Birmingham District 소속, Mississippi주의 일부 카운티, Alabama주의 일부 카운티, Florida주의 일부 카운티), ⑧ Norfolk Local Office(Charlotte District 소속, Virginia주의 일부 카운티, North Carolina주의 일부 카운티), ⑨ Oakland Local Office(San Francisco District 소속, California주의 일부 카운티), ⑩ Richmond Local Office(Charlotte District 소속, Virginia주의 일부 카운티와 독립시), ⑪ San Diego Local Office(Los Angeles District 소속, California주의 일부 카운티), ⑫ San Jose Local Office(San Francisco District 소속, California주의 일부 카운티), ⑬ San Juan Local Office(Miami District 소속, Puerto Rico 미연방 자치령, Virgin군도), ⑭ Savannah Local Office(Atlanta District Office 소속, Georgia주의 일부 카운티, South California주의 일부 카운티).

9) 캐나다인권위원회에 대해서는 이준일, “차별시정기구에 대한 비교법적 고찰 – 미국과 캐나다의 차별시정기구에 대한 검토를 기초로 한국 국가인권위원회의 방향 제시 –”, 「고려법학」(고려대학교 법학연구원), 제49호(2007), 417면 이하 및 위원회의 공식 웹사이트(www.chrc-ccdp.ca)를 참조.

10) 캐나다인권위원회의 차별시정기능에 대해서는 이주희, “성차별 분쟁조정기구의 국제비교 – 미국 동등고용기회위원회(EEOC)와 캐나다 인권위원회를 중심으로 –”, 「한국행정학회 2000년도 기획세미나 국

평등법(EEA)상의 감시와 강제의 역할을 담당한다. CHRC는 1명의 위원장(Chief Commissioner)과 1명의 부위원장(Deputy Chief Commissioner) 및 3인 이상 6인 이하의 위원으로 구성된다(최대 총 8인, 현재는 5인). 위원장과 부위원장은 상임(full-time)위원으로 임명되지만, 위원은 상임 또는 비상임(part-time)으로 임명될 수 있다. 상임위원은 7년 이내의 임기로, 비상임위원은 3년 이내의 임기로 임명된다. 위원의 구성은 지역과 성별에 따른 안배를 한다. CHRC는 연방인권위원회이고, 10개의 지역인권위원회[11]가 설치되어 있다.

(2) 권 한

CHRC의 권한은 다음과 같이 크게 다섯 가지로 정리할 수 있다: ① 인권법에 열거된 금지된 차별사유에 기초한 고용 및 용역제공에서의 차별에 관한 진정(complaint)의 해결, ② 동일노동을 제공하는 남녀 사이에 발생한 임금차별을 포함한 차별에 관한 진정의 조사(investigation), ③ 고용평등법 준수 여부에 관한 감사(auditing)와 조치, ④ 인권보호를 보장하기 위하여 임명된 그룹에 적용되는 프로그램, 정책, 입법의 감시(monitoring), ⑤ 인권법과 인권위의 역할과 활동을 일반국민의 이해를 증진시키기 위한 정보프로그램의 개발과 시행.

캐나다인권위원회 최종결정 총계[12]

	2002	2003	2004	2005	2006	2007	2008	2009	2010
January	44	69	100	69	82	64	28	38	53
February	37	101	105	86	139	54	25	58	36

제포럼 발표논문집(정부와 참여)」, 91-110면; 김은경, “캐나다 차별시정기구의 구조와 특성”, 「국제노동브리프」, 43면 이하 참조.

11) 캐나다의 10개 지역인권위원회에 대해서는 각각의 웹사이트를 참조: ① 앨버타(Alberta: www.albertahumanrights.ab.ca), ② 매니토바(Manitoba: www.gov.mb.ca/hrc), ③ 뉴브룬스위크(New Brunswick: www.gnb.ca/hrc-cdp), ④ 뉴파운드랜드(Newfoundland: www.justice.gov.nl.ca/hrc), ⑤ 노바스코티아(Nova Scotia: www.gov.ns.ca/humanrights), ⑥ 온타리오(Ontario: www.ohrc.on.ca), ⑦ P.E.I. (www.gov.pe.ca/humanrights), ⑧ 퀘백(Quebec: www.cdpdj.qc.ca), ⑨ 서스캐처원(Saskatchewan: www.gov.sk.ca/shrc), ⑩ 유콘(Yukon: www.yhrc.yk.ca).

12) www.chrc-ccdp.ca/disputeresolution_reglementdifferends/statistics_statitistiques-eng.aspx 참조.

March	57	91	195	152	142	91	51	55	53
April	45	93	80	102	107	30	39	59	47
May	105	100	101	134	91	68	48	60	35
June	84	138	107	113	29	73	47	46	64
July	31	90	122	95	106	97	1	36	165**
August	48	23	72	89	78	63	114	53	42
September	45	163	108	124	37	45	46	39	57
October	53	83	74	79	60	43	75	54	40
November	32	70	92	700*	107	78	67	44	
December	148	286	117	149	58	114	108	77	
TOTAL	729	1307	1273	1892	976	820	649	619	

* In November the Commission rendered final decisions on a group of 558 related cases.
** A group of 94 complaints were referred to Tribunal in July 2010

AVERAGE AGE OF ACTIVE CASELOAD[13)]

As of December 31, 2002	25.34 months
As of December 31, 2003	15.60 months
As of December 31, 2004	12.55 months
As of December 31, 2005	10.90 months
As of December 31, 2006	9.50 months
As of December 31, 2007	9.20 months
As of December 31, 2008	8.90 months
As of December 31, 2009	7.80 months

2010 to date

January	7.30 months
February	7.60 months
March	7.60 months
April	7.80 months

13) www.chrc-ccdp.ca/disputeresolution_reglementdifferends/statistics_statitistiques-eng.aspx 참조.

2. 캐나다 인권재판소(CHRT)

(1) 역 사

개인을 차별로부터 보호하기 위하여 제정된 캐나다 인권법(CHRA)에 따라 모든 캐나다인은 평등권 및 동등한 기회와 공평한 대우, 그리고 차별없는 환경에 관한 권리를 갖는데 이러한 권리를 보장하기 위하여 1977년 캐나다 인권재판소(Canadian Human Rights Tribunal: 이하 CHRT)[14)]가 설치되었다. CHRT는 설립 이후 캐나다 인권위원회에 재정적으로 종속된 기관이었으나 1988년 이후 점차 독립적으로 활동하였으며 1998년 6월 28일 캐다나 인권법이 개정되면서 법적으로 독립된 기관이 되었다. 그리고 1996년 고용평등법(EEA)이 제정되면서 100명 이상의 사업장에서 발생한 진정사건을 관할하는 역할도 하게 되었는데 동법에 따르면 인권재판소는 고용평등에 관한 재심(review tribunal)을 관할한다고 규정되어 있다. CHRT는 연방인권재판소이고, 그밖에도 3개의 지역인권재판소[15)]가 설치되어 있다.

(2) 캐나다 인권재판소와 캐나다 인권위원회의 관계

인권재판소는 차별에 관한 진정에 대해서 심리하고 인권법에 규정된 차별적 관행(discriminatory practice)에 해당하는지 여부에 대해서 판단한다는 점에서 법원과 대단히 유사하다. 하지만 일반 법원보다는 덜 형식적이고 융통성 있게 운영되어 엄격한 증거법원칙이 적용되지 않는다. 인권재판소의 핵심적 목표는 인권법을 공정하게 해석하고 적용하는 것이라는 점에서 인권문제에 관한 대변자로서 활동하는 인권위원회와 구별된다.

인권위원회는 수사기관인 경찰처럼 진정인의 진정을 접수하여 조사한다. 인권위원회가 더 많은 심문(inquiry)이 필요하고 당사자간의 해결이 불가능하다고 판단한 경우에 사건을 인권재판소에 이송하여 심리(hearing)하게 한다(CHRA 제49조 제1항). 이러한 심리절차에서 ① 인권위원회는 우선 검사(crown attorney)처럼

---

14) http://www.chrt-tcdp.gc.ca 참조.

15) 캐나다의 3개 지역인권재판소에 대해서는 각각의 웹사이트 참조: ① 브리티시 컬럼비아(British Columbia: www.bchrt.bc.ca), ② 퀘벡(Quebec: www.justice.gouv.qc.ca/english/tribunaux/trib-droi-a.htm), ③ 서스캐처원(Saskatchewan: www.saskhrt.ca) 참조.

차별사건을 증명하기 위한 증거를 제시함으로써 공익의 관점에서 심리절차 전체에 참여한다. 아니면 ② 인권위원회는 검사의 역할을 하기는 하지만 특별한 문제점이나 법률적 의문점을 제기함으로써 대단히 제한적으로만 심리에 참여하기도 한다. 그렇지 않으면 ③ 인권위원회는 인권재판소의 심리절차에 전혀 참여하지 않는 선택을 할 수도 있다. 인권심판소는 심리를 진행하면서 당사자들이 제시한 증거를 평가하고 인권법에 규정된 차별에 해당하는지 여부를 판단함으로써 사건을 공정하게 판결한다는 점에서 법원과 같은 역할을 하게 된다. 인권재판소의 결정에 대해서 당사자 일방이 동의하지 않는 경우에는 연방법원에 제소할 수 있다.

(3) 구성과 조직

인권재판소는 15인 이하의 심판관, 즉 소장(chairperson) 1인, 부소장(vice-chairperson) 1인 및 13인 이하의 심판관으로 구성된다(인권법 제48.1조 제1항). 심판관은 총리(Governor in Council)가 임명하고, 이 가운데 소장과 부소장은 상임심판관으로, 나머지 재판관은 상임 또는 비상임심판관으로 임명된다(CHRA 제48.4조 제1항).

인권재판소장은 10년 이상 변호사로 활동한 자로 임기는 7년 이내이고(CHRA 제48.1조 제1항, 제48.2조 제1항), 심리에 참여한다. 사건에 따라서 재판소장은 1인 또는 3인의 재판관에게 심리를 맡길 수 있다(CHRA 제49조 제2항). 부소장도 10년 이상 변호사로 활동한 자로 임기는 7년 이내이고, 심리에 참여하며 소장의 궐위나 사고시에 소장의 권한을 대행한다. 13인 이하의 재판관은 5년 이내의 임기로 임명되는데 그 가운데 2인 이상은 변호사 자격이 있는 자이어야 한다.

III. 호 주

호주의 차별시정기구로는 1986년에 출범한 '호주 인권위원회(Australian Human Rights Commission: 이하 'AHRC'로 약칭)'[16]가 있다.[17] AHRC는 1986년

16) 호주인권위원회(AHRC)는 종래에 '인권과 기회평등위원회(Human Rights and Equal Opportunity Commission)'로 불리기도 하였다. 호주인권위원회에 대한 소개는 그 웹사이트(www.hreoc.gov. au) 참조,

연방법에 따라 인권의 존중·보호 및 향상을 위하여 기존의 인종차별위원회, 인권위원회, 성차별위원회를 통합하여 구성된 것이다. 따라서 AHRC는 차별시정기관을 넘어 포괄적인 인권보장기관의 역할을 수행한다. 특별히 호주의 AHRC는 고용영역에서 발생하는 차별을 시정하는 것이 주된 역할이다.

AHRC는 연방법인 ① 연령차별금지법(Age Discrimination Act: ADA 2004), ② 장애인차별금지법(Disability Discrimination Act: DDA 1992), ③ 인종차별금지법(Racial Discrimination Act: RCA, 1975), ④ 성차별금지법(Sex Discrimination Act: SDA, 1984), ⑤ 인권과 평등위원회법(Human Rights and Equal Opportunity Commission Act: HREOCA, 1986)에 근거하여 활동한다.

1. 구성과 조직

AHRC는 1명의 위원장(President)과 5명의 위원(Commissioner)으로 구성된다(AHRCA 제8조 제1항). 여기서 5명의 위원은 ① 성차별위원(Sex Discrimination Commissioner), ② 원주민·사회정의위원(Social Justice Commissioner), ③ 인종차별위원(Race Discrimination Commissioner: RDA 제19조), ④ 인권위원(Human Rights Commissioner: 안락사, 거주·이전의 자유, 종교·양심의 자유, 아동과 동성애자, 정신질환자의 인권, 주거권), ⑤ 장애인차별위원(Disability Discrimination Commissioner)을 말한다.[18] 위원장과 인권위원 및 원주민·사회정의위원은 인권위법에 근거하여 설치되어 있고, 장애인차별위원, 인종차별위원, 성차별위원은 각각 개별적 차별금지법인 장애인차별금지법, 인종차별금지법, 성차별금지법에 근거하여 설치되어 있다.

첫째, 위원장은 총리가 상임 또는 비상임으로 임명하고, 위원회의 수석위원(senior member)이 된다(AHRCA 제8A조). 둘째, 인권위원은 총리가 상임으로 임명하고, 위원의 자격·지식·경험의 적합성에 대해서 판단한다(AHRCA 제8B조). 셋째, 원주민·사회정의위원은 총리가 임명하고, 위원의 자격·지식·경험의 적합성에 대해서 판단한다(AHRCA 제46B조). 장애인차별위원, 인종차별위원, 성차별위

17) 호주인권위원회에 대한 자세한 설명은 AHRC, 「About Us, Know Your Rights」, 2012 및 박선영 외, 「차별시정기구의 국제비교 및 정책적 함의」(한국여성개발원), 2004, 11면 이하 참조.

18) 현재는 원주민·사회정의위원이 인종차별위원의 직무를 대행하고, 인권위원이 장애인차별위원의 직무를 대행하여 3인의 위원으로 구성되어 있다.

원 등 3인의 위원은 총리가 임명하고, 위원의 자격 · 지식 · 경험의 적합성에 관해서는 총리가 판단하며(DDA 제113조; RDA 제29조; SDA 제96조), 임기는 7년 이내로 하고 연임할 수 있다(DDA 제114조; SDA 제30조; RDA 제97조). 법원의 구성원인 판사도 위원으로 임명될 수 있고,[19] 위원으로 임명된 판사의 신분에 영향을 받지 않는다(AHRCA 제9조 및 제10조).

2. 업무와 권한

AHRCC의 업무는 크게 다음과 같은 네 가지다: ① 인권에 대한 교육과 국민의 의식 제고, ② 차별과 인권침해의 진정, ③ 인권준수 여부의 감시, ④ 인권에 관한 정책과 입법의 개발. 구체적으로는 첫째, 차별이나 인권침해에 대한 진정을 해결한다. 둘째, 전국가적 중요성을 가진 사회적 이슈에 대한 공적 조사를 실시한다. 셋째, 학교 · 직장 · 지역에 제공하기 위한 인권에 관한 교육프로그램과 자료를 개발한다. 넷째, 법률 · 정책을 개발하여 의회나 정부에 조언 · 협력한다. 다섯째, 인권과 차별에 관한 사회적 이슈에 대해서 직접 연구를 수행하고 다른 기관과 협력한다.

IV. 뉴질랜드

뉴질랜드의 차별시정기구로는 인권위원회와 인권재심재판소가 있다.

1. 인권위원회

(1) 역 사

뉴질랜드 인권위원회(Human Rights Commission: 이하 HRC)[20]는 1978년 9월 1일 발효된 뉴질랜드 인권위원회법(HRCA, 1977)에 근거하여 모든 뉴질랜드국민의 공정하고 정의로운 사회를 위한 기본틀인 기본적 인권을 옹호한다(champion)는 기

19) 현재 위원장(John von Doussa)도 2003년 5월 1일 5년 임기로 임명될 당시 연방법원판사였다.

20) 뉴질랜드 인권위원회에 대해서는 위원회의 공식 웹사이트(www.hrc.co.nz) 참조.

치를 걸고 출범하였다. 현재는 인권위원회법을 계승한 인권법(Human Rights Act: HRA, 1993)에 근거하여 ① 인권에 대한 존중과 이해 및 가치의 옹호와 증진, ② 개인상호간 및 집단상호간의 조화로운 관계의 유지 및 발전의 촉진, ③ 차별분쟁의 해결을 위하여 활동하고 있다. 인종관계가 중요한 의제로 등장함에 따라 2001년 개정된 인권법에 근거하여 인종관계위원(Race Relation Commissioner)이 신설되었다. 이와 함께 인권위원회에 고용평등위원(Equal Employment Opportunity Commissioner)도 설치되었다. 뉴질랜드의 인권위는 법무부에 소속된 독립적 국가인권기구(national human rights institution: NHRI)로서의 지위를 지금까지 유지해오고 있다.

(2) 구성과 조직

① 인권위원장과 인권위원

뉴질랜드의 인권위는 위원장(Chief Commissioner) 1인, 인종관계위원 1인, 고용평등(EEO)위원 1인 등 상임위원 3인과 비상임위원 5인 등 8인으로 구성되어 있다(HRA 제8조 제1항). 인권위원은 인권문제에 관한 개인적 특성 및 지식과 경험을 가진 자로서 법무부장관의 추천을 받아 총리(Governor-General)가 임명하고, 임기는 5년 이내로 임명시 총리가 결정한다(HRA 제20F조). 판사가 인권위원을 겸직할 수도 있다(HRA 제20C조).

② 인권심판국

인권위원회에는 인권심판국(Office of Human Rights Proceedings: OHRP)을 두고, 인권심판국은 인권심판국장(Director of Human Rights Proceedings)과 직원으로 구성된다(HRA 제20조). 인권심판국은 인권위원회의 구성부분이지만 인권위로부터 독립적으로 직무를 수행한다. 인권심판국장은 법무부장관의 추천으로 총리가 임명한다(HRA 제20A조). 법무부장관이 인권심판국장을 추천함에 있어서 특성(attribute)뿐만 아니라 ① 인권항소법원에 제기될 수 있는 다양한 문제들, 뉴질랜드법과 외국법 및 국제법과 인권, 경제 · 고용 · 기타 사회적 의제와 관한 지식과 경험, ② 소송실무를 포함한 공법적 실무 및 재정 · 인사관리에 관한 능력과 경험, ③ 심판국장의 직무를 효율적이고 효과적으로 수행할 수 있는 능력을 갖추어야 하고, ④ 고등법원에서 5년 이상의 변호사 경력이 있어야 한다(HRA 제20B조).

(3) 업무와 권한

인권위원회의 일차적 업무는 인권에 대한 존중 및 이해와 평가를 옹호하고 증진하며, 뉴질랜드 사회의 개인상호간 및 다양한 집단 상호간의 조화로운 관계의 유지 및 개발을 고무시키는 것이다(HRA 제5조 제1항).

이를 위하여 인권위원회가 가지는 구체적 업무는 다음과 같다. ① 인권을 옹호하고, 교육과 홍보를 통하여 인권에 대한 존중과 실천을 보호하고 향상시킨다. ② 인권분야의 프로그램과 활동을 고무시키고 조정한다. ③ 인권법을 포함한 인권관련 법령에 대한 이해와 준수 등 인권에 관련된 문제에 대하여 공적인 입장을 밝힌다. ④ 교육 · 연구 · 토론을 통하여 와이탕이(Waitangi)협약 및 이 협약과 국내외 인권법의 관계에 관한 이해를 향상시킨다. ⑤ 인권법에 모순되는 법령이나 관행을 제거하기 위하여 가이드라인이나 자율적 실무규칙을 마련하여 출판한다. ⑥ 인권과 관련된 문제에 대하여 사회구성원들의 진정(representation)을 접수하고 이끌어낸다. ⑦ 인권보호와 관련된 개인이나 단체와 협의하고 협력한다. ⑧ 법령이나 관행 또는 정부 또는 민간의 절차에 차별금지위반의 문제가 있는지를 일반적으로 조사한다. ⑨ 소송에 출석하거나 소송을 수행한다. ⑩ 인권위원회의 과제를 수행하기 위하여 필요하다고 판단되는 경우에 법원이나 인권재심재판소의 소송이나 심판절차에 참여한다. ⑪ 인권보호를 증진하고 인권에 관한 국제협약에 규정된 기준을 준수하기 위한 입법적 · 행정적 · 기타 조치의 바람직한 상태, 인권에 관한 국제협약에 대하여 구속되는 바람직한 상태, 인권과 관련된다고 판단되는 국가의 입법제안, 정책제안의 의미 등 인권과 관련된 문제를 총리에게 보고한다. ⑫ 인권법상 불법적 차별이 가해질 수 있는 개인들의 집단과 관련된 공식적 선언을 한다. ⑬ 인권의 보호와 향상을 위하여 이해당사자들과 협의하여 국가행동계획(national action plan)을 수립한다. ⑭ 인권재심재판소에 재심을 청구한다. ⑮ 인권법과 그 밖의 법령에서 인권위원회에 부과한 직무를 수행한다(동조 제2항). 이러한 업무들 가운데 특별히 의미가 있는 것은 차별금지위반에 해당하는지 여부를 조사(inquire)하는 업무이다.

인권위원회의 실질적 업무는 차별에 관한 의문을 가진 국민에게 정보를 제공하고, 차별에 관한 분쟁을 당사자 간에 해결하도록 효과적인 방법을 제공하는 데 있다(HRA 제76조 제1항). 이를 위하여 인권위원회는 ① 불법적 차별을 주장하는 진정의 접수 및 평가, ② 진정과 관련된 정보의 수집, ③ 정보, 전문적 문제해결 지원, 중재, 기타 지원을 포함한 진정해결을 위한 서비스의 제공, ④ 진정인이나 피해자가 원하는 경우 진정과 관련된 조치나 부대조치의 실행, ⑤ 관련당사자에게 진정과 관련된 수집된 정보의 제공에 관한 과제를 가진다(동조 제2항).

2. 인권재심재판소

뉴질랜드의 인권재심재판소(Human Rights Review Tribunal: HRRT)는 인권위원회법에 근거하여 평등기회재판소(Equal Opportunity Tribunal)라는 이름으로 1977년 설립되었다. 1993년 진정재심재판소(Complaints Review Tribunal)로 명칭이 바뀌었고, 2002년 현재의 명칭으로 바뀌었다.

(1) 구 성

뉴질랜드의 인권재심재판소는 재판소장 1인과 20인 이내의 재판관단으로 구성되고, 각각의 재판은 재판소장과 재판관단에서 선발된 2인의 재판관으로 진행된다(HRA 제98조).

재판소장은 법무부장관의 추천으로 총리가 임명한다(HRA 제99조 제1항). 총리는 법무부장관의 권고로 2명의 소장이 필요하다고 판단한 경우에 2인의 소장을 임명할 수 있다(동조 제2항). 법무부장관이 소장을 추천할 때는 분쟁해결에 관한 경험, 소장으로서의 경험이나 기타 지도적 업무의 경험, 재판소장으로서의 직무수행능력 등을 고려하여 추천한다(HRA 제99A조). 재판소장으로 임명되는 자는 5년 이상의 고등법원 변호사 경력이 있어야 한다(동조 제2항). 재판소장의 임기는 5년 이내로 한다(HRA 제100조 제2항). 겸직이 가능하고 연임이나 중임이 가능하다(동조 제3항).

재판관은 20인 이하의 재판관단(panel)으로부터 임명되는데 재판관단에 포함되는 자는 재판소에 제기될 수 있는 다양한 문제들, 국내외 법률 및 국제법과 인권법, 공공행정이나 그와 관련된 법률, 현재의 경제 · 고용 · 사회적 의제, 뉴질랜드 사회의 다양한 이해집단의 문화적 이슈 및 필요와 욕구에 대한 지식과 경험을 가진 자이어야 하고, 최소한 3인은 항소법원에서 5년 이상 변호사 경력이 있는 자이어야 한다(HRA 제101조).

(2) 업 무

인권재심재판소는 인권법뿐만 아니라 프라이버시법(The Privacy Act, 1993)과 '건강 및 장애법(The Health and Disability Act, 1994)'과 관련된 사안도 처리한다. 인권재심재판소는 공식적 결정을 하고, 배상을 명령할 수도 있으며, 불법행위의 재발을 금지하는 명령을 할 수도 있다. 인권재심재판소의 결정에 대해서는 고등법원(High Court)이나 항소법원(Court of Appeal)에 항소할 수 있다.

V. 인 도

1. 국가인권위원회

인도는 1993년 인권보호법(PHRA)을 제정하고, 이에 따라 국가인권위원회(National Human Rights Commission: 이하 INHRC)[21]를 설치하였다. 그 밖에 인도에는 16개의 주인권위원회(State Human Rights Commission)[22]가 설치되어 있다(PHRA 제21조).

(1) 구성과 조직

인도의 국가인권위원회는 대법원장을 역임한 경력이 있는 위원장(Chairperson) 1인, 대법관을 역임한 경력이 있거나 현재 대법관인 위원 1인, 고등법원장을 역임한 경력이 있거나 현재 고등법원장인 위원 1인, 인권에 관한 문제에 대하여 지식

21) 인도 국가인권위원회의 웹사이트(www.nhrc.nic.in) 참조.

22) 인도의 18개 주(State)인권위원회는 다음과 같다. ① ASSAM, ② HIMACHAL, ③ PRADESH, ④ JAMMU & KASHMIR, ⑤ KERALA, ⑥ MADHYA PRADESH, ⑦ MAHARASHTRA, ⑧ MANIPUR, ⑨ ORISSA, ⑪ PUNJAB, ⑫ RAJASTHAN, ⑬ TAMIL NADU, ⑭ UTTAR PRADESH, ⑮ WEST BENGAL, ⑯ CHHATTISGARH, ⑰ ANDHRA PRADESH, ⑱ KARNATAKA.

을 가졌거나 실무적 경험을 가진 위원 2인 등 5인으로 구성된다. 위원장의 임기는 5년이고, 정년은 70세다(PHRA 제6조 제1항). 그 밖의 위원의 임기도 5년이며 정년도 70세로 연임할 수 있다(동조 제2항). 위원장과 위원은 추천위원회의 추천을 받아[23] 대통령이 임명한다(PHRA 제4조 제1항). 현직 대법관이나 고등법원장을 인권위원으로 임명하는 경우에는 대법원장과 협의해야 한다. 위원장과 위원은 임기만료 후 다른 공직취임이 금지된다(PHRA 제6조 제3항).

(2) 업무와 권한

인도의 국가인권위원회는 공무원에 의한 인권침해 및 그 예방의 해태로 인하여 피해를 입은 피해자의 청원이나 진정에 대해서 심문하는 업무를 담당한다(PHRA 제12조 (a)). 또한 국가인권위원회는 인권과 관련되어 법원에 계속중인 재판에 개입, 치료 · 개선 · 예방 위하여 주정부관할에 설치된 구금시설이나 수용시설에 대한 수용자의 생활환경 연구 및 권고 목적의 방문, 인권보호를 위하여 헌법과 법령에 규정된 보호조항의 검토 및 그 이행수단의 권고, 테러행위를 포함하여 인권의 향유를 방해하는 요소들의 검토 및 적절한 구제수단의 권고, 인권에 관한 국제협약과 기타 국제문건에 대한 검토 및 효과적인 이행의 권고, 인권 분야에 관한 연구의 시행 및 장려, 출판 · 언론 · 세미나 · 기타 유용한 수단을 통한 인권에 관한 정보의 확산 및 인권보호를 위한 보호조항에 대한 인식의 증진, 인권 분야에서 활동하는 비정부단체 및 기구의 활동에 대한 격려의 기능, 그 밖에 인권보호를 위하여 필요하다고 인권위가 판단하는 업무도 담당한다(동조 (b)-(j)).

인도의 국가인권위원회는 진정사건을 심문하면서 ① 재판을 담당하는 법원이 민사소송법(Code of Civil Procedure)에 가지는 모든 권한, ② 심문의 대상이 되는 본안에 대한 유용하고 중요한 정보의 제공을 요구할 수 있는 권한, ③ 증거로 필요하다고 인정되는 장소나 자료에 대한 형사소송법상 주거출입권과 압류권, ④ 인권침해가 형법(Indian Penal Code)에 해당하는 경우에는 형사소송법상 법원이

23) 국가인권위원 추천위원회는 6인으로 구성된다: (a) 총리 – 위원장추천, (b) 하원의장(speaker of the House of the People) – 위원추천, (c) 내무부장관(Minister in-charge of the Ministry of Home Affairs in the Government of India) – 위원추천, (d) 하원의 야당대표 – 위원추천, (e) 상원(Council of States)의 야당대표 – 위원추천, (f) 상원 부의장(Deputy Chairman) – 위원추천.

피고인에 대해서 가지는 심문권한, ⑤ 사법절차에 따라 절차를 진행하고 법원으로서의 지위로 활동하는 권한을 갖는다(PHRA 제13조). 또한 국가인권위원회는 조사(investigation)권을 갖는데 이를 위하여 공무원, 특히 수사기관의 공무원을 사용할 수 있다.

2. 인권법원

주법원에 인권침해사건을 신속하게 처리하기 위하여 인권법원(Human Rights Court: 이하 HRC)을 설치할 수 있다(PHRA 제30조). 이때 인권법원에 제기된 소송사건의 수행을 위하여 공익검사(public prosecutor)를 임명하거나, 변호사로서 7년 이상 활동한 자를 특별공익검사(special publick prosecutor)로 임명할 수 있다(PHRA 제31조).

VI. 남아프리카공화국

남아프리카공화국은 차별시정기관을 헌법(1997년 2월 4일 시행)에 규정하고 있다는 데 특징이 있다. 남아프리카공화국 헌법은 "헌법적 민주주의(constitutional democracy)"의 원리를 실현하기 위하여 6개의 국가기관을 설치하였는데(남아공헌법 제181조[24]) 그 가운데 차별시정기관으로 이해될 수 있는 인권위원회와 성평등

---

24) 남아공헌법 제181조(Establishment and governing principles)

1. The following state institutions strengthen constitutional democracy in the Republic:
   a. The Public Protector.
   b. The South African Human Rights Commission.
   c. The Commission for the Promotion and Protection of the Rights of Cultural, Religious and Linguistic Communities.
   d. The Commission for Gender Equality.
   e. The Auditor-General.
   f. The Electoral Commission.
2. These institutions are independent, and subject only to the Constitution and the law, and they must be impartial and must exercise their powers and perform their functions without fear, favour or prejudice.
3. Other organs of state, through legislative and other measures, must assist and protect these institutions to ensure the independence, impartiality, dignity and

위원회가 포함되어 있다.

1. 남아프리카공화국 인권위원회

남아프리카공화국 헌법은 인권위원회(South African Human Rights Commission: 이하 SAHRC)[25]의 설치 및 기능과 권한(동법 제181조)의 근거를 직접 제공하고 있기 때문에 SAHRC는 헌법기관으로 이해된다. SAHRC는 차별시정기관으로만 이해될 수는 없고 헌법에 보장된 권리장전(Bill of Rights)을 실현하는 포괄적인 국가인권기관으로 위치시킬 수 있다. SAHRC는 임시헌법에 따라 제정된 남아프리카 인권위원회법(SAHRCA)[26]에 근거하였고, 이 법률에 따라 1995년 10월 2일 공식적으로 출범하였다.

(1) 구성과 조직

SAHRC는 대통령이 임명한 상임(full-time)위원과 비상임(part-time)위원으로 구성되고, 위원의 임기는 대통령이 임명할 때 결정되는데 7년을 초과할 수 없다(SAHRCA 제3조 제1항). 이때 상임위원은 5인 이상이어야 하고, 비상임위원은 남은 임기 동안 상임위원으로 임명될 수도 있다. 임기가 종료된 위원은 연임할 수 있다(동조 제3항).

SAHRC는 1인 이상의 인권위원으로 구성되는 1개 이상의 소위원회(committee)를 설치할 수 있다(SAHRCA 제5조 제1항). 소위원회는 SAHRC의 지시에 따라 SAHRC가 부여한 권한을 행사하고 의무와 기능을 수행한다(동조 제4항). SAHRC는 언제든지 소위원회를 해산할 수 있다(동조 제5항).

---

effectiveness of these institutions.

4. No person or organ of state may interfere with the functioning of these institutions.
5. These institutions are accountable to the National Assembly, and must report on their activities and the performance of their functions to the Assembly at least once a year.

25) 남아프리카공화국 인권위원회의 웹사이트(www.sahrc.org.za) 참조.

26) 남아공의 인권위법에 대해서는 위의 웹사이트 혹은 남아프리카공화국 정부사이트(www.gov.za) 참조.

(2) 업무와 권한

남아공헌법은 SAHRC의 업무에 대해서 다음과 같이 규정한다: ① 인권 및 인권문화에 대한 존중의 증진, ② 인권의 보호, 개발, 확보의 증진, ③ 인권준수의 감시 및 평가(남아공헌법 제184조 제1항).[27]

남아공헌법에 따르면 SAHRC의 권한은 다음과 같다: ① 인권준수에 관한 조사와 보고서작성, ② 인권침해의 경우 적절한 회복을 보장하기 위한 조치, ③ 인권에 관한 연구, ④ 인권에 관한 교육(남아공헌법 제184조 2항). 그 밖에도 인권위는 다른 국가기관에 대해서 주거, 보건, 식품, 식수, 사회보장, 교육, 환경에 관한 권리장전의 권리를 실현하기 위한 조치에 대한 정보의 제공을 요구할 수 있는 권한을 갖는다(동조 제3항).

2. 성평등위원회

남아프리카공화국 헌법은 성평등위원회(Commission on Gender Equality: 이하 CGE)[28]의 설치, 위원수(數), 위원의 자격요건에 대해서 규정한다(남아공헌법 제119조).[29] 동시에 위원회의 목적이 성평등의 증진 및 성평등과 여성의 지위에 영

27) 남아공헌법 제184조(Functions of South African Human Rights Commission):
1. The South African Human Rights Commission must-
a. promote respect for human rights and a culture of human rights;
b. promote the protection, development and attainment of human rights; and
c. monitor and assess the observance of human rights in the Republic.
2. The South African Human Rights Commission has the powers, as regulated by national legislation, necessary to perform its functions, including the power-
a. to investigate and to report on the observance of human rights;
b. to take steps to secure appropriate redress where human rights have been violated;
c. to carry out research; and
d. to educate.
3. Each year, the South African Human Rights Commission must require relevant organs of state to provide the Commission with information on the measures that they have taken towards the realisation of the rights in the Bill of Rights concerning housing, health care, food, water, social security, education and the environment.
4. The South African Human Rights Commission has the additional powers and functions prescribed by national legislation.

28) 남아프리카공화국성평등위원회의 웹사이트(www.cge.org.za) 참조.

29) 남아공헌법 제187조(Functions of Commission for Gender Equality)

향을 미치는 법률이나 기타 입법제안과 관련되는 의회 또는 기타 국가에 대한 자문과 권고에 있다고 규정한다. 그리고 위원회의 구성, 권한, 기능, 활동 및 기타 이와 관련된 사항은 의회가 법률로써 정하도록 규정한다(남아공헌법 제120조). 이에 따라 제정된 법률이 성평등위원회법(CGEA: 1996년 7월 24일 제정)이다.

(1) 구성과 조직

1인의 위원장(chairperson)과 7인 이상 11인 이하의 위원(commissioner)으로 구성된다(현재 1인의 위원장과 7인의 위원으로 구성되어 있음). 이 가운데 2인 이상 7인 이하의 구성원은 상임위원(full-time member)으로, 나머지는 비상임위원(part-time member)으로 한다(CGEA 제4조). 위원들은 성평등의 증진을 위하여 활동하였고 성평등에 관한 경험과 지식을 갖출 것이 요구된다. 위원은 5년 이하의 임기로 대통령이 임명한다. 위원장은 대통령이 임명하고, 부위원장(deputy chairperson)은 위원들이 호선한다. 위원회에는 1인 이상의 위원으로 구성되는 소위원회(committee)를 둘 수 있다.

(2) 업무와 권한

성평등위원회의 업무와 권한은 다음과 같다.

① 성평등을 증진하고 보호하도록 보장된 정부, 사적 영역, 기타 단체의 정책과 실무에 대한 감시(monitoring)와 평가(evaluating)

② 일반국민의 교육과 정보제공

③ 성평등의 관점에서 기존의 입법과 예상되는 입법에 대한 검토(reviewing)

④ 연구 및 의회와 기타 국가기관(authority)에 대한 권고(recommendation)

⑤ 성평등과 관련된 문제에 대한 진정(complaint)의 조사(investigating)

⑥ 국제조약의 준수 여부에 대한 감시 및 보고서작성

---

1. The Commission for Gender Equality must promote respect for gender equality and the protection, development and attainment of gender equality.
2. The Commission for Gender Equality has the power, as regulated by national legislation, necessary to perform its functions, including the power to monitor, investigate, research, educate, lobby, advise and report on issues concerning gender equality.
3. The Commission for Gender Equality has the additional powers and functions prescribed by national legislation.

이를 위하여 성평등위원회는 네 개의 국(department)이 설치되어 있고, 각 국의 업무는 다음과 같다.

① 공공교육 · 정보국(Department of Public Education and Information): 성평등에 대한 인식을 촉진하기 위한 정보 및 교육프로그램을 개발 · 시행 · 관리함으로써 성평등관련 단체들을 연결시키고 국민과 성평등위원회의 관계를 밀접하게 만든다.

② 자료센터(Resource Center): 성평등에 관한 인식확산과 교육기능을 수행하고 지식을 확대하기 위하여 자료나 도서의 수집을 담당함으로써 도서관기능을 하는 자료센터를 운영한다.

③ 정책 · 연구국(Policy and Research Department): 연구준비와 연구제안서의 발표 및 연구회의의 조직, 자료의 확인과 정책보고서의 작성을 위한 자료제공, 인적 네트워크의 연결 및 성평등과 관련된 현재의 전개상황 보고 등과 같은 업무를 수행한다.

④ 법률국(Legal Department): 성관련 진정 조사, 성평등이나 여성지위와 관련된 법령, 관습, 관행의 평가, 성평등과 여성지위를 향상시키기 위한 입법의 권고, 성평등위원회의 목적과 관련된 것으로 정부가 비준한 국제협약의 준수에 대한 감시, 여성에게 불리하거나 성평등과 관련된 법률의 입법과정에 기여하거나 제한한다.

VII. 그리스

1. 역 사

그리스의 국가인권위원회(Greek National Commission for Human Rights: 이하 'GNCHR'로 약칭)[30]는 1998년 제정(2000년, 2002년, 2003년 개정)된 국가인권위원회법(NCHRA)[31]에 따라 인권보호와 관련된 의제에 대하여 '자문하는 지위(consultative status)'를 가진 국가인권기관으로 설치되어 2000년 1월 10일 정식 출범하였다. 2002년부터 유럽국가인권기구협의회(European Co-ordinating Committee of NHRI)에 가입하여 프랑스, 덴마크, 스웨덴과 함께 활동하고 있다.

30) 그리스 국가인권위원회의 웹사이트(www.nchr.gr) 참조.

31) 앞의 제3장 제1절 VII. 참조.

2. 구성과 조직

(1) 인권위원

그리스 국가인권위원회의 구성은 상당히 독특하다. 그리스 국가인권위원회는 ① 의회의 '제도 및 투명성 특별위원회' 위원장, ② 그리스 노동자총연합대표 또는 그 직무대행(alternate), ③ 공무원노동조합대표 또는 그 직무대행, ④ 인권보호 분야에서 활동하는 비정부기구, 즉 국제인권위원회(Amnesty) 그리스위원회, 그리스 인권연맹(Hellenic League for Human Rights), 마란고폴로스(Marangpoulos)인권재단, 그리스 난민위원회, 여성인권연맹, 그리스·로마협회의 범그리스연합의 대표 6인 또는 그 직무대행, ⑤ 국회법에 따라 인정된 모든 정당의 대표 각 1인 또는 그 직무대행, ⑥ 그리스옴부즈만 또는 그 직무대행, ⑦ 개인정보보호위원회 위원장이 지명한 위원 1인 또는 그 직무대행, ⑧ 국가방송위원회 위원장이 지명한 방송위원 1인 또는 그 직무대행, ⑨ 국가생명윤리위원회 위원장이 지명한 생명윤리위원 1인 또는 그 직무대행, ⑩ 인권보호 분야에 관한 경험이 인정된 사람으로 총리가 지명한 2인, ⑪ 행정자치부, 외교부, 교육종교부, 노동사회연대부, 공공질서부, 법무부, 출판언론부의 장관이 지명한 각 부처 대표 1인 또는 그 직무대행(이 위원들은 위원회의 투표에서 표결권이 없음), ⑫ 아테네대학교 법과대학 및 정치행정대학, 테살로니키대학교 법과대학, 트라세대학교 법학대학, 판테온대학교 법과대학, 판테온대학교 정치학대학에 선출된 공법학 또는 국제공법학 부교수 3인 또는 그 직무대행 ⑬ 아테네변호사협회의 회원 1인 또는 그 직무대행으로 구성된다(NCHRA 제2조 제1항 및 제9조). 이러한 독특한 구성방식은 그리스 국가인권위의 독립성과 중립성을 보장하기 위한 것이라고 한다. 인권위원이나 직무대행은 총리(Prime Minister)가 임명하고, 임기는 3년이다(동조 제3항: 국가인권위원회 1기 위원들의 경우에는 예외적으로 2003년 3월 15일에 임기종료).

(2) 위원장과 부위원장 및 소위원회

그리스 국가인권위원회에는 위원장(President) 1인과 부위원장(Vice-President) 2인을 두는데 투표권이 없는 7인의 정부대표를 제외한 모든 위원들이 투표하여 출석위원 과반수를 얻은 위원을 위원장과 부위원장으로 선출한다(동법 제2조 제4항).

위에서 열거된 위원들 가운데 ①, ②, ⑩, ⑫에 해당하는 위원들만이 위원장 또는 부위원장으로 선출될 수 있다. 국가인권위원회에는 ① 시민적 · 정치적 권리 소위원회, ② 사회적 · 경제적 · 문화적 권리 소위원회, ③ 외국인인권 소위원회, ④ 인권증진 소위원회, ⑤ 국제협력 소위원회 등 5개의 소위원회(Sub-Commission)가 설치되어 있다. 각 소위원회에는 위원장 1인과 부위원장 1인을 두고 있다. 국가인권위운영규정에 따라 소위원회는 적어도 한 달에 한 번씩 회의를 하는데 이 회의에서는 소위원회가 맡고 있는 특수한 인권보호활동과 관련된 보고서를 준비한다고 한다.

3. 업무와 권한

그리스 국가인권위원회는 인권위법에서 인권보호의 문제에 관한 '국가자문기관(advisory organ of the State)'으로서의 지위를 부여받고 있다(NCHRA 제1조 4항). 이에 따라 그리스 국가인권위원회의 과제(mission)는 ① 인권보호와 관련된 의제들에 대한 지속적 청취, 국민에 대한 정보제공 및 연구의 증진, ② 국제연합(UN), 유럽이사회(EC), 경제협력개발기구(OECD)와 같은 국제기구 및 다른 국가의 인권보호기관과 국제적 수준에서 경험의 교류, ③ 인권보호와 관련된 문제에 대한 정책의 제시 등이다(동조 제5항).

이러한 과제를 수행하기 위한 구체적 권한으로는 ① 정부, 의회, 비정부단체 등이 제기한 인권에 관한 이슈에 대한 연구, ② 인권보호의 향상을 위하여 권고와 제안의 제시, 연구수행, 보고서 제출, 입법적 · 행정적 · 기타 조치에 관한 의견의 제시, ③ 인권존중과 관련된 여론과 언론의 충족을 위한 법안의 개발, ④ 국가교육체계 안에서 인권의 존중을 위한 교육안의 제안, ⑤ 그리스가 국제기구에 제출해야 하는 인권관련 보고서에 관한 자문의견의 제시, ⑥ 국제기구, 다른 국가의 인권보호기관, 국내 및 국제 비정부단체와의 지속적 관계의 유지 및 협력, ⑦ 국가인권위원회에 대한 적절한 방식의 홍보, ⑧ 그리스의 인권보호에 관한 연차보고서의 초안 작성, ⑨ 인권자료센터의 조직, ⑩ 인권보호에 관한 국제법적 기준과 조화할 수 있는 그리스 입법의 방식에 대한 검토 및 다른 국가기관에 대한 중요한 의견의 제시 등을 들 수 있다(동조 제6항).

4. 운 영

그리스 국가인권위원회는 매 2개월마다 정기회로 소집되고, 위원장이나 5인 이상의 위원의 요구가 있을 때 임시회를 소집한다(NCHRA 제4조 제1항). 그리고 출석위원 과반수로 의결하고, 가부동수인 경우에 위원장이 결정권(casting vote)을 갖는다(동조 제4항).

VIII. 아일랜드

1. 인권위원회

아일랜드 인권위원회(Irish Human Rights Commission: 이하 'IHRC'로 약칭)32)는 인권위원회법과 인권위원회의 권한과 기능을 부여한 개정 인권위원회법에 근거하여 2001년 7월에 설치되었다. 인권위원회는 15명의 인권위원으로 구성되고, 임기는 5년이다. 인권위원회법에 따르면 적어도 7인의 인권위원은 여성이어야 하고, 적어도 7인의 인권위원은 남성이어야 한다.

아일랜드 인권위원회는 인권의 보호와 승진을 위하여 다음과 같은 기능을 한다. ① 첫째, 인권보호와 관련된 국내 법률과 관행의 적절성과 효율성을 지속적으로 검토한다(review). ② 둘째, 중요한 국내 및 국제단체와의 의견을 교환한다(consult). ③ 셋째, 국내에서 인권을 강화, 보호, 향상시키는 조치를 정부에 권고한다(recommendation). ④ 넷째, 인권의 중요성에 이해와 인식을 증진시키고, 이러한 목적을 위하여 인권분야에 관한 교육활동을 수행하거나 지원한다. ⑤ 다섯째, 사실조사를 위하여 필요한 경우에 법원의 자료를 포함한 정보를 얻기 위한 수단을 사용한다. ⑥ 인권법에 관한 전문지식을 법정조언자(amicus curiae)처럼 적당한 사안이나 인권과 관련된 사안에서 법원에 제공한다. ⑦ 일곱째, 국내에서 인권을 증명하기 위한 법적 절차를 개시하고 이와 관련된 법적 도움을 제공한다. ⑧ 여덟째, 아일랜드 인권위원회의 위원대표와 북아일랜드 인권위원회의 위원대표 간의 연합위원회(Joint Committee)에 참여한다.

---

32) 아일랜드 인권위원회 웹사이트(www.ihrc.ie) 참조.

2. 평등위원회

1977년에 제정된 아일랜드의 고용평등법(EEA)에 근거하여 고용평등위원회(Employment Equality Agency)가 설치되었다.[33] 하지만 고용평등법이 1998년에 개정되면서 고용평등위원회는 평등위원회(Equality Authority)로 대체된다. 평등위원회는 1999년 10월 18일 설치되었다.[34] 고용 외의 영역을 규율하기 위하여 2000년에 제정된 평등지위법(ESA)도 평등위원회의 근거법률이 된다. 다만 평등지위법과 관련된 구체적 집행은 다음에 살펴볼 평등재판소의 관할이기 때문에 평등지위법과 관련하여 평등위원회의 권한은 정보의 제공이나 법률적 지원과 같은 보조적 역할에 그친다.

(1) 구성과 조직

평등위원회는 최초에 12인의 위원으로 구성되고 4년의 임기로 노동부장관이 임명한다. 그 중에 1인은 위원장(chairperson)으로 임명된다(EEA 제41조 제1항). 또한 1인의 위원은 위원장의 유고시에 위원장을 대행하는 부위원장(vice-chariperson)으로 임명된다(EEA 제46조 제1항). 위원 가운데 5인 이상은 남성이어야 하고, 5인 이상은 여성이어야 한다. 이후에 평등위원회는 12인 이내로 구성하고 2인을 제외한 위원수의 2분의 1은 남성이어야 하고, 2분의 1은 여성이어야 한다(EEA 제41조 제2항).

위원장은 노동부장관이 결정하는 4년 이내의 임기로 상임(whole-time) 또는 비상임(part-time)으로 임명된다(EEA 제42조 제1항). 일반위원(ordinary member)은 사용자를 대표하는 단체가 지명한 2인(1인의 남성과 1인의 여성), 근로자를 대표하는 단체가 지명한 2인(1인의 남성과 1인의 여성)을 포함해야 한다(EEA 제44조 제1항). 일반위원은 노동부장관이 결정하는 4년 이내의 임기로 비상임으로 임명된다(동조 제2항). 위원장과 일반위원은 연임할 수 있다(EEA 제45조).

---

33) 고용평등위원회는 1977년 고용평등법에 따라 설치된 차별시정기관이다. 고용평등위원회는 ① 고용영역에서 차별을 제거하고, ② 고용영역에서 남성과 여성의 기회평등을 향상시키며, ③ 1974년 (임금)차별금지법과 고용평등법의 효과를 검토하여 필요한 경우에 노동부장관에게 이 법률의 개정을 제안하는 기능을 한다(EEA, 제35조).

34) 아일랜드 평등위원회 웹사이트(www.equality.ie) 참조.

(2) 업무와 권한

평등위원회의 일반적인 업무는 고용평등위원회와 유사하다. 평등위원회는 ① 고용과 관련된 차별의 제거, ② 고용평등법이 적용되는 문제에서 기회평등의 향상, ③ 일반인에게 고용평등법과 모성보호법(Maternity Protection Act, 1994) 및 입양휴가법(Adoptive Leave Act, 1995)에 관한 정보의 제공, 이 법률들의 효과에 대한 계속적 검토 및 필요한 경우 노동부장관에게 법률개정을 요청, ④ 평등대우의 원칙과 관련하여 연금법(Pension Act, 1990)의 효과 검토 및 필요한 경우 법률 개정 요청과 같은 것을 일반적 업무로 한다(EEA 제39조).

이와 같은 업무를 수행하기 위하여 평등위원회는 조사(inquiry)권, 조사를 위한 정보제공요구권 · 서류제출요구권 · 증인출석요구권 · 선서요구권 및 증인심문권 등을 갖는다(EEA 제58조 및 제59조). 조사 후 또는 조사과정에서 평등위원회는 차별과 관련된 사안에 대해서 누구에게나 권고(recommendation)를 하거나 보고서(report)를 채택할 수 있다(EEA 제61조). 또한 차별행위가 인정된 경우에 평등위원회는 당사자에게 차별금지통지(non-discrimination notice)를 할 수 있다(EEA 제62조).

3. 평등재판소

2004년 평등법[35]에 의하여 개정된 고용평등법(EEA, 1998)과 평등지위법(ESA, 2000)에 따라 평등재판소(Equality Tribunal)[36]가 설치되었다. 법률이 개정되기 이전에도 평등재판소는 평등조사국(Director of Equality Investigation)의 형태로 차별의 조사와 중재에 관한 활동을 해왔다. 하지만 평등법이 제정되어 평등재판소로 개편되면서 차별과 관련된 분쟁해결을 위한 평등재판소의 권한이 강화되었다. 평등재판소는 차별사건을 심리하고 중재하는 독립적인 준사법(quasi-jurisdictional)기관으로서 그 결정 및 중재에 의한 합의는 법적 구속력을 갖는다.

---

35) 아일랜드 평등법(EA, 2004)은 2004년 7월 18일부터 시행되었다. 이 법률은 기존의 고용평등법(EEA, 1998)과 평등지위법(ESA, 2000)의 많을 부분을 개정하는 내용을 담고 있다. 자세한 내용은 위 제3장 제3절 VIII. 참조.

36) 아일랜드의 평등재판소에 대한 자세한 설명은 이 기관의 웹사이트(www.equalitytribunal.ie)를 참조.

(1) 조직과 구성

평등재판소는 1인의 소장(Director)과 고용평등국, 평등지위국, 중재국 등으로 구성된다. 그밖에도 평등재판소장은 조사와 중재의 업무를 담당하게 하기 위하여 평등조사관(Tribunal Equality Officer)과 평등중재관(Tribunal Equality Mediation Officer)을 임명할 수 있다[EEA 제75조 및 EA 제30조 (d)]. 평등재판소장, 평등조사관, 평등중재관은 독립적으로 직무를 수행한다(EEA 제75조 제5항).

(2) 업무와 권한

고용 및 재화 · 용역에 대한 접근과 관련하여 행해진 불법적 차별에 관한 진정에 대해서 조사(investigation)하고, 중재(mediation)하는 것이 평등재판소의 핵심적 업무에 해당한다. 따라서 평등관련 법률에서 규정된 모든 영역에 대해서 관할권을 갖는다. 다만 노동법원이 관할권을 갖는 차별적 해고 및 지방법원이 관할하는 허가시설(licensed premises)에서의 용역과 관련된 차별에 대해서는 권한을 갖지 않는다.

조사는 재판소의 평등조사관에 의해 수행된다. 평등조사관을 조사를 효과적으로 수행하기 위하여 시설에 출입할 수 있고, 정보를 얻을 수 있는 권한을 갖는다. 조사관이 내린 결정은 법적 구속력이 있고, 일반에게 공표한다.

중재는 평등중재관이 수행한다. 평등중재관은 분쟁당사자가 서로 동의할 수 있는 합의에 이르도록 조력하는 역할을 한다. 중재에 의한 합의는 법적 구속력이 있고, 공개되지 않는다.

국가	국가인권기관	위원수	임기	성격
미국	고용기회평등위원회(EEOC)	5인	5년	조사 · 중재기관
캐나다	인권위원회(CHRC)	5~8인	상임: 7년 이내 비상임: 3년 이내	조사기관
	인권재판소(CHRT)	15인 이하	소장 · 부소장: 7년 이내 재판관: 5년 이내	준사법적 기관
호주	인권위원회(AHRC)	6인	7년 이내	

뉴질랜드	인권위원회(HRC)	8인	5년 이내	
	인권재심재판소(HRRT)	소장: 1인 재판관단: 20 이내		
인도	국가인권위원회(NHRC) 인권법원(HRC)	5인		
남아공	인권위원회(SAHRC) 성평등위원회(CGE)	8~12인		헌법기관 헌법기관
그리스	국가인권위원회(NCHR)	24인 이상		연구 · 자문기관
아일랜드	인권위원회(IHRC)	15인		
	평등위원회(EA)	12인 이내	4년	
	평등재판소(ET)	소장: 1인		준사법적 기관
대한민국	국가인권위원회(NHRC)	11인	3년	조사 · 중재기관

IX. 차별시정기구의 유형

1. 일반법원형과 행정심판기관형

일반법원형은 법원과 같은 사법기관의 권한을 가지고 차별의 시정이 사법적 절차에 따라 진행되는 차별시정기구를 말한다. 예를 들어 인도의 국가인권위원회는 그 구성이나 권한의 측면에서 일반법원형이라고 부를 수 있다. 그에 비해서 대부분의 국가에서 설치한 차별시정기구는 조사와 조정 및 중재를 담당하는 행정심판기관의 성격이 강하다. 하지만 행정심판기관형 차별시정기구를 두는 국가의 경우에도 캐나다의 인권재판소(CHRT)나 뉴질랜드의 인권재심재판소(HRRT)처럼 사법기관의 심사 이전에 사법절차와 유사한 절차가 보장되는 준사법적 기구가 설치되는 경우도 있다. 이러한 준사법적 기구는 사법절차가 준용되지만 본질적으로 사법기관은 아니고, 그 결정에 대한 불복이 허용된다는 점에 특징이 있다.

2. 연구자문기관형과 준사법기관형

행정심판기관형 차별시정기구의 경우에도 조사나 조정 및 중재의 권한을 담당하는 준사법적 기구로 설치되기도 하지만 그리스의 국가인권위원회(GNCHR)와 같이 단순히 연구나 자문만을 담당하는 연구자문형 차별시정기구로 설치될 수 있다. 준사법기관형 차별시정기구의 경우에도 최근에는 조사의 권한보다는 당사자간의 자율적 분쟁해결을 촉진시키는 조정 및 중재기구의 역할이 강조되고 있다.

3. 일반적 차별시정기구와 개별적 차별시정기구

차별시정기구는 포괄적인 차별사유와 차별영역에 관한 분쟁을 업무 및 권한영역으로 하는 일반직 차별시정기구와 함께 개별적인 차별사유와 차별영역에 관한 분쟁을 업무 및 권한영역으로 하는 개별적 차별시정기구로 구분될 수 있다. 일반적 차별시정기구는 근거법이 일반적 차별금지법인 경우가 많고, 경우에 따라서는 개별적 차별금지법이 제정되어 있으면서도 차별업무를 포괄적으로 담당하는 기구로 설치되어 있을 수도 있다. 개별적 차별시정기구도 근거법은 일반적 차별금지법일 수도 있지만 각각의 개별적 차별시정기구가 근거하는 개별적 차별금지법이 제정되어 있을 수도 있다. 결국 차별금지법의 유형과 차별시정기구의 유형이 반드시 일치한다고 볼 수는 없다.

제 2 절 차별시정기구의 국제적 기준으로서 파리원칙

차별시정기구를 포함한 넓은 의미의 국가인권기구의 지위에 관한 일반적인 국제적 기준을 제시한 것이 파리원칙(1993년 12월 20일 유엔총회결의)이다. 이 원칙은 국가인권기구의 ① 권한과 책임, ② 구성 및 독립성과 다원성의 보장, ③ 운영방식, ④ 준사법적(quasi-jurisdictional) 권한을 포함한 기타 지위 등 네 가지 영역으로 구분되어 있다.

I. 권한과 책임

파리원칙이 제시하는 국가인권기구의 권한에 관한 원칙은 두 가지다. 첫째, 국가인권기구는 인권의 보호와 증진을 위한 권한을 가져야 한다. 둘째, 국가인권기구는 가능한 한 광범한 과제를 부여받아야 하고, 이것은 국가인권기구의 조직과 권한범위를 구체화하는 헌법조문이나 법률조문에 명시적으로 규정되어야 한다.

한편 국가인권기구가 특별히 부여받아야 하는 책임으로는 다음과 같은 것이 있다. 즉 ① 의회, 정부 등 국가기관에 인권의 보호와 증진에 관련된 문제에 대한 견해, 권고, 제안, 보고서의 제시, ② 국내 입법규정 및 관행과 해당국가가 가입한 인권에 관한 국제협약의 조화를 위한 보장과 장려, ③ 인권에 관한 국제협약의 비준과 가입을 위한 노력과 이행의 확보, ④ 각국이 유엔기구과 위원회, 그 협약의무를 따르는 지역기구에 제출해야 하는 보고서에 대한 기여 및 필요한 경우 그 주제에 관한 독립성을 존중받는 의견의 표시, ⑤ 유엔 및 인권의 보호와 증진에 관한 권한을 가진 유엔의 다른 기구와 지역기구 및 다른 나라의 국가기구와의 협력, ⑥ 인권에 관한 교육과 연구 프로그램의 구성에 대한 협조 및 학교, 대학, 전문가 집단에서 그러한 프로그램을 실시하는 경우에 참여, ⑦ 정보제공이나 교육 및 모든 언론기관을 이용하여 공공의 인식을 제공함으로써 인권의 확산 및 모든 형태의 차별(특히 인종차별)을 제거하기 위한 노력의 확산 등이 그것이다.

II. 구성 및 독립성과 다원성의 보장

국가인권기구의 구성 및 독립성과 다원성의 보장을 위하여 파리원칙은 다음과 같은 요청을 하고 있다. 첫째, 국가인권기구의 구성과 그 위원의 임명은 선거 또는 기타의 방식으로 인권의 보장과 증진에 관련된 사회세력(시민사회)의 다원적 대표성을 확보하기 위한 모든 필요한 보장책을 제공하는 절차와 일치되게 규정되어야 한다. 둘째, 국가인권기구는 활동을 유연하게 하는 데 적합한 토대, 특히 적절한 재정을 확보해야 한다. 이러한 재정의 목적은 정부로부터 독립적이면서 그 독립성에 영향을 줄 수도 있는 재정적 통제에 복종하지 않기 위하여 독립적인 직원과 건물을 소유할 수 있도록 하는 데 있다. 셋째, 실질적인 독립성의 기초가 되는 국가인권기구 위원들은 안정적인 직무수행을 보장받기 위하여 특정한 임기를 부여하는 공적 행위에 의하여 임명되어야 한다. 국가인권기구의 다원성을 보장하는 한에서 임기는 연장될 수 있다.

III. 활동방식

국가인권기구는 ① 기구의 권한 범위 안에 있는 의문들에 대한 자유로운 숙고(consider), ② 기구의 권한 범위 안에 있는 사건을 평가하기 위한 개인의 심문 및 정보와 서류의 획득, ③ 인권기구의 의견이나 권고를 확산시키기 위하여 직접 또는 언론기관을 통하여 여론에 알리기, ③ 적법한 소집절차에 따른 정기적인 전체회의, ⑤ 위원들 가운데 선발된 특별위원회(working group)의 구성 및 지역기구의 설립, ⑥ 인권의 보호와 증진을 담당하는 사법기관, 기타 국가기구와의 협의(consultation), ⑦ 인권의 보호와 증진, 경제 · 사회적 발전, 인종주의의 철폐, 아동 · 이주노동자 · 난민 · 장애인 등과 같은 사회적 약자의 보호에 헌신하는 비정부기구(NGO)와의 관계개발 등의 방식으로 활동한다.

Ⅳ. 준사법적 권한을 포함한 기타 지위

국가인권기구에 진정이나 청원에 대한 심문(hear and consider)의 권한을 부여할 수도 있다. 또한 사건의 제기는 개인이나 그 대리인, 제3자, 비정부기구, 노동조합 또는 기타 단체의 대표 등에 의하여도 가능할 수 있다. 그밖에도 국가인권기구는 ① 평화적 해결을 도모하는 조정(conciliation)이나 비밀이 요구되는 구속력 있는 결정, ② 청원자에 대한 구제방법에 관한 정보제공 및 그 방법의 이용에 대한 장려, ③ 진정이나 청원의 심문 또는 다른 기관에 이송(transmitting), ④ 청원자가 제기한 고충의 원인이 법률, 규정, 행정관행인 경우에 그에 대한 개정이나 개선을 제안하는 것을 포함한 권고(recommendation) 등의 권한을 가질 수 있다.

제 3 절 한국의 차별시정기구와 개선안

한국의 일반적 차별시정기구로서 국가인권위원회가 있다. 국가인권위원회는 기존의 남녀차별개선위원회[37]와 고용평등위원회[38]가 담당하던 남녀차별에 관한 분쟁조정 업무를 이관받았다. 이미 여러 차례 언급했듯이 국가인권위원회의 설치의 근거가 되는 법률은 일반적 차별금지법에 속하는 국가인권위원회법이다.

I. 구성과 조직

국가인권위원회는 위원장 1인과 3인의 상임위원을 포함한 11인의 인권위원으로 구성한다(동법 제5조 제1항). 인권위원은 인권문제에 관하여 전문적인 지식과 경험이 있고 인권의 보장과 향상을 위한 업무를 공정하고 독립적으로 수행할 수 있다고 인정되는 자 중에서 국회가 선출하는 4인(상임위원 2인을 포함한다), 대통령령이 지명하는 4인, 대법원장이 지명하는 3인을 대통령이 임명한다(동조 제2항). 헌법재판관이나 중앙선거관리위원의 임명에서와 같이 인권위원의 임명에서도 입법권, 집행권, 사법권이 균등하게 관여함으로써 형식적 권립분립원칙이 관철되고 있다고 보인다. 인권위원장은 위원 중에서 대통령이 임명한다(동조 제3항). 법률개정으로 인권위원장의 임명에는 국회의 인사청문절차가 필수적으로 요구된다. 위원장과 상임위원은 정무직 공무원으로 보한다(동조 제4항). 인권위원 중 4인 이상은 여성으로 임명한다(동조 제5항). 여성차별이 가장 중요한 사안이 되는 차별시정기구로서의 지위에 비추어 합리적 기준이라고 평가되지만 성차별과 함께 장애차별이 중요한 차별사유라는 점에 비추어 적어도 1인 이상의 장애인 인권위원을 임명해야 한다는 명시적인 규정을 두는 것도 적절할 것으로 판단된다. 인권위원의 임

---

37) 2005년 12월 29일 법률 제7786호로 남녀차별개선위원회의 설치 근거가 되었던 남녀차별금지및구제에관한법률이 폐지되었다.

38) 2005년 12월 30일 법률 제7822호로 개정된 남녀고용평등법(시행일: 2006년 3월 1일)에 따라 공용평등위원회는 폐지되었다.

기가 만료된 경우에는 그 후임자가 임명될 때까지 그 직무를 수행한다(동조 제6항). 임기가 만료된 인권위원의 후임자가 선출될 때까지 발생할 수 있는 결원의 문제를 해결하는 합리적인 입법방식이라고 평가할 수 있다.

1. 인권위원장

인권위원장의 임기는 3년으로 1차에 한하여 연임할 수 있다(동법 제7조). 인권위원장은 위원회를 대표하며 위원회의 업무를 총괄한다(동법 제6조 제1항). 인권위원장이 부득이한 사유로 직무를 수행할 수 없는 때에는 위원장이 미리 지명한 상임위원이 그 직무를 대행한다(동조 제2항). 인권위원장은 국회에 출석하여 위원회의 소관 사무에 관하여 의견을 진술할 수 있으며, 국회의 요구가 있을 때에는 출석하여 보고하거나 답변하여야 한다(동조 제3항). 인권위원장은 국무회의에 출석하여 발언할 수 있으며, 그 소관사무에 관하여 국무총리에게 의안(국가인권위원회법의 시행에 관한 대통령령안을 포함)의 제출을 건의할 수 있다(동조 제4항). 인권위원장은 위원회의 예산관련 업무를 수행함에 있어서 국가재정법 제6조 제3항의 규정에 의한 중앙관서의 장으로 본다(동조 제5항). 최근에 인권위원장 선임을 둘러싼 사회적 논란에 비추어 "인권문제에 관하여 전문적인 지식과 경험"의 요긴을 지금보다 구체적으로 명시하는 것이 바람직하다고 보인다.

2. 인권위원

상임과 비상임으로 구분되는 인권위원의 임기는 3년이고, 1차에 한하여 연임할 수 있다(동법 제7조 제1항). 인권위원의 임기가 만료되거나 임기 중 위원이 결원된 때에는 대통령은 임기만료 또는 결원된 날부터 30일 이내에 후임자를 임명하여야 한다(동조 제2항). 결원이 된 위원의 후임으로 임명된 위원의 임기는 새로이 개시된다(동조 제3항).

인권위원은 금고 이상의 형의 선고에 의하지 아니하고는 그 의사에 반하여 면직되지 아니함으로써 신분이 보장된다. 다만, 인권위원이 신체상 또는 정신상의 장애로 직무수행이 현저히 곤란하게 되거나 불가능하게 된 경우에는 전체 위원 3분의 2 이상의 찬성에 의한 의결로 퇴직하게 할 수 있다(동법 제8조). 인권위원의 퇴직을 인권위원 스스로 결정하게 함으로써 국가인권위원회의 자율성과 독립성을 확보하고 있다고 할 수 있다.

앞에서 언급한 인권위원의 적극적 자격요건과 함께 소극적 자격요건도 규정되어 있다. ① 대한민국 국민이 아닌 자, ② 국가공무원법 제33조에 해당하는 자,[39] ③ 정당의 당원, ④ 공직선거법에 의하여 실시하는 선거에 후보자로 등록한 자는 인권위원이 될 수 없고(동법 제9조 제1항), 이러한 사유에 해당하게 된 때에는 당연히 퇴직한다(동조 제2항). 인권위원은 재직중 ① 국회 또는 지방의회의 의원, ② 다른 국가기관 또는 지방자치단체의 공무원(교육공무원을 제외한다)의 직을 겸할 수 없고, ③ 그 밖에 위원회 규칙으로 정하는 직을 겸하거나 업무를 할 수 없다(동법 제10조 제1항). 또한 인권위원은 정당에 가입하거나 정치운동에 관여할 수 없다(동조 제2항). 인권위원은 퇴직한 후에 2년간 교육공무원이 아닌 공무원으로 임명되거나 공직선거법에 의한 선거에 후보자로 출마할 수 없도록 한 규정이 있었으나 이 규정은 헌법재판소의 위헌결정으로 폐지되었다.[40]

---

39) 국가공무원법 제33조 (결격사유) ① 다음 각 호의 어느 하나에 해당하는 자는 공무원에 임용될 수 없다.
1. 금치산자 또는 한정치산자
2. 파산자로서 복권되지 아니한 자
3. 금고 이상의 형을 받고 그 집행이 종료되거나 집행을 받지 아니하기로 확정된 후 5년을 경과하지 아니한 자
4. 금고 이상의 형을 선고받고 그 집행유예 기간이 끝난 날부터 2년이 지나지 아니한 자
5. 금고 이상의 형의 선고유예를 받은 경우에 그 선고유예 기간 중에 있는 자
6. 법원의 판결 또는 다른 법률에 따라 자격이 상실되거나 정지된 자
6의2. 공무원으로 재직기간 중 직무와 관련하여 「형법」 제355조 및 제356조에 규정된 죄를 범한 자로서 300만원 이상의 벌금형을 선고받고 그 형이 확정된 후 2년이 지나지 아니한 자
7. 징계로 파면처분을 받은 때부터 5년이 지나지 아니한 자
8. 징계로 해임처분을 받은 때부터 3년이 지나지 아니한 자

40) 헌재 2004.1.29. 2002헌마788, 판례집 16-1, 154, 154-155: 1. 인권위원으로 임기동안 열심히 소신껏 봉직한 다음 그 사회적 평판을 기초로 하여 위원 본인이 원하는 다른 공직으로 진출하는 것이 가능할 때 이러한 기대는 직무수행의 성실도를 높이는 긍정적인 유인책이 될 수도 있는데, 이 사건 법률조항은 인권위원이 가질 수 있는 이러한 기대를 전면적으로 차단함으로써 오히려 직무수행태도를 무기력하게 만들거나, 국민생활에 중대한 의미를 가지는 인권문제를 자의적이고 독선적으로 판단하게 할 위험성을 야기할 수 있다. 또한 퇴직한 인권위원이 국회의원 등 선거직 공직뿐만 아니라 행정각부의 장 · 차관 등 정무직 공직으로부터 각 부처에 설치되어있는 각종 연구직 공직에 이르기까지 교육공무원직을 제외한 모든 영역에서 공직활동을 하는 것을 일정기간동안 포괄적으로 봉쇄함으로써 퇴직위원이 취임하고자 하는 공직이 인권보장 업무와 전혀 관련성이 없거나 관련성이 있더라도 밀접하지 아니한 경우에도 모두 그 취임을 제한하고 있으며 구체적 경우에 퇴직하는 당해 위원의 상황을 고려한 판단의 가능성도 전혀 인정하지 아니하고 있다. 나아가 퇴직한 위원의 개인적 인격, 전문지식과 능

3. 소위원회

국가인권위원회는 그 업무 중 일부를 수행하게 하기 위하여 상임위원회와 침해구제위원회, 차별시정위원회 등 소위원회를 둘 수 있다(동법 제12조 제1항). 상임위원회는 위원장과 상임위원으로 구성하고, 소위원회는 3인 내지 5인의 위원으로 구성한다(동조 제2항). 상임위원회와 소위원회에는 심의사항을 연구 · 검토하기 위하여 성 · 장애 등 분야별 전문위원회를 둘 수 있다(동조 제3항). 상임위원회 · 소위원회 및 전문위원회의 구성 · 업무 및 운영과 전문위원의 자격 · 임기 및 위촉 등에 관하여 필요한 사항은 국가인권위원회의 규칙으로 정한다(동조 제4항).

4. 의사운영

국가인권위원회의 회의는 위원장이 주재하며, 국가인권위원회법에 특별한 규정이 없는 한 재적위원 과반수의 찬성으로 의결한다(동법 제13조 제1항). 상임위원회 및 소위원회의 회의는 구성위원 3인 이상의 출석과 3인 이상의 찬성으로 의결한다(동조 제2항). 국가인권위원회의 의사는 공개한다. 다만, 위원회 · 상임위원회 또는 소위원회가 필요하다고 인정하는 경우에는 공개하지 아니할 수 있다(동법 제14조).

력, 경륜 등을 2년간 국가경영에 활용할 기회를 박탈하는 효과를 야기하여 국가적으로는 인재의 손실을 초래하게 되고, 또 국가인권위원회의 위원으로 재직하게 되면 그 이후 공직취임이 제한되는 것을 꺼려하여 유능하고 소신 있는 인물이 위원으로 임명되는 것을 회피하도록 하는 부정적 결과를 가져올 수도 있다. 그렇다면 이 사건 법률조항은 위원의 직무상의 공정성과 염결성을 확보하기 위한 입법목적을 가진 것이지만 그 효과와 입법목적 사이의 연관성이 객관적으로 명확하지 아니하여 국민생활에 기초가 되는 중요한 기본권인 참정권과 직업선택의 자유를 제한함에 있어서 갖추어야 할 수단의 적합성이 결여되었고, 위 기본권 제한으로 인한 피해가 최소화되지 못하였으며, 동 피해가 중대한 데 반하여 이 사건 법률조항을 통하여 달성하려는 공익적 효과는 상당히 불확실한 것으로서 과잉금지의 원칙에 위배된다.

2. 높은 수준의 직무상 공정성과 염결성이 요청되는 국가기관의 담당자, 예컨대 법원, 검찰, 경찰, 감사원 등의 고위직 공무원들과는 달리 국가인권위원회의 위원의 경우에만 퇴직 후 공직진출의 길을 봉쇄함으로써 재직중 직무의 공정성을 강화하여야 할 필요성이 두드러진다고 볼 아무런 합리적 근거가 없다. 그런데 국민의 기본권보장을 위하여 특히 직무의 독립성과 공정성이 강조되는 대법원장 및 대법관, 헌법재판소장 및 재판관과 감사원장 등의 경우에 이 사건 법률조항과 같이 그 퇴직 후 일정기간동안 공직에의 임명을 제한하는 특별규정이 존재하지 아니하며, 검찰총장이나 경찰청장의 경우 그 퇴직 후 공직취임 등을 제한하도록 규정하였던 유사 법률조항들은 이미 우리 재판소가 모두 위헌이라고 결정하여 효력을 상실한 바 있다. 따라서 이 사건 법률 규정이 유독 국가인권위원회 위원에 대해서만 퇴직한 뒤 일정기간 공직에 임명되거나 선거에 출마할 수 없도록 제한한 것은 아무런 합리적 근거 없이 동 위원이었던 자만을 차별하는 것으로서 평등의 원칙에도 위배된다.

5. 자문기구 등

국가인권위원회는 그 업무수행에 필요한 사항의 자문을 위하여 자문기구를 둘 수 있다(동법 제15조 제1항). 자문기구의 조직과 운영에 관하여 필요한 사항은 국가인권위원회의 규칙으로 정한다(동조 제2항). 한편 국가인권위원회의 사무를 처리하게 하기 위하여 국가인권위원회에 사무처를 둔다(동법 제16조 제1항). 사무처에 사무총장 1인과 필요한 직원을 두되, 사무총장은 국가인권위원회의 심의를 거쳐 위원장의 제청으로 대통령이 임명한다(동조 제2항). 소속 직원 중 5급 이상 공무원 또는 고위공무원단에 속하는 일반직공무원은 위원장의 제청으로 대통령이 임명하며, 6급 이하 공무원은 위원장이 임명한다(동조 제3항). 사무총장은 위원장의 지휘를 받아 사무처의 사무를 관장하고 소속 직원을 지휘 · 감독한다(동조 제4항).

그 밖에 국가인권위원회 직원의 징계처분을 의결하기 위하여 국가인권위원회에 징계위원회를 둔다(동법 제17조 제1항). 징계위원회의 구성, 권한, 심의절차, 징계의 종류 및 효력 그 밖의 징계에 관하여 필요한 사항은 국가인권위원회의 규칙으로 정한다. 국가인권위원회법에 규정된 사항 외에 국가인권위원회의 조직에 관하여 필요한 사항은 대통령령으로 정하고, 국가인권위원회의 운영에 관하여 필요한 사항은 국가인권위원회의 규칙으로 정한다(동법 제18조).

II. 업무와 권한

국가인권위원회법에 따르면 국가인권위원회는 다음과 같은 업무를 수행한다(동법 제19조).

① 인권에 관한 법령(입법과정 중에 있는 법령안을 포함한다) · 제도 · 정책 · 관행의 조사와 연구 및 그 개선이 필요한 사항에 관한 권고 또는 의견의 표명

② 인권침해행위에 대한 조사와 구제

③ 차별행위에 대한 조사와 구제

④ 인권상황에 대한 실태조사

⑤ 인권에 관한 교육 및 홍보

⑥ 인권침해의 유형 · 판단기준 및 그 예방조치 등에 관한 지침의 제시 및 권고

⑦ 국제인권조약에의 가입 및 그 조약의 이행에 관한 연구와 권고 또는 의견의 표명

⑧ 인권의 옹호와 신장을 위하여 활동하는 단체 및 개인과의 협력

⑨ 인권과 관련된 국제기구 및 외국의 인권기구와의 교류 · 협력

⑩ 그 밖에 인권의 보장과 향상을 위하여 필요하다고 인정하는 사항

이러한 업무를 효과적으로 수행하기 위하여 국가위원회는 다음과 같은 권한을 갖는다.

① 협의요청권: 국가인권위원회는 그 업무를 수행하기 위하여 필요하다고 인정하는 경우 국가기관 · 지방자치단체 그 밖의 공 · 사단체(= 관계기관 등)에 협의를 요청할 수 있다(동법 제20조 제2항). 국가인권위원회의 협의요청을 받은 관계기관 등은 정당한 사유가 없는 한 이에 성실히 응하여야 한다(동법 제20조 제3항).

② 자료제출 및 사실조회권: 국가인권위원회는 그 업무를 수행하는데 필요하다고 인정하는 경우 관계기관 등에 필요한 자료 등의 제출을 요구하거나 사실에 관하여 조회할 수 있다(동법 제22조 제1항). 또한 국가인권위원회는 국가인권위원회의 업무를 수행하는데 필요한 사실을 알고 있거나 전문적 지식 또는 경험을 가지고 있다고 인정되는 사람에게 출석을 요구하여 그 진술을 들을 수 있다(동조 제2항). 국가인권위원회의 자료제출요구 또는 사실조회를 받은 기관은 지체없이 이에 응하여야 한다(동조 제3항).

③ 청문회개최권: 국가인권위원회는 그 업무를 수행하기 위하여 필요하다고 인정하는 경우, 관계기관 등의 대표자, 이해관계인 또는 학식과 경험이 있는 자 등에 대하여 출석을 요구하여 사실 또는 의견의 진술을 들을 수 있다(동법 제23조 제1항). 국가인권위원회가 실시하는 청문회의 절차와 방법에 관하여는 국가인권위원회 규칙으로 정한다(동조 제2항).

④ 시설방문조사권: 국가인권위원회(상임위원회 및 소위원회를 포함)는 필요하다고 인정하는 경우 그 의결로 구금 · 보호시설을 방문하여 조사할 수 있다(동법 제24조 제1항). 방문조사를 하는 위원은 필요하다고 인정하는 소속직원 및 전문가를 동반할 수 있으며, 구체적인 사항을 특정하여 소속 직원 및 전문가에게 조사를

위임할 수 있다. 이 경우 조사를 위임받은 전문가가 그 사항에 대하여 조사를 할 때에는 소속직원을 동반하여야 한다(동조 제2항). 또한 방문조사를 하는 위원, 소속직원 또는 전문가(이하 이 조에서 "위원 등"이라 한다)는 그 권한을 표시하는 증표를 지니고 이를 관계인에게 제시하여야 하며, 방문 및 조사를 받는 구금 · 보호시설의 장 또는 관리인은 즉시 방문 및 조사에 필요한 편의를 제공하여야 한다(동조 제3항). 한편 방문조사를 하는 위원 등은 구금 · 보호시설의 직원 및 구금 · 보호시설에 수용되어 있는 자(이하 "시설수용자"라 한다)와 면담할 수 있고 구술 또는 서면으로 사실 또는 의견을 진술하게 할 수 있다(동조 제4항). 구금 · 보호시설의 직원은 위원 등이 시설수용자를 면담하는 장소에 입회할 수 있다. 다만, 대화내용을 녹음하거나 녹취하지 못한다(동조 제5항). 구금 · 보호시설에 대한 방문조사의 절차와 방법 등에 관하여 필요한 사항은 대통령령으로 정한다(동조 제6항).

⑤ 정책 · 관행에 대한 개선 · 시정권고권: 국가인권위원회는 인권의 보호와 향상을 위하여 필요하다고 인정하는 경우 관계기관 등에 대하여 정책과 관행의 개선 또는 시정을 권고하거나 의견을 표명할 수 있다(동법 제25조 제1항). 권고를 받은 기관의 장은 그 권고사항을 존중하고 이행하기 위하여 노력하여야 한다(동조 제2항). 또한 권고를 받은 기관의 장은 권고를 받은 날부터 90일 이내에 그 이행계획을 위원회에 통지하여야 하며(동조 제3항), 그 권고의 내용을 이행하지 아니할 경우에는 그 이유를 위원회에 통지하여야 한다(동조 제4항). 한편 국가인권위원회는 필요하다고 인정하는 경우 국가인권위원회의 권고와 의견 표명 및 권고를 받은 관계기관등이 장이 통지한 내용을 공표할 수 있다(동조 제5항).

⑥ 법원 및 헌법재판소에 대한 의견제출권: 국가인권위원회는 인권의 보호와 향상에 중대한 영향을 미치는 재판이 계속중인 경우 법원 또는 헌법재판소의 요청이 있거나 필요하다고 인정하는 때에는 법원의 담당재판부 또는 헌법재판소에 법률상의 사항에 관하여 의견을 제출할 수 있다(동법 제28조 제1항). 국가인권위원회가 조사 또는 처리한 내용에 관하여 재판이 계속중인 경우, 위원회는 법원 또는 헌법재판소의 요청이 있거나 필요하다고 인정하는 때에는 법원의 담당재판부 또는 헌법재판소에 사실상 및 법률상의 사항에 관하여 의견을 제출할 수 있다(동조 제2항).

⑦ 인권침해 및 차별행위에 대한 조사권: 국가인권위원회는 인권침해와 차별행위에 대한 조사권을 갖는다(동법 제19조).

이러한 권한들 가운데 핵심적인 권한은 정책 · 관행에 대한 개선 · 시정권고권과 인권침해 · 차별행위에 대한 조사권이라고 할 수 있다. 전자의 권한을 통해서는 차별적인 법령이나 정책 또는 관행을 개선 · 시정하도록 국회나 정부 등 국가기관에 대하여 권고하거나 의견을 표명할 수 있다. 예를 들어 인권위는 국가보안법의 폐지,[41] 양심적 병역거부권과 대체복무제도의 도입,[42] 차별금지법의 제정[43]을 권고하였고, 사형제도의 폐지에 관한 의견을 표명[44]하기도 하였다. 반면에 후자의 권한을 통해서는 국가기관에 의한 인권침해뿐만 아니라 국가기관과 사인에 의한 차별행위의 시정을 위한 조사를 행할 수 있다. 2012년 5월 말 현재까지 인권위가 처리한 사건은 6만2천 건을 넘어섰고, 이 가운데 인권침해 사건은 4만8천 건 정도로 77%, 차별사건은 1만2천 건 정도로 20%를 차지한다(아래 [표] 참조).

국가인권위원회 사건처리 현황(2012년 5월 말 현재)

구 분	총 계	인권침해	차별행위	기 타
총 계	62,451	47,951	12,521	1,979
비 율	100	76.8	20.0	3.2

자료: 국가인권위원회 웹사이트(www.humanrights.go.kr)

한편 국가인권위원회는 다음과 같은 의무를 부담한다.

① 인권교육과 홍보의무: 국가인권위원회는 모든 사람의 인권의식을 깨우치고 향상시키기 위하여 필요한 인권교육과 홍보를 하여야 한다(동법 제26조 제1항). 한편 국가인권위원회는 초중등교육법 제23조의 규정에 의한 학교 교육과정에 인권에 관한 내용을 포함시키기 위하여 교육과학기술부장관과 협의할 수 있다(동조 제2항). 또한 국가인권위원회는 인권교육과 연구의 발전을 위하여 필요한 사항을 고등교육법 제2조의 규정에 의하여 설립된 학교의 장과 협의할 수 있다(동조 제3

41) 인권위 2004.8.23. '국가보안법 폐지 권고 결정문' 참조.

42) 인권위 2005.12.26. '양심적 병역거부 관련 결정문' 참조.

43) 인권위 2006.7.24. '차별금지법안 권고' 참조.

44) 인권위 2005.4.6. '사형제도에 관한 국가인권위원회의 의견' 참조.

항). 그리고 국가인권위원회는 공무원의 채용시험, 승진시험, 연수 및 교육훈련과정에 인권에 관한 내용을 포함시키기 위하여 국가기관 및 지방자치단체의 장과 협의할 수 있다(동조 제4항). 국가인권위원회는 '정부출연연구기관 등의 설립운영 및 육성에 관한 법률'에 따라 설립된 연구기관 또는 연구회의 장과 협의하여 인권에 관한 연구를 요청하거나 공동으로 연구할 수 있다(동조 제5항). 국가인권위원회는 평생교육법 제2조 제2호에 따른 평생교육기관의 장에 대하여 그 교육내용에 인권에 관하여 필요한 사항을 포함하도록 권고할 수 있다(동조 제6항).

② 보고서작성의무: 국가인권위원회는 해마다 전년도의 활동내용과 인권상황 및 개선대책에 관한 보고서를 작성하여 대통령과 국회에 보고하여야 한다(동법 제29조 제1항). 이러한 보고 이외에도 국가인권위원회는 필요하다고 인정하는 경우 대통령과 국회에 특별보고를 할 수 있다(동조 제2항). 관계기관 등은 국가인권위원회의 보고에 관한 의견, 조치결과 또는 조치계획을 국가인권위원회에 제출할 수 있다(동조 제3항). 국가인권위원회는 대통령과 국회에 제출한 보고서를 공개하여야 한다. 다만, 국가의 안전보장, 개인의 명예 또는 사생활의 보호를 위하여 필요하거나 다른 법률에 의하여 공개가 제한된 사항은 공개하지 아니할 수 있다(동조 제4항).

또한 관계국가행정기관 또는 지방자치단체의 장은 인권의 보호와 향상에 영향을 미치는 내용을 포함하고 있는 법령을 제정 또는 개정하고자 하는 경우 미리 위원회에 통보하여야 한다(동법 제20조 제1항). 그리고 국제인권규약의 규정에 따라 관계 국가기관이 정부보고서를 작성할 때에는 국가위원회의 의견을 들어야 한다(동법 제21조).

III. 개선안

1. 차별시정기구로서의 지위 강화

인권보호와 관련된 국가인권위원회의 실질적 권한은 크게 인권침해구제와 차별시정이다. 국가인권위원회가 포괄적인 국가인권기구로서의 지위를 갖기 때문이다. 물론 한국적 상황에서 국가기관이나 구금·보호시설 또는 다수인보호시설에 의한 인권침해나 차별행위도 대단히 심각한 문제다. 한국의 인권상황이 많이 진전되었다고는 하지만 여전히 초보적 수준의 인권실현도 되지 못하고 있다는 반증이다.

그럼에도 불구하고 국가기관에 의한 인권침해나 차별행위보다는 '사인에 의한 차별의 시정'이 국가인권위원회가 다루어야 할 가장 중요한 문제가 되어야 한다. 물론 문제가 전혀 없는 것은 아니지만 국가기관에 의한 인권침해나 차별행위에 대해서는 다른 구제수단이 보장되어 있기 때문이다. 하지만 사인에 의한 차별을 시정할 수 있는 기관은 전무하다고 볼 수 있다. 사인에 의한 차별행위가 대단히 가혹함에도 불구하고 이러한 문제의 심각성에 대한 인식이 부족했거나 차별의 개념에 대한 명확한 규정이 대단히 어렵기 때문에 이 문제에 대해서 소극적으로 대처한 결과일 것이다. 어쨌든 국가인권위원회가 설치된 현재의 시점에서 국가인권위원회의 바람직한 진로는 사인에 의한 차별을 시정하는 기구로서의 역할이다. 국가인권위원회가 국가에 의한 인권침해나 차별행위를 다룸으로써 또 다른 권력기관이 되기보다는 오히려 기존의 권력기관이 다루지 않는 '험한 일'에 참여하는 것이야말로 말 그대로 인권의 보호와 향상을 위해 설치된 국가인권기구의 제대로 된 모델이 될 것이기 때문이다.

2. 구성의 다원성

국가인권기구의 구성과 관련하여 파리원칙에 따르면 국가인권기구는 "인권의 보장과 증진에 관련된 사회세력(시민사회)의 다원적 대표성을 확보"하도록 요청한다. 이러한 요청에 비추어 보면 현재의 국가인권위원회의 구성에서 반드시 4인 이상의 여성 위원을 두도록 규정한 점은 대단히 고무적이다.

하지만 여성차별과 함께 중요한 차별유형인 장애차별을 고려할 때 적어도 1인의 장애인 위원을 두도록 규정할 필요가 있다. 물론 차별사유와 차별영역이 다양하게 존재하기 때문에 모든 차별사유와 차별영역을 동시에 고려하는 국가인권기구의 구성은 애초부터 불가능할지 모른다. 하지만 적어도 보편적 차별사유이면서 한국 현실에서도 가장 중요한 차별사유인 성차별과 장애차별의 경우에는 충분한 고려가 필요하다. 또한 장기적으로 보아 한국적 현실에서 중요한 차별유형을 또 하나 추가할 수 있다면 인종차별이 포함될 수 있기 때문에 인종적 다양성을 고려한 국가인권기구의 구성에도 주목할 필요가 있다.

3. 인권위원의 전문성

국가인권위원회법은 인권위원의 자격요건을 "인권문제에 관하여 전문적인 지식과 경험이 있고, 인권의 보장과 향상을 위한 업무를 공정하고 독립적으로 수행할 수 있다고 인정되는 자"로 규정한다(동법 제5조 제2항). 이것은 인권위원에게 '전문성'과 '공정성'이라는 두 가지 중요한 자격요건이 요구된다는 점을 말해주고 있다. 하지만 공정성은 객관적 평가가 대단히 어렵다는 점에서 결국 인권위원의 중요한 자격요건은 전문성이라고 말할 수 있다.[45)]

그럼에도 불구하고 전문성에 관한 구체적 요건이 제시되지 않아 사실상 전문성과 공정성이라는 인권위원의 핵심적 자격요건 모두에 관하여 아무런 합리적인 평가기준이 제시되어 있지 않다고 볼 수 있다. 이 점은 국가인권위원회의 조정위원회를 구성하는 조정위원의 전문성을 평가할 수 있는 자격요건을 상세하게 규정한 것(동법 제41조 제2항)[46)]과 대비된다. 물론 차별사유나 차별영역에 따른 분야별 전문위원회(동법 제12조 제3항)나 자문기구(동법 제15조 제1항)를 설치함으로써 국가인권위원회의 전문성이 확보될 수도 있지만 최종적 결정은 인권위원이 내린다는 점에서 비추어 보면 인권위원의 전문성에 관한 좀 더 명확하고 상세한 규정이 필요하다. 특별히 인권위원의 구성이 국회와 대통령 및 대법원장의 지명에 의하기 때문에 전문성에 대한 고려보다는 정치적 고려가 우선할 수 있다는 점에서 더욱 전문성에 관한 자격요건이 규정될 필요가 있다.

4. 인권교육의 강화

인권의 보호와 향상이라는 국가인권위원회의 목적은 사후 구제나 처벌로 해

---

45) 그렇다고 공정성의 요건이 중요하지 않다거나 심지어 필요없다는 뜻은 더욱 아니다. 공정성은 개인의 주관적 자질보다는 법과 제도에 의한 객관적 절차의 보장을 통해 확보될 수 있기 때문에 개인에 대한 자격요건으로 규정하기 어렵다는 뜻이다.

46) 조정위원은 ① 인권문제에 관하여 전문적인 지식과 경험을 가진 사람으로서 국가기관 또는 민간단체에서 인권과 관련된 분야에 10년 이상 종사한 사람이거나 ② 판사·검사·군법무관·변호사로 10년 이상 종사한 사람 또는 ③ 대학 또는 공인된 연구기관에서 조교수 이상으로 10년 이상 재직한 사람이어야 한다.

결되기보다는 사전 교육이나 홍보로 해결되는 것이 바람직하다. 물론 사후 구제나 처벌이 국가의 강제력을 동원함으로써 단기적으로는 매우 효과적인 수단으로 보일 수도 있다. 하지만 인권을 보호하고 향상시키기 위하여 강제력을 동원하는 것은 또 다른 인권침해를 불러올 수 있다. 또한 장기적으로 보면 인권에 관한 교육과 홍보가 인권의 보호와 향상을 위한 더 효과적인 수단이다.

이러한 관점에서 국가인권위원회의 역할 가운데 중요한 축이 인권에 관한 교육과 홍보로 이동할 필요가 있다. 또한 같은 맥락에서 인권의 교육과 홍보에 기초가 되는 인권에 관한 포괄적이고 심도 있는 연구를 강화할 필요성도 요구된다. 그리고 이러한 교육과 홍보 및 연구를 담당할 인력의 확보와 양성 및 활용도 국가인권위원회의 중요한 과제가 될 것이다.

5. 시정명령기관과의 협력

일반적 차별금지법인 국가인권위원회법 외에 개별적 차별금지법인 장애인차별금지법과 연령차별금지법이 제정되면서 국가인권위원회의 권고권과 함께 관련 행정각부의 시정명령권이 추가되었다. 이에 따르면 국가인권위원회의 권고를 받고도 정당한 사유 없이 권고를 이행하지 않으면 장애인차별의 경우에는 '법무부장관'이(장애인차별금지법 제43조 제1항), 연령차별의 경우에는 '고용노동부장관'이(연령차별금지법 제4조의7 제1항) 시정명령을 할 수 있다. 이처럼 장애차별이나 연령차별에 대해서 권고권은 국가인권위원회가, 시정명령권은 관련 행정각부가 갖게 되어 차별시정에 관한 권한이 이원화되어 있다. 시정명령을 하기 위해서는 ① 피해자가 다수인인 경우, ② 차별행위가 반복적으로 발생한 경우, ③ 피해자에게 불이익을 주기 위해 고의적으로 차별행위를 한 경우, ④ 그 밖에 시정명령이 필요한 경우 중 하나에 해당하고, 그 피해의 정도가 심각하며 공익에 미치는 영향이 중대하다고 인정되어야 한다. 따라서 장애차별이나 연령차별의 경우에 불필요한 조사의 중복을 피하고 효과적인 권리구제를 위해서 국가인권위원회는 시정명령권을 가지고 있는 관련 행정각부와 협력이 요구된다.

제5장

차별시정절차

다양한 형태의 차별시정기구만큼 다양한 형태의 차별시정절차가 마련되어 있다. 차별시정절차는 차별시정기구의 성격에 따라 많이 달라진다. 차별시정기구는 포괄적 국가인권기구일 수도 있고, 차별시정만을 담당하는 국가기구일 수도 있다. 그렇지만 대부분의 차별시정기구들은 유사한 차별시정절차를 두고 있다. 특히 차별에 관한 사인간의 분쟁을 중재하는 기능이 강화되는 경향을 공통적으로 보이고 있다. 세계 각국의 차별시정절차를 구체적으로 검토한 후에 한국의 차별시정절차를 살펴보고 개선안을 제시해보도록 한다.

제 1 절 각국의 차별시정절차

차별시정절차는 차별받은 자(피해자)가 차별시정기구를 통해 자신이 받은 차별행위를 시정 · 구제받는 절차를 말한다. 따라서 차별시정절차의 내용은 차별시정기구의 성격과 업무에 따라 달라진다. 앞 장에서 살펴본 각국의 차별시정기구가 자신에게 부여된 고유한 성격에 따라 차별을 시정하고 구제하는 업무를 수행하면서 어떠한 절차를 따라 진행되는지에 대해서 검토하기로 한다.

I. 미 국

1. 이의제기

고용에 관한 권리를 침해받았다고 생각하는 사람은 EEOC에 일반적으로 진정(complaint)으로 이해되는 이의(charge)를 제기할 수 있다. 피해자의 신분을 보호하기 위하여 타인이나 단체 또는 내행기관 등도 피해자를 위한 이의를 제기할 수 있다.

이의제기시에는 이의를 제기하는 ① 당사자의 이름, 주소, 전화번호, ② 이의제기 상대방(respondent)의 이름, 주소, 전화번호 및 근로자수, ③ 피해내용, ④ 피해발생일자 등을 제시한다. EEOC는 이의제기 사실을 공개할 수 없다[Title VII. SEC. 2000e-5 (b)].

이의는 피해발생일로부터 180일 이내에 제기해야 한다[Titel VII. SEC. 2000e-5 (e) (1)]. 다만 주(state)나 지역의 차별금지법이 허용하는 하는 경우에는 300일 이내에서 각각의 법률이 규정하고 있는 기간 내에 제기할 수 있다.[1] 동일임금법

1) 예를 들어 EEOC시애틀지역사무소(Seattle Field Office) 관할구역에 속하는 알라스카(Alaska), 아이다호(Idaho), 몬타나(Montana), 오레건(Oregon), 워싱턴(Washington) 주의 경우에 15인 이상(인종, 피부색, 출신국가, 성별, 종교, 장애를 이유로 한 차별의 경우) 또는 20인 이상(연령을 이유로 한 차별의 경우)의 근로자를 둔 기업으로부터 차별을 받았다고 주장하는 사람은 차별을 받은 날로부터 300일 이내에 이의를 제기할 수 있다. 한편 15인 미만(인종, 피부색, 출신국가, 성별, 종교, 장애를

(EPA)이 적용되는 경우에는 법원에 소송을 제기하기 전에 반드시 EEOC에 이의를 제기해야 하는 것은 아니기 때문에 제기기간의 제한이 적용되지 않는다.

2. 조사(investigation)

차별을 당했다는 이의가 제기되면 EEOC는 상대방에게 10일 이내에 이 사실을 통보하고, 조사를 실시한다[Title VII. SEC. 2000e-5 (b)]. 차별사실을 조사하기 위하여 정보를 요구하고, 사람들을 면담하며, 서류를 검토하고, 필요하면 차별이 발생했다고 주장되는 시설을 방문하기도 한다. 조사가 완료되면 이의제기 당사자들과 증거에 대해서 논의한다. 조사과정에서도 분쟁해결을 모색한다. 분쟁해결이 성공하지 않으면 계속해서 조사한다.

최초의 심층면담에서 위법을 증명할 만한 증거가 발견되지 않으면 이의제기를 기각할 수 있다. 또한 조사과정에서 더 이상의 조사를 통해서 위법을 발견할 수 없다고 판단되면 이의제기를 기각한다[Title VII. SEC. 2000e-5 (b)]. 이의제기가 기각되면 이의제기를 한 당사자에게 설명하고 이를 공고하며, 이의제기를 한 당사자는 90일 이내에 법원에 소송을 제기할 수 있다. 한편 이의제기가 진실이라고 믿을 만한 합리적인 이유가 있는 경우에 EEOC는 협의(conference)나 조정(conciliation) 또는 설득(persuasion)과 같은 비형식적인 방법으로 분쟁을 해결하기 위해 노력해야 한다.

이유로 한 차별의 경우) 또는 20인 미만(연령을 이유로 한 차별의 경우)의 근로자를 둔 기업으로부터 차별을 받았다고 주장하는 사람은 알라스카주의 경우에 180일 이내에 알라스카주인권위원회(the Alaska State Commission for Human Rights)에, 알라스카주 앵커리지(Anchorage)의 경우에 120일 이내에 앵커리지평등권위원회(the Anchorage Equal Rights Commission)에, 아이다호주의 경우에 365일 이내에 아이다호주인권위원회(the Idaho State Commission for Human Rights)에, 몬타나주의 경우에 180일 이내에 몬타나주인권위원회(the Montana Human Rights Commission)에, 오레건주의 경우에 365일 이내에 오레건주인권국 노동 · 기업과(the Oregon Bureau of Labor & Industries, Civil Rights Division)에, 워싱턴주의 경우에 180일 이내에 워싱턴주인권위원회(the Washington State Human Rights Commission)에, 시애틀이나 타코마(Tacoma)시의 경우에 180일 이내에 시애틀인권사무소(the Seattle Office for Civil Rights)나 타코마인권국(the Tacoma Human Rights and Human Services Department)에 이의를 제기할 수 있다.

3. 중 재

조사과정에서 당사자 간의 분쟁해결을 목적으로 중재(mediation)를 시도할 수도 있다. 중재는 대안적 분쟁해결수단(Alternative Dispute Resolution: ADR)으로서 중립적 제3자의 도움으로 고용에 관한 분쟁을 해결하고 당사자 간의 자발적이고 협상에 의한 합의를 끌어내는 비형식적(informal) 절차로 이해된다. 중재절차를 개시하겠다는 결정은 전적으로 이의를 제기한 당사자나 상대방 기업의 의사에 달려 있다. 중재과정에서 당사자들은 문제가 된 차별분쟁의 의제들에 대해서 토의하고 오해를 해소하며 우선적 이해관계와 관심사를 결정하여 궁극적으로 합의를 끌어내고 분쟁을 해결한다. 이러한 중재과정에서 중재인(mediator)은 당사자들이 자발적이면서 상호간에 수용할 수 있는 합의에 도달할 수 있도록 도울 뿐이지 당사자의 이의에 대한 일정한 결정을 내리거나 결정을 강제하지 않는다. 중재과정은 비공개이고 중재과정에서 오고간 발언내용들은 비밀이 유지되어야 한다.

중재는 EEOC의 대표가 분쟁 당사자들에게 중재에 대한 참여여부를 알리고, 당사자들이 동의하면 전문 중재인이 중재에 관한 회의일정을 잡아 진행한다. 중재에 참여할 수 있는 자는 중재를 통해 분쟁을 해결할 수 있는 권한을 가진 자이어야 한다.

중재의 장점으로는 ① 비용이 들지 않는다는 점, ② 공정하고 중립적이라는 점, ③ 시간과 비용을 절약할 수 있다는 점, ④ 비공개라는 점, ⑤ 시간과 비용이 많이 들고 성공가능성이 불확실한 소송을 피할 수 있다는 점, ⑥ 근본적인 문제해결을 촉진한다는 점, ⑦ 상호의견교환을 통해 분쟁을 해결함으로써 상호 만족스런 해결책을 찾을 수 있다는 점, ⑧ 분쟁에 관한 정보를 공유함으로써 직장에서 발생할 수 있는 실제적인 문제를 발견할 수 있다는 점, ⑨ 당사자들의 자발적인 분쟁해결을 통하여 중요한 모든 문제를 해결할 수 있다는 점, ⑩ 당사자 모두에게 이익이 되는 분쟁해결 절차라는 점 등을 들 수 있다.

중재가 실패하면 계속해서 조사를 실시한다. 중재가 성공하면 당사자는 당사자의 합의를 이행하지 않는 한 법원에 소송을 제기할 수 없다. EEOC가 중재에 실패하고 조사를 계속한 뒤 사건을 종료하면서 직접 소송을 제기하지 않으려면 당사자에게 90일 이내에 법원에 소송을 제기하도록 통보할 수 있다.

4. 구제수단

고용차별에 대해서 사용할 수 있는 구제수단으로는 ① 임금지불(back pay), ② 채용(hiring), ③ 승진, ④ 재고용(reinstatement), ⑤ 임금선불(front pay), ⑥ 합리적 편의제공(reasonable accommodation), 또는 ⑦ 차별이전의 상태를 만들 수 있는 기타 조치(other actions that will make an individual "whole" (in the condition s/he would have been but for the discrimination)) 등을 들 수 있다. 그 밖에도 변호사 비용, 전문가 비용, 소송비용 등을 지급하는 방법도 포함된다.

5. 소송제기

이의제기가 접수된 후 30일 이내에 EEOC가 제시하는 조정안에 이의제기의 상대방이 동의하지 않는 경우에 EEOC는 민사소송을 제기할 수 있다[Titel VII. SEC. 2000e-5 (f) (1)]. 다만 이의제기의 상대방이 정부나 행정기관(governmental agency) 또는 정치적 하부기관(political subdivision)인 경우에는 직접 소송을 제기할 수 없고, 법무부장관에게 사건을 이송하여 소송을 제기하도록 한다.

II. 캐나다

1. 진정(complaint)

캐나다국적을 가진 자와 캐나다영주권을 가진 자뿐만 아니라 합법적으로 캐나다에 체류하는 자는 진정을 제기할 수 있다. 차별을 당한 당사자인 피해자는 당연히 진정을 제기할 수 있고, 제3자도 진정을 제기할 수 있지만 이 경우에는 피해자의 동의가 있어야 한다(CHRA 제40조 제1항 및 제2항). 인권위원회가 차별적 관행이 있거나 있었다는 합리적인 판단을 한 경우에는 직권으로 진정을 제기할 수도 있다(동조 제3항). 진정을 제기하거나 증거의 제출 또는 진정조사에 협조한 사람을 위협 또는 협박하거나 차별하는 것은 형법상 처벌을 받는다.

진정의 상대방, 즉 피진정인은 연방법에 의해 규율되는 기관(federally regulated

organization)이다. 여기에는 연방기관 · 관청 · 공기업(Federal departments, agencies and Crown corporations),[2] 특허은행(Chartered banks), 항공사, 방송국, 지역통신사(Interprovincial communications and telephone companies), 버스 · 철도회사, 원주민(First Nations) 고용주, 기타 연방법에 의해 규율되는 기업(예: 광업회사) 등이 포함된다.

진정은 진정사건이 발생한 날로부터 1년 이내에 제기해야 하고, 인권법에 규정된 11가지 차별금지사유를 이유로 한 차별에 대해서만 제기할 수 있다. 또한 차별이라고 주장하는 사건이 인권법에 규정된 차별적 관행에 해당하는 경우에만 진정을 제기할 수 있다.

2. 조 사

진정이 접수되면 담당공무원은 인권위원회와 진정에 대해서 논의한다. 진정이 적절하다고 판단하면 인권위원회는 다른 시정절차(이의절차나 소송절차)에 조회한다. 그리고 중재를 시도해보고, 분쟁이 해결되지 않으면 조사공무원은 사건을 조사하고 이를 위하여 정보를 수집하며 조사결과를 인권위에 보고한다. 인권위원회에 보고서가 제출되기 전에 당사자들에게 보고서에 대한 의견을 제시할 수 있는 기회가 부여된다.

조사를 위하여 합리적인 필요가 있는 경우에 조사담당공무원은 법관으로부터 영장을 발부받아 부동산에 출입하여 수색할 수 있는 권한을 갖는다(CHRA 제43조 제2.1항 및 제2.2항). 이러한 수색과정에서 조사와 관련된 서적이나 자료의 복사나 발췌를 요구할 수도 있다(동조 제2.4항). 진정을 조사하는 조사관을 방해해서는 안 된다(동조 제3항).

원칙적으로 인권위원회는 모든 진정에 대해서 검토해야 하지만 진정사건으로부터 1년이 지났거나 인권위원회의 관할이 아닌 사건에 대해서는 검토하지 않는다. 진정이 제기된 후에도 인권위원회는 당사자 간의 화해를 인정할 수 있고, 당사자 간의 화해를 돕는 조정자를 임명할 수도 있다(CHRA 제47조). 이처럼 분

2) 연방기관 · 관청 · 공기업의 리스트는 캐나다 정부의 웹사이트(www.gc.ca/depts/major/depind_e.html) 참조.

쟁의 초기단계뿐만 아니라 진행단계에서도 인권위원회는 분쟁의 자율적 해결을 돕는 중재자나 조정자의 역할을 수행한다. 인권위원회는 조사공무원이 제출한 보고서를 충분히 검토하여 진정에서 주장하고 있는 차별이 이유없다고 판단되면 기각한다.

인권위원회는 공익을 위하여 활동하기 때문에 인권에 의한 조사나 검토 등에 소요된 비용은 인권위원회가 부담한다. 그 밖에 분쟁해결을 위하여 소요된 비용도 인권위원회가 부담한다.

3. 이송과 심문

더 많은 심문이 필요하다고 판단이 되면 인권위원회는 사건을 인권재판소에 이송하여 심문을 요청한다(CHRA 제49조). 심문은 재판관 1인 또는 3인의 합의부에서 담당한다. 인권재판소가 진정을 이송받으면 심문을 진행하여 진정사건의 본안에 대한 판결을 하고, 보상과 같은 구제방법이나 차별의 재발을 예방할 수 있는 방법을 명령한다. 인권재판소도 진정인의 주장이 이유없다고 판단하면 기각한다. 인권재판소의 판결이나 명령에 대해서는 당사자의 일방이 연방법원에 항소할 수 있고, 연방법원은 인권재판소의 판결이나 명령에 대해서 심리한다.

4. 고용평등법상 감사

고용평등을 실현하기 위하여 고용평등법(EEA, 1998)상 고용주에게 요구되는 의무가 이행되었는지를 평가하기 위하여 캐나다 인권위에는 감사(audit)의 권한이 부여되어 있다. 감사절차는 ① 고지(notification), ② 계획(planning), ③ 조사(survey), ④ 증명(verification), ⑤ 보고(reporting), ⑥ 사후확인(follow-up) 등 여섯 단계로 구분된다. 첫째, 고지단계에서는 감사를 실시할 고용주를 선택하여 감사를 실시한다는 사실을 고지하기 위하여 최고경영자(CEO)와 접촉하고, 예비조사를 실시한다. 둘째, 계획단계에서는 우선 감사당당공무원이 기업의 고용평등담당자와 접촉하여 감사계획에 대해서 의논하고 법적 의무와 기대치를 확인한다. 이 단계에서 고용주는 조사단계를 준비하기 위하여 조사설문지에 답변하고, 배경정보와 고용평등프로그램을 제시한다. 셋째, 조사단계에서는 고용평등의무에 관한 법적 의무가 어느 정도 실현되었는지를 예비평가한다. 넷째, 근로자대표와 근로자를 면담하기 위하여 현장 방문한다. 추가서류를 분석하고, 고용주에게 예비결과를 보고하게 한다. 다섯째, 감사결과를 고용주에게 보고하고 법적 의무를 이행할 수 있도록 하는 조치들이 협의된다. 여섯째, 사후확인단계는 협의된 조치들이 이행되었는지를 확인한다.

III. 호 주

연방 인권법과 차별금지법에 의해 제기된 진정은 진정처리국(Complaint Handling Section: CHS)에서 조사와 조정을 수행한다.

1. 진 정

진정은 차별로 피해를 입은 개인 또는 2인 이상의 복수가 자신 또는 다른 여러 피해자를 위하여 제기할 수 있다(HRECA 제46P조, 제1항). 차별로 피해를 입은 근로자집단이나 다수 주거자와 같은 집단이나 다수인 가운데 한 사람이 모든 사람을 대신하여 진정을 제기할 수 있다. 이러한 신성을 대표진정(representative complaint) 또는 집단소송(class action)이라고 부른다. 노동조합도 조합원의 일부 또는 일정 집단을 위하여 진정할 수 있다.

진정은 일정한 서식을 가진 문서 또는 서신이나 이메일, 인터넷 서식(인권위 웹사이트에서 제공)으로도 제기할 수 있다. 서식이 정해진 문서가 아닌 경우에는 인권위가 필요로 하는 중요한 정보를 포함하고 있어야 한다. 그러한 정보에는 ① 진정인의 이름, 주소, 연락처, ② 진정의 상대방(피진정인)인 개인이나 단체의 신원과 연락처, ③ 차별사건의 내용, 차별이 발생한 시간, 장소, 관련자, ④ 차별사건의 내용을 설명하는 데 도움이 되는 개인과 그 연락처, ⑤ 중요하다고 생각되는 서신, 메모, 기타 서류, ⑥ 타인을 위한 진정인 경우에 그 타인의 이름과 진정인과의 관계, ⑦ 진정에 대한 공정한 해결방안으로 생각되는 제안, ⑧ 진정의 대상이 다른 연방기관이나 주기관인지 여부 등이 포함된다.

진정은 위원장의 허가를 받아 철회할 수 있다. 진정의 철회는 관련 당사자 모두가 동의했다고 위원장이 판단한 경우에만 허가된다(HRECA 제46PG조).

인권위원회는 각각의 진정을 병합하지 않고 고려할 수 있는 상황과 증거에 따라 각각 평가한다. 인권위원회는 진정사건을 평가하여 다른 기관의 관할이라고 생각되는 경우에 그 기관으로 이송한다. 그리고 진정인에게 그 기관에서의 절차에 대해서 설명한다. 진정에 대한 조사여부를 결정하거나 진정에 대한 조사가 개시된 후 조사의 계속 여부를 결정하기 위한 목적으로 진정서에서 제기된 문제들에 대한 정보를 얻기 위하여 진정인과 연락할 수 있다. 위원장은 진정을 조기에 종결할 수도 있는데 절차에 관한 입법이 없는 경우, 즉 지연에 대한 설명 없이 사건 발생 후 12개월 이상 지나거나, 다른 대체구제수단이 있거나, 다른 기관에 의해 해결된 경우에는 그보다 더 조기에 종결할 수 있다.

2. 조 사

인권위원회가 진정이 필요하다고 판단한 경우 진정의 상대방(respondent)인 개인이나 단체에 대해서 조사를 실시한다. 인권위원회는 진정의 상대방에게 답변을 요구할 수 있고, 진정서의 사본을 송부할 수 있다. 답변을 요구받은 진정의 상대방은 서면 등으로 답변할 수 있고, 이를 입증하는 고용서류 등을 제출할 수 있다. 증인이 필요한 경우 양 당사자는 각자의 주장을 증명하는 서면진술 또는 인권위원회의 질문에 대한 답변을 통해서 증인을 제안할 수 있다.

3. 조 정

인권위원회는 양 당사자가 수용할 수 있는 합의를 협상하기 위하여 조정(conciliation)을 시도할 수 있다. 사실에 대한 의견불일치가 거의 없거나 전혀 없는 경우, 오해로부터 차별이 발생한 경우, 진정의 상대방이 전혀 차별금지법에 대한 인식이 없는 경우에는 일반적으로 더 조기에 조정이 이루어질 수 있다. 조정에서 가장 중요한 것은 인권위원회가 공정하게 활동하고 있다는 사실을 이해시키기 위하여 양 당사자를 조정절차에 참여시키는 것이다. 조정은 당사자간에 이루어진 분쟁의 해결로서 대면협의, 전화협의, 서면협의 등으로 가능하다. 조정을 위하여 전문조정인을 위원회의 직원으로 임명할 수 있고, 조정인은 양 당사자에 대해서 중립적이어야 한다. 효과적인 조정을 위해서는 정보의 공유도 중요하지만 일반적 조정의 절차는 비밀(confidentiality)이 요구된다. 따라서 조정절차에서의 진술이나 행동은 인권위가 사후에 법원에 제출하는 보고서에 포함될 수 없다. 조정절차에 당사자 일방이 참여하지 않는 경우에 인권위원회는 그 당사자의 참여를 강제할 수 있는 권한을 가진다.

조정의 최종목표는 양 당사자 간의 합의이고, 이러한 합의에는 사과, 노동조건이나 관행의 개선, 재정적 보상, 미래의 조치에 대한 약속 등이 포함된다. 합의는 문서로 하며 양 당사자가 서명한다. 진정에 대한 조정이 이루어지면 인권위원회는 진정의 제기를 종료한다. 경우에 따라서 공정한 진정이 불가능하다고 판단한 때에는 진정을 종결할 수 있다.

4. 진정의 종결

위원장은 ① 차별이 위법이 아니거나, ② 차별사건이 발생 한 후 1년 지난 후에 진정이 제기되었거나, ③ 진정의 실체가 없거나, ④ 진정이 적절하게 처리되었거나, ⑤ 더 적합한 구제수단이 합리적으루 이용할 수 있거나, ⑥ 진정이 인권위원회나 다른 기관에 의해 적절하게 처리된 경우, ⑦ 진정이 다른 기관에 의해 더 효과적으로 또는 더 편리하게 처리될 수 있는 경우, ⑧ 진정이 법원에 의해서 판단되어야 하는 공적 중요성을 포함하는 경우에는 진정을 종결한다(동법 제46PH조). 진정이 종결되면 위원장으로 서면으로 결정과 이유를 공시한다. 진정의 종결은 진정인이 법원에 소송을 제기하기 전에 취소될 수 있다.

5. 소송의 제기

인권위원회가 차별사건을 각하하지 않거나 조정할 수 없는 경우에 차별 여부나 인권침해 여부를 판단해야 한다. 인권위원회가 차별과 인권침해를 결정하면 검찰에 보고하고, 검찰은 의회에 보고한다. 진정이 제기된 차별이 차별금지법을 위반하였다는 결정이 있으면 진정의 상대방은 그 결정이 공고된 후 28일 이내에 소송을 제기할 수 있다.

6. 진정처리국의 복무규정

인권위원회의 감독하에 진정사건을 조사하는 진정처리국은 '이용자에 대한 복무규정(the Charter of Service Customers)'을 두어 진정에 대한 조사를 신속하고 공정하게 처리하고, 이용자가 편리하게 접근할 수 있도록 노력하고 있다. 한국의 차별시정기관도 참고로 삼을 만한 이 복무규정의 중요한 내용은 다음과 같다.

① 이용자에 대한 존엄과 존중에 따른 대우 및 모든 직원의 협조적이며 예의바른 태도.

② 이용자에게 절차개시시점부터 절차에 관한 정보제공, 진정담당 공무원의 신분확인, 절차과정에서 제기된 의문에 대한 명확한 답변을 통해 절차의 진행과정에 대한 이해의 보장.

③ 접수된 진정의 평가 및 필요한 우선권의 부여, 서신이나 전화 질문에 대한 신속하고 명확한 답변, 진정의 상태와 진행에 대한 정보의 제공을 통한 진정의 신속하고 효과적인 처리.

④ 적절한 정보의 제공, 관련 당사자에 대한 균형잡힌 접근, 관련 당사자에 대한 진정절차의 공정성 확보를 통한 전문적이고 객관적 진정처리.

⑤ 훈련되고 문화적으로 민감한 직원의 채용, 번역이나 통역 서비스의 제공, 장애인의 서비스에 대한 접근과 이용가능성 확보, 지원이 필요한 이용자에 대한 편의제공, 국내에서 무료통화가 가능한 번호의 제공, 지역적 조정서비스가 적절한 경우 그 제공 등을 통한 접근가능성의 보장, ⑥ 결정에 대한 충분한 근거의 설명.

Ⅳ. 뉴질랜드

1. 인권위원회

진정인이 소송을 원하는 경우에 인권위원회는 조치를 취한다(HRA 제80조 제1항). 진정사건이 발생하고 12개월이 지난 후에 제기한 진정은 각하한다(동조 제2항). 또한 진정의 본안이 사소하거나, 남소인 경우, 또는 사안의 모든 사정을 고려할 때 다른 조치가 불필요한 경우, 다른 적절한 구제수단이 있는 경우에도 각하한다(동조 제3항).

인권위원회는 진정인, 피해자, 진정상대방(피진정인), 검사 등 당사자와 관련자들에게 진정과 관련된 정보를 제공해야 한다(동법 제81조). 인권위원회는 진정과 관련된 정보를 수집하기 위하여 비공개로 절차를 진행할 수 있고, 정보수집에 적합하다고 필요한 사람을 심문하여 정보를 수집할 수 있다(HRA 제82조). 이렇게 수집된 정보는 당사자들에게 제공되어야 한다.

인권위원회는 진정당사자 간의 분쟁해결을 지원하기 위하여 노력하여야 한다(HRA 제83조). 분쟁의 해결은 보상의 제공이나 사과의 표시와 같은 조치를 포함하는 합의 또는 진정의 대상이 된 행위의 재발이나 유사한 행위의 발생을 막겠다는 피진정인의 보장약속을 통해 이루어진다.

2. 이송과 환송

진정인이나 피해자 등은 인권심판국에 이송을 청구할 수 있다(HRA 제83조). 심판국장은 당사자들의 합의기간을 준수하지 않은 경우에 당사자가 신청한 재판소에 대한 제청 여부 및 범위를 결정한다. 여전히 당사자와 위원회에 의한 분쟁해결이 가능한 경우에 위원회에는 환송 여부를 결정한다. 그리고 진정인 등을 위한 재판소나 검찰에 제청 여부를 결정한다(HRA 제90조). 또한 위원회가 제정한 재판소에 대한 제청 여부도 결정한다. 심판국장의 결정에서 고려되어야 하는 문제로는 ① 진정이 법령에 대한 중요한 문제를 제기하는지 여부, ② 진정의 해결이 다수의 사람에게 영향을 미치는지 여부, ③ 진정의 주제가 되는 문제와 관련된 피해의 수준, ④ 문제가 된 심판이나 소송이 성공할 수 있는지 여부, ⑤ 심판이나 소송을 통한 구제수단이 개별사안에 적합한지 여부, ⑥ 관련자들에게 이해갈등이 발생할 수 있는지 여부, ⑦ 효과적인 수단인지 여부, ⑧ 공익에 적합한지 여부 등이 있다.

3. 인권재판소

(1) 제 소

진정인이나 피해자 또는 인권위원회, 그리고 피진정인도 인권재판소(HRRT)에 제소할 수 있다(HRA 제92B조). 또한 진정에 관한 분쟁이 해결되었다고 하더라도 합의가 이행되지 않은 경우에는 제소할 수 있다. 차별사건의 경우에 인권위원회는 당사자가 제소하지 않거나 제소에 당사자의 동의가 있거나 제소가 인권위원회의 과제에 적합하다고 판단한 경우에 제소할 수 있다. 제소를 위해서는 정해진 형식의 청구서의 제출이 필요하다(HRA 제92BA조). 소송의 수행은 개인이 직접 또는 변호인을 통해 가능하고, 인권위원회도 변호인을 통해 소송을 수행할 수 있다(HRA 제90C조). 소송비용은 인권심판국이 부담한다.

(2) 이 송

인권재판소에서의 소송이 분쟁해결에 건설적으로 기여하지 않거나 공익에 부합하지 않거나 소송의 긴급하고 임시적 성격을 훼손하는 경우에는 인권위원회로 환송한다(HRA 제92D조). 또한 인권재판소는 소송 전후를 막론하고 당사자와 인권위원회에 의한 분쟁해결가능성이 여전히 남아 있는 경우에는 인권위원회에 환송하거나 소송진행을 연기할 수 있다. 인권위원회는 조사결과 인권침해가 발견되면 다시 제소할 수 있다. 인권침해가 문제되는 재판소의 소송이나 법원(지방법원, 고등법원, 항소법원, 대법원)의 소송에 검찰이 참여할 수 있다(HRA 제92G조).

(3) 구제수단

인권재판소가 선고할 수 있는 구제수단으로는 ① 인권침해사실의 확인 또는 분쟁해결조건, ② 인권침해행위 또는 유사행위 등의 중단 및 재발방지의 명령, ③ 배상금, ④ 진정인이나 피해자가 입은 피해나 손해를 회복시키기 위한 행위의 이행명령, ⑤ 인권침해적 계약이 불법이라는 확인, ⑥ 피고가 인권법을 준수하도록 지원하거나 가능하게 하는 특별한 교육이나 기타 프로그램 및 특별한 정책이나 프로그램을 이행하도록 하는 명령, ⑦ 원고와 피고가 맺은 계약에서 면제, ⑧ 인권재판소가 적당하다고 판단하는 구제수단 등을 들 수 있다(HRA 제90I조).

V. 인 도

1. 심문(inquiry)

인권위원회가 심문을 하는 경우에 중앙정부나 주정부 또는 기타 기관이나 관청에 대해서 일정한 시간 안에 필요한 정보를 제공해 줄 것을 요구할 수 있다(PHRA 제17조).

2. 심문 이후의 절차

심문이 끝나고 ① 심문의 결과로 공무원에 의한 인권의 침해나 그 예방의 해태가 드러난 경우에 관련기관에 대해서 관련공무원에 대한 형사소송의 제기나 적절하다고 판단되는 기타 조치를 권고할 수 있다(PHRA 제18조 제1항). ② 대법원이나 고등법원이 필요하다고 판단하는 지시, 명령, 영장을 받기 위하여 대법원이나 고등법원에 신청할 수 있다(동조 제2항). ③ 희생자나 그 가족에 대하여 필요하다고 판단되는 신속한 임시구체조치의 제공을 관련기관에 권고할 수 있다(동조 제3항). ④ 심문보고서의 사본을 진정인이나 그 대리인에게 제공할 수 있다(동조 제4항). ⑤ 인권위원회는 심문보고서의 사본 및 관련기관에 대한 권고를 송부하고, 관련기관은 1개월 또는 인권위원회가 허용한 기간 이내에 보고서에 대한 견해 및 권고에 대한 이행되거나 이행이 예정된 조치를 인권위에 송부한다(동조 제5항). ⑥ 인권위원회는 심문보고서 및 그에 대한 관련기관의 견해와 인권의 권고에 대한 이행되거나 이행이 예정된 조치를 공표한다(동조 제6항).

VI. 남아프리카공화국

1. 중재, 조정, 협상

남아공의 인권위원회는 분쟁을 해결하거나 인권침해를 제거하기 위하여 중재, 조정, 협상을 시도할 수 있다.

2. 조사(investigation)

인권위원회는 헌법으로부터 부여받은 의무와 책임을 다하기 위하여 필요한 조사를 직접 수행하거나 조사를 시킬 수 있다. 이러한 조사와 관련하여 합리적인 필요성이 있는 상세한 내용이나 정보를 요구할 수 있다. 또한 이러한 조사와 관련하여 서면통지로 어떤 사람에게도 출석을 요구할 수 있고, 필요한 모든 자료와 서류의 제출을 요구할 수 있다. 인권위원회는 인권위원회에 출석한 모든 사람에게 서약이나 확인을 받을 수 있고, 조사가 필요한 문제에 대한 서약이나 확인을 받은 후에 질문할 수 있다. 질문을 받은 사람은 조사와 관련된 사실이나 문제에 관한 모든 질문에 대해서 답변할 권리와 의무를 갖고, 조사와 관련된 자료나 서류를 제출할 의무를 갖는다. 이러한 답변의 권리와 의무 및 자료나 서류제출의 의무는 위원회가 검찰과 협의하여 명령장을 발부하고, 그러한 정보제공의 요구가 "자유와 평등을 기초로 한 개방된 민주사회에서" 합리적이고, 필요하며, 정당화될 수 있다고 인권위원회가 판단하며, 답변의 요구와 자료나 서류제출의 요구가 형사상 불리한 진술금지원칙에 반하지 않을 경우에 허용된다. 질문과정에 획득된 유죄를 입증하는 답변이나 정보 및 직 · 간접적으로 도출된 증거는 법원의 소송이나 다른 기관에서 그 사람에게 불리한 증거로 사용될 수 없다. 형사재판에서 증거를 제출하기 위하여 소환된 증인에게 부여된 특권은 위원회의 증인에게도 적용된다. 인권위원회에 출석한 증인은 변호인이나 대리인과 동행할 수 있고, 서류를 검토하고 자신의 기억을 되살리는 데 합리적 필요성이 있는 시간을 얻을 수 있다. 인권위원회는 각 사안의 상황에 따라 조사를 진행하는 데 필요한 절차를 결정할 수 있고, 이것을 공보에 공시하여야 한다.

조사와 관련하여 인권위원회나 위원 또는 인권위원회로부터 권한을 부여받은 경찰은 조사와 관련되거나 관련된다는 의심이 드는 부동산에 출입할 수 있다. 조사를 위한 출입과 수색은 당사자의 존엄에 대한 존중과 보호에 관한 권리, 자유와 안전에 관한 권리, 사생활에 관한 권리를 고려하여 수행되어야 한다.

경찰은 수색 및 필요하다고 판단되는 질문을 할 수 있고, 부동산에서 발견된 자료나 서류를 조사할 수 있으며, 부동산의 소유자나 관리인 또는 자료나 서류의 소유자나 관리인에게 자료나 서류에 관한 정보에 대해서 질문할 수 있고, 부동산에 발견된 책이나 서류를 복사하거나 발췌할 수 있다. 자료나 서류에 대한 필요한 정보를 가지고 있거나 가지고 있다는 의심이 드는 자에게 설명을 요구할 수 있고, 당해 조사와 관계가 있다고 판단되는 것을 압류(attachment)할 수 있다. 더 많은 조사를 위하여 유치가 필요하다고 인정되는 것들에 대해서는 영수증을 발부한 뒤 이송할 수 있다. 경찰의 이러한 출입과 수색을 위해서는 법관이 발부한 영장이 필요하다. 또한 경찰의 조사와 수색을 위해서도 마찬가지다. 영장을 집행하는 자는 영장을 제시하거나 관련자가 부재시에 부동산에 부착하여야 한다. 영장이 없는 경우에도 당사자의 동의가 있거나, 영장을 신청했을 경우 영장이 발부되고 영장발부의 지연으로 출입과 수색의 목적이 달성될 수 없다고 판단하는 데 합리적 근거가 있는 경우에는 영장 없는 출입이나 수색이 허용된다. 출입이나 수색의 권한이 있는 자의 출입이나 수색을 방해하는 경우에 이것을 제압할 수 있는 수단을 사용할 수 있다.

VII. 그리스

그리스 국가인권위원회(GNCHR)는 연구 및 자문기관의 성격을 가지고 있기 때문에 차별시정에 관한 권한이 없으며 차별시정절차에 관한 규정도 없다. 하지만 국가인권위원회의 2003년 인권보고서를 검토해보면 국가인권위원회가 2000년 1월 출범 이래 인권보호를 위하여 꾸준히 활동해오고 있음을 확인할 수 있다. 그리스 국가인권위원회는 특히 그리스사법체계의 효율성, 종교의 자유,[3] 양심적 병역거부,[4] 구금시설의 환경,[5] 인종 · 출신민족 · 성[6]에 근거한 차별금지, 소수자보

3) 예를 들어 2000년 7월 13일 그리스 국가인권위는 신분증에 종교를 표시하도록 의무화하는 것은 헌법과 국제인권법 및 유럽인권법에서 보장된 종교의 자유에 반할 뿐만 아니라 종교에 근거한 차별의 위험성이 있다고 권고하였다. 또한 소수 종교의 예배를 위한 교회나 사원의 설립허가 및 그와 관련된 입법의 개선을 두 차례(2001년 3월 1일; 2003년 9월 25일) 자문한 바 있다.

4) 예를 들어 양심적 병역거부와 관련하여 그리스 국가인권위는 2001년 7월 5일 유럽이사회의 원칙과 유럽인권재판소의 판례를 고려하여 병역을 대체하는 사회봉사에 관한 입법의 개선과 현대화, 특히 대체복무의 합리적 기간의 설정 및 형벌적 성격의 대체복무 부과의 금지를 제안하였다.

5) 예를 들어 그리스 국가인권위는 2001년 7월 5일 유럽고문방지위원회와 유엔고문철폐위원회의 보고서 및 유럽인권재판소의 판례를 고려하여 그리스 내 구금시설의 환경과 그와 관련된 법령 및 관행의 개선과 현대화를 법부무 등에 제안한 바 있다.

호 등에 관한 주제에 대해서 집중적으로 연구해오고 있다.

VIII. 아일랜드

1. 인권위원회의 절차

(1) 조사(enquiry)

① 목 적

아일랜드 인권위원회(IHRC)는 인권침해에 대한 조사권을 갖는다. 인권위원회의 조사는 직권(of its own volition) 또는 인권위원회의 기능을 수행하기 위하여 조사가 필요하거나 유용하다고 판단하는 자의 신청(request)으로 시행된다[동법 제9조 제1항 (a), (b)]. 아일랜드 인권위법에 따르면 조사의 목적은 ① 법령과 관행에 대한 검토, ② 국내기관 및 국제기구와의 협의, ③ 정부에 대한 권고, ④ 인권의 중요성에 대한 이해와 인식의 증진과 같은 인권위의 기능과 관련된 네 가지로 한정되어 있다[동조 동항 (a), 제8조 (a), (c), (d), (e)]. 따라서 인권위원회의 조사를 청구하는 진정인은 인권침해의 확인과 보상과 같은 구제를 목적으로 조사를 청구할 수 없다. 따라서 인권위원회는 사법권을 행사하는 법원과 다르며 법원의 결정을 뒤집을 수 있는 권한을 갖지 않는다. 물론 인권위원회는 개인의 인권침해에 관한 진정을 고려할 수는 있지만 그것은 조사의 목적과 관련하여 고려할 수 있을 뿐이다. 예를 들어 인권위원회는 법령이나 관행이 인권을 침해하는지 여부를 결정함으로써 개인의 진정을 고려할 뿐이고, 개인의 진정 그 자체에 대해서는 인권침해 여부를 판단하지 않는다.

② 방 법

인권위원회는 조사를 위하여 조사에 중요하다고 판단하는 정보, 서류, 물건을 소유하거나 점유하고 있는 자에게 그러한 정보 · 서류 · 물건의 제출을 요구할

6) 예를 들어 2002년 5월 29일 그리스 국가인권위는 2001년 개정헌법에 규정된 여성에 대한 적극적 우대조치 조항(제116조 제2항)에 따라 경찰공무원이나 소방공무원의 선발에서 적용되는 여성에게 불리한 엄격한 쿼터제의 철폐나 완화를 제안하였다.

수 있고, 조사의 목적으로 그러한 사람을 인권위원회에 출석하도록 요구할 수 있다(동법 제9조 제6항). 인권위원회의 조사는 인권위원회의 재량에 따라 적당하다고 판단되는 대로 공개 또는 비공개로 진행될 수 있다(동조 제12항). 또한 인권위원회는 사건의 모든 상황을 고려하여 적당하다고 판단되는 대로 조사의 절차를 결정할 수 있다(동조 제13항). 인권위원회는 모든 공식적인 조사의 청구를 고려하여야 한다.

③ 한 계

인권위원회의 조사권은 일정한 한계를 갖는다. 즉 조사의 청구를 인용할 것인지를 결정함에 있어서 인권위원회는 ① 문제가 되고 있는 인권 관련 사안이 법원 또는 다른 기관에서 문제된 경우, ② 소송이 제기되어야 한다고 판단하는 경우, ③ 다른 기관이 더 적절하게 처리할 수 있다고 판단되는 경우에는 청구의 인용 여부를 연기해야 한다. 즉 사안이 법원 또는 다른 기관에서 문제가 된 경우에 조사를 시행해서는 안 되고, 법원 또는 다른 기관에서 처리하는 것이 더 적절하다고 판단한 경우에는 조사를 거부해야 한다(동법 제9조 제2항, 제4항, 제5항).

④ 중 단

조사가 청구된 문제가 사소하거나 남소인 경우, 인권침해로 주장된 사실이 확인되지 않는 경우, 조사를 청구한 자가 관련 문제에 대해서 이해관계가 불충분한 경우에는 조사하지 않고, 이미 시작된 조사도 중단해야 한다(동법 제9조 제3항).

(2) 소송지원(Assistance in connection with legal proceedings)

인권보호와 관련된 법령이나 관행에 대하여 제기된 소송에서 인권위원회에 지원(도움)을 청구할 수 있다. 인권위가 제공할 수 있는 지원이란 자문, 법적 대리, 당해 사건에서 인권위가 적절하다고 판단하는 기타 조치를 말한다.

① 인권위원회가 지원을 제공하는 경우

① 사안이 원칙에 관한 의문을 제기하는 경우, ② 사안의 복잡성 또는 그 밖의 이유로 위원회의 지원 없이 관련된 사안을 처리하도록 기대하는 것이 불합리한 경우, ③ 위원회가 지원을 제공하는 것이 적절한 그 밖의 특별한 상황이 존재하는 경우에는 인권위원회는 지원을 제공한다(동법 제10조 제5항).

② 인권위원회가 지원을 거부하는 경우

① 민사법과 관련하여 위원의 판단에 따라 민사법률구조법(Civil Legal Aid Act, 1995), ② 형사법 문제와 관련하여 형사정의(법률구조)법(Criminal Justice (Legal Aid) Act, 1962), ③ 그 밖의 수단에 의하여 지원을 받을 수 있는 경우에는 인권위원회는 지원을 거부해야 한다(동법 제10조 제3항).

2. 평등위원회의 절차

(1) 조사(inquiry)

평등위원회는 그 업무를 수행하기 위하여 조사를 실시할 수 있다. 조사는 법무부장관의 요구에 따라 실시될 수도 있다. 조사는 평등위원회가 서면(reference)의 형식으로 작성하고, 조사의 실시에 관한 공지가 1개 이상의 전국 일간지에 공표되거나 당사자에게 서면으로 통보된 경우에만 실시될 수 있다(고용평등법 제58조 제4항). 조사를 위하여 필요한 경우에 정보의 제공이나 자료의 제출의 요구할 수 있고, 증인을 소환하여 심문할 수 있다(동법 제59조). 이러한 요구에 이행하지 않거나 거부하는 경우에 처벌을 받는다.

(2) 차별금지통지

조사과정에서 또는 조사 이후에 차별행위가 인정되는 경우에 평등위원회는 차별금지통지를 할 수 있다. 차별금지통지를 하기 전에 당사자에게 차별시정을 제안해야 한다(동법 제62조 제2항). 차별시정을 제안받은 당사자는 28일 이내에 의견을 제출해야 한다. 차별금지통지를 받은 당사자는 42일 이내에 노동법원에 항소할 수 있고, 이 기간 내에 항소하지 않은 경우에 차별금지통지는 효력을 발생한다(동법 제63조).

3. 평등재판소의 절차

평등법(EA, 2004)에 따라 개정된 평등지위법(ESA, 2000)에는 차별시정과 관련된 평등재판소(Equality Tribunal)의 절차에 대해서 상세하게 규정하고 있다.

(1) 진 정

피진정인(respondent)으로부터 차별을 받았다고 생각하는 사람(진정인, complainant)은 우선 차별이 발생한 날로부터 2개월 이내(정당한 사유가 있는 경우에 4개월까지 연장가능)에 피진정인에게 진정할 내용과 상대방의 응답이 불만족스러울 경우 평등조사관을 통해 구제를 받을 의향이 있다는 사실을 서면으로 통보(notification)해야 한다[ESA 제21조 제2항 (a)]. 피진정인으로부터 차별과 관련된 정보를 얻기 원하는 경우에는 통보서면에 이와 같은 사실을 포함시켜야 한다. 이러한 통보를 하기 전에는 진정을 할 수 없다. 통보를 받은 피진정인은 진정인의 주장에 대해서 답변할 수 있다.

자신의 통보에 대하여 피진정인의 답변이 없거나 불만족스러운 경우에 진정인은 최종적으로 차별이 발생한 날로부터 6개월 이내에 진정할 수 있다(ESA 제21조 제6항). 평등재판소장은 진정기간을 최대 12개월로 연장할 수 있는 권한을 가진다. 차별에 대해서 진정을 하거나, 타인의 진정에 증언을 하거나, 불법적 차별에 대항해서 합법적으로 반대했다는 이유로 징계를 받는 경우에 이것은 보복(victimisation)이라고 불리며 마찬가지로 차별행위가 된다. 이것은 진정인을 보호하기 위한 조치로 이해된다.

차별행위가 다수인에게 발생한 경우 또는 차별받은 자에게 진정을 기대하기 어려운 경우에 평등위원회(Equality Authority)가 평등재판소에 사건의 조사를 요구할 수 있다(ESA, 제23조 제1항). 이 경우에 평등위원회가 진정인이 된다.

(2) 중재 또는 조사

진정이 제기되면 양쪽 당사자에게 중재(mediation)[7]에 의할 것인지 조사(investigation)[8]에 의할 것인지를 질의한다. 양쪽 당사자가 중재에 동의하면 재판소장은 사건을 평등중재관에게 이송한다. 하지만 양쪽 당사자가 중재에 동의하지 않거나 중재로 해결될 수 없는 사건인 경우에는 형식적 조사를 위하여 평등조사관에게 사건을 이송한다. 조사를 하기로 인용되면 양쪽 당사자가 제출한 정보를

7) 중재의 절차에 대해서는 ESA 제24조 참조.

8) 조사의 절차에 대해서는 ESA 제25조 참조.

상대방에게 우송한다. 조사과정에서 양쪽 당사자는 사안에 대해서 설명하고, 증인을 신청하며, 상대방이 제시한 쟁점에 대해서 답변할 수 있는 권한을 갖는다. 한편 평등조사관은 양쪽 당사자에게 질문할 수 있는 권한을 갖는다.

평등조사관은 조사과정에서 제시된 모든 자료를 검토하고 법적 구속력이 있는 결정을 내린다. 평등재판소는 이러한 결정을 공표할 의무가 있지만 당사자의 요구가 있거나 평등조사관이 적절하다고 판단한 경우에는 당사자의 이름을 공개하지 않을 수 있다. 조사가 완료된 후에 진정인에게 유리하다고 판단되는 경우에 평등조사관은 피진정인에게 배상의 지급이나 특별한 조치와 같은 구제수단을 명령할 수 있다(ESA 제27조 제1항). 평등조사관의 결정이 당사자에 의해서 이행되지 않는 경우에 순회법원(circuit court)은 이를 강제집행한다(ESA 제31조).

(3) 항 소

평등재판소의 결정에 불복하는 경우에 순회법원에 항소할 수 있다(ESA 제28조 제1항). 항소는 평등재판소의 결정이 있은 후 42일 이내에 제기되어야 한다. 법률적 쟁점에 대하여 항소하는 경우 이외에 법원의 판결에 대해서 고등법원(High Court)에 항소할 수 없다.

IX. 차별시정절차의 유형화

1. 연구 · 자문형 차별시정기관의 차별시정절차

그리스의 인권위원회처럼 국가인권기구가 인권에 관한 연구 또는 자문기관의 역할만을 담당하는 유형이 있다. 이러한 유형의 인권기구는 인권을 현실적으로 관철하는 역할을 한다고 볼 수는 없다. 따라서 차별시정에 관해서도 현실적으로 가시적인 결과를 보여주지는 못한다. 하지만 차별을 포함한 인권의 문제가 반드시 가시적이고, 단기적인 효과를 보여주어야 하는 것은 아니다. 단기적으로는 눈에 보이는 효과가 없지만 인권에 대한 장기적 안목과 구상을 지속적으로 제시한다는 점에서 연구 또는 자문을 통한 차별시정도 대단히 중요하다고 볼 수 있다.

2. 피해자구제를 지향하는 차별시정절차

차별시정은 차별받은 자의 권리를 구제하는 데 목적이 있다. 따라서 차별하는 자를 처벌하려는 목적보다는 차별받은 자의 권리를 구제하는 방향으로 차별시정절차가 구성되는 것이 바람직하다. 대부분의 국가의 차별시정절차는 이와 같은 피해자구제에 초점이 맞춰져 있다. 피해자의 구제는 조사 및 조정과 중재의 절차를 통해 이루어지는 것이 일반적이다. 또한 피해자를 구제하는 수단으로는 차별의 중지, 피해의 회복을 위한 조치나 배상 등을 규정한다.

3. 가해자처벌을 지향하는 차별시정절차

법원의 성격이 강한 인도 국가인권위원회의 경우에 인권침해의 구제가 주된 목적이므로 관련공무원의 처벌을 위한 절차로서 시정기관의 역할이 모아진다. 차별시정과 관련하여 이러한 가해자처벌형 절차는 예외적이라고 할 수 있다. 차별과 관련된 인권침해에 대하여 가해자를 처벌하는 것은 기존의 사법기관에 의해 이루어지기 때문이다.

4. 조정 및 중재를 지향하는 차별시정절차

피해자구제를 지향하는 대부분의 국가는 차별시정절차로서 조정과 중재를 활용한다. 예를 들어 미국, 캐나다, 아일랜드의 경우에 차별사건에서 당사자 간의 분쟁해결을 통해 차별을 시정하려고 한다. 따라서 차별시정절차도 당사자 간의 분쟁해결을 조정하거나 중재하는 절차로 구성될 수밖에 없다. 차별에 관한 당사자 간의 분쟁을 이러한 조정 · 중재절차를 통해 해결하는 것이 가장 바람직한 방식이라고 볼 수 있다.

제 2 절 한국의 차별시정절차와 개선안

한국의 차별시정절차는 일반적 차별금지법인 국가인권위원회법과 개별적 차별금지법인 장애인차별금지법과 연령차별금지법에 규정되어 있다. 차별의 시정뿐만 아니라 인권침해의 구제도 담당하는 국가인권위원회의 경우에는 차별시정과 인권침해구제의 절차가 동일하다. 이러한 사실을 염두에 두면서 국가인권위원회와 행정 각부의 차별시정절차에 대해서 살펴보기로 한다.

I. 국가인권위원회법의 차별시정절차

1. 진 정

(1) 진정인

국가인권위원법에 따르면 차별시정절차는 진정으로 시작된다. 국가인권위원회에 진정할 수 있는 자, 즉 진정인은 국가 또는 사인으로부터 인권침해나 차별행위를 당한 사람이다. ① 국가기관, 지방자치단체 또는 구금 · 보호시설의 업무수행(국회의 입법 및 법원 · 헌법재판소의 재판을 제외한다)과 관련하여 헌법 제10조 내지 제22조에 보장된 인권을 침해당하거나 차별행위를 당한 경우, 또는 ② 법인, 단체 또는 사인(私人)에 의하여 차별행위를 당한 경우에 인권침해나 차별행위를 당한 사람(피해자) 또는 그 사실을 알고 있는 사람이나 단체는 국가인권위원회에 그 내용을 진정할 수 있다(동법 제30조). 피해자 이외에 피해사실을 알고 있는 '제3자나 단체'도 진정할 수 있다는 점에 특징이 있다.

한편 국가인권위원회는 피해자나 제3자의 진정이 없는 경우에도 '직권'으로 인권침해나 차별행위에 대해서 조사할 수 있다. 국가인권위원법에 따르면 국가인권위원회는 인권침해나 차별행위가 있다고 믿을 만한 상당한 근거가 있고 그 내용이 중대하다고 인정할 때에는 이를 직권으로 조사할 수 있다(동조 제3항).

(2) 시설수용자의 진정

시설수용자도 국가인권위원회에 진정할 수 있다. 시설수용자의 진정은 서면(진정서)에 의한 방식과 면전에서 하는 방식이 있다. 첫째, 시설수용자가 서면으로 인권위원회에 진정하고자 하는 경우 그 시설에 소속된 공무원 또는 직원(이하 "소속 공무원 등"이라 한다)은 그 사람에게 즉시 진정서를 작성하는 데 필요한 시간과 장소 및 편의를 제공하여야 한다(동법 제31조 제1항). 둘째, 시설수용자가 인권위원회 위원 또는 소속직원(이하 "위원 등"이라 한다) 면전에서 진정하기를 원하는 경우, 소속공무원 등은 즉시 그 뜻을 위원회에 통보하여야 한다(동조 제2항).

시설에 소속된 공무원 등은 시설수용자의 진정과정에 협조해야 한다. 첫째, 소속공무원 등은 시설수용자가 작성한 진정서를 즉시 인권위원회에 송부하고 인권위원회로부터 접수증명원을 발급받아 이를 진정인에게 교부하여야 한다. 둘째, 시설수용자가 인권위원 등의 면전에서 진정하기를 원한다는 통보를 한 경우에 이에 대한 인권위원회의 확인서 및 면담일정서는 발급 받는 즉시 진정을 원하는 시설수용자에게 교부하여야 한다(동조 제3항). 한편 인권위원 등의 면전에서 진정하기를 원한다는 통보를 받은 경우 혹은 시설수용자가 진정을 원한다고 믿을 만한 상당한 근거가 있는 경우 인권위원회는 인권위원 등으로 하여금 구금·보호시설을 방문하게 하여 진정을 원하는 시설수용자로부터 구술 또는 서면으로 진정을 접수하여야 한다. 이때 진정을 접수한 위원 등은 즉시 접수증명원을 작성하여 진정인에게 교부하여야 한다(동조 제4항).

시설수용자가 진정하고자 하는 내용에 대해서는 비밀이 보장된다. 비밀이 보장되지 않는 진정은 자유로운 진정을 방해함으로써 진정을 통한 인권보호의 목적을 달성할 수 없기 때문이다. 진정의 비밀을 보장하기 위하여 우선 시설에 수용되어 있는 진정인(진정을 하려는 자를 포함한다)과 인권위원 등과의 면담에는 구금·보호시설의 직원이 참여하거나 그 내용을 청취 또는 녹취하지 못한다. 다만, 보이는 거리에서 시설수용자를 감시할 수 있다(동조 제6항). 또한 소속 공무원 등은 시설수용자가 위원회에 제출할 목적으로 작성한 진정서 또는 서면을 열람할 수 없다(동조 제7항). 시설수용자의 자유로운 진정서 작성과 제출을 보장하기 위하여 구금·보호시설에서 이행하여야 할 조치 및 그 밖의 필요한 절차와 방법은 대통령령으로 정한다(동조 제8항).

(3) 진정의 각하

국가인권위원회는 접수한 진정이 ① 진정의 내용이 위원회의 조사대상에 해당하지 아니하는 경우, ② 진정의 내용이 명백히 거짓이거나 이유없다고 인정되는 경우, ③ 피해자가 아닌 자가 한 진정에 있어서 피해자가 조사를 원하지 않는 것이 명백한 경우, ④ 진정원인이 된 사실이 발생한 날부터 1년 이상 경과하여 진정한 경우(다만, 진정원인이 된 사실에 관하여 공소시효 또는 민사상 시효가 완성되지 아니한 사건으로서 위원회가 조사하기로 결정한 경우에는 그러하지 아니하다), ⑤ 진정이 제기될 당시 진정의 원인이 된 사실에 관하여 법원 또는 헌법재판소의 재판, 수사기관의 수사 또는 그 밖의 법률에 따른 권리구제절차가 진행중이거나 종결된 경우(다만, 수사기관이 인지하여 수사중인 「형법」 제123조 내지 제125조의 죄에 해당하는 사건과 동일한 사안에 대하여 위원회에 진정이 접수된 경우에는 그러하지 아니하다), ⑥ 진정이 익명 또는 가명으로 제출된 경우, ⑦ 진정이 위원회가 조사하는 것이 적절하지 아니하다고 인정되는 경우, ⑧ 진정인이 진정을 취하한 경우, ⑨ 위원회가 기각한 진정과 동일한 사실에 관하여 다시 진정한 경우, ⑩ 진정의 취지가 당해 진정의 원인이 된 사실에 관한 법원의 확정판결이나 헌법재판소의 결정에 반하는 경우 가운데 하나에 해당하는 때에는 진정을 각하한다(동법 제32조 제1항).

국가인권위원회가 진정에 대한 조사를 시작한 후에도 그 진정이 위의 각하 사유의 하나에 해당하게 된 경우에는 그 진정을 각하할 수 있다(동조 제3항). 국가인권위원회는 진정을 각하한 경우 지체없이 그 사유를 명시하여 진정인에게 통보하여야 한다. 이때 국가인권위원회는 필요하다고 인정하는 경우 피해자 또는 진정인에게 권리를 구제받는 데 필요한 절차와 조치에 관하여 조언할 수 있다(동조 제4항 및 제5항).

2. 이 송

(1) 진정을 각하하는 경우

국가인권위원회는 진정을 각하하는 경우 필요하다고 인정하면 그 진정을 관계기관에 이송할 수 있다. 이 경우 진정을 이송받은 기관은 위원회의 요청이 있는 때에는 지체없이 그 처리결과를 위원회에 통보하여야 한다(동법 제32조 제2항). 국가인권위원회는 진정을 이송한 경우 지체없이 그 사유를 명시하여 진정인에게 통보하여야 한다. 이때 국가인권위원회는 필요하다고 인정하는 경우 피해자 또는 진정인에게 권리를 구제받는 데 필요한 절차와 조치에 관하여 조언할 수 있다(동조 제4항 및 제5항).

(2) 다른 국가기관에 대한 진정인 경우

한편 국가인권위원회는 진정의 내용이 다른 법률에 정한 권리구제절차에 따라 권한을 가진 국가기관에 제출하고자 하는 것이 명백한 경우에 지체없이 그 진정을 그 다른 국가기관에 이송하여야 한다(동법 제33조 제1항). 또한 국가인권위원회가 진정에 대한 조사를 시작한 후에 진정의 원인이 된 사실과 동일한 사안에 관하여 피해자의 진정 또는 고소에 의하여 수사가 개시된 경우에는 그 진정을 관할 수사기관에 이송하여야 한다(동조 제2항). 국가인권위원회가 진정을 이송한 경우에 지체없이 그 내용을 진정인에게 통보하여야 하며, 이송받은 기관은 위원회가 요청하는 경우 그 진정에 대한 처리결과를 위원회에 통보하여야 한다(동조 제3항).

(3) 범죄행위에 대한 진정인 경우

진정의 원인이 된 사실이 범죄행위에 해당된다고 믿을 만한 상당한 이유가 있고 그 혐의자의 도주 또는 증거의 인멸 등을 방지하거나 증거의 확보를 위하여 필요하다고 인정할 경우에 위원회는 검찰총장 또는 관할 수사기관의 장에게 수사의 개시와 필요한 조치를 의뢰할 수 있다(동법 제34조 제1항). 의뢰를 받은 검찰총장 또는 관할 수사기관의 장은 지체없이 그 조치결과를 위원회에 통보하여야 한다(동조 제2항). 국가인권위원회가 수사기관의 고유한 권한을 침해할 수 없기 때문에 인정되는 권한의 한계로 이해될 수 있다.

3. 조 사

국가인권위원회는 진정이 각하하거나 이송해야 할 사안에 해당하지 않는 경우 진정에 관하여 조사할 수 있다. 조사의 방법과 한계는 다음과 같다.

(1) 방 법

국가인권위원회는 ① 진정인 · 피해자 · 피진정인(이하 "당사자"라 한다) 또는 관계인에 대한 출석요구 및 진술청취 또는 진술서 제출요구, ② 당사자, 관계인 또는 관계기관 등에 대하여 조사사항과 관련이 있다고 인정되는 자료 등의 제출요구, ③ 조사사항과 관련이 있다고 인정되는 장소, 시설, 자료 등에 대한 실지조사 또는 감정, ④ 당사자, 관계인, 관계기관 등에 대하여 조사사항과 관련이 있다고 인정되는 사실 또는 정보에 대한 조회의 방법으로 진정에 관하여 조사할 수 있다(동법 제36조 제1항). 또한 국가인권위원회는 조사를 위하여 필요하다고 인정하는 경우 위원 등으로 하여금 일정한 장소 또는 시설을 방문하여 장소, 시설, 자료 등에 대하여 실지조사 또는 감정을 하게 할 수 있다. 이때 위원회는 그 장소 또는 시설에 당사자나 관계인의 출석을 요구하여 진술을 들을 수 있다(동조 제2항).

국가인권위원회로부터 진술서의 제출을 요구받은 자는 14일 이내에 진술서를 제출하여야 한다(동조 제3항). 피진정인에 대한 출석요구는 인권침해행위나 차별행위를 행한 행위당사자의 진술서만으로는 사안을 판단하기 어렵고, 인권침해행위와 차별행위가 있었다고 볼 만한 상당한 이유가 있는 경우에 한하여 할 수 있다(동조 제4항). 조사를 하는 인권위원 등은 그 장소 또는 시설을 관리하는 장 또는 직원(이하 이 조에서는 "관계자"라 한다)에게 필요한 자료나 물건의 제출을 요구할 수 있다(동조 제5항). 이 경우에 조사를 하는 위원 등은 그 권한을 표시하는 증표를 지니고 이를 관계자에게 제시하여야 한다(동조 제6항).

국가인권위원회는 조사에 필요한 자료 등의 소재 또는 관계인에 관하여 알고자 할 때에는 그 내용을 알고 있다고 믿을 만한 상당한 이유가 있는 사람에게 질문하거나 그 내용을 포함하고 있다고 믿을 만한 상당한 이유가 있는 서류 및 그 밖의 물건을 검사할 수 있다(동법 제37조 제1항). 이 경우에 관계자에 대한 자료나 물건의 제출 요구, 증표의 제시에 관한 규정을 준용한다(동조 제2항).

(2) 한 계

국가인권위원회의 활동은 권력분립원칙에 따라 법원이나 검찰과 같은 다른 국가기관의 권한을 침해하지 않고, 국민의 기본권이나 공익을 침해하지 않는 한계 안에서만 허용된다. 우선 국가인권위원회의 조사는 국가기관의 기능수행에 지장을 초래하지 않도록 유의하여야 한다(동법 제35조 제1항). 또한 국가인권위원회의 조사는 개인의 사생활을 침해하거나 계속중인 재판 또는 수사중인 사건의 소추에 부당하게 관여할 목적으로 하여서는 아니 된다(동조 제2항). 그리고 국가인권위원회가 자료나 물건의 제출을 요구하거나 그 자료·물건 또는 시설에 대한 실지조사 또는 감정을 하려고 하는 경우 당해 자료·물건 또는 시설이 ① 국가의 안전보장 또는 외교관계에 중대한 영향을 미치는 국가기밀사항인 경우, 또는 ② 범죄수사나 계속중인 재판에 중대한 지장을 초래할 우려가 있는 경우 중 하나에 해당한다는 사실을 관계 국가기관의 장이 국가인권위원회에 소명하고 그 자료·물건의 제출이나 그 자료·물건 또는 시설에 대한 실지조사 또는 감정을 거부할 수 있다. 이 경우 국가인권위원회는 관계 국가기관의 장에게 필요한 사항의 확인을 요구할 수 있으며, 요구를 받은 국가기관의 장은 이에 성실히 응하여야 한다(동법 제36조 제7항).

(3) 진정의 기각

국가인권위원회는 진정을 조사한 결과 진정의 내용이 ① 사실이 아님이 명백하거나 사실이라고 인정할 만한 객관적인 증거가 없는 경우, ② 조사결과 국가인권위원회법 제30조 제1항의 규정에 의한 인권침해나 차별행위에 해당하지 아니하는 경우, ③ 이미 피해회복이 이루어지는 등으로 별도의 구제조치가 필요하지 아니하다고 인정하는 경우 가운데 하나에 해당하는 경우에는 그 진정을 기각한다(동법 제39조 제1항). 국가인권위원회는 진정을 기각하는 경우 진정의 당사자에게 그 결과와 이유를 통보하여야 한다(동조 제2항).

4. 구제수단

(1) 합의의 권고

국가인권위원회는 조사중이거나 조사가 끝난 진정에 대하여 사건의 공정한 해결을 위하여 필요한 구제조치를 당사자에게 제시하고 합의를 권고할 수 있다(동법 제40조).

(2) 조 정

인권침해나 차별행위와 관련된 진정은 당사자의 신청이나 국가인권위원회의 직권으로 조정위원회에 회부될 수 있다. 조정위원회에 회부된 진정에 대하여 조정위원회는 조정절차를 시작할 수 있다(동법 제42조 제1항). 조정은 조정절차의 개시 이후 당사자가 합의한 사항을 조정서에 기재한 후 당사자가 기명날인하고 조정위원회가 이를 확인함으로써 성립한다(동조 제2항). 조정위원회는 조정절차중에 당사자 사이에 합의가 이루어지지 않는 경우 사건의 공정한 해결을 위하여 조정에 갈음하는 결정을 할 수 있다(동조 제3항). 조정에 갈음하는 결정에는 ① 조사대상 인권침해나 차별행위의 중지, ② 원상회복·손해배상 그 밖의 필요한 구제조치, ③ 동일 또는 유사한 인권침해나 차별행위의 재발을 방지하기 위하여 필요한 조치를 포함시킬 수 있다(동조 제4항). 조정위원회는 조정에 갈음하는 결정을 한 경우에는 지체없이 그 결정서를 당사자에게 송달하여야 한다(동조 제5항). 당사자가 그 결정서를 송달받은 날부터 14일 이내에 이의를 신청하지 아니하는 때에는 조정을 수락한 것으로 본다(동조 제6항). 조정과 조정에 갈음하는 결정은 재판상의 화해와 같은 효력이 있다(동법 제43조).

조정의 신속하고 공정한 처리를 위하여 국가인권위원회에 성·장애 등의 분야별로 조정위원회를 둘 수 있다(동법 제41조 제1항). 조정위원회의 위원은 국가인권위원회의 인권위원과 세 가지 요건, 즉 ① 인권문제에 관하여 전문적인 지식과 경험을 가진 자로서 국가기관 또는 민간단체에서 인권과 관련된 분야에 10년 이상 종사한 자, ② 판사·검사·군법무관·변호사의 직에 10년 이상 종사한 자, ③ 대학 또는 공인된 연구기관에서 조교수 이상의 직에 10년 이상 종사한 자 중 어느 하나에 해당하는 자 중에서 성·장애 등의 분야별로 위원장이 위촉하는 자가 된다(동조 제2항). 조정위원회의 회의는 3인으로 구성한다. 즉 ① 국가인권위원회의 인권위원인 조정위원 중 매 회의마다 국가인권위원회위원장이 지명하는 1인, ② 분야별 조정위원 중 매 회의마다 국가인권위원회위원장이 지명하는 2인으로 구성한다(동조 제3항). 조정위원의 위촉 및 임기, 조정위원회의 구성·운영, 조정의 절차 등에 관하여 필요한 사항은 국가인권위원회의 규칙으로 정한다(동조 제4항). 국가인권위원회의 조정절차에 관하여 국가인권위원회법 및 국가인권위원회의 규칙에 규정되지 아니한 사항은 「민사조정법」의 규정을 준용한다(동조 제5항).

(3) 권 고

국가인권위원회가 진정을 조사한 결과 인권침해나 차별행위가 일어났다고 판단하는 때에는 피진정인, 그 소속기관·단체 또는 감독기관(이하 "소속기관 등"이라 한다)의 장에게 첫째, ① 조사대상 인권침해나 차별행위의 중지, ② 원상회복·손해배상 그 밖의 필요한 구제조치, ③ 동일 또는 유사한 인권침해행위의 재발을 방지하기 위하여 필요한 조치와 같은 구제조치의 이행, 둘째, 법령·제도·정책·관행의 시정 또는 개선을 권고할 수 있다(동법 제44조 제1항). 권고를 받은 소속기관 등의 장에 관하여는 국가인권위원회법 제25조 제2항 내지 제5항의 규정[9]을 준용한다(동조 제2항).

(4) 고 발

국가인권위원회는 진정을 조사한 결과 진정의 내용이 범죄행위에 해당하고 이에 대하여 형사처벌이 필요하다고 인정할 때에는 검찰총장에게 그 내용을 고발할 수 있다. 다만, 피고발인이 군인 또는 군무원인 경우에는 소속 군 참모총장 또는 국방부장관에게 고발할 수 있다(동법 제45조 제1항). 고발을 받은 검찰총장, 군

9) 국가인권위원회법 제25조 (정책과 관행의 개선 또는 시정권고) ① 위원회는 인권의 보호와 향상을 위하여 필요하다고 인정하는 경우 관계기관 등에 대하여 정책과 관행의 개선 또는 시정을 권고하거나 의견을 표명할 수 있다. ② 제1항의 규정에 의하여 권고를 받은 기관의 장은 그 권고사항을 존중하고 이행하기 위하여 노력하여야 한다. ③ 제1항의 규정에 의하여 권고를 받은 기관의 장이 그 권고내용을 이행하지 않을 경우 그 이유를 위원회에 문서로 설명하여야 한다. ④ 위원회는 필요하다고 인정하는 경우 제1항의 규정에 의한 위원회의 권고와 의견표명 및 제3항의 규정에 의하여 권고를 받은 기관의 장이 설명한 내용을 공표할 수 있다.

참모총장 또는 국방부장관은 고발을 받은 날부터 3월 이내에 수사를 종료하고 그 결과를 위원회에 통보하여야 한다. 다만, 3월 이내에 수사를 종료하지 못할 때에는 그 사유를 소명하여야 한다(동조 제3항).

국가인권위원회가 고발권을 행사함으로써 피고발인은 수사기관의 수사가 종료된 후 기소되면 처벌을 받게 된다. 하지만 인권침해나 차별의 내용이 범죄행위에 해당한 경우에는 그 범죄구성요건에 상응하는 형벌이 부과된다는 점에서 인권침해나 차별에 대한 고유한 제재라고 보기는 어렵다.

(5) 징계권고와 징계

국가인권위원회가 진정을 조사한 결과 인권침해가 있다고 인정할 때에는 피진정인 또는 인권침해에 책임이 있는 자에 대한 징계를 소속기관 등의 장에게 권고할 수 있다(동법 제45조 제2항). 국가인권위원회로부터 권고를 받은 소속기관 등의 장은 이를 존중하여야 하며 그 결과를 위원회에 통보하여야 한다(동조 제4항).

국가인권위원회가 징계권고권을 행사하여 피진정인이나 인권침해에 책임이 있는 자는 소속기관의 징계절차를 밟은 후에 징계가 가능하다. 하지만 국가인권위원회의 징계권고는 다른 국가기관에 의한 '존중'을 전제로 하기 때문에 구속력은 없다고 보인다.

(6) 피해자를 위한 법률구조 요청

진정에 관한 국가인권위원회의 조사, 증거의 확보 또는 피해자의 권리구제를 위하여 필요하다고 인정하는 경우에 위원회는 피해자를 위하여 대한법률구조공단 또는 그 밖의 기관에 법률구조를 요청할 수 있다(동법 제47조 제1항). 이러한 법률구조 요청은 피해자의 명시한 의사에 반하여 할 수 없다(동조 제2항). 법률구조의 요청의 절차·내용 및 방법에 관하여 필요한 사항은 국가인권위원회의 규칙으로 정한다(동조 제3항).

(7) 긴급구제조치의 권고

국가인권위원회는 진정을 접수한 후 조사대상 인권침해나 차별행위가 계속중에 있다는 상당한 개연성이 있고, 이를 방치할 경우 회복하기 어려운 피해발생의 우려가 있다고 인정할 때에는 그 진정에 대한 결정 이전에 진정인이나 피해자의 신청에 의하여 또는 직권으로 피진정인, 그 소속기관 등의 장에게 다음과 같은 조치를 하도록 권고할 수 있다: ① 의료, 급식, 피복 등의 제공, ② 장소, 시설, 자료 등에 대한 현장조사 및 감정 또는 다른 기관이 하는 검증 및 감정에 대한 참여, ③ 시설수용자의 구금 또는 수용장소의 변경, ④ 인권침해나 차별행위의 중지, ⑤ 인권침해나 차별행위를 일으키고 있다고 판단되는 공무원 등의 그 직무로부터의 배제, ⑥ 그 밖에 피해자의 생명, 신체의 안전을 위하여 필요한 사항(동법 제48조 제1항). 국가인권위원회는 필요하다고 인정하는 때에는 당사자 또는 관계인 등의 생명 및 신체의 안전과 명예의 보호 또는 증거의 확보나 인멸의 방지를 위하여 필요한 조치를 하거나 관계인 및 그 소속기관 등의 장에게 그 조치를 권고할 수 있다(동조 제2항).

II. 개별적 차별금지법의 차별시정절차

1. 장애인차별금지법의 차별시정절차

(1) 법무부장관의 시정명령

국가인권위원회의 권고를 받은 자가 정당한 사유 없이 권고를 이행하지 않으면 법무부장관은 시정명령권을 갖는다. 즉 ① 피해자가 다수인인 차별행위에 대한 권고 불이행, ② 반복적 차별행위에 대한 권고 불이행, ③ 피해자에게 불이익을 주기 위한 고의적 불이행, ④ 그 밖에 시정명령이 필요한 경우 가운데 하나에 해당하고, 그 피해의 정도가 심각하고 공익에 미치는 영향이 중대하다고 인정되는 경우에 법무부장관은 피해자의 신청에 의하여 또는 직권으로 시정명령을 할 수 있다(장애인차별금지법 제43조 제1항). 피해자의 신청뿐만 아니라 직권에 의한 시정명령이 가능하다는 점에서 차별시정에 대한 법무부장관의 적극적 의지가 요구된다.

시정명령의 내용에는 ① 차별행위의 중지, ② 피해의 원상회복, ③ 차별행위의 재발방지를 위한 조치, ④ 그 밖에 차별시정을 위하여 필요한 조치가 포함될 수 있다(동조 제2항). 법무부장관의 시정명령에 대하여 불복하는 관계 당사자는 그 명령서를 송달받은 날부터 30일 이내에 '행정소송'을 제기할 수 있고(동법 제44조 제1항), 이 기간 이내에 행정소송을 제기하지 않으면 그 시정명령은 확정된다(동조 제2항). 한편 법무부장관은 확정된 시정명령에 대하여 차별행위자에게 그 이행상황을 제출할 것을 요구할 수 있고(동법 제45조 제1항), 피해자는 차별행위자가 확정된 시정명령을 이행하지 아니하는 경우에 이를 법무부장관에게 신고할 수 있다(동조 제2항).

(2) 법원의 구제절차

장애를 이유로 한 차별행위를 한 자가 고의 또는 과실이 없음을 증명하지 못하는 한 타인에게 손해를 가하면 그로 인하여 피해를 입은 사람에 대하여 '손해배상책임'을 진다(동법 제46조 제1항). 따라서 장애차별로 피해를 입은 사람은 가해자를 상대로 법원에 손해배상청구소송을 제기할 수 있다. 한편 법원은 차별행위에 관한 소송 제기 전 또는 소송 제기 중에 피해자의 신청으로 피해자에 대한 차별이 소명되는 경우에는 본안 판결 전까지 차별행위의 중지 등 그 밖의 '적절한 임시조치'를 명할 수 있다(동법 제48조 제1항). 또한 피해자의 청구에 따라 차별적 행위의 중지, 임금 등 근로조건의 개선, 그 시정을 위한 적극적 조치 등의 판결을 할 수도 있고(동조 제2항), 차별행위의 중지 및 차별시정을 위한 적극적 조치가 필요하다고 판단하는 경우에는 그 이행 기간을 밝히며 이를 이행하지 않으면 늦어진 기간에 따라 일정한 배상을 하도록 명할 수 있다(동조 제3항).

차별로 인한 피해자의 구제뿐만 아니라 '가해자의 처벌'도 중요하다. 이에 따라 장애인차별금지법은 차별행위를 행하고 그 행위가 악의적인 것으로 인정되는 경우에 법원은 차별을 한 자에 대하여 3년 이하의 징역 또는 3천만원 이하의 벌금에 처할 수 있도록 규정하고 있다(동법 제49조 제1항). 여기서 '악의적' 차별행위인지를 판단할 때 ① 차별의 고의성, ② 차별의 지속성 및 반복성, ③ 차별 피해자에 대한 보복성, ④ 차별 피해의 내용 및 규모를 모두 고려해야만 한다(동조 제2항). 하지만 차별은 사적 분쟁의 성격이 강하다는 점에서 차별행위에 대하여 형벌로 대처하는 입법은 비교법적으로 볼 때 대단히 이례적이다.

2. 연령차별금지법의 차별시정절차

(1) 고용노동부장관의 시정명령권

국가인권위원회로부터 권고를 받은 사업주가 정당한 사유 없이 권고를 이행하지 않은 경우에 고용노동부장관은 차별에 관한 시정명령권을 가진다. 다시 말해 ① 피해자가 다수인인 연령차별행위에 대한 권고 불이행, ② 반복적 연령차별행위에 대한 권고 불이행, ③ 피해자에게 불이익을 주기 위한 고의적 권고 불이행, ④ 그 밖에 피해의 내용과 규모 등을 고려하여 시정명령이 필요하다고 고용노동부령으로 정하는 경우 중 하나에 해당하여 그 피해의 정도가 심각하다고 인정되면 고용노동부장관은 피해자의 신청에 의하거나 직권으로 시정명령을 할 수 있다(연령차별금지법 제4조의7 제1항).

(2) 시정명령의 내용과 사후조치

시정명령에는 ① 연령차별행위의 중지, ② 피해의 원상회복, ③ 연령차별행위의 재발방지를 위한 조치, ④ 그 밖에 연령차별시정을 위하여 필요하다고 고용노동부령으로 정한 조치가 포함될 수 있다(동조 제2항). 한편 고용노동부장관은 연령차별행위를 한 사업주에게 시정명령의 이행상황을 제출할 것을 요구할 수 있고(동법 제4조의8 제1항), 피해자는 연령차별행위를 한 사업주가 시정명령을 이행하지 않으면 고용노동부장관에게 신고할 수 있다(동조 제2항).

3. 비정규직차별금지법의 차별시정절차

비정규직 근로자(기간제근로자, 단시간근로자, 파견근로자)가 차별적 처우를 받게 되면 '노동위원회'에 시정을 신청할 수 있다. 시정신청을 받은 노동위원회는 필요한 조사와 심문을 해야만 하고, 심문과정에서 조정이나 중재를 시도할 수도 있다. 조사와 심문을 마친 노동위원회가 차별적 처우에 해당된다고 판정하면 사용자에게 '시정명령'을 발하여야 한다. 지방노동위원회의 결정에 대해서는 불복이 있으면 '중앙노동위원회'에 재심을 청구할 수 있고, 중앙노동위원회의 재심결정에 불복이 있으면 법원에 '행정소송'을 제기할 수 있다.

III. 개선안

1. 중재 또는 대체분쟁해결수단의 도입

국가인권위원회는 인권침해구제와 차별시정을 동시에 담당하는 포괄적인 국가인권기구다. 물론 한국적 현실에서 국가기관에 의한 인권침해나 차별행위로부터 구제하는 활동도 국가인권위원회의 중요한 기능으로 이해될 수 있다. 하지만 앞에서 언급한 바와 같이 국가인권위원회의 바람직한 지위는 사인간에 발생하는 차별을 시정하는 기구로서의 역할이다. 사인간에 발생하는 차별에 관한 분쟁은 당사간의 해결이 중요하다. 국가인권위원회는 사인간에 발생한 차별에 대해서 적절한 해결방식을 스스로 찾아갈 수 있도록 중재하는 역할이 강조되어야 한다. 따라서 중재를 포함하여 당사자 간의 분쟁해결을 모색하는 대체분쟁해결수단(alternative dispute resolution: ADR)을 발전시키는 것도 국가인권위원회의 중요한 기능으로 이해된다.

2. 사법(재판)절차의 도입

국가인권위원회의 업무는 사실관계의 조사와 인권침해 및 차별에 대한 판단의 과정으로 구성되어 있다. 결국 수사절차를 담당하는 수사기관의 역할과 재판절차를 담당하는 사법기관의 역할을 동시에 한다고 볼 수 있다. 하지만 사법절차에 해당하는 기능을 분리하여 독립된 기관을 설립하든지 아니면 기존의 사법절차와의 연계성을 강화하여야 한다. 인권침해와 차별의 판단은 인권법의 해석과 적용이라는 문제가 본질적 요소이기 때문이다. 또한 이러한 분리는 국가인권위원회의 결정에 대해서 불복하는 경우에 재심의 역할을 수행할 수도 있다.

3. 차별시정기구의 시정명령권

개별적 차별금지법 또는 일반적 차별금지법의 형태로 실체법으로서의 차별금지법이 제정되고, 이 법률 또는 이것을 구체화하기 위한 절차법에 근거하여 차별을 시정하는 기관이 설치된 경우에 이러한 차별시정기관에 '강제력이 있는 시정명령권'을 부여할 것인지가 문제될 수 있다. 현재 국가인권위원회는 강제력이 없는 권고의 권한만을 가지고 있다.

우선 차별시정기구가 실체법으로서 개별적 차별금지법에 근거하든 아니면 일반적 차별금지법에 근거하든, 또는 절차법으로서 독립적인 법률에 근거하든 상관없이 개별적 차별사유나 차별영역마다 설치되는 경우에 대체로 각각의 차별사유나 차별영역을 소관업무로 하는 정부부처에 설치될 수 있다. 이 경우에 차별구제절차는 행정심판의 성격을 가지게 된다. 따라서 차별시정기구의 강제적 시정명령은 행정소송에 의한 불복의 수단이 보장되어야 할 뿐만 아니라 그 구체절차 자체에서도 사법적 절차가 준용되어야 한다. 헌법에 따르면 행정심판은 재판의 임의적 전심절차에 지나지 않고, 행정심판의 절차에는 사법절차가 준용되어야 하기 때문이다(헌법 제107조 제3항). 개별적 차별사유나 차별영역마다 독립적인 차별시정기구가 설치되는 경우에도 마찬가지다. 이러한 독립적인 차별시정기구의 시정명령은 공권력작용으로서 강제력 있는 행정처분으로서의 성격을 가지기 때문이다. 특히 이 경우에는 개별적 차별시정기관이 독립성을 가지기 때문에 상급행정기관의 통제를 받을 수 없다는 점에서 통제의 중요성이 강조되어야 한다.

한편 모든 차별사유와 차별영역을 일반적으로 관할하는 일반적 차별시정기구가 독립적인 기관으로 설치되는 경우에는 이 기관에 대한 통제가 더 어려워진다는 점에서 행정소송의 보장이나 사법적 절차의 준용에 대한 요청이 더욱 강력하게 요구된다. 차별시정기구는 차별받는 자의 권리를 보호한다는 점에서 통제가 필요가 없다고 볼 수도 있지만 차별한 자의 권리를 보호한다는 점에서는 반드시 사법절차형식의 보장이나 사법절차에 의한 불복이 필요하기 때문이다.

결론적으로 차별시정기구에 대한 시정명령권의 부여는 적절한 불복수단과 사법절차의 보장을 전제조건으로 해서만 인정될 수 있을 것이다. 다만 차별한 자의 입장에서는 비록 적절한 불복수단과 사법절차가 보장된다고 하더라도 그만큼 시간과 비용이 많이 든다는 점에서 시정명령권을 부여하지 않는 방법을 선호할 수 있다.

4. 차별과 법원의 재판에 대한 헌법소원제도

국가가 차별적 법률을 제정한다든지 차별적으로 법률을 집행하는 경우에 헌법소원제도를 이용하여 차별을 시정할 수 있다. 사인에 의한 차별의 경우에도 헌법소원제도를 이용하여 차별을 시정할 수 있다. 사인간에 발생한 분쟁을 해결하는 재판에 대해서 차별의 관점에서 심사하는 것이다. 하지만 현행 제도는 법원의 재판에 대한 헌법소원을 인정하고 있지 않기 때문에(헌법재판소법 제68조 제1항) 재판에 대한 헌법소원제도의 도입은 입법자의 적극적 의지를 전제로 한다. 또한 재판에 대한 헌법소원제도의 도입은 입법부의 의지와 함께 사법부의 양보가 필요하다. 재판에 대한 헌법소원제도는 법원의 중요한 권한인 재판권을 헌법재판소의 통제 아래 두어 법원의 입장에서 볼 때는 적어도 형식적으로나마 법원의 권한에 대한 축소로 보일 수도 있기 때문이다.

사인간에 발생하는 차별은 우선적으로 입법자가 차별을 금지하는 법률(차별의 금지와 시정 및 구제절차에 관한 법률)을 제정함으로써 해결될 수 있다. 하지만 이러한 차별입법에 의하여 사인들간에 발생하는 차별문제에 입법자가 개입하는 데는 일정한 한계가 있을 수밖에 없다. 헌법은 원칙적으로 사인들의 문제에 대해서는 국민들 스스로 해결할 수 있도록 하는 '사적 자치의 원칙'을 존중하도록 요구하기 때문이다. 결국 입법자는 최소한의 한계만을 설정할 수 있을 뿐이다. 그리고 국민들은 그러한 한계를 넘지 않는 범위 내에서 자신들의 문제에 대해서 자율적으로 결정할 수 있어야 한다.

하지만 그만큼 분쟁의 소지는 넓게 열려 있다. 국가의 권위 있는 결정이 없기 때문에 사인들 사이에 자율적으로 내려진 결정에 대해서는 항상 분쟁의 여지가 남아 있는 것이다. 결국 사인간에 분쟁이 발생하면 제3자인 법원이 개입하여 해결할 수밖에 없다. 여기서 중요한 것은 분쟁을 해결하는 법원이 헌법상 요구되는 평등을 존중하여 판결하는 것이다. 사적 자치의 원칙이 인정된다고 하더라도 사인간의 결정에도 헌법이 요구하는 평등원칙이 존중되어야 하고, 또한 법원도 헌법의 평등원칙을 존중하여 분쟁을 해결하여야 하기 때문이다. 여기서 평등원칙의 관점에서 법원의 판결을 통제하는 것이 필요하다. 그것이 바로 재판에 대한 헌법소원제도다.

하지만 현행 제도는 재판에 대한 헌법소원을 배제하고 있다. 이것은 사인간에 발생하는 차별을 시정한다는 관점에서 대단히 중요한 제도적 흠결이다. 재판에 대한 헌법소원제도는 법원의 재판을 평등의 관점에서 심사함으로써 사인간에 발생하는 차별을 시정하는 매우 효과적인 제도다. 따라서 입법자는 "법률에 의한 헌법소원"이라는 헌법의 문구를 평등의 이념에 비추어 적극적으로 해석하여 재판에 대한 헌법소원제도를 도입할 필요가 있다.

결 론

결 론

I.

1. 차별금지에 관한 법제를 다루는 이 책은 평등에 대한 이해로부터 출발한다. 우리가 이해하는 평등은 절대적 평등이 아니라 상대적 평등이다. 상대적 평등은 사실상 내용이 없지만 평등대우에 유리한 논증부담규칙을 최소한의 내용으로 한다. 다시 말해 평등은 무엇이 평등인지에 대해서 전혀 말해주는 바가 없지만, 적어도 평등대우를 주장하는 쪽이 아니라 차별대우를 주장하는 쪽에서 자신의 주장을 논증하도록 부담을 지운다.

2. 한편 평등은 법적 평등을 넘어서 사실적 평등까지 포함한다. 하지만 이 경우에도 논증부담규칙에 따라 법적 평등을 주장하는 쪽이 아니라 사실적 평등을 주장하는 쪽에서 자신의 주장을 논증해야 할 부담을 진다. 사실적 평등은 반드시 법적 차별을 동반하기 때문이다. 따라서 평등은 법적 평등에 유리한 논증부담규칙으로도 이해된다.

II.

1. 평등에 대한 이해에 기초하여 차별의 개념을 정의하면 차별이란 우선 합리적 근거가 없는 차별적 대우를 말한다. 평등을 상대적 평등으로 이해하는 한 모든 차별적 대우가 차별이 아니라 합리적 근거가 없는 차별적 대우만이 차별이기 때문이다. 그리고 이러한 차별은 비교가능한 대상들 사이에서만 발생한다. 왜냐하면 비교불가능한 대상들에 대해서 유리한 대우 또는 불리한 대우를 해도 그것은 상대방에게 아무런 의미도 갖지 못하기 때문이다.

2. 한편 평등이 법적 평등뿐만 아니라 사실적 평등을 포함하는 한 차별도 법적 차별뿐만 아니라 사실적 차별을 포함한다. 진정한 의미의 차별해소는 모든 형태의 차별을 제거하는 것이고, 사실적 차별은 법적 차별을 야기할 뿐만 아니라 강화하기도 하기 때문이다. 그리고 차별은 차별의도를 명시적으로 드러낸 직접차별뿐만 아니라 차별의도가 숨겨져 있는 간접차별까지도 포함한다. 특별히 간접차

별이 차별의 개념에 포함되어야 하는 까닭은 차별받는 자가 차별을 증명하는 데 유리하다는 데 있다.

3. 또한 차별은 동시에 차별의 대상이 되는 자유와 권리를 제한한다. 따라서 차별의 대상이 되는 자유와 권리에 대한 지나친 제한이 가해지는 가혹한 차별대우는 동시에 차별에 해당한다. 따라서 차별의 대상이 되는 자유와 권리에 대한 제한이 기본권제한의 한계로서 헌법상 요구되는 비례성원칙에 위반되는 경우에는 잠정적으로 차별로 인정할 수 있다. 차별에 대한 일반적 정의에도 불구하고 중요한 것은 무엇이 차별인지를 판단하기 위해서 차별사유, 차별영역, 차별의 대상이 되는 자유와 권리에 따라 개별적이고 구체적인 판단이 필요하다는 점이다.

III.

차별의 개념에 따라 차별은 여러 가지 유형의 차별로 분류될 수 있다. 첫째, 차별은 차별의 주체에 따라 국가에 의한 차별과 사인에 의한 차별로 분류할 수 있다. 국가에 의한 차별은 기존의 제도를 통해서 상당 부분 구제를 받을 수 있는 반면에 사인에 의한 차별은 그렇지 못하다는 점에서 사인에 의한 차별을 구제할 수 있는 제도의 개선이 시급하다.

둘째, 차별은 차별의 의도성 여부에 따라 직접차별과 간접차별로 구분할 수 있다. 의도적인 차별인 직접차별뿐만 아니라 결과적으로 차별의 효과를 발생시키는 간접차별까지 차별의 유형으로 포착할 때에만 차별의 문제가 올바로 이해되고 해결될 수 있을 것이다.

셋째, 차별을 시정하기 위하여 적극적 우대조치가 가능하다는 점에서 역차별이 문제될 수 있다. 합리적인 근거가 있는 차별이 허용되는 것처럼, 합리적인 근거가 있는 경우에는 역차별도 허용될 수 있다. 이것은 모든 역차별이 무조건 허용되는 것은 아니지만 적어도 역차별이 발생하기 때문에 적극적 우대조치가 절대적으로 금지되는 것은 아니라는 뜻이다.

넷째, 다양한 차별사유에 따라 인종차별, 성차별, 장애차별, 연령차별, 종교차별 등으로 차별은 다양하게 유형화될 수 있다. 중요한 것은 차별사유는 대부분의 국가에서 발생할 수 있는 일반적 차별사유도 존재하는 반면에 특정한 국가의 구체적인 상황에서만 이해될 수 있는 특수한 차별사유도 존재한다는 점이다. 따라서 개별적 국가의 특수한 현실에 따라 특별한 차별사유들을 발굴해 내고 유형화할 필요가 있다.

마지막 다섯째, 차별은 차별영역에 따라 일반적으로 재화 · 용역 · 편의시설의 제공에서의 차별, 고용에서의 차별, 교육시설에서의 차별로 유형화된다. 현실적으로 가장 중요한 차별영역은 고용영역이다. 기억해야 할 것은 어떠한 생활영역에서도 차별이 발생할 수 있다는 가능성이다.

IV.

차별을 금지하기 위하여 규율하는 세계 각국의 법제는 일반적 차별금지법제와 개별적 차별금지법제로 구분할 수 있다. 일반적 차별금지법제는 다양한 개별적 차별사유나 차별영역을 포괄적으로 규정하는 법제를 말하고, 개별적 차별금지법제는 다양한 개별적 차별사유나 차별영역에 따라 차별금지법을 제정한 법제를 말한다. 일반적 차별금지법제든 개별적 차별금지법제든 장점과 단점을 모두 갖기 때문에 각국의 현실에 따라 장점이 많은 법제를 채택할 필요가 있다.

일반적 차별금지법제나 개별적 차별금지법제의 경우에 모두 포괄적 차별시정기구를 설치하면 차별사안에 대한 체계적 · 조직적 관리 및 일관되고 통일된 차별기준과 구제방법의 제시, 차별사유 및 차별영역이 중첩된 차별사안의 효과적 처리, 중복된 결정의 제거를 통한 신속한 분쟁의 해결과 같은 장점을 갖는다. 한편 개별적 차별사유마다 개별적 차별시정기구를 설치하는 경우에는 개별적 차별사유에 따른 구체적이고 효과적인 차별시정이라는 장점을 갖는다.

현재 우리나라에는 국가인권위원회법이라는 일반적 차별금지법이 제정되어 있고, 장애인차별금지법과 남녀고용평등법 및 연령차별금지법과 같은 개별적 차별금지법도 제정되어 있다. 하지만 국가인권위원회의 설치근거법 형태로 되어 있는 현행 체계를 개정하여 실체법으로서의 차별금지법과 절차법으로서의 차별금지법을 구별할 체계상의 필요가 있다. 또한 차별의 개념 및 차별의 영역을 확대할 필요성도 요구된다. 그리고 일반적 차별금지법과 개별적 차별금지법의 체계적 정합성을 제고할 필요도 있다.

V.

세계 각국은 차별을 시정하기 위한 국가기구로서 차별시정기구를 설치하고 있다. 차별시정기구는 인권침해의 구제와 차별의 시정을 포괄적으로 담당하는 국가인권기구로 설치되기도 하고, 차별시정만을 담당하는 국가기구로 설치되기도 한다. 차별시정기구는 일반법원형과 행정심판기관형, 연구자문기관형과 준사법기관형으로 구분해 볼 수 있다. 또한 다양한 차별사유 및 차별영역을 포괄적으로 다루는 일반적 차별시정기구와 개별적 차별사유 또는 차별영역에 따라 설치된 개별적 차별시정기구로 구분할 수도 있다.

일반적 차별시정기구로서 설치된 국가인권위원회는 차별시정뿐만 아니라 인권침해까지 다루는 포괄적인 국가인권기구로 이해된다. 하지만 국가인권위원회는 차별시정기구로서의 역할이 강화되어야 필요성이 있다. 특히 사인에 의한 차별행위의 시정을 담당하는 국가기관이 없다는 점에서 이러한 역할을 강화할 필요가 있다. 또한 구성원의 다양성을 제고해야 할 당위성도 요청되고, 인권위원의 전문성을 강화하며, 인권에 관한 교육활동에 더 중점을 둘 필요성 또한 요구된다.

VI.

차별시정기구의 특수한 형태인 일반법원형과 연구자문기관형을 제외하면 차별시정기구의 차별시정절차는 대체로 진정, 조사, 조정 · 중재, 제소 등으로 구성된다. 대부분의 국가에서 조정이나 중재의 절차를 강화하는 추세를 보이고 있다.

국가인권위원회의 차별시정절차도 유사하게 구성되어 있지만 몇 가지 개선이 요구된다. 무엇보다도 차별시정기구의 조정 · 중재절차를 강화할 필요성이 있다. 당사자 간에 발생한 차별의 문제를 당사자 스스로 해결하도록 도와주는 것이 중요하기 때문이다.

마지막으로 현행제도에 따르면 법원의 재판은 헌법소원의 대상에서 제외되어 있는데 법원의 재판을 헌법소원의 대상에 포함시키는 법률개정도 사인에 의한 차별의 문제를 해결하는 데 큰 도움이 될 것으로 기대된다. 왜냐하면 사인간의 차별에 관한 문제는 일차적으로 법원에서 해결되어야 하기 때문에 이러한 법원의 판결을 평등의 관점에서 차별의 문제로 다시 검토할 수 있다면 사인에 의한 차별이 상당 부분 해소될 수 있을 것이기 때문이다.

사항색인

(ㅅ)

(ㅊ)

(ㅋ)

(ㅌ)

[著者略歷]
고려대학교 법과대학 졸업
고려대학교 대학원 법학과 석사과정 졸업 및 박사과정 수료(헌법전공)
독일 킬(Kiel)대학교 법과대학 박사과정 (Dr. jur.: 법학박사)
한동대학교 법학부 및 광운대학교 법과대학 교수 역임
(현재) 고려대학교 법학전문대학원(Law School) 교수

[著書 · 論文]
『Das Gebot der Vehältniβmäβigkeit in der grundrechtlichen Argumentation』, Frankfurt/M. 1998
『법학입문』, 박영사, 2004
『법의 개념과 효력』(R. Alexy, 『Begriff und Geltung des Rechts』, 1994), 고려대학교출판부, 2007
『기본권이론』(R. Alexy, 『Theorie der Grundrechte』, 1994), 한길사, 2007
『헌법학강의』(제4판), 홍문사, 2011
『인권법』(제4판), 홍문사, 2012

평등원칙(1998)
이성, 민주주의, 기본권(1999)
원칙으로서의 기본권과 비례성명령(1999)
법학에서 대화이론(2000)
기본권의 기능과 제한 및 정당화의 세 가지 유형(2000)
헌법재판소가 이해하는 명확성원칙의 비판적 재구성(2001)
조직과 절차에 관한 기본권(2001)
기본권으로서 보호권과 기본권의 제3자효(2002)
소수자의 기본권(2003)
생명복제와 기본권(2004)
사회적 기본권(2004) 外 다수

차별없는 세상과 법

2012년 8월 20일 초 판 인쇄
2012년 8월 30일 초 판 발행

著 者 李 準 一
發行人 林 勸 圭
發行處 弘 文 社

121-090 서울시 마포구 염리동 36-249
등록 1993. 6. 24. 제1-1543호
TEL: 712-5311(代) FAX: 716-5311

값 29,000원

ISBN 978-89-7770-306-3 93360